웨슬리 신학 다시 보기

현대교회의 도전

랜디 매닥스 엮음
이후정 옮김

기독교대한감리회 홍보출판국

RETHINKING WESLEY'S THEOLOGY
- for Contemporary Methodism -

by Randy L. Maddox, editor

Copyright © 1998 by the Abingdon Press
201 Eighth Ave. South, Nashville, TN 37203, USA

Korean Copyright © 2000 by the Board of
Communication and Publication, KMC,
Seoul, Korea
with the agreement of the Abingdon Press.
thanstated by Hoo-Jung Lee

이 책의 한국어판 저작권은 미국의 Abingdon Press와의 계약에 의하여
기독교대한감리회 홍보출판국에 있습니다.
저작권법에 의하여 대한민국 안에서 보호를 받는 저작물이므로
허락없이 인용, 복사, 전재하는 것을 금합니다.

웨슬리 신학 다시 보기
- 현대교회의 도전 -

차 례

서문 친구에게 바치는 경의 ·· 7
      위르겐 몰트만(Jürgen Moltmann)

서론 ·· 13
      랜디 매닥스(Randy L. Maddox)

제1장 웨슬리를 알면 무엇이 달라지는가? ······································ 23
      케네스 카더(Kennth L. Carder)

제2장 존 웨슬리와 신학방법 ··· 43
      토마스 랭포드(Thomas Longford)

제3장 기도의 완전 ·· 61
      마조리 수하키(Marjorie Suchocki)

제4장 초월, 정의, 자비: (웨슬리적) 하나님 개념의 재구성을 향하여 ··· 81
      테오도어 제닝스 2세(Theodore W. Jennings Jr.)

제5장 성화와 경제: 청지기직에 관한 웨슬리적 전망 ·················· 103
      더글라스 믹스(M. Douglas Meeks)

제6장 기독교적 회심: 우리의 삶을 하나님과 연결하기 ·············· 127
      만프레드 마르쿠바르트(Manfred Marquardt)

제7장 그리스도를 제시하는 것: 오늘의 웨슬리적 전도 ············ 145
      제임스 로건(James C. Logan)

Contents

제8장 연결과 교제: 웨슬리의 유산과 에큐메니칼적 이상 ·········· 165
  브라이언 벡(Brian E. Beck)

제9장 삼위일체와 언약목회: 웨슬리적 전통들에 관한 연구 ······ 183
  메리 엘리자벳 멀리노 무어(Mary Elizabeth Mulino Moore)

제10장 웨슬리를 스페인어로 읽을 수 있을까? ·················· 209
  후스토 곤잘레스(Justo L. Gonzalez)

제11장 라틴 아메리카의 웨슬리: 신학적, 역사적 성찰 ·········· 221
  호세 미구에즈 보니노(Jose Miguez Bonino)

제12장 존 웨슬리와 혁명: 남 아프리카적 관점 ················ 239
  피터 그라소우(Peter Grassow)

제13장 웨슬리와 마카리우스에 성령체험 ······················ 259
  이후정

제14장 유산의 회복: 감리교 신학사에 있어서의 신학자 웨슬리 ······· 281
  랜디 매닥스(Randy L. Maddox)

약어표 ·· 303

집필자 ·· 305

역자후기 ·· 307

서 문

친구에게 바치는 경의
위르겐 몰트만(Jürgen Moltmann)

나는 테드 러년에 대해 개인적으로 만나기 오래 전에 들은 바 있었다. 그것은 괴팅엔(Gottingen)에서의 학창시절 때인데, 나의 지도교수 이셨던 오토 베버(Otto Weber)교수가 한 미국인이 그에게 와서 그의 지도아래 베버의 동료 교수였던 프리드리히 고가르텐(Friedrich Gogarten)에 관해 학위논문 쓰기를 청했다고 내게 말해주었다. 제2차 세계대전 이전인 그 옛 시절에 고가르텐은 아직도 논쟁적인 인물이었다. 1920년대에 고가르텐은 칼 바르트(Karl Barth)와 함께 소위 "변증법적 신학"을 시도하는데 동참하였다. 1930년대 초반에 그는 일종의 신보수주의(Armin Mohler의 "보수주의적 혁명")로 전환하였다. 전후에 고가르텐은 현대세계의 첫 독일신학자로서 한걸음 나섰다. 즉 그의 "세속성의 신학"은 개신교의 현대주의 신학(theology of the modernity)의 첫번째 독창적인 형태였던 것이다. 이러한 순회가 보여주듯이, 고가르텐은 마치 일종의 신학적 카멜레온과 같이 변천하는 정치적 및 문화적 환경의 색깔을 취하였다. 하지만, 그는 항상 영감을 주는 선생이었고 독창적인 사상가였다. 테드는 그의 박사학위 논문을 확대하여 폴 틸리히(Paul Tillich)를 포함시켰고, 틸리히의 역사해석에 초점을 맞추었다. 이는 그로 하여금 고가르텐의 사상으로부터 상당한 거리를 두게 만들었다. 결과적으로 그는 "고가르텐파"(Gogartner: 우리가 고가르텐의 제자들을 부른 명칭인데 Dorothee Sölle가 그중 하나였음)가 되지 않았고, 고가르텐의 통찰에 자극을 받으면서 신선한 미국적, 감리교적 관점들을 제시하였다. 이리하여 한 루터파 선생이

한 탁월한 감리교 학자를 낳게 되었다. 테드의 논문은 괴팅엔 신학부에 의해 좋은 평가를 받았고 우수한(magna cum laude) 논문으로 주목되었다.

    내가 테드 러년을 개인적으로 만난 것은 1967년 가을에 듀크(Duke) 대학교에서였다. 타계한 내 친구 프레드 헐족(Fred Herzog)이 나를 튀빙엔으로부터 불러와 노스 캐롤라이나에 있는 이 감리교 학교에서 두 학기 동안 초빙교수로 일하게 만들었다. 나와 나의 가족은 이 낯선 고장에서 편안히 적응해야 할 도전에 직면하였다. 테드가 잠시 듀크에 방문함으로써 우리의 이러한 새로운 적응의 과제는 쉬워졌다. 나는 테드의 사고방식과 강의방식을 즉시 이해할 수 있게 되었다. 괴팅엔에서 같은 스승 밑에서 공부하였기 때문에 우리는 함께 하는 모든 일 속에서 지속적인 우정의 근거를 발견하였다. 우리는 이 방문기간 동안 새라 듀크 기념공원(Sarah Duke's Memorial Park)에서 옛날 괴팅엔 시절의 날들을 서로 이야기하면서 좋은 시간을 보냈다.

    나는 듀크 방문에서 보여준 테드의 호의에 보답하여 1968년에 에모리(Emory) 대학교에서 초청강의를 하게 되었다. 여기서 테드와 그의 동료교수 만프레드 호프만(Manfred Hoffmann)은 나에게 남부의 신학을 소개시켜 주었고, 내 아내 엘리자벳은 한 친절한 나이많은 부인에게서 남부의 삶과 친절한 손님접대를 소개받았다. 그녀는 아내에게 유명한 싸이클로라마(Cyclorama: 아틀란타의 전쟁을 묘사하는 극장)를 구경시켜 주었고 셔먼(Sherman)장군의 악명높은 남부 행진을 설명해주었다. 이 에모리 방문의 시기는 토마스 알타이저(Thomas Altizer: 또 다른 테드의 에모리 동료교수)가 그의 "신의 죽음의 신학"으로 공중의 주목을 집중적으로 받았던 때였는데, 나는 내가 프라하에서 기독교-맑시스트 대화에 관해 말할 때 알타이저가 앞줄에 앉아서 비테즈슬라브 갈다브스키(Vitezslav Gardabsky)에게는 "하나님이 아직 죽지 않았다"고 주장하였던 것을 잘 기억하고 있다. 당시 만프레드 호프만의 신학적 관심이 내 자신의 관심과 어떤 다른 초점을 가졌는지에 대한 내 기억은 더욱 생생한 사건과 연관된다. 호프만은 실존주의적 단계에 처해 있었는데, 그가 스톤 마운틴(Stone Mountain: 거대한 화강암 바위산이 남북전쟁의 연맹 기념비로 화한 산) 정상으로 나와 함께 케이블 카를 타고 올라갈 때 우리 아래 펼쳐진 심연에 매혹되었던 반면, 나는 산꼭대기를 "희망 속에서" 바라보고 있던 것이 기억난다. 이 방문중에 나는 또한 테드 러년이 에모리의 캔들러(Candler) 신학대학원에서 미쳤던 조용하지만 지속적인 영향을 감지하기 시작했다. 진정한 현대적인 웨슬리 혹은 감리교 신학을 분명하게 제시하려는 관심이 아직 유행하지 않았지만, 그러한 신학의 핵심이 캔들러의 변천하는 사조 아래 지속성있는 확신들을 제공하고 있었음이 분명하였다.

그 첫 방문 후에 나는 가능할 때마다 아틀란타에 돌아왔다. 짐 웨이츠(Jim Waits: 나는 그를 "나의 학장"으로 여겼다)와 함께, 테드와 그의 아내 신디(Cindy)는 항상 나를 환영해 주었다. 예를 들면, 1978년 나는 캔들러의 "목회자 주간"에 참석했는데, 그 모임은 "희망의 신학과 교구 실천"이란 주제로 행해졌다. 이 행사때 발표했던 내 강연들은 더글라스 믹스(Douglas Meeks), 라드니 헌터(Rodney Hunter), 제임스 파울러(James Fowler), 노엘 얼스킨(Noel Erskine) 등의 강연들과 함께 『교회를 위한 희망』(Hope for the Church)이란 책으로 출판되었는데, 테드가 그 편집을 맡았다. 테드와 한국 감리교회와의 연관들로 인해 이 책은 4년 후에 한글로 번역되었다.

나는 1983년 가을 캔들러에 초빙교수로서 한 학기를 보냈는데, 엘리자벳이 중간에 나와 함께 하였다. 나는 이 방문기간 동안에 튜빙엔에서 아틀란타에로의 이주에 진지하게 매혹을 느꼈으며, 이미 "거의 감리교인이 된 것처럼" 느꼈다. 내가 이 유혹에 저항한 것은 오직 가족의 이유들 때문이었다. 테드와 나는 이 학기 동안에 공동 세미나를 열었으며, 세미나가 끝난 후에 학생들과 함께 재거스(Jagger's: 식당이름)에 모여 오랫 동안 대화를 나누었다. 나는 테드, 짐 웨이츠, 테드 웨버(Ted Weber), 월터 로우(Walter Lowe)와 같은 동료교수들과 나누었던 신학적이고 개인적인 토론들을 가치있게 여기게 되었다. 테드는 또한 번역, 문서 작업 및 기타의 일들에 있어서 나를 도와 주었다. 엘리자벳과 나는 러년의 집에서 가졌던 성대한 추수감사절 만찬에 초대되기도 하였다. 나는 이 방문 기간 중에 스톤 마운틴과 사랑에 빠졌으며, 그후 아틀란타에 도착할 때마다 첫 아침엔 그 정상까지 등산을 하는 것을 습관으로 삼았다(거기서 남부연맹의 깃발들을 보려고 올라간 것이 아니라, 조지아의 아름다운 경치를 바라보려고 올라간 것이었다). 나는 테드가 이 등산에 나와 동행하려 하지 않았던 것을 기억하는데, 이것이 우리의 정열이 서로 다른 유일한 영역 이었다. 특히, 서서히 그러나 성공적으로, 테드는 나에게 존 웨슬리의 신학과 찰스 웨슬리의 찬송을 소개시켜 주었다. 우리는 캐논 채플(Cannon Chapel)과 글렌 메모리알 연합감리교회(Glen Memorial United Methodist Church)에서 그 찬송들을 부르곤 하였다.

엘리자벳과 나는 가장 최근에는 1995년에 아틀란타에 돌아왔다. 그때 우리는 캔들러에서 있었던 목회자 주간 강연에 초청받아 함께 참여하였다. 러년 가족과 많은 다른 친구들을 통해 우리는 마치 캔들러 공동체의 옛 구성원들처럼 느꼈다. 그 공동체에 돌아와 따뜻하게 환대받는 것은 항상 일종의 "마음이 뜨거워지는 체험"이었다.

테드 러년이 내 삶에 미친 영향은 이러한 개인적인 수준을 훨씬 넘었으니, 내 신학적 관점을 풍부하게 만든 것이 그것이었다. 따라서 1989년에 『생명의 영』을 저술할 때, 나는 이때야말로 성화와 거룩함에 대한 새로운 이해를 독일 신학의 담론에 도입하는 것을 시도할 때라고 마음먹게 되었다. 독일에서 우리는 보통 "불경건한 자들의 칭의" 이후에 신학적 담론을 멈추기 때문이다. 나는 "생명의 성화"에 관한 내 책의 장이(웨슬리와 진젠도르프의 만남에 관한 보고와 함께) 감리교도의 눈에 호의적으로 평가되기를 바란다. 그것을 준비하면서, 나는 다시 한번 웨슬리의 설교들을 다루는데 테드의 도움을 받았다. 그의 조심성있고 친절한 제안들은 나로 하여금 점점 더 감리교 전통의 독특한 선물들을 받아들이게 만들었으나, 감리교의 교파적 정체성을 내게 강요하지는 않았다. 이 점에서 테드는 웨슬리 자신의 "보편적인 정신"(catholic spirit)과 20세기 감리교 운동의 에큐메니칼적 투신 양자에 모두 진실하였다. 이는 또한 내 자신의 에큐메니칼적 확신을 다시금 강화하였다. 나는 항상 "내가 어떠한 교파 출신이라고 하더라도, 하나의 에큐메니칼 교회가 나의 미래이다!"라고 말했다.

나의 신학적 여정을 되돌아 볼 때, 나는 적어도 내 삶의 미국적 측면의 배경에 있어서 테드 러년이 얼마나 주된 손길이었는가를 놀라움 속에서 발견한다. 또한 내가 그의 숨겨진 손길을 분간해 내는 경우마다, 나는 그의 인도에 대하여 감사하며 우리의 우정을 기쁘게 여긴다. 이제 우리는 두 사람 다 늙었으며, 더 이상 "젊고 장래가 촉망되는 신학자들"이 아니다. 안식일의 여왕은 은퇴한 사람들에게 찾아오는데, 우리는 긴 생애를 주님의 긴 은혜로서 또한 1968년 이래 수십년의 변화 속에서 매우 드문 선물로 돌아보면서 그녀의 평화를 즐길 수 있을 것이다. 테드는 항상 "평화로운 사람"이었던 반면, 나의 마음은 아직도 조금 불안하다. 나는 내 불안한 마음이 다시 나를 아틀란타로 돌아오게 할 때마다, 테드로부터 참된 마음의 평화를 배우게 될 것이다. Ad multos annos(오랫 동안의), 나의 친구여!!

서 론

랜디 매닥스(Randy L. Maddox)

    1995년에 존 캅(John B. Cobb Jr.)은 "은총과 책임: 오늘을 위한 웨슬리 신학"을 출판하였다. 그는 이 책의 서문에서 감리교인들 속에서 "웨슬리로 돌아가는" 움직임을 인식하게 되었는데, 처음에는 그것이 단지 반동적 주제에 불과하다고 생각하였기 때문에 저항감을 가졌다고 언급하였다. 하지만, 계속적인 고찰을 통해 그는 현대 감리교 신학자들이 웨슬리의 저작과 우리 시대를 위한 그의 사상의 적합성을 재평가하는 것에 설득되었다.[1] 이처럼 캅은 현재 연합감리교회의 가장 뛰어난 신학자의 한 사람으로서, 의식적으로 존 웨슬리를 연구하면서 그의 신학적 전례가 자신의 신학적 노작에 유익한 도움이 된다고 보았다.

    이와 같이 감리교 신학자들이 신학자로서의 웨슬리를 광범위하게 의도적으로 관심하는 것은 금세기에 있어서 독특한 것이며, 지나간 세기에 있어서는 통속적으로 믿어졌던 것보다 훨씬 더 드문 일이다(제 14장을 보라). 본 편저서의 목적은, 세계적으로 이러한 새로운 관여를 대표하는 일단의 글들을 모아서 독자로 하여금 현대 감리교회를 위하여 웨슬리의 신학을 다시 고찰하는 일이 가져올 잠재적인 공헌을 평가하도록 하는 것이다.

    이 책은 테오도어 휴버트 러년 2세(Theodore Hubert Runyon Jr : 혹은 우리 모두가 아는 대로 "테드")가 에모리 대학교의 캔들러 신학대학원에서 40년 동안 가르침을 마치고 은퇴하는 것을 기념하여 그에게 헌정하기 위해 마련되었다. 그러

---

1. John B. Cobb Jr., Grace and Responsibility: A Wesleyan Theology for Today (Nashville: Abingdon Press, 1995), 8-9.

나 이 책은 이러한 신실한 봉사의 나날들 이상의 것, 즉 특별히 테드가 감리교 신학자들에게 웨슬리의 신학에 대하여 새롭게 관심이 증대되도록 하는데 있어서 담당한 중요한 역할에 경의를 표하는 것이다. 프랭크 베이커(Frank Baker), 앨버트 아우틀러(Albert Outler), 리챠드 하이첸레이터(Dick Heitzenrater) 등과 같은 사람들이 웨슬리 연구분야를 학문적인 성숙과 열의를 가지도록 육성하는 일에 있어서 일차적인 칭송을 받는 것이 정당하지만, 테드는 이 분야의 한계 밖에 있는 조직신학자들을 웨슬리 연구와 대화하도록 인도하는데 주된 역할을 담당해 왔다. 따라서 그들은 그 연구의 성과들로부터 유익을 얻을 수 있었으며 그 계속적인 주제들에 영향을 미쳐왔다.

테드의 학문적 시기는 전도가 밝았지만, 이러한 역할은 그의 신학교육의 단순한 사실에 의해 준비된 바는 아니었다. 1952년 로렌스 대학교(Lawrence University)에서 인문학 학사(B.A.)를 취득한 후, 테드는 드루 대학교(Drew University)에서 신학사(B.D.) 학위과정을 계속하여서 1955년에 마쳤다. 일반적으로 이 시대는 감리교 신학교들에서 웨슬리 신학에 대하여 별로 주목을 기울이지 않았던 때였다. 드루는 이 점에서 조금 달랐는데, 특히 1953년에 프란츠 힐데브란트(Franz Hildebrandt)가 도착한 이후에 그러했다. 힐데브란트는 루터파 웨슬리 학자로서 감리교인들로 하여금 웨슬리의 신학을 다시 고찰하기 시작하도록 하는데 주된 도구가 된 인물이었다.[2]

테드가 힐데브란트와 함께 공부하는 기회는 제한되었지만, 웨슬리의 적합성에 대한 제안은 그의 마음 속에 심어졌던 것이다. 그러는 동안에 드루에서 주된 초점은 다른 감리교 신학교들처럼 현대문화에 대한 관심이었다. 드루는 당시에 그러한 관여에 있어서 생동적인 환경을 이루었는데, 그 때는 에드윈 루이스(Edwin Lewis)가 뛰어난 신학활동을 하였고, 칼 마이클슨(Carl Michalson)이 전성시대에 들어갔던 때였다. 특히 마이클슨 밑에서의 공부는 당시 떠오르던 "세속성의 신

---

2. 힐데브란트의 출판된 주 저서들은 From Luther to Wesley (London: Lutterworth Press, 1951); Christianity According to Wesleys (London: Epworth Press, 1956); "Introduction," §I, Works 7:1-22 등이다. 그의 영향은 이 저술들을 넘어서 미쳐졌다. 예를 들면, 그는 1955년에 현대 감리교를 위한 웨슬리의 전통을 회복하는데 바쳐진 "웨슬리 협회"(Wesley Society)를 창설하는데 주된 역할을 하였다 (이 협회는 1968년에 그가 유럽으로 돌아갔을 때 즉시 쇠퇴하였다).

학"에 대한 테드의 관심을 발전시켰으며 결과적으로 그는 괴팅엔(Goettingen : 거기서 그는 1958년에 신학박사 학위를 취득하였음)대학교에 보내져서 프리드리히 고가르텐과 폴 틸리히의 사상을 연구하게 되었다.

테드가 독일에서 돌아와 1958년에 캔들러에서 교수를 시작했을 당시, 그의 첫 관심의 초점은 신학적으로 세속화(에모리에서 유명했던 "신 죽음"의 논쟁을 포함하여) 및 교회의 은사주의적 갱신 등과 같은 현대적 이슈에 관여하는 과제에 머물러 있었다.[3] 이러한 초점은 자연히 그를 떠오르는 정치신학 및 해방신학과의 대화에 인도하였다.[4] 이 후자의 맥락에서 웨슬리의 적합성에 대한 초기의 제안이 뿌리를 내리고 자라기 시작하였던 것이다.

테드는 옥스포드 감리교 신학연구 학술대회(Oxford Institute of Methodist Theological Studies)에 관여하게 되었고 1977년에 계획되었던 제 6차 회의의 공동회장으로 선출되었다.[5] 이 학회를 위해 선택된 주제는 현대 해방신학과 존 웨슬리의 신학의 비교였다. 학회를 준비하면서 테드는 다양한 해방신학 분야의 뛰어난 감리교 대표자들을 발표자로 선발했을 뿐만 아니라, 그 자신이 웨슬리를 집중적으로 연구하기 시작했다. 그는 웨슬리와 해방신학이 상호대화를 함으로써, 드러나는 통찰들에 의해 놀라게 되었다. 이 학회의 주제강연들은 내용이 충실한 테드의 서론적 에세이와 함께 『성화와 해방』(Sanctification and Liberation)이라는 제목으

---

3. 몇 가지 출판물들을 언급해 보면, "Religion: An Anachronism in a Secularized World?" in Old Myths and New Realities (Munich : U.S. Cultural Affairs Office, 1965), 8-11; "Thomas Altizer and the Future of Theology," in The Death of God Debate, ed. J.L. Ice & J.J. Carey (Philadelphia : Westminster Press, 1967), 56-59; "Secularization and Sacrament," in The Spirit and the Power of Secularity, ed. Albert Schlitzer (Notre Dame: University of Notre Dame Press, 1969), 123-55; (editor), What the Spirit is saying to the Churches (New York: Hawthorne Books, 1975).
4. 특히 "How Can We Do Theology in the South Today?" Perkins School of Theology Journal 29.4 (1976):1-6; (editor), Hope for the Church: Moltmann in Dialogue with Practical Theology (Nashville : Abingdon Press, 1979); "The World as the Original Sacrament," Worship 54 (1980):495-511 ; (editor), Theology, Politics, and Peace (Maryknoll, NY : Orbis Books, 1989)를 보라.
5. 테드는 1969년의 제4차 학회에 처음으로 참여했으며, "Conflicting Theological Models for God"라는 논문을 발표했는데 이는 후에 The Living God, ed. Dow Kirkpatrick (Nashville : Abingdon Press, 1971), 22-47에 출판되었다. 이 논문에 웨슬리에 대한 언급이 없음을 주목하라!

로 1981년에 출판되었다.[6] 이 책은 감리교 신학자들로 하여금 웨슬리와 현대의 이슈들을 관계시키는 대화가 결실을 맺을 수 있음을 확신시키는데 중추적인 역할을 하였다.

돌이켜 볼 때, 이와 똑같이 의의깊은 테드의 에세이는 출판되지 않은 하나의 글이었다. 1982년 11월 그는 미국 종교학회(American Academy of Religion: AAR)의 연례 모임에서 "웨슬리 신학의 조직과 방법"(System and Method in Wesley's Theology)이라는 제목의 원탁회의용 토론 논문을 제출하였다. 이 형식은 그 학회에서 새로운 연구사안들에 대한 흥미를 "도출하는" 방식으로 계획된 것이었다. 놀랍게도 강한 흥미를 일으켰다. 따라서 테드는 AAR의 웨슬리 연구 그룹을 출발시키는데 주도적 역할을 하게 되었다. 이 그룹은 오늘날까지 계속되고 있으며 웨슬리 가족의 다양한 지파들 사이 및 역사연구와 신학연구의 학문적 전문분야들 사이의 간격(어떤 사람들은 갈라진 심연이라고 부름)을 메우는 주된 학문적 영역으로 입증되어 왔다.

이와 병행되는 모험적인 작업으로서, 테드는 감리교 신학자들로 하여금 오늘날 "웨슬리적인" 신학이 무엇을 의미하는지에 관해 특별히 성찰하도록 고무하는 일을 수행하였다. 이에 대한 자극은 연합감리교회가 미국 감리교회의 2백주년 기념을 축하하는 행사를 계획한 데서 비롯되었다. 테드는 에모리 대학교에서 "다음 세기를 위한 웨슬리 신학"이라는 주제의 대회를 주관하도록 선출되었다. 그는 이 회의에서 오늘날 신학의 제 분야들의 다양한 스펙트럼에 걸쳐서 이루어진 감리교의 신학적 공헌에 더 초점을 맞추었다. 이러한 공헌에 웨슬리가 어떤 정보를 제공하는지, 그 의미에 특별한 주의를 기울이면서 토론은 전개되었다. 이 회의에서 시작된 논의들은 계속하여 감리교 신학자들이 현대 감리교회를 위한 웨슬리의 신학을 재고찰하는 일을 격려해 왔다.

이와 같은 것들이 테드 러년이 감리교 신학자들로 하여금 웨슬리와 다시 새롭게 관계맺도록 조장하는데 주된 역할을 감당한 계획적 방식들이다. 그의 다른 주

---

6. Sanctification and Liberation : Liberation Theologies in Light of the Wesleyan Tradition, ed. Theodore Runyon (Nashville : Abingdon Press, 1981). 테드의 에세이인 "Wesley and the Theologies of Liberation"은 9-48쪽에서 찾아볼 수 있다.

된 공헌은 그 자신이 웨슬리와 맺은 관계였는데, 그는 이를 다양한 맥락에서 수행하였다(몇몇 박사과정 학생들을 지도한 일을 포함하여). 최근에 출판된 『새로운 창조: 오늘을 위한 존 웨슬리의 신학』(The New Creation : John Wesley's Theology Today)은 이러한 관계의 오랜 결실을 제공하고 있는 바, 이 저서는 신학자로서의 웨슬리와 새로운 대화를 조장하는데 그가 담당해온 가치있는 역할을 틀림없이 지속시킬 것이다.[8]

본 저서의 기고자들은 모두 다양한 방식으로 테드의 삶과 노작으로부터 유익을 얻어온 사람들이다. 우리 중 어떤 사람들은 그의 밑에서 수학한 학생들이었고, 우리 대부분은 여러 정황에서 그의 동료들이었으며, 우리 모두는 그의 신학적 공헌들에 의해 지적인 도움을 받아왔다. 우리가 여기서 헌정하는 에세이들은 그가 우리에게 베푼 은혜에 대하여 같은 방법으로 선물을 드림으로써 그의 선물에 경의를 표하려는 뜻으로 의도된 것이다.

케네스 카더(Kenneth Carder)는 그의 첫 에세이에서 이 책의 전체 기조를 설정하고 있다. 그는 웨슬리가 거의 고려되지 않았던 자신의 신학교육의 경험을 성찰하면서, 웨슬리를 다룸으로써 목회자로서 및 현재 감독으로서 그의 사역이 어떻게 신학적 기초와 초점을 가지게 되었는지를 언급한다. 카더의 이러한 신학적 기초는 추상적인 투신들이 아니라 모든 기독교인들이 가난한 자들과 연약하여 상처입기 쉬운 자들을 위해 관심하도록 부르는 것이라고 논증한다. 더욱 분명한 것은, 감리교 신학자들이 웨슬리와 대화함으로써 얻는 유익의 하나는 학문적 신학/신학자들과 교회의 삶 사이에 통상적으로 존재하는 간격에 다리를 놓는데 도움이 될 수 있다는 제안이다.

토마스 랭포드(Thomas Langford)는 그의 에세이 속에서 역시 현 감리교 신학자들이 이러한 간격들 사이에 다리놓는 일을 격려하기 위해 웨슬리에게 의존한다.

---

7. 여기서 나온 논문들은 Wesleyan Theology Today : A Bicentennial Theological Consultation, ed. Theodore Runyon (Nashville : Kingswood Books, 1985)에 수집되어 있다. 테드의 개회연설인 "What is Methodism's Theological Contribution?"은 7-13쪽에 나온다.

8. The New Creation : John Wesley's Theology Today (Nashville : Abingdon Press, 1998). 또한 웨슬리 신학회(Wesleyan Theological Society)에서 한 1995년 주제강연인 "The New Creation: The Wesleyan Distinctive," Wesleyan Theological Journal 31.2 (1996):5-19를 보라.

2장에서 랭포드의 초점은 신학적 방법이다. 그의 특정한 관심은, 웨슬리를 아마튜어 신학자로 제쳐놓는 대신에 웨슬리가 그의 상황과 맺은 신학적 관계가 그 후의 감리교 신학의 많은 경우에서 결여되었던 통전성과 균형을 가지고 있었음을 우리가 인식해야 한다는 사실을 논증하는 것이다. 웨슬리와 달리, 후대의 감리교 신학자들은 신학을 고립된 이기주의적 학문분야로 화하게 하였든지 아니면 현 정황이 신학적 판단을 지배하게 하는 경향이 있어왔다.

더욱 방법론적인 이 두 에세이 다음에는 특정한 신학적 주제들을 다룬 일련의 에세이들이 나온다. 각 경우에 웨슬리와의 대화는 에세이의 전개에 있어서 하나의 역할을 담당하고 있다. 몇몇 경우에 저자는 웨슬리와 함께 시작하여 현대적 적합성에 대한 고려에로 향한다. 다른 경우들에서 저자는 현대의 이슈들에서 시작하여 그 이슈를 대하는 과정의 부분으로서 웨슬리와 대화한다. 모든 경우에 웨슬리는 대화의 동반자로서, 교정되어야 할 자로서, 또한 우리를 교정하도록 허락받는 파트너로서 자문의 역할을 한다. 이러한 상호대화 속에서 우리는 웨슬리를 정신적인 지도자(mentor)로서 의지하게 되며 현대 감리교회를 위한 그의 신학을 재고찰하게 된다.

3장에서 마조리 수하키(Marjorie Suchocki)는 『기독교적 완전에 관한 평이한 설명』에 나오는 기도에 관한 웨슬리의 몇몇 논평들을 성찰한다. 그녀는 이들로부터 기독교적 삶에 있어서의 기도의 중심성이 하나님의 본성에 관해 우리에게 무엇을 가르치는지, 우리가 하나님의 동반적 창조자들(co-partners)로서 어떻게 하나님의 행위들에 참여할지, 다른 사람들과 맺는 우리의 관계가 가지는 구성적인 본성 등등에 관한 통찰들을 끌어낸다.

테오도어 제닝스(Theodore Jennings)는 4장에서 하나님의 본성에 관하여 논의를 계속하는데, 하나님의 주권이 결코 하나님의 정의와 자비로부터 분리되어서는 안된다는 ― 왜냐하면 이 신적 본성들이 하나님의 존재 자체에 속하기 때문에 ― 웨슬리의 통찰에 구체적인 의미를 부여하려고 한다. 제닝스는 성경에 관한 성찰들을 바르트, 레비나스(Levinas), 데리다(Derrida) 등의 통찰들과 엮어가면서 하나님의 존재 자체는 폭력과 굴욕을 당하는 자들에 대한 하나의 관계로서 구성된다고 논증한다. 그런 점에서, 웨슬리가 영국의 상속받지 못한 가난한 자들

(disinherited) 중에서 그들과 함께 하는 기독교 공동체를 발전시키려고 결정한 것은 복음의 진실에 대한 불가결한 투신이었다는 것이다.

더글라스 믹스(Douglas Meeks)는 5장에서 가난하고 상속받지 못한 사람들 중에 그들을 섬기는 삶을 산 웨슬리의 모델을 사용하여 오늘날 대부분의 교회들이 가지고 있는 청지기에 대한 이해에 도전한다. 그는 교회가 근대 시장경제의 왜곡된 관점들에 사로잡혔는데, 그것은 모든 것을 사유화하는 물품으로 격하시킨다고 논증한다. 웨슬리를 통해 우리는 전통적이고 성서적인 청지기의 모델에 들어갈 수 있으며, 그것은 모든 사람에게 풍성한 삶의 조건에 이르도록 해준다는 것이다.

6장에서 만프레드 마르쿠바르트(Manfred Marquardt)는 사유화된 모델들이 흔히 더 풍부한 성서적이며 전통적인 이해를 대치해온 또 하나의 영역을 취급한다. 구원의 본성과 중요성에 관한 그들의 모든 일치점들에도 불구하고, 마르쿠바르트는 많은 감리교도들이 다른 기독교 그룹들과 성서적인 "회심"의 언어에 대한 불편한 느낌을—어떤 풍자화된(왜곡된) 모델들과의 연관 때문에—공유한다고 지적한다. 그는 회심의 진정한 본성이 우리의 삶을 그리스도와 우리 서로 및 세계와 연결시켜 주는 구원의 역사라는 것을 그의 에세이에서 분명히 밝힌다.

제임스 로건(James Logan)은 7장에서 마르쿠바르트가 마치는 곳에서 시작하면서, 우리가 전도 즉 회심을 추구하는 일에 이르는 진정한 접근방식을 형성하는 데 도움을 줄 수 있는 무엇을 웨슬리에게서 배울 수 있겠는가 하고 묻는다. 로건 역시 전도에 대한 몇몇 왜곡된 이해가 웨슬리 전통들에 들어왔음을 인정하고, 그의 글에서 우리가 회복할 필요가 있는 웨슬리의 전도 모델의 세 가지 특징들, 즉 그 신학적 성실성, 개인적 책임성 및 사회적 양심을 상세히 취급하는데 초점을 맞춘다.

브라이언 벡(Brian Beck)은 8장에서 우리를 교회론의 신학적 위치에로 인도한다. 그의 초점이 되는 질문은 웨슬리/감리교 전통이 교회론의 더 광범위한 토론으로부터 무엇을 얻을 수 있으며 어떤 공헌을 할 수 있는가 하는 것이다. 이를 논구하기 위해 그는 시간을 들여 웨슬리의 "연관"(connexion) 모델로부터 교회론적 합의들을 이끌어내려고 힘쓰면서 그것들을 현재 좋은 평가를 받고 있는 "친교"(koinonia)의 에큐메니칼 모델과 관계시킨다.

9장에서 메리 엘리자벳 멀리노 무어(Mary Elizabeth Mulino Moore)는 목회 사역이라는 특정한 교회론적 주제에 초점을 맞춘다. 그녀는 먼저 감리교 전통들 속에 목회를 이분화된 위계적인 방식으로 생각하는 경향이 있어왔다는 것을 논증하기 위해 한 사례연구 분석을 제시한다. 그녀는 이 경향이 웨슬리의 몇몇 실천에 뿌리들을 두고 있다는 것을 인정하지만, 그의 더 넓은 신학—특히 그의 삼위일체적이며 언약적인 강조점들—은 이원론과 위계적 성격을 넘어서서 다양성과 일치를 향해 움직일 수 있는 목회의 비전과 실천을 발전시키기 위한 자원들을 제공한다고 논증한다.

10장에서 우리는 감리교 신학을 재고찰하는데 있어서 웨슬리와의 대화에 또 다른 차원을 첨가하게 된다. 이전까지의 모든 장들은 감리교회가 기원하였고 그 최초의 발전을 보았던 북 대서양의 상황에서 나온 것이다. 최근 몇 십년간의 중요한 사건들 중의 하나는, 다른 상황들로부터 나온 토착적인 감리교의 음성들이 우리의 신학적 대화에 들어온 것이다. 다른 것들 중에서, 이 음성들은 우리로 하여금 모든 신학적 작업에 불가피한 해석학적 차원에 대하여 더욱 예민하게 되는데 도움을 주었다. 우리는 결코 "진리 자체"를 다루는 것이 아니라, 어떤 언어적, 문화적, 역사적 견지에서 표현된 진리 주장들을 다루는 것이다. 이러한 인식은 특수한 표현들의 상대적인 적합성을 평가해야 할 필요성과 함께 우리가 어떻게 한 표현으로부터 또 하나의 표현에로 적절하게 번역할지의 문제를 드러낸다. 다음의 네 에세이는 북 대서양 상황 밖에서 비롯된 것으로서 이러한 이슈들에 특별한 주의를 기울이고 쓰여졌다.

후스토 곤잘레스(Justo Gonzalez)는 그의 큐바적 뿌리들과 미국에서의 전문적인 위치 및 광범위한 스페인어권 세계에서의 계속적인 여행과 사업을 통해 북 대서양적 상황과 그 너머 사이의 가교 역할을 실제로 대변하고 있다. 따라서 그가 "우리가 웨슬리를 스페인어로 읽을 수 있을 것인가?"라고 물을 때, 그는 단순히 라틴 아메리카인들 뿐만 아니라 미국에 있는 라틴계 사람들(Latinas)을 위해 질문하고 있는 것이다. 이 질문에 대한 가장 기본적인 대답은 명백하다. 즉 웨슬리는 때때로 스페인어권 사람들에 의해 읽혀왔다는 것이다. 그러나 곤잘레스는 어떻게 웨슬리의 신학과 영성이 히스패닉(Hispanic : 스페인어권) 문화와의 접촉에 의해 영향을 받았는지에 대한 증거를 수집함으로써 이 문화권의 웨슬리안들(wesleyanos)과 웨슬리 사이의 지속적인 참된 대화를 위한 기초를 확립하려고 한다.

11장에서 호세 미구에즈 보니노(Jose Miguez Bonino)는 웨슬리를 스페인어로 읽을 수 있는지의 여부에 대한 문제를 넘어서서, 감리교가 라틴 아메리카로 이주한 다양한 물결들 속에서 웨슬리가 "읽혔던" 방식들을 주목한다. 보니노는 라틴 아메리카에 실제로 전해진 바는 불완전하고 왜곡된 웨슬리였다고 논증한다. 이어서 그는 많은 라틴 아메리카 사람들이, 웨슬리 자신에 대한 재고가 라틴 아메리카 상황에 적합한 신학을 추구하는데 있어서 매우 결실많은 것임을 발견하고 있다는 점을 주목한다. 그의 에세이의 대부분은 특히 이러한 점에서 전망이 밝은 웨슬리 신학의 국면들을 밝히는데 바쳐지고 있다.

피터 그라소우(Peter Grassow)는 12장에서 웨슬리가 남 아프리카에서의 온전성을 위한 투쟁에 통찰과 방향을 더할 수 있는 정치신학을 가졌는지를 물음으로써 웨슬리에 대한 그 자신의 읽기에 도달한다. 그는 웨슬리가 미국 독립전쟁을 지지하기를 거부했다는 점이 그로 하여금 모든 혁명적 변화를 반대하는 입장에 처하게 하는 것처럼 보일 것이라고 언급하면서도, 웨슬리의 더 광범위한 저술 속에서 남 아프리카 사회의 가난한 자들과 변두리에 버려진 자들에게 힘을 부여할 수 있는 현대적인 정치신학을 발전시킬 수 있는 구조를 제공하는 반대되는 주제들이 있다고 논증한다.

이후정이 쓴 13장은 성령에 대한 웨슬리의 이해를 4세기 시리아 신학자인 마카리우스(Macarius)와 비교하는데 바쳐지고 있다. 이 상세한 비교를 통해서 그는 웨슬리에 대한 가장 "통상적인" 읽기가 역사적으로 부적합하며 아시아 감리교도들의 상황에 적절하지 않다는 논증을 다시 제기한다. 나아가서 그는 웨슬리의 영성 속에 있는 동방기독교적 요소들을 더 강조하며 아시아 감리교 뿐만 아니라 세계적(global) 감리교(실로, 세계적인 기독교)를 위해 밝은 전망을 보여줄 것인지를 제시한다.

마지막 장은 어떻게 웨슬리가 감리교 신학자들에 의해 감리교 역사의 과정을 통해서 고찰되고 사용되었는지(혹은 무시되었는지)에 대한 역사적 분석을 제공한다. 이 글은 신학자로서의 웨슬리에 대한 초기의 무관심을 입증하고, 이렇게 무시된 이유들을 고찰하며, 웨슬리에 대한 현재의 갱신된 관여를 긍정적으로 평가하는 장(場)을 제공한다.

제 1 장

웨슬리를 알면 무엇이 달라지는가?
케네스 카더(Kennth L. Carder)

　멤피스(Memphis)에서 열린 "감독과의 대담의 날" 행사 도중에 어떤 평신도가 이전에 누구에게서도 받아 본 적이 없던 질문을 한 적이 있었다. 그것은 "존 웨슬리에 대해 안다는 것이 당신의 교역에, 특히 감독으로서 당신의 사역에 무슨 변화를 가져다 주는가?"라 하는 질문이었다. 그 평신도는 내가 웨슬리에 관심을 갖고 있으며 설교하거나 글을 쓸 때에 웨슬리를 자주 인용하는 것을 알고서, 동정적인 마음으로, 나에게 있어서 웨슬리가 단지 역사적인 증거본문으로 곧잘 인용되는 문헌상의 논거나 출전 이상의 것임을 확인하고 싶었던 것이다. 그는 웨슬리가 현대에 "감리교도라고 불리우는 사람들"에게 무슨 변화를 가져다 주는지, 아니 가져다 주어야 하는지에 대해 알고자 했던 것이다. 그 질문은 목회자이자 감독으로서 나의 역할형성에 끼친 웨슬리의 영향과 오늘날 감리교 내의 지도력 형성에 있어서 웨슬리가 담당해야 할 역할에 대한 일련의 성찰로 인도되었다.
　내가 이 질문에 대해 고심할 수 밖에 없었다는 사실은, 바로 금세기 들어 현대 신학과 교회에 있어서 웨슬리에 대한 관심이 겨우 최소한 것에 불과했음을 보여주는 것이다. 내가 신학교에 재학중이던 1960년대 웨슬리에 대한 고찰은 감리교 역사를 다루는 과목에 한정되어 있었다. 1738년 5월 24일, 올더스게잇이 중요한 날짜와 장소로 꼽혔다. 감리교의 형성에 관한 웨슬리의 공헌은 그의 "마음이 뜨거워지는 체험(heart-warming experience)"에 초점이 맞추어졌으며, 그것은 종교적 경험의 원형으로 묘사되었다. 웨슬리의 신학적인 강조점들, 가난한 이들에 대한 열정, 전 창조계에 미치는 하나님의 다스림에 대한 복음적인 투신, 인격의 도야와 공동체의 형성을 위한 사도적 신앙에 대한 의존 등에 대해서는 그다지 관심이 주어지지 않았던 것이다.

이러한 배경을 뒤로 하고, 나는 지난 25년간 미국 감리교회에 있어서 웨슬리의 종교 사상과 실천에 대한 급격한 관심의 증대를 목도하였다. 설교문이나 개체교회 소식지들에서도 웨슬리에 대한 인용이 커다란 숫자로 증가하는 한편, '웨슬리 연구(Wesley Studies)'도 하나의 정당한 학문적 연구분야로 대접받기에 이르렀다. 이러한 발전적인 양상들은 반길 만한 일임에 틀림없지만, 웨슬리적인 전통을 신학적인 뿌리가 없는 교회에 재적용하기 위해서라면, 그 둘을 양자 간의 대화로 유도해 가는 것이 필요하다. 웨슬리를 그저 하나의 지적 호기심의 대상으로 삼아 학계에만 묶어두는 것은, 자칫 웨슬리를 현대 교회의 이념적 논쟁의 투사로 만들거나 아니면 아예 그를 무시해버리는 것 못지 않게 우리가 가진 웨슬리적인 유산을 부인하는 일이 될 것이다. 다행스러운 것은 테드 러년(Ted Runyon)과 같은 사람이 있어서 한편 웨슬리에 대한 학문적인 연구와 다른 한편 교회의 삶과 사명에 대한 성찰 사이의 간격을 메꾸기 위한 작업을 지속해 왔다는 점이다.[1] 이러한 유익한 선행연구들에 힘입어 나는 웨슬리의 세가지 특별한 공헌을 밝혀보고자 하며, 이는 앞서 그 지각있는 평신도가 제기했던 문제, 즉 "웨슬리에 대해 안다는 것이 당신의 교역에, 특히 감독으로서 당신의 교역에 무슨 변화를 가져다 주는가?"에 대한 답변이 될 수 있을 것이다.

신학적 기초 설정과 초점의 회복에 미친 공헌

내가 웨슬리를 목회사역과 교회지도력의 가능성있는 정신적 지도자(mentor)로 심각히 고려하게 된 것은 개교회 목회자로 수년간을 봉직하고 난 후의 일이었다. 그 기간 동안 내가 웨슬리에 관련해서 읽은 것이라고는 견신례나 새신자반을 준비하기 위해 이따금씩 이차 자료들을 훑어 본 정도였다. 고작해야 웨슬리는 효

---

1. 특히 Theodore Runyon, The New Creation : John Wesley's Theology Today (Nashville: Abingdon Press, 1998)을 보라.

과적인 목회를 위하여 부수적인 것 정도로 비쳐졌을 뿐이다. 틸리히, 바르트, 본회퍼, 몰트만과 같은 사람들과 비교해서 웨슬리는 시대에 뒤떨어진 함량미달의 신학자로 취급되었던 것이다. 게다가 목회적인 돌봄이나 제도적인 지도력에 대한 통찰을 주는 일차적인 자료로 여겨졌던 것은 심리학이나 사회학 이론이었다. 18세기를 살았던 한 복음전도자 보다 오히려 에릭 프롬(Erich Fromm), 칼 로저스(Carl Rogers), 롤로 메이(Rollo May), 피터 드루커(Peter Druecker) 등이, 사람들을 돌보고 교회기구를 책임지는 목회자에게 더 많은 것을 줄 수 있는 것 처럼 보였다.

하지만, 사람들이 묻는 질문의 내용이 바뀜에 따라, 이러한 태도는 바뀌기 시작했다. 베트남의 비극, 케네디 대통령과 킹 목사의 암살, 워터게이트 사건, 핵전쟁의 위협, 모든 권위에 대한 신뢰의 퇴조, 세계적인 빈곤의 증대는 심리학적인 상담이나 제도적인 경영 이상의 것을 요청하게 되었다. 미국교회가 문화적 속박에 처해 있다는 인식이 증대됨과 아울러, 내 자신도 그러한 적응 과정에 가담하고 있음으로 인해, 나는 성서, 역사신학, 그리고 우리의 웨슬리적인 유산으로 다시금 돌아가지 않을 수 없었다. 웨슬리는 일찍이 교회에 괄목할 만한 영향을 주었으며 그 영향은 사회에 적용되었는데, 이 점은 바로 현대문화에 적응되어 가는 미국교회를 향해 무언가 말해줄 수 있다는 희망을 주는 것 같았다.

신학적 기초설정과 초점에 대한 웨슬리의 모델

내가 웨슬리를 읽게 되자, 즉시로 내 관심을 사로잡은 것은 그가 온통 신학에—즉 하나님을 아는 것과 모든 삶에 대한 하나님의 주장에 응답하는 일에—전념하고 있다는 사실이었다. 이것은 건전한 교리나 진지한 신학적 탐구에는 무관심하면서 조직에 관한 전략에 지배받고 있는 실용주의자라는 웨슬리에 대한 통상적인 이미지들과는 아주 반대되는 것이었다. 대신에 내가 발견한 웨슬리는 역사적으로 물려받은 신앙을 이해하고 가르치고 선포하고 적용하는 일에 헌신한 사람이었다. 실로 그는 신학적으로 사고하고 신학적으로 발언하고 전달하며, 신학적으로 설교하고 가르치며 신학적으로 전략을 세우며, 신학적으로 감리교 운동을 지도했을 뿐아니라, 심지어 그는 "모든 것 중에 가장 좋은 것은 하나님께서 우리와 함께 하심이라"고 확증하면서 신학적으로 삶을 마쳤다.[2]

성서를 인용하여 말하는 것은 웨슬리에겐 너무도 자연스러운 일이었으므로, 성서는 그에게 제 2의 언어였다고 말하는 것이 정확할 것이다.[3] 하지만 신앙의 문제들에 관한 한 성서가 일차적인 권위를 가졌으나, 전통(특히 초대 교부들에 의해 표현된 것으로서의 전통) 또한 중요한 것이었다. 웨슬리는 기독교 신앙의 역사적인 교리들을 숙지하고 있었으며 그것들은 웨슬리 신학작업의 기본적인 틀을 형성해 주었던 것이다. 웨슬리는 그 당시의 과학, 정치, 문학, 경제에 대해 친숙히 알고 있었지만, 성서와 역사적 기독교에 바탕을 둔 신학이 그가 개인적, 교회적, 사회적 논제들에 대한 응답을 이끌어 낼 수 있었던 기초로 남아 있었다.

웨슬리는 하나님을 아는 것과 하나님이 통치하시는 삶을 사는 것과, 예수 그리스도 안에서 성령을 통하여 알려진 하나님의 진리를 선포하고 가르치는 것에 사로잡혀 있었다. 웨슬리의 설교는 말로 한 것이든, 쓰여진 것이든, 그 내용과 목적과 열정에 있어서 실로 신학적인 것이었다. 웨슬리의 설교들은 그의『신약주해』와 마찬가지로 교과과정 자료로 사용되었다. 그의 서신과 일지는 모든 문제를 신앙의 관점에서 접근해 갔던 한 사람의 모습을 반영해 준다. 신학적인 성찰은 결코 목회나 교회행정, 혹은 복음 전도의 과업들로부터의 이탈이 아니었다. 그것은 그의 존재 전체를 하나로 엮어 주는 날줄과 같은 것이었으며, 그는 감리교 설교자들과 속회지도자들에게도 똑같은 것을 기대하였다. 웨슬리는 초기 감리교 지도자들로 하여금 신학적인 책임(accountability)을 엄격히 지키도록 하였으며, 감리교 설교자들의 모임은 신학적/교리적 문제와 관심사들에 초점이 맞추어졌다. 그러한 첫 회의에 참석한 이들은 하루는 온전히 믿음에 의한 칭의에 대해 토론하고, 둘째날은 "성화"를 다루는 데 온전히 바치곤 하였다.[4]

또한, 웨슬리가 신학에 몰두했던 것은 복음화와 변형시키는 목적에 이바지하였

---

2. Richard P. Heitzenrater, Wesley and the People Called Methodists (Nashville : Abingdon Press, 1995), 308.
3. Works의 1-4권을 보라. 이 권들 속에 나오는 Albert Outler의 주(註)들은 웨슬리가 자신의 설교의 통찰들, 언어 및 스타일에 있어서 성경을 광범위하게 사용하고 있음을 명백히 보여준다.

다. 웨슬리에게 있어 신학이란 삶과 죽음의 문제였으며, 결코 열정없는 학문적 사변의 주제일 수 없었다. 하지만 신학과 교리가 교조적인 법적 목적에 이바지한 것은 아니었다. 신학과 교리는 복음화와 인격형성 및 사회변형에 이바지하는 데에서 그 가치가 인정되었던 것이다. 웨슬리의 관심은 이른바 "실천적인 신학"(practical divinity)이라 할 수 있는데, 그것은 믿음과 행위, 신앙과 실천, 교리와 훈련(또는 계율)간의 관계를 강조하는 것이었다.

예를 들어, 그가 죽기 전 "하나님 없이 사는 삶에 관하여"(On Living without God)란 제목의 설교에서 웨슬리는 그가 "실제적인 무신론자"라고 칭했던 현상이 만연해 있는 것에 대해 숙고하였다. 웨슬리는 평생에 영국지도 안에서 자기가 만나 본 무신론자(하나님의 존재를 철학적으로 거부한다고 하는 전문적인 의미에서의 무신론자)는 고작 두 명에 불과하지만 "세상에서 하나님 없이" 살아가는 많은 "기독교인들"을 만나보았다고 말하였다. 웨슬리는 계속해서 진정으로 중요한 것은 하나님에 대한 지적인 사유가 아니고, 하나님의 실재와 현존에 의해 삶을 형성하는 것이라고 강조하였다:

> 나는 자비로우신 하나님이 [개개인의] 생각보다는 그들의 생활과 기질을 살펴보신다고 믿습니다. 나는 하나님이 두뇌의 명석함보다는 마음의 선함을 존중하신다고 믿습니다. 따라서, [한 사람의] 마음이 (하나님의 은혜와 성령의 능력으로 말미암아) 하나님과 다른 사람들을 향한 겸손하고 온유하며 인내심있는 사랑으로 충만케 된다면, 하나님은 그의 생각이 분명치 못하고 그 사고가 혼란하다고 하여 그를 결코 악마와 그의 사자들을 위해 예비한 영원한 불가운데 던지지는 않을 것입니다. 거룩함 없이는 아무도 하나님을 볼 수 없습니다. 그러나 나는 거기에다 혹은 명석한 생각들을 [조건으로] 감히 덧붙이지 않습니다.[5]

---

4. 이 회의들의 첫 계획은 세가지 논제들에 초점 맞추는 것이었다. 즉 무엇을 가르칠 것인가, 어떻게 가르칠 것인가, 감리교 교리, 장정(discipline : 규율), 실천을 어떻게 규제할 것인가가 문제였던 것이다. Minutes(회의록, 1744년 6월 25일), Minutes (Mason) 1:1 (또는 John Wesley, 136) 참조. 1744년 6월 25-26일에 있었던 칭의와 성화에 관한 토의는 Minutes (Mason) 1:1-6 (또는 John Wesley, 136-41)에 나온다.

5. Sermon 130, "On Living Without God," §15, Works 4:175.

달리 말해서, 웨슬리는 규범적인 사유로서의 교리와 삶의 실재로서의 교리 사이의 건전하면서도 창조적인 긴장관계를 유지했던 것이다. 그가 비록 성서에 토대를 두고 전통에 의해 지지되며, 체험과 이성에 의해 증거되는 역사적인 신앙에 대한 열렬한 해석자와 충실한 옹호자였으나, 웨슬리의 진정한 목표는 마음과 삶의 거룩함이었고, 그것은 곧 하나님 사랑과 이웃 사랑으로 정의되었다:

"내 앞에 다른 신을 두지 말라"고 하신 말씀에서 시작해야 할 것입니다. 우리 주께서 몸소 심판자가 되신다 할 때, 이것이 첫째가는 가장 큰 계명이 아닙니까? 따라서 먼저 하나님을 사랑하고, 다음으로 당신의 이웃들, 인간의 모든 자녀들을 사랑하십시오. 이 원천으로부터 모든 기질과 모든 정감과 모든 열정이 흘러 나오게 하십시오. 그리하면 "너희 안에 이 마음을 품으라, 곧 그리스도 예수의 마음이니" 하신 말씀이 이루어질 것입니다. 여러분의 모든 생각과 말과 행동이 이로부터 솟아나게 하십시오. 그리하면 여러분은 "창세초부터 너희를 위하여 예비된 나라를 상속받게" 될 것입니다.[6]

웨슬리의 신학적 초점에 있어서 중심이 되는 것은 복음화, 곧 하나님의 선행(先行)하시고, 의롭게 하시고, 거룩하게 하시고 완전하게 하시는 은총을 말과 행동으로 선포하는 것이다. 이것은 은혜가 개인과 사회를 변화시킨다는 그의 확신에서부터 자라난 것이다. 테드 러넌이 우리에게 상기시켰듯이, 웨슬리에 의하면 "참된 종교의 본질과 목적은 뱀의 머리를 상하게 하시는 그리스도께서 그 옛 뱀이 인간에게서 빼앗아 간 것 모두를 인류에게 돌려주시는 회복이다. 그것은 단지 하나님의 호의(은총)에로의 회복일 뿐아니라 또한 하나님의 형상에로의 회복인 것이다. … 이것이 조금이나마 결여되어 있다면 그것은 결코 기독교라고 할 수 없다."[7]

웨슬리에게 있어 복음화란 제도적인 교회성장의 전략을 훨씬 넘어서는 것이다. 그것은 모든 창조 세계에 걸친 하나님의 도래하는 통치에 대한 응답으로 나타나는 삶의 변형에 동참하는 것이다. 러넌을 다시 인용해 보면, "회심이라는 결정적인 사

---

6. Sermon 120, "The Unity of the Divine Being," §25, Works 4:71.
7. Theodore Runyon, "What is Methodism's Theological Contribution Today?" in Wesleyan Theology Today, ed. Theodore Runyon (Nashville : Kingswood Books, 1985), 11-12.

건과 성화의 과정은 순전히 개인주의적인 맥락에서는 이해될 수 없다. 그것들은 창조와 하나님 나라에 대한 유기적 관계 속에서 보아야 한다. 회심의 사건이 웨슬리에게 결정적인 것은 그것이 우주를 다시 새롭게 하시는 하나님의 활동에 동참하는 것이기 때문이다."[8] 러년이 또한 주목하는 것은 웨슬리에 있어서 "회심이란 단지 하나님 앞에서 한 사람의 지위를 변화시키는 것이 아니라 개인과 공동체를 변화시키는 사건"이며, 성화란 우리가 "다가오는 시대의 능동적 주체(agent)가 되는 것이며, 죄악과 타락의 세력에 대항하는 투쟁에 동참하는 것이며, 새 시대의 약속을 당연한 것으로 주장하며 죄악에 대한 승리가 진실로 가능할 것을 믿는 희망 속에서 살아가는 것"을 뜻한다는 것이다.[9]

신학적인 초점을 유지하기 위해서 웨슬리에겐 의도적인 규율이 필요하였다. 정확한 여행일정과 감리교 운동의 성장에 따라 여러 가지 행정적인 요구가 늘어나는 와중에도, 웨슬리는 신학적인 중심을 잃지 않았다. 그는 근본적인 것과 수단적인 것, 중심적인 것과 주변적인 것, 영속적인 것과 일시적인 것 간의 차이를 숙지하고 있었다. 웨슬리는 하나님의 구속하시고 변형시키시는 은총의 사역을 더 신실히, 더 효과적으로 함께하기 위해서라면 기꺼이 "애굽인들을 노략"하며 적응하고자 하였다. 그렇지만 그는 명백히 신학적인 언어, 이미지들, 세계관에 여전히 닻을 내리고 있었다. 비록 그가 계몽주의의 새로운 도구들을 사용할 경우에도, 그는 절대로 어떤 도구나 방법이 가치로부터 자유롭거나 신학적으로 중립적이라고 생각하지 않았다. 신학적 천착(穿鑿)은 웨슬리 부흥운동에 있어 불가결하고도 역동적인 요소였던 것이다!

현대의 연합감리교회를 위한 잠재력

웨슬리의 후손들이 그에게서 배울 수 있는 가장 가치있는 교훈은 아마도 신학 — 하나님을 아는 것과 피조물 전체에 걸친 하나님 통치의 도래에 의해 형성되는 것 — 의 우위성일 것이다. 현재 북미주의 연합감리교가 신학적으로는 기억상실증

---

8. Ibid., p. 11.
9. Ibid., p. 12.

에 걸려있고 선교적으로는 빈혈증에 시달리고 있음을 보여주는 증거가 많이 있다. 비판적인 신학적 성찰과 역사적 교리의 진지한 적용이 교회의 삶과 교역의 형성에 있어서 부차적인 (따라서 흔히 임의적인) 자원으로 전락해 버린 것이다. 소비주의라는 시장논리는 교회의 골조라 할 수 있는 은혜의 은사논리(gift logic)를 밀어 내고 있으며, 제도적 생존, 조직의 효율성 및 실용적 효과 등에 전념한 실용주의가 교묘하게도 목회를 조종하는 철학이 되어왔다.10) 창조계 전체에 걸친 하나님의 통치, 예수 그리스도를 통한 하나님의 세계구원, 성령의 능력을 통한 새로운 공동체의 형성 등에 담긴 의미나 함축성보다도 제도적 교회의 존속, 문화적 우위성, 통계수치상의 실적이 교회지도자들로부터 더 많은 각광을 받고 있다.

사회학적으로 정의된 교회를 지탱해 주기 위한 인간학적인 전략들이 다수의 개체교회와 교단적인 회합의 의제들을 휩쓸고 있다. 전체교회는 하나님의 구속함을 받은 공동체로서, 예수 그리스도가 이룩한 정의와 관용과 희락의 표징이자 전령이 되어야 할 예언자적인 역할을 갖고 있다는 생각은, 코커스(caucus: 개별단체)들이나 특정한 대리인들에 의해 제기된 문제들, 말하자면 정치적으로 "뜨거운" 이슈들에 대한 성명들로 대체되고 있다. 세계가 직면하고 있는 인종차별, 경제적 불균등과 불의, 폭력과 전쟁, 어린이와 약자들이 겪는 곤경, 환경보존 등의 비판적인 이슈들은, 적어도 사회적, 정치적, 경제적 분석들의 심각함과 동등한 만큼의 신학적인 진지성을 가지고 대면되는 경우가 별로 없다.

인간학적으로 기초가 놓여진 교회란 신학적으로 형성되고 초점 맞추어진 교회와 근본적으로 다르다. 소비주의적 동기가 만연하게 될 때, 모든 것은 하나의 공리적인 시장 상품으로 환원된다. 예배는 대중을 매료시키는 마케팅 수단으로 전락되어 개인적인 선호도와 개별적인 취향에 좌우되게 된다. 복음전도는 선행하고,

---

10. M. Douglas Meeks의 생각을 불러일으키는 책인 God the Economist (Minneapolis : Augusburg/Fortress, 1989)는 소비주의적 상업논리의 편만한 성격과 성서적이고 역사적인 신앙에 대한 도전을 명백히 묘사하고 있다. Philip Kenneson과 James Sweet에 의한 Selling Out the Church : The Dangers of Church Marketing (Nashville : Abingdon Press, 1997)은 많은 "교회성장" 전략이 기초하고 있는 시장전략들에 대한 교정제를 제공하고 있다. Kenneson과 Sweet는 모든 방법들과 도구들이 신학적 함의들을 가지고 있으며 시장논리는 교회의 자기이해와 그 복음적이고 선교적인 비전을 바꾸어 놓고 있다는 것을 예증하고 있다.

의롭게 하고, 성화하고, 완전케 하는 은총에 응답하여 삶의 방향을 근본적으로 재정위하는 것이라기 보다는 그저 교회에 가입하는 정도로 간주된다. 목회는 전문가들이 나눠주면 평신도들이 받아들이는 상품이 된다. 제도적인 참여가 제자직과 동일시되고, 선교는 때때로 재정지원을 해야 하는 임의적인 선택항목으로 취급된다. 사람들은 자신들이 생각하는 요구를 최고로 충족시켜 줄 기관을 물색하고 있으며, 교회는 그들의 충성과 후원을 얻기위해 경쟁하는 다수의 기관들 중 하나로 비쳐지는 것이다.

신학적 중심성의 상실은 하나님을 교회 생활의 주변으로 밀려나게 하며 하나님을 하나의 공리적인 상품으로 만들어 버린다. 이런 까닭에, 어떤 이들은 미국의 연합감리교회를 "무신론"으로 고발하기도 한다.[11] 요즘의 감리교인들은 계획과정, 조직적인 전략, 제도적 구조와 제반 사회과학으로 수집한 통찰을 선포하고 삶을 통해 나타나는 복음의 능력보다도 더 신뢰하는 경향이 있다. 18세기 웨슬리가 실천한 것과 같은 견고한 신학적인 토대와 비판의식이 없이는, 교회가 채용하는 방법들이 기독교 신앙의 허울아래 실제로는 무신론을 조장시킬 뿐이다. 교회는 자신의 기억을 상실하고 단지 주변 문화에 의존하는 것으로 자신의 정체성과 목적을 유지하려 하고 있다.

연합감리교회가 웨슬리운동에서 나타난 복음에 충실하기 위해서는 신학적인 초점과 교리적인 기초를 회복하는 것이 필요하다. 역사적 신앙에 뿌리박은 진지한 신학적 성찰은 교회의 삶과 행위의 모든 면에서 우선적인 주목을 받아야 한다. "주재하는 신학자(resident theologian)"로서 목회자의 역할을 배양하는 것이 특히 중요하다. 아울러 이러한 차원에서 수행되는 신학작업은 웨슬리의 말처럼 "하나님이 시작하신 곳에서 시작해야 한다: 즉 '내 앞에서 다른 신을 네게 두지 말라'는 말씀에서."[12] 지금의 교회와 세계가 대면하고 있는 가장 비판적인 질문은 하나님은 누구신가 하는 것이다. 우리는 단지 어떤 신이 아닌, "하나님을 본받는 자"(엡

---

11. 특히 Stanley Hauerwas의 저술을 보라. 그는 현대 연합감리교회의 많은 활동이 하나님을 불필요하게 만든다고 논증한다. 웨슬리가 그의 설교 "하나님 없이 사는 삶에 관하여"에서 묘사하는 "실제적인 무신론"은 교회활동의 많은 부분에 적용될 수 있다.

12. Sermon 120, "The Unity of the Divine Being," §25, Works 4:71.

5:1-2)가 되어야 한다.[13] 우리를 형성하고, 우리를 지으시며, 우리에게 동기를 부여해 주시는 이가 바로 우리 하나님이시다. 따라서, 삼위일체 하나님의 본성과 목적과 현존을 분별하는 것이 교회의 불변하는 일차적 과제이다.

연합감리교회 내에 신학적 성찰과 형성의 중요성에 대한 인식이 증대되고 있다. 평신도들은 하나님이 누구시며, 하나님이 세상에서 하시는 일이 무엇이며, 자신들이 그것에 응답하여 무엇을 해야 하는지 알고자 하는 욕구가 있다. 그 실례로 지난 5년간 내쉬빌(Nashville) 감독 관할구에서 열린 교육/청문의 날 기간 중에 평신도들은 감독 앞으로 질문서를 작성하고 답변을 듣는 기회를 부여받았다. 거기서 제출된 질문 중 80퍼센트는 신학과 신조 및 교리에 초점이 맞추어 지고 있는 반면, 조직, 관료제, 배분, 또는 심지어 목회자 임명 과정에 관한 질문은 매우 적은 편이었다. 마찬가지로 목회자 구역인사위원회(Pastor Parish Relations Committees)에서 제출한 목회자들의 신상소개서는 설교, 교육, 목회양호 등의 분야에서 "영적 지도자(spiritual leaders)"의 면모를 가진 목회자들을 원하고 있음을 나타내 준다. '제자 성경공부(Disciple Bible Study)' 와 같은 성서연구 교재가 인기를 끌고 '언약 제자직(Covenant Discipleship)', '엠마오 (Emmaus)' 등 영적 형성을 지향하는 단체들에 많은 사람들이 참가하고 있다는 사실은 깊이 있는 기독교 교육과 제자직 형성에 대한 갈망이 자리잡고 있음을 보여준다. 교단 내에는 교리적인 온전성(integrity)과 신학적인 책임성을 요청하는 그룹들도 존재하는 바, 이들은 비록 그들의 방법과 신학적 관점들이 웨슬리 전통에 비추어 심각한 비판을 받을 만하지만 그간 교회가 역사적 신앙을 부지런히 가르치지 못하고 그것에 의해 살아가지 못해서 생겨난 일종의 공백상를 표출해 주는 징조로 볼 수 있을 것이다.

오늘날 연합감리교회 내의 이러한 상황들을 살펴 볼 때, 웨슬리를 아는 것이 나를 포함하여 감독회내의 다른 동료 감독들에게 이바지한 하나의 공헌은, 가르치는 직무로서의 감독직에 일층 더 관심을 갖도록 촉진했다는 점이다. 적어도 어느

---

13. 나는 이점에서 특히 Ted Jennings의 도움을 받고 있는데, 그는 우리가 본받아야 할 하나님은 어떤 일반적인 신성(generic deity)이 아니라 가난한 자들의 부르짖음을 들으시며, "고아들과 과부들과 이민자들"을 변호하시며, 연약함과 상처입기 쉬운 모습으로 오시는 하나님, 즉 예수 그리스도 안에서 알려지신 특정한 하나님이라는 것을 자주 강조한다. 특히 이 책에 나오는 그의 글[제 4장]을 보라.

한 지역의 감독회는 일종의 언약 형태로 이 책무를 공식화하였는데, 그 내용은 교회의 교리와 신학을 가르치고, 그 언약이 어떤 식으로 관철되었는지 매 회합 때마다 보고할 것을 약속하는 것이다. 이렇듯 신학의 우위성에 교회의 제반 사업의 초점을 맞춤으로써, 우리는 우리가 가진 웨슬리 전통의 핵심을 재천명할 수 있게 되었다.

가난한 자들, 약한 자들과 함께하는 목회의 회복에 미친 공헌

"존 웨슬리를 안다는 것이 당신의 교역에, 특히 감독으로서 당신의 교역에 무슨 변화를 가져다 주는가?" 웨슬리 신학의 두 번째 공헌을 들자면 그것은 가난하고 연약한 자들과 함께하는 목회가 교회의 생명과 건강에 있어 중심적인 것임을 재인식한 것이라 할 수 있다. 감리교회는 가난한 자들의, 가난한 자들을 위한, 가난한 자들에 의한, 가난한 자들과 함께하는 운동으로 시작되었다. 세상의 가난한 자들, 갇힌 자들, 약자들과 벗되어 그들과 함께하는 목회에 실패하는 것은 웨슬리 전통을 통해 전달된 복음에 대한 배반이 될 것이다.

웨슬리의 근접(proximity) 모델과, 가난하고 약한 자들과의 목회

오늘날 웨슬리의 후예들이 잊어버리는 경향이 있지만, 존 웨슬리는 그의 목회를 통하여 경제적으로 빈곤한 사람들을 섬기는 일에 일평생을 투신했으며 주변 사람들을 사귀고 더불어 목회하는 일에 쉬지 않고 헌신하였다.[14] 웨슬리의 이러한 투신에 동기를 주고 틀을 잡아 준 것은, 복음과 역사적 신앙에 대한 이해였다. 그것은 인도적 관심에서 기인한 것이 아니라, 가난한 이들과의 관계가 예수 그리스

---

14. Ted Jennings의 책 Good News toe the Poor: John Wesley's Evangelical Economics (Nashville: Abingdon Press, 1990)는 우리의 웨슬리 유산이 지닌 이러한 중대한 요소를 전방에로 이끌어 내었다. 1992년 옥스포드 감리교신학 학술대회는 "가난한 자들에 대한 복음"(Good News to the Poor)이라는 주제를 다루었으며, 이 학회에서 나온 주요 강연들은 The Portion of the Poor: Good News to the Poor in the Wesleyan Tradition, ed. M. Douglas Meeks (Nashville: Kingswood Books, 1994로 출판되었다.

도의 복음에 있어 불가결한 요소라는 확신, 즉 가난한 자들과 사귀지 않고는 예수 그리스도를 알 수도, 섬길 수도 없다는 확신으로부터 나온 것이다. 사실 웨슬리는 가난한 이들이 은총의 수단이 된다고 생각했으며, "참된 종교(신앙)는 강한 자들로부터 약한자들 에게로 가는 것이 아니라, 약한 자들로부터 강한 자들에게로 가는 것이라"고 주장하였다.[15]

웨슬리의 종교적 체험과 복음적 증언은 가난한 자들과 맺은 관계에 의해 형성되었다. 1738년 올더스게잇을 전후한 시기에 가졌던 확신도 일찍이 어린 시절 고향 엡워드에서 겪었던 빈곤의 경험, 옥스포드 학생시절에 감옥에 갇힌 이들과 가난한 이들을 방문했던 일, 조지아에서 실패한 선교적 노력들, 은총을 설교했을 때 가난한 사람들이 보여 준 반응과 분리될 수 없는 것이다. 이런 까닭에 어디에서 누구를 향해 무엇을 설교할 것인가, 설교센터(preaching houses)를 어떻게 설계할 것인가, 속회모임을 어떻게 구성하고 그 내용을 무엇으로 구성할 것인가, 무슨 글을 저술하고 배포할 것인가, 누구와 더불어 시간을 보낼 것인가 등등의 문제를 결정할 때, 가난한 자들에게 어떤 영향을 주는가 하는 점이 웨슬리가 사용했던 원칙적인 판단기준이 되었던 것이다. 그것이 또한 웨슬리가 보건소(health clinics)나 대출금고(lending agencies), 봉제조합이나 학교 등을 세우는 일이, 설교하고 기도하는 일 만큼이나 복음을 신실하게 살아가는 데 없어서는 안될 일이라 생각하게 된 까닭이기도 하다.

웨슬리는 가난한 이들과 지속적으로 관계를 맺고 그들을 정기적으로 방문하는 일이 성례에 참여하는 것 만큼이나 제자직과 영적인 건강을 위해 필수적인 일이라는 확신을 갖고 있었다. 이로 말미암아 웨슬리는 가난한 자들과 맺는 여러 관계들이 그의 감리교 운동에서 기대되도록 만들었다. 하지만 불행하게도, 거의 그의 생애를 마칠 때 쓰여진 "감리교에 대한 생각들(Thoughts upon Methodism)" 속에서 웨슬리는 감리교 운동이 "경건의 능력을 잃어버리고 경건의 모양만 남은 죽어버린 분파"로 전락해 가고 있다는 우려를 표명하였다. 웨슬리에 의하면, 사태를 그렇게 만든 데는 두 가지 요인이 있었다. 감리교 운동과 함께 시작되었던 "교리와 정신과 규율"의 상실이 그 하나였고, 감리교인들이 점차로 부유해짐에 따라 결과

---

15. Journal (1764년 5월 25일), Works 21:466.

적으로 가난한 자들로부터 이반하게 된 것이 다른 하나였다.[16]

오늘의 연합감리교회가 다시금 가난한 자들을 향해 돌아서게 될 것인가?

현재 북미주 감리교회의 침체상태를 살펴 볼 때, 웨슬리의 우려가 근거없지 않았다는 것을 보여주고 있다. 특히 미연합감리교회는 중산층적인 기풍에 물들어 있다. 연합감리교회의 조직 구성이나 운영절차, 기획활동, 교육과정, 편의시설, 성직자의 급여, 임명절차와 예산운용과정, 교단기관들과 집회 등이 중산층의 가치와 방법론에 따라 형태지어져 있는 것이다. 가난한 자들은 대부분의 개체교회와 교단 구조에서 배제되어 있으며, 그들이 눈에 띌 경우에도, 예수 그리스도의 특별한 친구들이거나 하나님이 친밀히 관계맺으시는 자들로서 대접받는 게 아니라 그저 자선의 대상쯤으로 취급되고 있는 편이다.

하나의 교단으로 볼 때, 우리 감리교회는 과학기술, 제반 사회과학, 정책 및 행정절차가 가져다 준 통찰과 선물들을 입수하는 데 있어서는 장족의 발전을 이루어 왔다. 하지만 웨슬리와는 달리, 현재 우리 미합중국의 감리교인들은, 세계인구의 최대다수를 점하고 있으며 흔히 우리 개체교회 근처의 드러나지 않는 게토(ghetto)에서 살고 있는 가난한 사람들이 지닌 통찰과 선물들에는 그다지 혹은 전혀 접근하지 않고 있다.

전세계의 가난한 이들이 겪는 곤궁함과 아울러 우리 개체교회와 연결체계에서 그들을 찾아볼 수 없다는 사실은 연합감리교회에 하나의 심각한 신학적 및 교회적 위기를 대변한다. 가난한 이들이 웨슬리가 설교하고 실천한 대로 예수 그리스도의 복음에 없어서는 안될 요소라면, 가난한 이들에게서 분리되는 것은 곧 삼위일체 하나님으로부터의 분리요, 우리 자신이 속한 신학적, 선교적 전통으로부터의 분리이기도 한 것이다. 가난한 자들과의 관계를 새롭게 하는 것은 부유한 자들을 복음화하는 것과 함께 오늘날 중산층 중심의 미감리교회가 사로잡혀 있는 소비자 중심

---

16. "Thoughts upon Methodism" (1786년 8월 4일), Works 9:527-30. 이러한 동일한 관심은 웨슬리의 Sermon 107, "On God's Vineyard" (Works 3:503-17)에서도 표현되어 있는데, 이 설교는 한 해 뒤에, 영국을 가로질러 행해진 감리교 사업을 방문한 후에 기록되었다.

의 시장 논리라는 우상의 지배를 깨뜨리는 수단이 될 수 있을 것이다.

이러한 갱신을 향한 몇가지 희망적인 조짐이 나타나고 있다. 비록 체계적인 제도적 변화의 전망이 여전히 불확실한 것이기는 하더라도 말이다. 세계의 2/3에 해당되는 지역의 사람들 사이에서 감리교회가 활기있게 성장하고 있다는 사실은 한 가지 희망의 근거가 된다.

교회의 세계화(globalization) 덕분에 우리는 아프리카, 라틴 아메리카 및 아시아로부터의 목소리를 들을 수 있게 되었고, 이러한 목소리는 미국의 교회들에 갱신의 모델이 되고 있다. 시장 논리가 전 세계에 파고 들고 개인주의가 증대되고 있긴 하지만, 아프리카, 라틴 아메리카의 교회에서는 시장논리가 미국만큼 맹위를 떨치고 있지는 않다. 토착 민족들 중에서의 복음의 체험과 표현에 대한 개방성이야말로 은총의 방편으로서 가난한 자들과의 관계를 회복하는데 큰 약속이 된다.

또하나의 희망적인 표시는 북미주의 청년과 성인들이 단기 선교활동에 참가하는 것이 늘어나고 있다는 점이다. 이것은 (적어도 일시적으로나마) 가난한 이들에게 가까이 접근하고자 하는 소원이 있음을 보여준다. 멤피스와 테네시 연회에 속한 젊은이들과 가진 비공식 토론에서 우리는 이러한 주변인들과 함께하는 참여의 사역("hands on" ministry)에 가담하는 것이 가장 선호되는 활동임을 알게 되었다. 마찬가지로, 교파를 불문하고 점점 더 많은 지역 회중들이 의도적으로 그들의 이웃을 향해 눈을 돌리며, 모든 하나님의 자녀들을 환대하고자 노력하고 있다. 하지만 이러한 교회들은 여전히 소수에 불과하며, 그들 자신도 흔히 임명과정과 연결체계 내에서 소외되어 있다.

연합감리교회는 중산층의 동질적인 회중집단이 가난한 자들로 이루어진 동질적인 회중집단에 단지 재정만을 지원해 주는 것으로 만족해서는 안된다. 감리회를 일으킨 그러한 복음에 대해 우리가 참되고자 한다면, 십자가에 못박히시고 부활하신 그리스도가 세우신 환대의 공동체 내에서는 가난한 이들과의 지속적인 관계가 규범이 되어야 한다.

이 점은 최근에 감독회가 추진하는 "아동과 빈곤 문제에 대한 이니셔티브"

---

17. "Children and Poverty : An Episcopal Initiative, Biblical and Theological Foundations" (Nashville : The United Methodist Publishing House, 1996)을 보라.

(Initiative on Children and Poverty)에 담긴 잠재적인 중요성을 밝혀주고 있다.[17] 이러한 이니셔티브를 실행하기 위해서는 감독의 역할과 우선순위들을 포함하여 교회내의 체계적인 변화가 요구될 것이다. 이 이니셔티브를 신학과 교회의 변형을 위한 방편으로 보는 대신에 하나의 부가된 사업이거나 일시적이고 선택적인 선교적 강조점 정도로 취급하고자 하는 유혹들이 우리의 연결적인 교회의 현 구조, 인식, 목표, 절차 등의 모든 층 속에 자리잡고 있는 중이다. 꼭 필요한 체계적 변화가 일어날 수 있을 만큼 오랜 기간 동안 감독들이 그 초점을 계속해서 붙들고 있을 수 있을지가 미정인 채로 남아있다.

분명한 것은, 하나님의 도래하는 통치의 수용자요 대리자인 가난한 자들과 소외된 자들에게 시선을 돌리는 일이 반드시 신학에 뿌리내리고 신학에 의해 형성되어야 한다는 점이다. 웨슬리가 참된 종교의 본질이라고 천명한 바, "하나님 사랑과 이웃 사랑," 및 예수 그리스도 안에서 다가온 하나님 나라의 비젼이 이에 대한 타당한 기초인 것이다. 이러한 신학적인 기초설정 없이는, 우리의 수고가 그 지탱력을 잃게 될 것이다. 더 중요하게는, 그들이 온정적 시혜에 부수되기 마련인 빈곤에 대한 감상주의적 태도를 양산하게 되기 쉬울 것이며, 아울러 연합감리교회의 중산층 포화상태를 오히려 고착화하게 되기 쉬울 것이다.

평신도 사역의 회복에 미친 공헌

"존 웨슬리를 아는 것이 당신의 교역에, 특히 감독으로서 당신의 교역에 무슨 변화를 가져다 주는가?" 이 질문은 부분적으로는 그 질문을 던진 평신도가 평신도에게 참여의 중요한 역할을 맡겨온 웨슬리적인 유산을 인식하고 있었기에 가능한 것이었다. 그 질문에 대한 나의 최종적인 답변은, 내가 웨슬리를 연구함으로써 목회와 복음적인 능력이 평신도들에게 속한 것이며, 목회란 삼위일체 하나님의 현존과 사역에의 참여를 서로 공유하는 것이라는 나의 개인적인 확신을 더욱 심화시킬 수 있었다.

평신도 사역의 회복에 관한 웨슬리의 모델

웨슬리가 그 당시 교회에 가져다 준 한가지 선물은 (비록 그것이 항상 인정되지는 못했지만) 모든 세례받은 그리스도인들이 세상을 향한 하나님의 사역에 동참한다는 이해를 회복한 것이다. 이러한 이해는 그가 임명받은 성직자에게만 의존해서는 "온 땅에 성경적 성결을 전파하는" 목표를 제대로 성취할 수 없음을 깨달은 데에서 기인하였다. 웨슬리가 이러한 사명을 위한 조력자들로서 평신도 선교사들과 청지기들과 속회지도자들을 세운 것은 잘 알려진 사실이며, 초기 감리교회는 이에 힘입어 커다란 전략적 성공을 거두었던 것이다. 웨슬리가 "평범한" 사람들을 발굴해내어 그들에게 동기를 심어주고 지도자로 육성할 수 있었던 것은 그의 천부적 재능에 힘입은 점도 있다. 성서에 있는 많은 실례들을 따라, 웨슬리는 종종 가난한 이들을 포함하여 가장 주목받지 못하는 이들을 찾아내어 그들을 속회와 신도회의 영향력있는 지도자들로 성장시켰다. 웨슬리가 영성훈련과 신학적 책임(accountability : 설명할 의무)을 맡도록 평신도 지도자들을 세우는 일에 대해 끝까지 확고한 태도를 견지한 것은, 모든 시대와 문화적 상황에 있는 감리교인들에게 귀한 교훈을 주고 있다.[18]

연합감리교회의 평신도 사역: 그 상실과 회복(의 시작)

웨슬리가 첫걸음을 떼어놓은 평신도 사역은 특별히 미국 개척지의 감리교회에서 현저하게 나타났다. 순회설교자들이 감리교 역사가들의 두드러진 주목을 받았지만, 사실 제자직 형성에 있어서 보다 중요한 지속적인 역할을 감당한 것은 평신도들이었다. 그들은 순회설교자나 정식 성직자가 부재중인 긴 공백기간 동안 목회양호, 복음증거, 신앙교육, 선교활동 등의 사역에 종사하였다. 하지만 이러한 평신도 사역의 현저한 형태는 지속되지 않았다.

데이빗 로우즈 왓슨(David Lowes Watson)과 같은 학자들은 현재 연합감리교

---

18. David Lowes Watson의 노작은 우리의 웨슬리적 유산의 이 구성요소를 이해하고 현대 교회에게 그 전통을 적용하도록 하는데 특히 도움이 되어왔다.

회가 성직자 주도로 자리잡게 된 것은 십구세기에 목회권한이 지역 평신도들로부터 안수받은 "정주(定住)한" 목회자들에게 이양되었던 데에서 기인한다고 주장한다.[19] 이러한 변천에 따라 평신도의 역할은 일차적으로 목회와 복음전파의 직분으로부터 종교의 제도적 표현들을 유지함에 있어 조력하는 직분으로 옮겨가게 되었다. 각종 위원회에서 봉사하는 일, (예배를 포함하여) 목회자가 주도하는 활동에 참여하는 일, 제도적 교회를 위해 재정 지원을 담당하는 일 등이 평신도의 충성도를 보여주는 일반적인 표지가 되었다. 목회지도력이 평신도로부터 성직자로 이전됨에 따라 성직자들의 자화상도 근본적으로 바뀌게 되었으니, 이제는 자신들을 교회기구를 진작시키고 공고히 하는 책임을 진 전문적인 지도자로 보게 되었던 것이다. 이러한 성직자들의 자화상이 북미주 문화에 만연된 소비자중심의 시장 이데올로기 및 개인주의와 결합함으로써, "목회" 그 자체가 세상에서 하나님의 변형시키는 선교에 동참하는 것이 아니라, 성직자들에 의해 베풀어지고 평신도들에 의해 수용되는 하나의 상품과 같은 것으로 재 정의되기에 이르렀다.

그 결과 나타난 성직자 주도형 교회는, 모든 사람 안에, 모든 사람을 향하여, 모든 사람을 위하여 존재하는 하나님 은총의 보편성을 긍정함과 아울러 모든 사람을 예수 그리스도 안에서 세상을 향한 하나님의 선교에 동참하도록 초청하는, 기본적인 웨슬리 신학에 정면으로 위배되는 것이다. 다행히, 연합감리교회의 평신도들 가운데 교회사역에서의 수동적 역할에 대한 불만과 고충이 표면에 드러나고 있다. 평신도 설교, 스데반 선교회, 언약의 제자단, 제자 성서연구, 기도 모임들, 선교자원자회 등과 같은 사역에 참가하는 평신도들이 늘어나고 있는 것은, 평신도들 편에서 목회와 선교의 책임을 기꺼이 담당하고자 하는 의지를 대변해준다고 할 것이다. 1996년 총회가 평생 집사(permanent deacon : 여기서 집사는 목회의 한 부분임)라는 새 직제를 통해 모든 세례받은 기독교인들의 교역을 긍정한 것은, 적어

---

19. 나는 특히 이러한 통찰을 Watson 박사에게 의존하고 있는데, 그것은 1992년 가을 감독회의 한 회원으로서 내가 참여한 첫 회의에서 제시되었다. 그 모임에 발표된 강의에서, 왓슨 박사는 성직자와 평신도의 역할이 순회설교자들이 자리를 잡은 목사들이 되었을 때 성직자와 평신도 사이에 발전된 미묘한 권력투쟁의 결과로 중대한 변화를 겪었다는 것을 강력히 입증하였다. 왓슨 박사에 의하면, 그것은 안수받은 성직자들이 수혜하는 목회사역을 받아들이는 수동적인 평신도를 만들어내는데 기초를 놓았던 것이다.

도 성직제에 의해 배타적으로 정의된 목회개념으로 부터 하나님 선교에 참여라는 목회개념에로의 변화를 지지하는 시도로 여겨진다. 비록 그 초점이 여전히 세상보다는 제도적 교회를 향하여 주로 맞춰져 있기는 하지만 말이다. 평신도들이 생활하며 일하고 있는 선교의 일차적인 장으로서 세상을 향해 초점을 맞추기 위해서는 별도의 강도높은 신학적 작업이 요구된다.

연합감리교회는 주로 소규모의 회원 교회들로 이루어져 있으며 전임 목회자 지원비가 상승하고 있는 까닭에, 평신도 목회지도력을 회복하는 것은 특별한 중요성을 띠고 있다. 전임으로 사역하는 안수받은 성직자들을 둘 만한 교회들이 점차 줄고 있다. 테네시 중부에 소재한 5개처의 작은 회원 교회들로 이루어진 한 구역이 그 실례이다. 어려운 환경에서 분투하고 있는 회중들은 섬길 만한 정식 목회자를 구할 수 없었고, 따라서 평신도 설교자(lay preacher) 세명에게 교회들을 돌보는 목회책임이 부여되었고, 안수받은 정회원 목회자(elder) 두명에게는 평신도 설교자들을 지도하는 임무가 주어졌다. 정회원 목사들과 평신도들은 매주 만나서 목회의 사안들, 설교와 예배준비, 및 기타 상호 관심사 등에 관해 논의한다. 그 교회들은 새로운 활기를 띠게 되었으며 안수받은 성직자와 평신도 설교자들 모두 그들의 신앙과 교역에 있어서 성장하고 있다.

이러한 모델은 웨슬리 자신의 목회전략에 뿌리를 두고 있으며, 또한 거기서 미래를 위한 약속을 발견할 수도 있다. 다시 말하지만, 평신도들에게 신학적 성찰, 성서해석, 전통의 인지와 적용과 같은 도구들의 필요성이 증가할 수록, 신학적 초점과 책임적 응답이 중요한 이슈가 될 것이다.

평신도 사역을 극대화하기 위해 해결해야 할 신학적 작업들이 아직도 많이 남아 있다. 성직자들은 "교회를 운영하고" 목회에 대한 전문성을 피력할 수 있도록 훈련되고 조건지워져 있다. 말씀선포, 목회양호, 복음전도, 교육, 예배지도 등의 임무를 평신도들과 함께 공유하기 위해서는 훈련된 평신도와 재훈련된 성직자들이 필요하다. 평신도들은 교회가 무엇을 뜻하는 지에 대하여 시각을 바꾸어야 할 것이며, 자신들을 단지 자원봉사조직에 참여하는 자들이 아니라 교회 자체로 인식해야 할 것이다. 이러한 전환을 위해서는 목회자들이 종교기관의 수석행정관(CEO)에 불과한 것이 아니라 지각있는 교사, 은혜충만한 정신적 지도자, 신앙 공동체의 종이 되어야 할 것이 요구된다. 하지만 우리가 속한 전통속에는 이미 이러한 변환를 위한 선례가 있다. 우리가 웨슬리에게서 배울 수 있는 교훈이 바로 그것이다.

결론

"존 웨슬리를 안다는 것이 나의 교역에, 특히 감독으로서의 나의 교역에 무슨 변화를 가져다 주는가?" 웨슬리는 현재 그 기능면에서 제도적 경영, 인력배치, 조직감독에 방향맞춰져 있는 직위에 몸담고있는 나에게, 신학적 초점을 견지하도록 끊임없이 채근하고 있다. 웨슬리는 우리가 가진 신학과 선교와 복음의 유산이 가난한 자들, 약한 자들과 더불어 정의와 관용과 기쁨이 넘치는 하나님 통치의 도래를 대망하는 데 있음을 계속 상기시켜 주고 있다. 아울러 웨슬리는 내가 감독으로서 성직자적인 관심사항에만 몰두하게 되는 것에 도전하며, 모든 세례받은 그리스도인들이 교회사역에로 부르심을 받아 거기에 관여하게 되는 것이며, 안수받은 성직자들은 교회를 통한 하나님의 세계 선교를 위한 종들로서 존재하는 것임을 일깨워 주곤한다. 물론 이 점에 있어서 웨슬리만이 독특한 것은 아니다. 웨슬리의 생애와 그의 교역은, 한계와 약점이 있음에도 불구하고, 모든 삶과 교역의 기초가 되시는 하나이신 그 분, 곧 삼위일체 하나님을 가리키고 있다.

제 2 장

존 웨슬리와 신학방법
토마스 랭포드(Thomas Longford)

이 글의 제목은 통상적으로 볼 때 별로 관련이 없는 두 주제를 연결시킨 것이다. 웨슬리는 흔히 복음전도와 영성형성(spiritual formation)의 방법을 위한 모델로서 제시되어 왔다. 반면에, 그의 신학방법의 선례를 긍정적으로 평가한 경우는 매우 드물었다. 이 점은 그의 후예인 감리교인들에게도 마찬가지다. 실로, 후대의 감리교 신학 발전의 주된 동력은 바로 웨슬리에게 부족했다고 여겨졌던 것을 보충하고자 하는 욕구에서 나왔음을 감지할 수 있다. 이 논문의 목적은 이러한 감리교 신학 발전에 대한 전통적인 자기 이해를 반전시켜 보는 것이다. 나는 웨슬리에게서 신학적 방법을 찾아낼 수 있을 뿐 아니라, 이 방법은 후대의 감리교 신학이 견지하려고 — 대체로 성공하지 못했지만 — 노력해 오는 바, 통전성(holism) 내지는 균형을 구체적으로 실현하고 있음을 제의하고자 한다.

웨슬리의 "경험적이며 실천적인 신학"

웨슬리의 신학적 접근방식을 식별하는 출발점은 신학의 목적에 대한 개념이다. 웨슬리는 신학을 기독교적인 삶과 기독교 신앙의 선포에 밀접히 관계되는 것으로 이해하였다. 신학은 진정한 삶과 참된 말씀선포 안에서 실현되는 것이다. 웨슬리는 신학을 위한 신학에는 별로 관심을 두지 않았다. 오히려 신학은 개인의 삶과 사회 관계들을 변화시키는 목적을 위해 존재하는 것이다. 이것이 그가 말한 "실천적인 신학"이다. 웨슬리에게 있어서 신학은 삶의 이해라기보다 삶의 변화를 위한 것이었으니, 신학은 하나님 사랑과 이웃 사랑을 이루도록 도와주어야 하는 것이 었다.

웨슬리가 이러한 신학의 목표로부터 신학방법을 위해 이끌어낸 지침과 귀결점들은 무엇인가? 이 질문에 대한 대답은 간접적인 것이 될 수 밖에 없다. 웨슬리 자신은 그의 신학적 방법론에 대해 결코 논의한 적이 없으며, 그러한 문제를 뚜렷이 의식하지도 않았다. 그의 신학적인 작업방식은 여러 시기에 걸쳐 개발되었으며 그의 개인적 경험 및 사역과 유기적으로 관계되어 있었다. 그의 신학함의 방식은 그가 신학적 이슈들에 접근하여 그것을 다루어가는 자연스런 방식을 따라 발전되었다. 사실, 그의 글 중에서 추상적인 신학 작품으로 볼 수 있는 "필연성에 관한 생각들"(Thoughts Upon Necessity)이나 "예정에 대한 냉정한 고찰"(Predestination Calmly Considered) 등과 같은 글들은 대부분 그의 설교에 대한 특정한 공격에 응수하기 위해 그때 그때 쓰여진 단편들이었다.

웨슬리의 실제 신학 작업이 갖고 있는 실천적인 목적과 임시적인 성격을 정당하게 평가하는 길은, 바로 신학적 진술을 불가분리적으로 체험(경험)과 연결시키거나 또한 역으로 체험을 신학적 진술과 연결시키는 데에서 그의 독특한 신학방법을 확인하는 일이다. 로버트 쿠쉬먼(Robert E. Cushman)은 이러한 노선에 따라, 그의 저서, "존 웨슬리의 경험적 신학"에서 웨슬리의 신학 방법에 대한 통찰력 있는 설명을 제공해주고 있다. 쿠쉬먼의 주요 논점은 다음의 요약 속에 잘 정리되어 있다.

> 웨슬리는 "참된 살아있는 신앙"을 염두에 두고 있었는데, 그는 그것이 영국교회의 설교집(Homilies)에 드러나 있다고 보았다. 이러한 "참된 살아있는 신앙"의 본질을 그것이 함축하는 모든 의미들과 함께 포괄적으로 살펴 본다면, 그 개념은 웨슬리가 말하는 "경험적 종교"(experimental religion)의 총체와 "경험적 신학"의 실체를 모두 포함하는 것이다. 여기서 후자는 전자를 정식화하여 설명한 것이다. 다른 관점에서 보면, 경험적 신학이란 구원의 교리, 즉 "성서적 구원의 길"로 이해될 수 있다. 그것은 결국 웨슬리가 말하는 "경험적 종교," 즉 "참된 살아있는 신앙" 혹은 의롭게 하는 신앙으로부터 필연적으로 발생하는 기독교 교리

체계에 해당하는 것이다. 1742(1739)년에 처음 출판된 '감리교인의 품격' (The Character of a Methodist)이라는 소고에서, 웨슬리는 기독교적인 경험에 의한 삶과 교리간의 관계성을 그가 어떻게 이해하고 있는지 보여주는 한가지 실례를 제시하고 있다. 그 글에서, 교리와 삶은 불가분의 것으로 여겨지며, 하나는 다른 하나를 필요로 하고 있다고 생각된다. 웨슬리는 말하기를, 한 감리교인의 품격은 그 사람의 기독교 교리를 개인적으로 나타내 주며(혹은 나타내 주어야 하며), 역으로 그 본질적인 교리는 기독교적인 삶에 있어서 필수적인 구성요소가 된다는(혹은 되어야 한다는) 것이다.[1]

나는 쿠쉬먼이 웨슬리 신학에 있어서 교리와 체험의 불가분리적 연결을 주장한 것에 전적으로 동의한다. 하지만 나는 이러한 연결성에 초점을 맞추되 좀 더 특정한 방식으로, 즉 웨슬리의 신학작업에 있어 우선적 위치를 차지하는 설교에 대해서 정당하게 취급하는 방식으로 접근하고자 한다. 우리가 이렇게 강조점을 바꾸는 것은 웨슬리에 대해서도 타당한 것이다. 왜냐하면 그가 관심하였던 신학이란 변형시키는 체험(transforming experience)에 대한 정식화(articulation)였으며 또한 그 분명하게 표현된 정식화를 통해 체험을 변형시킨 까닭이다.

고든 럽(Gordon Rupp)의 논평처럼, 웨슬리가 낳은 것은 신조가 아니라 케리그마(설교, 선포)라는 말에는 일차적인 중요성이 있다. 설교는 웨슬리 신학의 주된 보고(寶庫)였으며, 그만큼 설교들은 흩어져 있는 웨슬리의 신학논문들보다 그

---

1. Robert E. Cushman, John Wesley's Experimental Divinity (Nashville: Kingswood Books, 1989), 62-3. 이 책, 특히 2, 3장에서, 쿠쉬먼은 구원의 길에 대한 웨슬리의 이해가 어떻게 체험(경험)에 의해 형성된 교리 및 교리에 의해 형성된 체험에 대한 재진술인지를 논증한다. Luke Tyerman과 더불어, 쿠쉬먼은 왜 믿음에 의한 칭의의 교리가 웨슬리에게 알려지지 않았는지 질문한다. 그는 대답하기를, 웨슬리의 시대에 그 교리는 전적으로 하나님의 예정에 부수되는 것으로 이해되었으며, 공언되는 것이 아니라 단지 전가되는 것으로서, 현재적인 확증으로서가 아니라 최후심판 때에 오직 선택된 자들에 대한 최종적인 변호를 함축하는 것이었다고 말한다(51). 웨슬리는 이 교리의 생동력과 그 신학적인 부가내용들을 재발견하였는데, 그것은 그의 체험이 Peter Bhler에 의해 설명된 그 교리를 입증함으로써 이루어졌다. 이와 같은 체험과 교리의 연결을 통해 웨슬리는 그의 "성경적인 구원의 길"을 발전시켰으니, 그것에는 성령의 직접적인 역사하심, 원죄의 실재와 회개의 필요, 칭의 및 새로운 탄생, 구원하는 믿음과 확증, 선행적(先行的)이며 구원하는 은혜, 마음과 삶의 거룩함의 성취 등과 같은 부수된 교리들이 포함되었다(35-44). 이처럼 교리를 신앙에 관계시키는 것은 "웨슬리가 개신교 신학에 미친 독특한 공헌"인 것이다(47).

의 신학방법을 더 명확히 대변한다. 물론 실천신학의 현실화라고 할 수 있는 설교에서 우리가 기대할 수 있는 것은 웨슬리의 방법에 대한 정의라기 보다는 그 본보기들이 될 것이다. 나는 우리가 웨슬리의 설교에서 본보기로 발견하게 되는 바는 메시지의 선포와 삶을 변화시키는 상호작용이라고 말하고 싶다.

설교자와 청중 사이, 본질적 메시지와 실존적 환경 사이, 마땅히 말해져야 할 것과 들을 수 있는 것 사이, 삶을 변형시키는 복음과 복음에 생명력을 주는 삶 사이에 존재하는 양극적인 역동성은 명확히 구분되는 개별단위로 분리될 수는 없다. 선포된 말씀과 받아들여진 말씀은 밀접히 엮어져 있는 까닭에 따로 떼어 놓을 수 없다.

설교의 의도는 응답을 불러 일으키는 것이며, 복음의 선포는 현실의 삶을 사회적, 지적, 심리적, 경제적 맥락에서 변형시키고자 하는 것이다. 웨슬리의 신학은 이러한 총체성을 잘 인식하고 있다. 선포되는 메시지가 근본적인 것 못지않게, 메시지를 선포하는 맥락과 그 선포의 대상이 되는 사람들도 적절한 감각과 능숙한 해석에 의해 이해되어야 한다.

웨슬리의 실천적인 신학은 단지 적용성이나 적응성, 혹은 순전한 실용주의로 환원될 수 없음을 강조하는 것이 중요하다. 오히려 그것은 구체적인 삶에 관계된 실질적인 신학을 다루어야 했다. 이러한 신학적 스타일은 이론과 실천간의 예리한 구분을 거부하였던 바, 그 각각은 상대편에 영향을 주어 이론이 실천을 형성하는 만큼 실천도 이론을 형성하였다. 복음과 기독교적인 삶은(웨슬리가 말하는 신앙과 행위의 역동성에서 확증되듯이) 둘다 필요한 것이며, 그 각각은 상대편의 형성에 이바지하였다.

웨슬리의 실천적인 신학은 그로 하여금 교리가 기독교인의 삶과 특정한 정황에 대하여 갖는 함축성들에 특별히 민감하도록 만들었다. 다른 한편으로 특별한 상황에 대한 그의 민감성은 그의 신학이 실천적인 형태를 취하게 하였다. "실천적인 신학"은 복음과 삶을 함께 결합하는 것, 메시지가 하나님의 은혜를 분명히 표현하도록 하는 것, 은혜로운 기독교적인 삶을 구성하도록 하는 것 등을 가리키는 단순한 명칭이었다. 이런 까닭에, 웨슬리에게는 추상적이고 독립적인 조직화된 신학적 탐구에 눈돌릴 시간이 거의 없었다. 웨슬리는 신학적 자기성찰 그 자체나 혹은 단지

체계적인 완전성(integrity)을 위한 신학의 세련화에는 관심하지 않았다. 그의 관심은 삶을 변화시키는 메시지의 선포에 있었다.

웨슬리는 자신이 이해하고 표현하는데 있어서, 선포되는 복음과 그 선포가 행해지는 상황 및 그 선포의 대상이 되는 사람들 간에 존재하는 강한 긴장을 놓치지 않았다. 한편으로 웨슬리는 하나님, 예수 그리스도, 성령, 삼위일체, 인간 본성의 창조와 타락, 은총에 의한 믿음을 통한 칭의, 은총의 수단들 등에 관해 물려받은 정통적 가르침의 실체에 충실하였다. 사실 웨슬리는 교리의 진리에 대해 논쟁하거나 가능성들을 발전시키려고 하기 보다, 그러한 교리적 유산을 당연한 것으로 받아들였다. 다른 한편으로, 웨슬리는 그의 설교를 듣는 사람들의 상황에 대해 현저하게 예민한 태도를 가졌다. 웨슬리는 명확하고 평이한 말로 설교했으며, 물려받은 교리에 관한 공유된 가정들 위에 자신의 입장을 세웠다. 그는 무질서해진 도덕 생활을 바로잡으려고 하였으며, 마음과 삶의 거룩함으로 표현되는 기독교적인 삶을 육성하기 위해 조(bands), 속회, 및 소교회모임(chapel groups)을 조직하였다.

웨슬리의 중심적인 질문은 '무엇을 사람들이 들어야 할 것인가?' 와 '어떻게 그들이(복음을) 들을 수 있는가?' 하는 것이었다. 첫 번째 질문에는 자신을 형성했던 전통적인 신학으로 돌이켰다. 두 번째 질문에는 자신의 설교를 듣는 사람들이 살아가던 지적, 사회적, 도덕적 풍토에 대한 인식을 계발하였다. 웨슬리는 이러한 두 가지 차원에 대한 감각을 유지하는 가운데 균형성과 통전성을 이룩함으로써 놀라운 성공을 거둘 수 있었다.

웨슬리의 발전과정 전체에 걸쳐 그가 일차적으로 관심하였던 것은 인간 구원의 문제였다. 이러한 문제를 중심으로 해서 그의 사상은 마치 바퀴살처럼 퍼져나갔다. 이러한 중심으로부터 그는 그의 신학의 중심된 강조점들을 발전시켜 나갔다. 구원은 회개에서 시작되어, 칭의에 의해 확립되며, 확신에 의해 확증된 후, 거룩함으로 구체화되어, 마침내 하나님과 더불어 사는 영원한 삶 가운데 그 궁극의 목표에 도달하는 것이다. 그리고 이 모든 과정은 하나님의 선행하시고, 구원하시고, 거룩하게 하시고, 완전하게 하시는 은총의 실재 위에 세워졌다. 웨슬리는 이러한 고전적인 신학적 교리를 그의 설교를 듣는 이들의 체험과의 관계 속에서 확고히 정립했다. 웨슬리는 그들의 인지된 상황에 대하여 말하고자 했으며, 그들의 상황을 은총을 필요로 하는 죄된 인간의 상태로 보는 해석을 시도하였다.

부흥 운동의 초기에 제기된 신학적 이슈들은 하나님의 값없는(자유로운) 은총과 인간의 자유 의지에 관한 것이었다. 값없는 은총(free grace)이 중심이 되었던 것은 그것이 만인에게 열려진 구원의 가능성 및 하나님의 도덕적 성품과 관련되기 때문이었다. 웨슬리는 하나님의 영원한 결정(eternal decree) — 전지성으로 작용하면서 전능성을 통해 주도되는 — 을 통해 드러나는 바, 예정이나 선택, 그리고 특히 버림받음(reprobation)이나 영벌(永罰)에 관한 해석들에 대해 심각하게 반대하였다. 그러한 해석에 따르면 예수 그리스도의 중보자적인 역할과 인간존재의 책임성 모두가 무시된다고 웨슬리는 주장하였다.

이러한 논쟁에 있어서, 웨슬리에게는 하나님의 성품 및 하나님이 인간과 관계하는 방식이 또한 중요하게 부각되었다. 웨슬리의 주장은 하나님께서 임의적으로 어떤 사람은 생명에로, 다른 사람은 죽음에로 선택하는 독재자가 아니라는 것이었다. 왜냐하면 인간존재에 대한 하나님의 관계는 사람들을 믿음에 의한 회개와 응답에로 부르신 예수 그리스도 안에 나타나 있으며, 은총은 모든 사람에게 자유롭게 주어지는 것이기 때문이다. "원하는 자는 누구든지 나아오라"는 말은 반복되는 주제였고, 확대된 논의를 통하여 탐구되고 표현되었다.

하나님의 값없는(무상의) 은총은 일차적이고도 중요한 강조점이었으나, 그러한 제일 원칙과 연관된 것은 바로 인간의 자유였다. 선행적 은총은 개개인으로 하여금 도덕적으로 능동적인 존재로 만들며 그들의 죄악—하나님에 대한 거부임과 동시에 이웃에 대한 악행—에 대해 책임지게 만들뿐 아니라, 하나님의 사랑에 대해서도 감사와 믿음으로 응답할 책임을 감당하게 한다.

웨슬리가 청중들의 상황에 민감하였다는 사실은 당시에 발전하고 있던 계몽주의 정신을 감지하고 있었던 점에서도 분명히 드러난다. 계몽주의는 당시 유럽의 일반적인 정신사조로서, 영국에서는 특별히 아이작 뉴튼에 의해 대표되며, 베이컨으로부터 로크, 흄, 톨런드(Toland)에 이르는 영국의 지적 발전의 계보를 통해 확대되었다. 프랑스에서는 데카르트, 볼테르, 루소 등이 계몽주의의 전형이었으며, 독일에서는 특히 임마누엘 칸트의 철학에서 정점에 달했다. 이러한 사상가들로 말미암아, 자연과학의 성과들이 인간의 지성과 행동의 영역에 적용되었다.

여러 면에서, 계몽주의 정신이 내포한 주요 주제들은 주로 그 논점에 있어 부정적인 시각을 띠고 있었으니, 예컨대 하나님의 역사하시는 주권과 같은 기존의 권위를 의문시하였던 것이다. 자율적이고 이성적인 인간존재가 현실에 있어서 중심 가치이자 가치 판단자로 떠받들어졌다. 이 사실은 점점 더 기독교적인 가치를 부인하고 기존의 신학적 신념들을 정면으로 거부하는 풍토에 웨슬리가 직면해야 했었음을 뜻한다.

따라서 웨슬리가 인간의 죄된 상태를 주장할 때, 그것은 단순히 고전적 교리의 재확인에 머물 수 없었고, 당시 계몽주의의 긍정적인 인간론에 대한 반대로 정립되었다. 은총의 주제는 인간의 자기 충족성이라는 계몽주의적 의미와는 뚜렷하게 대조되는 것이었다. 기독교적 완전은 계몽주의의 관심에 보다 더 부합하는 주제였으나, 웨슬리는 그것을 하나님의 역사에 의존하는 것으로 만들었다. 아울러 그는 계몽주의의 소중한 이상인 인간의 자유도 오로지 하나님으로부터 주어진 선물로서만 그 실재가 인정된다고 확신하였다.

웨슬리의 신학방법은 인간 경험과 문화적 컨텍스트에 대한 관심에서 드러나는 바, 그것은 고전적인 기독교 신학의 주제들을 그의 청중의 구체적인 상황 및 조건과의 긴밀한 상호작용에로 이끌어 들이는 것이었다. 무의식적이든 의도적이든 간에, 웨슬리는 통전적이며 상호작용적인(interactive) 신학방법을 사용하고 있었던 것이다.

웨슬리 이후 감리교 신학의 대표적인 분기점

웨슬리가 이룩한 신학에 대한 통전성(holism)은 확고히 진술하기가 쉽지 않았을 뿐 아니라 온전히 보전하기에 곤란한 것이었다. 나는 여기서 감리교 신학의 전개 과정에 나타난 몇몇 중대한 인물들과 계기들을 살펴 봄으로써 웨슬리식의 통전적인 신학 이해가 얼마나 보전하기 힘든 것이었는지 보여주고자 한다. 웨슬리 이후에는 신학을 그 자체만을 위한 하나의 고립된 학문 분야로 강조하거나, 복음을 듣는 컨텍스트를 강조하는 경향이 등장했다. 우리의 연구 목적은, 웨슬리가 이룩한 신학적 제시의 적합성을 개발해 내기 위해 이 두 가지의 차원을 함께 견지해 나감에 있어 계속적으로 발생한 문제를 밝혀내는 데 있다.

리차드 왓슨

리차드 왓슨(Richard Watson) — 웨슬리 이후 첫 번째로 손꼽히는 (영국의) 감리교 신학자 — 의 등장과 함께, 거의 즉시로 두 차원간의 무게 중심이 재조정되었다. 왓슨은 메시지를 듣게 되는 청중들에게 일차적인 관심을 집중시켰다. 복음을 듣는 이들이 가진 지적, 문화적 감수성이 특별한 관심의 대상이 되었다. 그의 의도는 복음의 전달성을 높이는 것이었는데, 그 결과는 전달의 수용성에 보다 많은 기본적인 관심을 주는 것이었다. 메시지의 해설보다는 수용성의 제반조건들에 따른 더 큰 영향력이 더 부각되었다. 물론 리차드 왓슨의 동기가 복음전도와 선교적 열정에 의한 것임은 의문의 여지가 없다. 이 점에 있어서 그는 존 웨슬리의 일차적인 헌신을 이어 받은 셈이다. 하지만 왓슨은 교리적 관심을 이차적인 위치로 격하시켜 버렸다.

왓슨의 『신학강요』는 존 웨슬리의 것과는 아주 다른 체계를 제시하고 있다.[2] 왓슨이 계발한 것은 어느모로 보나 독특한 변증신학으로서, 일차적으로 염두에 둔 것은 독자들이 복음의 메시지를 적용하기에 앞서 먼저 알아야만 하는 것이 무엇인가 하는 점이었다. 그는 보다 일반적인 개신교 신학의 범례에 따라서 신학을 지적인 문제들에 해답을 주는 작업으로 취급하였다. 이렇게 이해될 경우에, 신학이 설교에 봉사하는 데는 상당한 거리가 있게 되며, 신학의 일차적인 과업은 복음이 수용되고 뿌리 내리게 하는 토대를 세우는 것이다.

왓슨은 분명히 자신이 웨슬리의 신학적인 제자라고 믿었으며, 웨슬리안의 사명을 계승하고자 하였다. 또한 저술의 대부분이 웨슬리에게서 유래하는 주제들을 담고 있다. 하지만 그둘 사이에는 분리(disjuncture)가 존재하는데, 그것은 왓슨이 제시하는 규범적인 교리들을 성서적 근거로부터 연역해 내는 데 따른 것이다. 메

---

2. Richard Watson, Theological Institutes: or, A View of the the Evidences, Doctrines, Morals, and Institutions of Christianity, 3 vols. (London: John Mason, 1825-28).

시지와 그 컨텍스트간의 긴장은 컨텍스트를 옹호하는 편으로, 특히 왓슨이 취한 지적인 컨텍스트를 옹호하는 편으로 해소되어 버린다.

『신학강요』의 구조는 그 노작의 성격을 결정하고 있다. 왓슨은 (250쪽에 걸쳐) 비신자(종교에 대해 경멸적인 교양인)로부터 상이한 신학적 관점들을 가진 신자들에 이르기까지 여러 사람들의 반대의견을 거론하는 것으로 그의 저술을 시작하고 있다. 신학은 지성인들이 제기하는 문제들에 대해 대답을 하고 지성인들 사이에서 논의되는 이슈들을 다루는 것이다. 신학은 한층 더 엄격하게 지적인 작업이 되었으며, 이 점에 있어서 그 실천적인 적용성은 제한적일 수 밖에 없다. 웨슬리 신학의 특징은 전적으로 "실천적인" 차원이 아니라, 특정한 상황적 성격이 중심을 차지하게 되었다.

이러한 변화를 둘러싼 문제점들은 미묘한 면이 있다. 왓슨은 주로 변증적인 신학자로 활동함으로써, 컨텍스트를 지배적인 파트너로 삼았다. 그는 웨슬리 신학의 실체를 지키려 했고, (비록 두권으로 구성된 저작에서 웨슬리를 인용한 것은 다섯 번도 안되지만) 최종적으로는 웨슬리와 동일한 교리적 강조점을 지니려는 의도를 갖고 있었다. 하지만, 왓슨의 접근 방식은 웨슬리가 설정한 우선순위를 바꾸어 버렸고, 따라서 웨슬리가 꾀했던 것과 같은 통전적인 상호관계성을 확고히 하는 것이 불가능하게 되었다.

일례로, 왓슨은 자신이 보기에 메시지를 판단할 사람들에게 일차적인 관심이 될 두 가지 논제를 제기하는 것으로 시작한다. 그는 성서 본문의 성립과 해석에 있어서 성령의 영감을 기본적인 것으로 삼지 않으면서 성서의 권위를 주장한다. 마찬가지로 그는 일반적인 철학적 논거들을 이용함으로써 자유의지를 강조하지만, 정작 그것의 기초가 되는 웨슬리 사상의 핵심인 선행적 은총을 무시한다. 이 두 가지 주제는 왓슨이 구축한 구조 전반에 기초가 되는 것으로, 비록 그가 상당 부분 웨슬리 신학의 실체로 돌아가려는 의도에도 불구하고 그의 접근 방식은 신학적 구조를 변경시킨다.

좀 이상한 주장처럼 들리겠지만, 19세기 감리교의 지배적인 신학적 대변자였던 왓슨이 아마도 웨슬리를 충실히 따른 점이 있다면, 그것은 신학자보다는 여타의 다른 분야에서였을 것이다. 왓슨은 그 신학적 스타일과 정신에 있어 웨슬리로부터 벗어남으로써 신학적 해석이 구체적 실천으로부터 점점 더 소원해 지도록 하였다. 그는 보다 독자적인 신학적 진술을 개발해 냈지만, 그것은 기독교인의 삶과 관련되기 이전에 그 자체로서 완결된 것이었다. 메시지와 수용간의 저울질이 재차 시도되었으나 변증법적 상호관련성은 붕괴되었다.

윌리암 버트 포우프

19세기 말에 또 다른 영국 감리교 신학자가 주된 대변인이 되었는데, 그는 왓슨과는 정반대 방향으로 나갔던 신학자였다. 이 뛰어난 인물은 윌리암 버트 포우프(William Burt Pope)이며 그의 주요 저작은 『기독교 신학대요』(Compendium of Christian Theology)였다.[3]

포우프의 학문적인 경력은 인상적이다. 그는 성서언어와 고전언어에 능통하였고, 영국과 독일 문학에 대한 광범위한 독서를 하였으며, 훈련된 사고력을 갖추고 있으며, 그의 신학저술은 놀랄만큼 명확하고 간결하였다. 그는 삶과 생각에 있어 일관된 사람이었으며 자신이 표현한 대로 살았던 인물이었다.

동시에 포우프는 자기제한적인 전통의 한계성을 잘 보여주고 있는데, 그것은 자신의 울타리내에서만 머물며, 동시대의 다른 지적인 조류와의 상호작용을 추구하지 않는 태도였다. 그 결과, 성서언어에는 철저한 훈련을 거쳤으나, 가장 진정한 본문을 확정하는 동시대의 작업(이 점에 있어서, 영국에서는 F. J. A. Hort, B. F. Westcott의 연구가 뛰어났다)에는 거의 관심을 두지 않았으며, 또한 독일에 퍼져있던 성서비평 작업에 대해서도 적대적이었다. 포우프 자신의 입장은, 성경 본문은 전승되어 온 그대로 충분하고, 정확하며, 권위가 있다는 것과 성서연구 작업이란 물려 받은 본문에 대한 주해를 제공하는 것 뿐이라는 것이었다.

그는 당시의 철학 조류에 무관심하였고 과학적 발전에 대해 적대감을 갖고 있었다. 영국 관념론은 1860년대에 토마스 그린(Thomas H. Green)과 함께 부각

---

3. William Burt Pope, A Compendium of Christian Theology: Being Analytical Outlines of a Course of Theological Study, Biblical, Dogmatic, Historical, 3 vols. (London: Wesleyan Book Room, 1880).

되기 시작하여 그 세기 말까지 대학가 지식인의 삶을 주도하게 되었으나, 그러한 영국 관념론의 철학적 논의에 조금도 가담하지 않았다. 찰스 다윈의 과학적 성과를 간단히 무시해 버렸으며, 세속주의의 폐해, 또는 기독교 신앙과 사회질서의 관계에 관한 논의에 참여하지 않았다. 포우프는 전통의 울타리에 둘러싸인 견고한 성과 같았다. 그는 감리교 신학을 형성한 여러 주제들과 여타 기독교 전통들이 감리교에 끼친 영향에 대한 인상깊은 진술을 남겼다. 그러나 그의 진술은 재진술에 불과한 것이었으니, 신학을 당대의 제 문제들 및 도전들과 관련짓지 않았던 것이다.

포우프는 지금까지 감리교 알미니우스주의(Arminianism)에 관한 정식화된 진술을 일관되고 우호적이며 잘 짜여진 형식 속에 가장 잘 져시했다고 주장하는 것이 그에 대한 정당한 평가가 될 것이다. 즉 그는 19세기 감리교 신학에 잘 다듬어진 진술을 부여했다. 그런데 과거는 잘 제시해 주었을지 모르지만, 현재는 다루지 못하였다. 다시 한번 그에 의해 메시지와 수용간의 균형이 재차 저울질되었으나, 존 웨슬리의 통전적인 신학은 이어지지 못했다.

미국 감리교 신학에서 나타나는 특수성

우리는 19세기 영국 감리교 신학자 중 중요한 두 인물에 대해 살펴보았다. 두 사람은 복음의 메시지를 구체적 인간 상황에 연관시킴에 있어서 상이한 경향들을 대표하고 있다. 둘 중 어느 경향이 그 당시 영국에서 더 지배적이었는지 일반화를 시도할 필요는 없다. 모든 신학자는 독자적으로 고찰되고 신중히 평가되어야 할 것이기 때문이다.

19세기 북미 지역의 경우에도 두 경향이 목도되는데, 그중 토마스 서머즈(Thomas O. Summers)는 리차드 왓슨을 따른다고 할 수 있으며 존 마일리(John Miley)는 윌리암 포우프의 방식에 더 가까운 편이다. 하지만, 19세기 말경, 헨리 쉘든(Henry L. Sheldon)의 영감 아래, 변증신학에로의 이전(移轉)이 자유주의적인 개신교 운동을 낳았고, 그것은 보스톤 인격주의(personalism)와 과정신학으로 이어졌다. 이 전통은 현재까지도 계속되고 있다. 하지만, 이러한 접근방식은 다른 이들, 즉 유럽의 신정통주의적 발전의 영향하에 일어난 반동적인 운동 및 존 웨슬리 신학의 재발견을 주도해 온 사람들의 도전을 받게 되었다.

20세기 중반 감리교 신학자 중에 그 신학적 방법과 스타일에 있어서 계속적인 뚜렷한 대조를 보여주는 두 사람이 있으니, 그들은 슈버트 오그덴과 로버트 쿠쉬먼 이다. 이 두 사람 모두 진지하고도 수준 높은 신학을 대변하고 있으며, 둘 다 기독교의 메시지와 문화적 컨텍스트간의 대화를 시도하고자 했으며, 지적이며 소명에 따른 성실성을 갖고 그 일에 임하고자 했다. 하지만 그들은 그 접근 방식과 내용 면에서 서로 날카롭게 대조되는 입장에 서 있었다.

슈버트 오그덴

버나드 루머(Bernard Loomer)는 그가 시카고 대학에 있을 당시, 다음과 같은 질문을 던진 적이 있다. '왜 미국 감리교회는 철학에 근거하고 있는 신학자들을 그렇게 많이 배출해 내었는가?' 적어도 그것에 대한 부분적인 대답은, 감리교 신학자들이 당대의 지적인 관심사에 대해 말하려 시도해 왔으며, 따라서 철학적 분석이 그러한 관심사들과 그 가정들을 밝혀내는 하나의 수단이 되기 때문이라는 것이다. 슈버트 오그덴은 이러한 관심을 대변하고 있으며, 특히 기독교 신앙을 지지할 수 있는 합리적인 변증론을 산출해 냄으로써, 20세기 후반의 시대를 향해 의미있는 발언을 추구해 왔다.

오그덴의 기본적인 가정은, 현대인들이 과학적 방법과 그것에 따라 발견된 사실들의 타당성을 인정한다는 점이다. 따라서 현대인들은 세속적인 세계에, 어떤 초자연적인 설명이 필요치 않은 그런 세상에 살고 있음을 근본적으로 확신하게 되었다. 『하나님의 실재』라는 책에서,[4] 오그덴은 세속성의 감수성을 탐구하여 인간 삶에 공통되는 세속적 경험 중에서 하나님에 대한 증거로 읽혀질 수 있는 미검증된 차원들에 주의를 환기시킴으로써 위와 같은 결론에 도전한다. 특히 그는 삶에 대한 순전한 긍정, 살고자 하는 의지야말로 신앙의 행위라고 주장한다. 그것은 인

---

4. Schubert M. Ogden, The Reality of God, and Other Essays (New York: Harper & Row, 1966).

간의 삶을 가치있게 하는 행위임과 동시에 하나님을 가리키는 것으로도 이해될 수 있는 행위인 것이다. 따라서, 그것은 인간 실존의 궁극적 가치에 대한 실재의 객관적 근거를 논증할 수 있는 가능성을 제공해 주는 것이다.

오그덴은 모든 인간의 이성적인 추론을 통제하는 규준들단이 신학이 사용할 수 있는 것이라고 주장한다. 그러한 논증은 일반적으로 설득력이 있으며 통상적인 논의에도 부합한다. 이에 따라 오그덴은 어떤 이들이 하나님에 관해 들을 준비가 되어 있는가 하는 질문을 던진다. 그가 제시하는 두 가지 특징은, 하나님은 진정으로 삶과 관계된 실재, 특히 사람들의 행동이 변화를 일으키는 경우에 나타나는 삶의 실재라는 것과, 하나님은 최고로 상대적임과 동시에 최고로 절대적이라는 사실이다. 말하자면, 인간됨의 근거는 우주적 차원과 개인적 차원을 통합해 나가는 과정에서 드러나야 한다는 것이다.

오그덴의 분석을 가능케하는 지적인 배경은 화이트헤드(A. N. Whitehead)와 찰스 하트숀(Charles Hartshorne)에게서 찾아볼 수 있다. 하나님과 개개인—즉 전체로서의 실재—의 창조적인 되어짐(becoming)을 강조함으로써, 이러한 실재의 진행적 특성은 하나님의 사랑이 가지고 있는 포용적인 신비를 표현하게 된다. 오그덴은 그의 연구와 논증에 기초하여 이러한 입장에 대한 하나의 대표적인 사례를 제공해주고 있다.

이러한 지적 감수성과 아울러, 오그덴은 『신앙과 자유』에서[5] 인간은 삶의 여러 정황에서 정의와 진리를 찾고 있다고 덧붙인다. 인간의 가치, 인간의 자유, 개인적이고 사회적인 의미의 실현을 가능케하는 삶의 질(質)에 대한 기대는, 이러한 희망을 지지하는 복음의 해석을 요청하고 있다는 것이다. 신앙은 자유 안에서의 실존일 뿐 아니라, 자유를 위한 실존으로 이해되어야 한다. 즉 기독교적인 관점에서 보면, 이러한 실존양식은 하나님 안의 삶과 하나님을 위한 삶으로 여겨질 수 있다. 삶은 자유의 선물 내에서 살아져야 하는 것이며, 신실한 제자라면 당연히 다른 이들의 자유를 위해 해방의 활동에 봉사해야 하는 것이다.

진리를 알고 자유 안에서 살고자 하는 인간의 소원에 부응하기 위해 기독교 복

---

5. Schubert M. Ogden, Faith and Freedom: Toward a Theology of Liberation (Nashville: Abingdon Press, 1979).

음은 하나님을 제시하는 바, 그 분은 그 본성에 있어서 자유로우며, 그 자유안에서 구속자(삶에 있어서 가치를 긍정하시는 자)임과 동시에 해방자(삶을 위하여 가치를 실현하시는 자)로서 활동하신다. 하나님의 자기실현은 존재론적으로 모든 피조물의 자기실현을 지지해 준다. 예수는 하나님에 대한 진정한 이해와 동시에 인간 삶에 대한 진정한 이해를 위한 일차적인 근원이자 권위가 된다.『기독론의 요점』에서,[6] 오그덴은 자유를 향한 인간의 추구가 기독론의 신뢰성을 판단할 수 있는 컨텍스트를 설정해 준다고 주장한다. 이 말이 유의미한 까닭은, 현재의 지적, 사회적 형성이 기독교 메시지의 표현과 하나님과 예수 그리스도에 관한 교리를 형성하기 때문이다.

오그덴은 현시대의 세속적인 정신과 경험에 대한 그 자신의 분석에 있어서 통찰력과 확고함을 보여주고 있으며, 그의 응답은 이러한 분석에 의해 이루어진 바 기독교 메시지를 신선하게 읽으려는 노력인 것이다.

로버트 쿠쉬먼

이와는 대조적으로, 로버트 쿠쉬먼이 발전시킨 신학은 하나님 이해가 인간 이해의 본질을 결정하도록 시도하는 신학이다. 쿠쉬먼에게 있어, 참된 신학은 바로 이해를 추구하는 믿음이며, 여기서 믿음이란 하나님이 형태지어주는 바에 따라 이해의 조건과 내용을 결정하는 것이다.

쿠쉬먼은 "기독교 신앙의 형태: 하나의 기준"이라는 논제 속에서[7] 자신의 입장을 제시하였다. 그는 먼저 종교적 신앙은 하나님의 주도하심에 대한 응답임을 분명히 한 후에, 종교적 경험은 하나님 인식의 근원이 아니라, 오히려 하나님이 인간들과 만나는 매개가 된다고 주장한다. 각 사람이 하나님과 만나게 될 때, 위기에 봉착하게 된다. 인간은 자신이 하나님으로부터, 또한 다른 인간들로부터 소외되어

---

6. Schubert M. Ogden, The Point of Christology (San Francisco: Harper & Row, 1982).
7. Robert Cushman, "The Shape of the Christian Faith: A Platform," The Iliff Review 13 (March, 1956): 31-40; reprinted in Wesleyan Theology: A Sourcebook, ed. Thomas Langford (Durham, NC: Labyrinth Press, 1984), 250-58.

있음을 알게 될 때, 그의 전 존재는 위기에 사로잡히게 된다. 일차적으로 도덕적인 소외가 있는데, 그것은 하나님의 현존 안에서 그 자신이 죄인임을 인정하는 것이다. 이것은 일반적인 경험이 아니므로, 인간 공통의 경험을 분석하는 것으로 도달할 수는 없다. 반대로 그것은 그가 하나님을 "뵙게" 되었을 때, 자신의 처한 상태를 인정하는 것이다. 예언자 이사야는 이러한 역동적 계기를 다음과 같이 표현하였다. "나는 주를 뵙고,… 부르짖었다. 내게 화로다!" (사 6 : 1, 5)

이것이 뜻하는 바는, 변증론이 관심하는 것은 유신론을 입증하거나, 종교적인 해석을 모든 사람들의 구미에 맞게 만들어 내거나, 심지어 모든 사려깊은 사람들의 비위에 맞추거나 하는 그런 일이 아니라는 사실이다. 참된 변증론은 사람의 관심을 자신의 실존적 문제, 곧 인간 실존의 도덕적 문제에 돌리도록 하는 것이다. 쿠쉬먼의 최초의 저술인 『치유』(Therapeia)는 플라톤에 관한 연구로서 크게 격찬 받았다.[8] 이책에서 그는 플라톤의 일차적인 의도를 도덕적인 모순을 극복하려는 노력으로 해석하였으며, 바로 이 점이 그의 철학적 배경이 되었다.

쿠쉬먼의 입장은 예수 그리스도 사건에서 정점에 도달한다. 예수는 하나님 편에서 인간소외를 극복하기 위해 다가오신 것이다. 예수의 사명과 역할은 기독교적인 제자도의 모범을 인간의 곤궁에 이바지하는 것 속에 설정하는 것이다. 이 점이 그의 사상의 중심이다. 다시 말해서, 행동의 우선성, 화해를 위한 주도권, 신앙의 수위성 및 이에 따른 지식은 모두 하나님의 활동 결과인 것이다.

쿠쉬먼에게 있어서, 하나님이 질문이 아니라, 인간존재가 질문이다. 참된 종교적 상황이란 자기 자신이 하나님을 만났음을 알고, 그 만남으로 야기된 위기를 감지하며, 소외의 극복이 예수 그리스도의 갱신사역에 의해 가능함을 깨닫는 것이다. 신학의 과제는 하나님의 주도하시는 역사를 발견하는 것, 그것을 인간들에게 확증하는 것, 그리고 그에 따른 믿음의 삶을 사는 것이다. 따라서, 신학은 믿음에서 유래되며 믿음을 일으키는 기능을 한다. 신학이 추구하는 것은 삶을 이해한 후에 그것을 믿음 속에 뿌리내리게 하는 것이 아니다. 그 정반대로, 신학은 삶과 지식의 참된 토대가 되는 믿음에서 시작하는 것이다.

---

8. Robert E. Cushman, Therapeia: Plato's Conception of Philosophy (Chapel Hill: University of North Carolina Press, 1958).

쿠쉬먼은 현대 감리교 신학자로서, 받아들여진 복음에서 출발하여 그 복음의 관점에서 인간 상황을 해석하고자 하는 시도를 대변하고 있다. 메시지가 메시지 수용을 형태짓는 것이다. 오그덴과 쿠쉬먼 두 사람은 존 웨슬리의 후예들로서 기독교 메시지를 변화하는 컨텍스트에 관계시키고, 복음의 진정한 선포를 통해 삶을 변형시키고자 하는 지속적인 노력을 대변하고 있다.

결 론

존 웨슬리의 신학 방식은 독특한 것이었다. 따라서 그것은 기존의 어떠한 범주와도 쉽게 맞아떨어지지 않았다. 그의 신학은 단지 교의신학이라고 할 수도 없고 변증신학이라고 할 수도 없었다. 웨슬리는 전통적인 교리에 간직되어 있는 의미들을 전달하고 탐구하려는 의도를 가지고 물려받은 교리에만 배타적으로 집중하지 않았으며, 전달된 교리들을 이해하고 받아들이는 청중의 수용성에 일차적인 관심을 집중하지도 않았다.

마찬가지로, 웨슬리는 시종 불변하게 동일한 채로 남아있는 본질적인 메시지를 찾아내려고 하지 않았으며, 인간 실존의 개별 상황에서 일차적 자료를 발견하는 상황신학(Contextual theology)을 구성하려고 하지도 않았다.

현대의 많은 신학적 노력들과는 달리, 웨슬리는 또한 이론과 실천의 분리에 반대하였다. 그는 신학 이론을 구성한 연후에 그것을 어떤 (그리고 모든) 개별 상황에 적용하지 않았으며, 또한 이론의 하부구조에 끼치는 영향을 이용하는 것을 허락하지 않은 채 적용만을 일삼는 실천가가 되지도 않았다.

웨슬리는 상이한 차원들을 밀접한 관계 속에 묶어 두고자 고투했으며, 양자 모두를 강조함으로써 각각의 요소가 그 상대편에 영향을 주도록 하였다. 이것이 바로 웨슬리 사상의 "실천적" 성격인 바, 신학은 기독교의 선포와 기독교적인 삶을 지지해 주며, 기독교적 경험은 신실한 생활을 통해 신학적 구성에 있어서 강조점들을 설정하는데 도움을 주는 것이다. 그 각각은 다른 편을 필요로 하며, 풍요롭게 하며, 오직 다른 편과 결합되는 한 번성하게 되는 것이다.

이러한 상호관련성과 균형은 모방하기 어려운 것이다. 웨슬리의 후예들은 종종 어느 한 극이나 다른 극을 강조하는 경향을 보여왔고, 이중적인 초점은 흔히 상실되곤 하였다. 그러함에도 불구하고, 웨슬리의 노력과 성과는 감리교 신학에 늘 도전이 되어왔다. 우리는 웨슬리를 가리켜 통전적 신학 활동의 가치를 입증해 주며, 이러한 방식의 신학적 노작을 시도하도록 자신의 전통에 대해서 도전하는 신학적 스승(theological mentor)이라고 할 수 있을 것이다.

제 3 장

기도의 완전

마조리 수하키(Marjorie Suchocki)

존 웨슬리의 『기독교인의 완전에 대한 평이한 해설』(A Plain Account of Christian Perfection)은 성화에 대한 그의 관점을 서술한 가장 간결한 글인 동시에, 이 주제를 다루는 감리교 신학자들에게는 그 자체로 고전적인 자료가 된다. 아울러 이 책은 기도에 대한 웨슬리의 견해를 어느 정도 알 수 있는 다소 놀라운 문서이다. 이 사실은 본질적으로 그리 놀라운 것만은 아니다. 성화의 삶이란 분명 기도의 삶이기 때문이다. 그러나 이 작은 책에서 기도에 합당한 목적과 역할은, 기도의 본성과 효과, 그리고 실로 기도의 완전에 관한 새로운 감수성을 일깨움으로써 상상력을 일깨우는 것이다.[1]

기도의 삶에 대한 권고는 『기독교인의 완전에 대한 평이한 해설』전반에 스며 있지만, 그 중에서도 기도에 대한 웨슬리의 설명이 극치에 이르는 부분은 마지막 장이다. 이 단락을 좇아가다 보면, 우리는 우선 기도에 대해 신학적으로 숙고하게 되고, 다음으로 웨슬리적 기도신학을 알게 된다.

---

1. 웨슬리의 기도 신학에 관한 필자의 성찰은 Unity, Liberty, and Charity: Building Bridges Under Ice Waters, eds. Donald Messer and William J. Abraham (Nashville : Abingdon Press, 1996)를 위해 "How United Methodism Must Change" (어떻게 연합감리교회가 변해야 할 것인가)라는 장을 썼을 때 시작되었다. 그 장에서 기도를 다룬 세 쪽은 본 글에서 크게 확대되었으나, 이 이전 글은 특히 III에, 그리고 더 적게는 I에 반영되어 있다.

I

하나님은 오로지 기도에만 응답하신다. 하나님께 회심한 자들조차도, 그들 자신의 기도가 아니더라도(매우 드문 일이지만) 다른 사람들의 기도 없이는 그것이 불가능하였다. 한 영혼이 얻어낸 모든 새로운 승리는 새로운 기도의 결과이다.[2]

"하나님이 오로지 기도에만 응답하신다"니 어찌 그럴 수 있겠는가? 이 말은, 우리 인간이 무대에 등장하기 오래 전 하나님은 창조자로 계셨다는 점을 고려할 때, 과장에 지나지 않는 것 같다. 은하계는 별, 행성, 혜성, 소행성, 맥동성, 그리고 우리가 무대에 입장하기 거의 무한정 앞서서 춤추는 우주의 모든 현상들과 함께 휘몰아쳐 존재한다. 하나님은 기도가 있기 훨씬 전에 창조행위를 하신다—적어도 우리의 창조영역에서. 그렇다면 어떻게 기도가 하나님의 행위에 관계할 수 있단 말인가?

웨슬리는 물리적 세계의 창조가 아니라, 우리로 하여금 그러한 세상속에 영적으로 살도록 하는 하나님의 지속적인 창조행위에 대해 말하고 있다. 이 창조행위는 창조자와의 연합된 삶이 가능한 역동적인 우주를 내포하는, 복잡하고 놀라운 일이다. 그러나 본질적으로 이러한 삶의 형태는 역설적인 것이다. 하나님에 의해 창조되었고 하나님께 의존하는 삶이지만, 이 삶의 "생동성(aliveness)"은 하나님께 자동적으로 응답되어지는 것이 아니라, 하나님께로의 자유로운 응답으로 이루어진다. 이런 삶은 삶 자체를 존재케 한 바로 그 은총에로의 능동적 개방성과 참여를 내포한다.

웨슬리는 여기서 인류의 타락이라는 실존의 문제와 예수 그리스도 안에서 하나님의 행위를 통한 구속의 필요성을 전제한다. 이것은 새 창조를 가능케 하는 데 근본적인 기초가 된다. 그러나 이러한 새 창조의 속성은 은총의 수용과 은총에의 참여를 필요로 한다. 기도야말로 하나님 창조 은총에 참여하는 하나의 양식이며, 또 하나님께 응답하는 능동적 개방성이다.

그런데, 기도가 하나님을 향한 개방성이라면, 또한 기도에로의 초대는 인류를

---

2. A Plain Account of Christian Perfection, 25, Q. 38, §5, Works (Jackson) 11:437.

향한 하나님의 개방성이다. 이것은 마치 우리의 유익을 위한 하나님의 의지가 다양한 양식으로 나타날 수 있는 것과 같으며, 또 기도는 그러한 양식을 구현하는데 도움이 되도록 우리를 초청하는 것과 같다. 기도를 통해 우리는 하나님의 사랑에 참여할 기회를 얻게 되고, 그렇게 함으로써 사랑의 실제적 행위는 하나님의 모습뿐 아니라 우리 자신의 모습을 지닐 수 있게 된다. 물론 하나님의 지속적인 창조 행위에 대한 우리의 참여가 기도속에서 그리고 기도를 통해서 이루어진다면, 그리고 기도를 통해 우리를 하나님의 사랑에 일치하도록 개방한다면, 우리의 모습을 반영하는 행위는 제한적이나마 하나님의 무한한 사랑을 반영하게 될 것이다.

또한 하나님의 사랑에 참여하는, 하나님의 사랑의 행위 곧 은총에 참여하는 기도에는 하나님과의 의도적인 연결이 있다. 기도는 활동권(circle of activity)을 창조하는 셈이다. 하나님은 사랑으로 만물을 창조하시고, 참된 사랑에 무관심한 관찰자로서가 아닌 동참자로서 우리를 초청하신다. 여기서 하나님의 사랑에 동참하는 것은 곧 하나님의 행위에 동참하는 것이다. 그렇다면 우리는 기도를 통해서 은혜롭게도 하나님 은총 행위의 참여자가 되는 것이다.

『평이한 해설』에서 웨슬리는 기도를 특별히 하나님의 회심케하고 성화시키는 은총의 행위와 관련지어 설명한다. 보통 회심과 성화는 인간의 참여와는 관계없는, 전적인 하나님의 역사라고 생각할 지 모르지만, 웨슬리에게 있어서는 그렇지 않다. 웨슬리에게 있어 이러한 행위들은 우리와 함께 하시는 하나님의 역사안에서 그리고 그 역사를 통한 전적인 하나님의 역사인 것이다. 하나님은 신적 은총의 가장 심원한 행위, 즉 구원과 성화를 위한 하나님의 동반자가 되기 위해서 우리로 하여금 기도를 사용하도록 초청하신다. 우리가 은총의 동반자가 된다는 것은 그야말로 은총으로 말미암은 것이다.

이것이 어떻게 가능한가? 웨슬리는 "하나님은 오로지 기도에만 응답하신다"라는 주장외에는 자세히 설명하지 않는다. 그러나 우리는 이것이 하나님의 행위와 우리를 연결시키며, 또한 우리가 위해서 기도하는 자들과 우리를 연결시켜주는 기도의 연합적 기능이라 생각해 볼 수 있다. 기도는 하나님의 뜻 앞에 우리 자신을 개방하는 것이다. 여기서 하나님의 뜻이란 창조 자체를 일으키시고 창조를 위해 쏟아부으신 무한한 사랑이다. 이 사랑은 그 원천이 무한하신 하나님이시기 때문에 무한하며, 제한되지 않는다. 그러므로 우리가 누군가를 위해 겸허하게 기도할 때, 우리는 그 중보기도 대상자가 하나님의 사랑을 받고 있다는 것을 확신할 수 있다. 우리가 중보기도 대상자를 위해 하나님 뜻앞에 우리 자신을 개방할 때, 우리는 하나님의 사랑과 결합된다. 아마도 하나님은 우리의 조그마한 사랑을 취하셔서 중보기도 대상자를 향한 하나님의 강력한 사랑의 물결에 결합시킬 것이다. 우리가 하나님의 사랑에 발을 내딛었을 때, 타인을 향한 우리의 사랑이 자라나 그 사람의 행복을 위한 하나님의 뜻을 반영하기 시작한다. 그때 우리의 행동은 기도와 일치하게 되며, 또한 하나님의 사랑을 드러내는 도구가 된다. 하나님은 종종 우리가 알고 있는 것 이상의 방식으로 기도의 결과를 야기시킴으로써, 하나님의 행위속으로 우리를 끌어들이신다.

II

또 다른 본문도 이러한 메시지를 발전시키고 있다.

> 하나님의 모든 은총이 비록 그의 풍성하신 자비에 의존한다고 하더라도, 하나님은 대체로 우리와 함께 하는 자들의 기도, 교육 그리고 거룩에 그 은총들을 덧붙이기를 기뻐하신다.[3]

여기서 웨슬리는 하나님이 우리의 가르침을 통해서, 그리고 거룩한 생활을 통하여서도 역사하신다고 진술함으로써, 우리의 기도를 통하여 역사하신다는 개념을 확장시키고 있다. 책 앞부분에서 웨슬리는 교만의 정의를 타인에게서 배우기를 거절하는 것이라고 하였다. "만일 당신이 남의 가르침을 필요로 하지 않을 만큼 하나님으로부터 가르침을 받고 있다고 생각한다면, 교만이 문 앞에 서있는 것이다. 죄로부터 구원받은 자들 외에 자신을 가르칠 자는 아무도 없다고 상상하는 것은 너무나 엄청나고 위험한 실수인 것이다."[4] 기도에 대한 위의 구절에서, 하나님을

---

3. Ibid., Q. 38, §1, Works (Jackson) 11:435.
4. Ibid., Q. 32, Works (Jackson) 11:428.

향한 우리의 개방성은 또한 타인 — 우리가 높이 평가하는 사람들 뿐 아니라 그 외의 모든 사람들 — 을 향한 개방성이라고 제안하였다. 기도의 중심이 되는 것으로서, 하나님을 향한 우리의, 또한 우리를 향한 하나님의 상호 개방성은 형제 자매들을 향한 우리의 개방성에도 똑같이 적용된다. 서로 서로를 통하여 역사하시는 하나님의 행위에 우리를 개방하는 한, 이러한 사상은 공동체 형성의 기초가 된다. 하나님이 우리 각각을 통하여 일하신다면, 우리는 우리 자신을 위한 하나님의 은총의 수단인 서로 서로를 돌아보아야 한다. 이러한 돌봄은 서로의 대화를 통해, 그리고 더불어 사는 것을 통해 일어나게 된다.

    기도, 가르침, 그리고 거룩한 삶이 모두 하나님의 은총의 수단으로서 결합되는 것은 결코 부수적인 것이 아니다. 첫째, 기도의 정황은 혼자이든 함께이든 언제나 공동적이다. 둘째, 공동체는 구성원 각자를 위해 중보기도에 신실해야 한다. 셋째, 기도생활은 하나님 사랑을 증가시켜 거룩한 삶에 영향을 미친다. 어느 한 개인이 소그룹이든 회중그룹이든, 그룹을 위하여 신실하게 기도하고 있는 동안에 조차도, 보다 큰 그룹의 기도속에 자신의 이름이 불려지기를 기대할 수 있는 것이다. 또한 기도가 하나님을 향한 개방성이라면, 그것은 곧 거룩한 삶에 대한 가르침에의 개방성인 것이다. 마찬가지로 거룩한 삶에의 개방성은 거룩한 삶에서의 성장으로 귀결되어야 한다. 이로써 하나님의 은총은 기독교인들의 행위를 통해 각자의 강건함으로까지 흘러넘친다. 하나님은 공동체의 기도와 가르침 그리고 거룩한 삶을 통해서 일하신다.

Ⅲ

    기도는 우리를 하나님뿐만 아니라 우리가 위해서 기도하는 사람과도 연결시켜 준다. 중보기도란 타인의 필요를 우리 자신의 모습 속에 엮어놓는 것이다. 웨슬리는 우리가 타인의 죄도 우리의 것으로 고백해야 한다는 다소 놀라운 교훈과 함께 이 점을 제시한다.

    우리는 은밀한 기도로 다른 이의 결점과 우리 자신의 결점을 하나님께 내어놓고

고백해야 한다.[5]

  · 타인을 위한 중보기도는 마치 그들과 우리를 연결시키는 것과 같아서, 그들 속에서 하나님의 은혜에 대한 어떤 막힘을 느끼면, 그들을 판단하는 것이 아니라 통회함으로, 그것들이 마치 우리 자신의 것들인양 하나님 앞에 그것들을 조용히 말하는 것이다. 어떤 경우에는 정말로 자기도 모르게 다른 사람의 죄에 참여하게 되기도 한다. 아마도 그러한 막힘이 있는 환경을 만들어 낸 자가 바로 우리 자신일지도 모르기 때문이다. 자기 의(義)나 적의, 다른 사람을 향한 정죄의 태도가 — 이런 느낌들이 옳으냐 그르냐와는 관계없이 — 타인에게 방해를 일으킬 수 있으며 타인을 넘어지게 할 수도 있기 때문이다. 그러나 우리의 직접적인 참여와는 관계없이, 그리스도 안에서 공유된 참된 결속력만으로도 우리에게 "결점"이 드러난 자들과 우리 자신을 연결시키는데 충분하다. 우리 자신 뿐 아니라 그들의 죄를 알아차린 것에 대해 조용히 고백함으로써 말이다. 웨슬리는 그러한 기도가 우리의 중보기도 대상자를 회심케하고 혹은 성화시키는 은총에 개방하는 것으로서 하나님으로부터 응답된다고 말한다.

  그러나 마치 우리의 죄인 것처럼 타인의 죄를 고백하고 또 은밀한 기도로 그것들을 하나님께 고백했는데도, 중보 대상자가 죄를 회개하지도 않는 것 같을 뿐더러 사실상 죄를 그대로 고집한다면, 그땐 어떻게 해야하는가? 절망하지도 말고 그들보다 낫다는 느낌을 가져다 주는 유혹에도 빠지지 않으며, 그들을 멸시하지도 말아야 한단 말인가? 이에 대해 웨슬리는 다른 방식으로 주의를 준다. "우리는 우리가 고칠 수 없는 자들을 인내해야 하며, 하나님께 그들을 내어드리는 것으로 만족해야 한다."[6] 우리가 인식한 죄를 그대로 고하는 것은 동시에 하나님께 그 사람을 내어드리는 것이며, 하나님의 자비와 하나님의 돌보심에 그를 풀어놓는다는 점이다. 왜냐하면 그들은 각자 하나님과의 고유한 여정이 있고, 각자의 투쟁과 시험, 동요, 그리고 승리가 있기 때문이다. 또한 우리가 그들에게서 발견한 죄들을 고백한다 하더라도, 그것은 우리가 기도하는 그 상황을 단편적으로만 아는 것이기 때

---

5. Ibid., Q. 38, §2, Works (Jackson) 11:436.
6. Ibid.

문이다. 우리의 기도는 하나님과 그 다른 사람에게 가장 잘 알려진 이야기를 하나님께 말하는 것이다. 우리는 겸손한 사랑으로, 그리고 하나님께 우리의 기도와 중보 대상자를 풀어놓는 은총으로 중보하는 것이다. 하나님이 우리의 기도를 어떻게 사용하시는가는 하나님께 달린 것이다. 우리의 일은 기도의 결과로 일어난 것들을 통제하는 것이 아니라, 하나님이 하실 수 있고 원하시는 대로 사용할 수 있도록 신실하게 기도드리는 것이다. 우리는 중보 대상자를 하나님께 내어드리며, 뿐만 아니라 기독교인의 사랑속에서 그 사람과 계속적으로 연결되는 은총을 위해 기도해야 한다. 웨슬리가 말한 것처럼, "하나님은 우리가 사랑하는 첫 번째 대상이며, 그 다음은 타인의 결점을 견뎌내는 것이다. 그리고 우리는 이것을 우리의 신앙가족 속에서 실천하기 시작해야 한다."[7]

IV

이어지는 본문은 "쉬지말고 기도하라"는 바울의 말을 주석한 것이다. 웨슬리는 이 책에서 이 명령을 여러차례 반복하였는데, 그 중에서 가장 심오한 진술은 다음과 같다.

> 쉬지말고 기도하라는 하나님의 명령은 영혼속에 하나님의 생명을 유지하기 위한 은총의 필연성에 근거하는 것으로서, 육체가 공기 없이 한 순간도 살 수 없는 것과 마찬가지로, 영혼이 기도 없이는 한 순간도 살아 갈 수 없다. 우리가 하나님을 생각하든지 그에게 말하든지, 하나님을 위해 일하든지 고통받든지, 하나님의 사랑과 오직 하나님을 기쁘시게 하려는 소원 외에 어떤 다른 대상도 갖고 있지 않을 때, 모든 것은 기도가 된다. 기독교인이 행하는 모든 것은, 먹고 잠자는 중에도, 그것을 단순하게 행하고 하나님의 질서에 따라 자신의 선택에 의해 그것에 첨가하거나 감함 없이 행할 때, 기도가 된다.[8]

나는 이 본문의 의도, 더 나아가 웨슬리의 성화교리 의도는, 우리가 늘상 하나

---

7. Ibid., Q. 38, §4, Works (Jackson) 11:437.
8. Ibid., Q. 38, §5, Works (Jackson) 11:438.

님의 현존으로 말미암아 습관처럼 느끼면서 살아가야 한다는 것에 있다고 제안하고 싶다. 만물에게 현존하시는 하나님이 따라서 당신과 나에게 또한 우리에게도 현존하신다는 경이로움을 가정하면서, 그런 하나님을 "당연하게 여기는" 거룩한 길이 있는 것이다.

우리는 흔히 하나님의 전능성에 매혹되어서, 하나님의 편재성에 대한 이해를 약화시키고 그 가치를 다소 희석시켜 왔다. 하나님의 현존을 평가절하 함으로써 우리는 종종 은연중에 저멀리 하늘에 있는 보좌를 향해 오르는 기도의 이미지를 연상한다. 마치 우리의 메시지가 보내어진 순서대로 받아질 것임을 확신시키는 자동응답 서비스의 경우에서처럼, 그곳에서 하나님이 굽어보사 우리의 기도를 응답해 주신다고 여기는 것이다. 그러나 하나님의 편재성으로 말미암아 그것이 거짓된 것임이 밝혀진다.

우리 자신이 하나님의 현존에 익숙하게 되면, 우리는 끊임없는 기도를 통해 우리의 모든 삶을 이 현존을 향하게 할 수 있게 된다. 이러한 습관 속에는 놀라운 자유와 은총이 있게 된다. 하나님의 현존에 익숙해진다는 것은, 곧 하나님의 은총에 지속적으로 개방된다는 것이다. 이러한 은총은 나팔소리처럼 우리에게 크게 다가오는 것이 아니다. 만일 그렇게 다가온다면, 하나님의 느껴지는 현존에 대한 경외감에 사로잡혀, 이 세상에서 우리를 이끄셔서 맡기시려는 일에로 부르시는 하나님의 고요한 부르심을 듣지 못할 것이다. 이와는 달리, 대부분의 경우 하나님은 그 옛날 모세에게 그랬던 것처럼 자신의 현존을 베일로 가리우신다. 그렇게 함으로써 우리는 혼란에 빠지지 않고 대신 하나님의 사역에 힘쓰게 될 것이다. 하나님의 현존에 익숙해진다는 것은, 우리의 의식의 배경에, 우리의 삶에 어떠한 행운이나 불행이 펼쳐지든 간에 "영원하신 팔이 그 밑에" 드리워져 있음을 자각하는 것이다.

그러한 감각을 지닌다는 것이 과연 가능한 일인가? "쉬지않고 기도하는 것"이 과연 가능한 것인가? 웨슬리는 승리에 가득차서 "그렇다"라고 주장했다. 이것이 바로 기독교인의 완전에서 그가 가르치는 핵심이다. 나는 이러한 기도 형태가 단순히 '하나님은 현존하신다, '바로 지금 여기에'라는 가정을 계발하는 것이라고 제안한다. 그리고 현존하시는 이 하나님은 예수 그리스도를 통해서 내가 알고 있는 바로 그 하나님이시다. 이 하나님은 나를 위하시며 잘 되기를 바라시고, 가장 힘들어 할 때에도, 가장 두려워 할 때에도, 가장 고통스러울 때조차도 나를 인도하시는 분이다. 하나님의 인도하심은 마법처럼 고통을 제거하시는 것이 아니다. 하나님의 인도하심은, 인내와 신실하신 능력과 힘든 역경 중에서조차 가능한 부활의 형태로, 여성 신학자들이 말하듯이 "길이 없는 곳에서 길을 만드시는" 사랑스런 현존으로부터 흘러나오는 것이다. 이렇게 우리는 현존하는 하나님을 당연한 것으로 가정하게 되는 것이다.

이런 가정은 어떤 특별한 경건의 형식을 요구하지 않는다; 분명히 말하건대, 하나님은 결코 부재하시는 분이 아니기에 우리의 느낌과는 상관없이 하나님은 편재하신다. 하나님의 현존은 인간의 감정이나 느낌에 의존하지 않고, 오히려 하나님의 "신성"(godness), 하나님의 성품, 하나님의 존재 그 자체에 의존한다. 왜냐하면 하나님 자신을 존재케 하는 이가 바로 하나님이기 때문에, 우리는 단순히 그 현존을 당연한 것으로 가정할 수 있는 것이다.

하나님의 현존을 가정하는 것은 증명의 문제가 아니라, 오히려 실천의 문제이다. 우리는 하나님의 현존에 대한 가정을 우리 삶의 모든 다른 것의 토대로 삼아야 한다. 그렇게 함으로써 하나님은 우리의 사고의 안식처가 되신다. 그제서야 하나님의 현존을 신뢰하는 가정과 마찬가지인 지속적인 기도로부터 구체적인 기도가 자연스럽게 흘러 나오게 되는 것이다. 웨슬리는 그러한 신뢰가 일상생활을 영위하는데 있어 엄청난 차이를 빚어낸다는 점을 지적한다. 우리가 먹든지 마시든지 혹은 일하든지 쉬든지, 우리는 신적 현존 안에서 그리고 신적 현존으로 말미암아 살아가야 한다. 그 결과 우리는 우리의 모든 행동을 하나님께 드리게 되며, 그 과정에서 하나님을 향한 우리의 사랑이 자라나게 된다. 또한 우리의 삶은 신적 현존을 반영하게 된다.

V

다음의 글이 기도에 대한 웨슬리의 교훈을 좀더 파악할 수 있도록 해준다.

"나는 언제나 기도하기 때문에 사적인 기도 시간을 따로 정해놓을 필요가 없다"

라고 생각하지 않도록 주의하라.[9]

그리고,

성도들이 하늘에 있는 것처럼 우리는 교회에 있어야 하고, 가장 거룩한 이들이 교회에 있는 것처럼 집에 있어야 한다. 우리는 교회에서 기도하는 것과 같이 집에서 일하며 마음 밑바닥으로부터 하나님께 예배드려야 한다.[10]

여기에 우리 삶의 지속적인 배경(背景)이 되는 당연히 가정되는 기도(assumptive prayer)와 우리 삶의 전경(前景)이 되는 특정한 시간에 떠오르는 구체적인 기도의 필요성이 있다. 이러한 특정한 기도는 개인 그리고 공동 예배를 통해서 일상생활로 훈련되어져야 한다. 그렇지 않으면 우리의 나날은 너무 쉽게 분주한 일정으로 채워져 버리고 말 것이다. 기도시간보다도 더 끈질기게 시간을 요구하는 무언가가 늘 있을 것이다. 그러나 웨슬리는 그 어떠한 것도 매일의 기도시간을 빼앗아가지 못하도록 습관을 바꿀 것을 권고한다.

기도시간은 개인적이기도 하고 공동적이기도 하다. 우리는 매일 매일 개인기도 시간을 위해 특별한 훈련을 하도록 부름받았지만, 이것들이 결코 그리스도의 몸 전체의 공동기도와 분리된 것이 아니다. 가장 심오한 의미에서 그리스도인의 모든 기도는, 자기 집에서 은밀히 하든 공중예배에서 하든, 공동체적인 것이다. 왜냐하면 우리는 그의 한 몸의 지체들로서 그리스도를 통해 그리고 그리스도 안에서 기도하기 때문이다. 공중예배시간에 함께 기도하는 동안 우리는, 옆자리에서 예배드리는 이들과만이 아니라, 모든 시대에 걸친 하나님의 온 교회와 함께 연결된다. 기도는 때로는 끝없는 노래가사와 같이, 때로는 여럿의 목소리가 모인 대합창처럼 연합적인 것이다. 항상 살아계신 하나님께 열납된 기도는 하나님 자신의 영원함에 참예하는 것과 같다. 그러므로 모든 시대가 모인 교회에의 참여는 하나님의 영원하심에 거하는 것이다. 우리는 혼자 있는 동안 때때로 잘 기도할지 모르지만, 그럼

---

9. Ibid., Q. 34, Works (Jackson) 11:431.
10. Ibid., Q. 38, §6, Works (Jackson) 11:438.

제3장 - 기도의 완전

에도 불구하고 바로 그 기도의 행위 속에서 교회의 일치를 표현하고 하나님의 은총을 통해 그 일치에 참여하고 있는 것이다. "쉬지않고 기도하는 것," 즉 의도적으로 하나님의 현존 가운데 사는 것은 그리스도의 몸으로서의 구체적인 기도행위로 결과되는 것이다. 이러한 기도가 일상생활에서 사적으로 드려지든 회중예배에서 공적으로 드려지든, 그들은 언제나 공동적이다. 달리 말하면, 교회는 공중예배 때와 그 지체들의 일상생활속에서 하나님께 기도를 드리는 것이다.

그렇다면 우리는 왜 구체적으로 기도해야 하는가? 흔히들 우리 자신의 영혼을 위해서라고 하지만, 나는 이기적인 것이 일차적인 목적이 되어서는 안된다고 생각한다. 진실로 무언가를 일으키기 위해 하나님은 기도를 사용하신다는 웨슬리의 논평은, 중보기도의 주된 목적이 흔히 은총을 저항하는 세상을 은총의 변형시키는 역사들에 개방시키는 것이라는 점을 시사한다.

교회의 그리고 모든 회중의 선교는, 그것이 가난한 자들의 고통을 완화시키는 것이든, 선과 정의를 위한 위대한 목적에 참여하는 것이든, 아니면 단순히 서로서로를 사랑으로 섬기는 것이든, 말씀과 행위의 선포가 수반되어야 한다. 이러한 선교행위는 모두 기도로 감싸져야 한다. 교회가 선교를 수행하는데 있어서 우리를 통해 일하시는 분은 바로 하나님이시며, 우리의 구체적인 중보기도는 하나님의 은총의 통로가 되도록 우리 자신을 하나님의 은총에 개방하는 것이다. 이것은 개인으로서, 회중으로서, 그리고 교회선교에 관련한 중보기도에 참여하는 교단으로서 우리의 의무이다.

어떻게 하나님이 우리 기도를 사용하는지 알 수 있을까? 그것은 기도를 거절함으로써 우리는 오로지 하나님의 은총을 필요로 하는 세상에서 하나님의 은총을 거절하게 되며 하나님의 은총을 저지하게 된다는 것으로써 알 수 있게 된다. "하나님은 오로지 기도에만 응답하신다"는 웨슬리의 말은 "기도와 금식외에는 [이런 류가 나올 수 없느니라]"(마17:21)이라고 하신 그리스도의 말씀을 반향하는 것이다. 사도 바울 역시 비슷한 실례를 제공한다. 왜냐하면 바울은 서신을 시작할 때 대부분 수신자를 위한 중보기도를 열거하기 때문이다. 교회의 선교는 오직 중보기도의 침투를 통해서만 이루어질 수 있다. 또한 중보기도는 "쉬지않고 기도하는" 지속적인 기도와는 달리, 기독교인의 일상생활에서 그리고 기독교인의 공동 예배생활에서 특정한 기도시간의 노력이 필요하다.

마찬가지로 이런 점에서, 주기도문은 주간 기도나 "때때로 드리는" 기도가 아니라, 매일의 기도로서 우리에게 주어진 것이다. 그 간구들은 돌봄과 정의의 공동체인 하나님의 통치를 창조함으로써 지구 전체에 걸쳐 하나님의 이름을 거룩히 여기는 것과 관계된다. 또한 그것들은 매일 매일의 죄의 고백과 용서, 그리고 역경 속에서 하나님의 강건케 하시는 능력의 필요와 관계된다. 이러한 것들은 매일 특정한 기도시간을 필요로 하는 구체적인 매일의 간구들이다. 그러므로 하나님의 현존 속에서 및 하나님의 현존으로부터 지속적으로 살아가는 이 "끊임없는 기도"는 개인적이고 공동체적인 삶의 정해진 시간에 간구의 기도를 일으킨다.

VI

> 지속적인 경건과 기도위에 계속적인 활동이 추가되어야 한다.[11] ⋯ 사랑은, 첫째로 하나님께서 주신 기회에 실행하지 않고, 둘째로 하나님께 사랑을 바친 다음에는 겸손한 감사를 드리면서 즉시 물러서지 않는다면, 올바로 실천될 수가 없다. ⋯ 우리는 그 분 안에서 영혼이 기도로 자신을 넓히는 바 되는 하나님께 우리 자신을 연합 함에 있어서, 우리가 받은 모든 은총과 우리가 행한 선행과 함께해야 하는데, 이로써 바로 이 선행들이 우리 안에 낳을지도 모르는 좋지 못한 결과들에 대항할 새로운 힘을 그로부터 얻게 되는 것이다.⋯ 선행이 마지막 완전을 받는 것은 말하자면 그 자신을 하나님 안에서 잃는 순간이다.[12]

기도의 삶은 선행의 삶과 분리될 수 있다는 잘못된 인식에 맞서, 웨슬리는 기도와 선행을 긴밀하게 연관시킨다. 첫째, 위에서 지적한 대로, 기도는 선행을 촉진하며, 우리뿐 아니라 다른 이들을 변형시키는 은총에 개방시킨다. 뿐만 아니라, 기도는 사랑의 수고를 하도록 우리를 격려한다. 웨슬리에게 있어 하나님 사랑은 주로 이웃 사랑을 통해 실천된다. "종교의 중요한 규범가운데 하나는 하나님을 섬기는 기회를 놓치지 않는 것이다. 하나님은 우리의 육안에 보이지 않으므로 우리의 이

---

11. Ibid., Q. 38, §7, Works (Jackson) 11:439.
12. Ibid., Q. 38, §8, Works (Jackson) 11:440-441.

웃을 통하여 하나님을 섬겨야 한다. 하나님은 마치 볼 수 있게 우리 앞에 서서 친히 자신에게 한 것처럼 이것을 받으신다."[13] 기도의 삶은 하나님을 향한 우리의 사랑을 증가시키며, 또 이 사랑은 하나님이 사랑하시는 세상이 행복해지기를 갈망하게 된다. 그러므로 하나님을 향한 우리의 사랑은 단지 기도만이 아니라 이웃을 향한, 아니 하나님의 모든 피조물을 향한 사랑의 행위에서도 그 표현을 찾아야 한다. 기도는 이러한 사랑을 행하도록 우리를 충동하는 것이다.

그러나 웨슬리는 거기에서 멈추지 않는다. 기도는 행위보다 앞서며, 행위에 침투할 뿐만 아니라, 행위를 뒤따르는 것이다. 한편, 이는 그것이 마치 전적으로 우리의 행위인 것처럼, 즉 하나님의 능력주시는 은총을 없애고 웨슬리가 말한 "나쁜 결과"를 야기시키도록, 우리가 오직 행위에만 초점맞추는 것을 막는 것이다. 그러나, 보다 깊은 의미로 보면, 하나님의 사랑에서 흘러나오는 행위는 그 자체가 일종의 기도인 셈이다. 그러한 선행은 그 즉시로 세상을 향하고 또 하나님을 향하기 때문이다. 따라서 기도를 통해 우리의 선행을 하나님께 드림은, 그 목적, 즉 세상에 대한 사랑 안에서 및 그 사랑을 통해서 하나님을 사랑하는 것의 완성인 것이다.

위의 구절에서 마지막으로 제안하는 것은 하나님은 실제로 하나님께 드리는 모든 사랑의 행위를 받으신다는 것이다. 그리고 그 자체로 그 행위들은 하나님 자신의 영원함 속으로 들어간다. 우리는 종종 하나님을 찬양하는 것은 소리를 내는 것, 즉 하나님의 경이로움을 말로 노래하는 것이라고 생각한다. 그러나 세상에서 우리가 하는 사랑의 행위는 그것이 개인적이든 공동적이든 그 자체로 하나님을 찬양하는 것이다. 그것은 우리를 통해 세상에 전달되고 다시 하나님께 전달되는 하나님의 사랑을 반영하는 것이다. 사랑의 모든 행위가 곧 의의 행위인 한에서, 사랑의 행위는 하나님의 이름을 하늘에서와 같이 땅에서도 거룩히 여기게 하는 것이다. 그러므로 사랑의 모든 수고는 세상으로부터 울려나오는 하나님의 메아리로서 하나님께 열납되어 하나님께로 그리고 하나님의 영원한 찬양에로 되돌아가는 것이다. 기도는 행위로 결과되고, 행위는 기도로 결과된다.

---

13. Ibid., Q. 38, §8, Works (Jackson) 11:440.

VII

기도에 관하여 웨슬리에게서 인용한 마지막 본문은 기도로 말미암아 표현되는 감사에 대해서뿐만 아니라, 우리의 모든 기도의 가장자리에 늘 따라 다니는 깊은 고귀함에 대해 언급하는데, 이것은 하나님과의 일치(연합)이다. 이 단락에서 웨슬리는 기도에 대해 언급하지 않았는데, 그것은 언급해야 할 필요가 없었기 때문이다. 본문 자체가 가장 깊은 교제를 나타내는데, 이것은 실로 기도이기 때문이다.

> 바다는 하나님의 충만과 축복된 성령의 충만에 대한 탁월한 비유이다. 모든 강들이 바다로 돌아가는 것 같이, 의인들의 육체와 영혼과 선행도 하나님의 영원한 안식 속에 거하려고 하나님께로 돌아가게 된다.[14]

> 하나님의 사랑은 우리의 모든 선행의 원리이자 목적이다.… 이 선행은 깊은 감사에 의해 영적인 방식으로 하나님 안에서 죽게 되는데, 그 감사는 마치 심연 속에 던지듯이 영혼을 하나님 속에 던지는 바, 그 영혼 모두와 그것이 하나님께 빚지고 있는 모든 은총과 행위와 함께 던지는 것이다; 영혼은 이러한 감사로써 자신에게서 모든 선행을 비우게 될 것이며 그 선행들은 결국 그 원천에로 돌아갈 수 있게 될 것이니, 마치 강들이 바다속으로 자신의 모든 물과 함께 자신을 부어버릴 때 자신을 기꺼이 비우는 것이다.[15]

위의 인용문은 기도야 말로 가장 깊은 연합을 기대하며 우리 자신을 하나님께 드리는 길이라는 것을 시사함으로써, 우리가 하나님께 우리의 행위를 드리는 기도 속에 암시되어 있는 생각들을 훨씬 뛰어넘는다. 고마움 혹은 감사가 그 열쇠이다. 감사는 하나님의 은사로부터 유발되는 것이지만, 즉시 받은 은사로부터 그 은사를 주신 이에게로 옮겨간다. 진실로 그렇게 하는 것이 참된 기도의 본성이다. 어떤 이는 행위나 관계 혹은 소유물로 말미암아 기뻐할지도 모른다. 그러나 기쁨은 감사의 전주곡일 뿐이다. 기쁨은 조건에 초점을 맞추는 한편, 감사는 그 조건의 원인에

---

14. Ibid., Q. 38, §1, Works (Jackson) 11:435.
15. Ibid., Q. 38, §8, Works (Jackson) 11:441.

초점을 맞추기 때문이다. 기쁨은 자기충족적인 한편, 감사는 다른 사람에게로 뻗어 나간다. 그러므로 감사한 마음은 하나님을 향한 뻗침이요, 주시는 분안에서 영광의 은사들을 넘어서는 기쁨이다. 따라서 감사는 특별한 기도 형태인 것이다.

웨슬리는 감사한 마음을 나타내기 위해 하나님의 바다로 자기를 비우는 다소 신비적인 이미지를 사용한다. 이것은 은혜로운 임재의 하나님에게 근거를 두는, 기도의 삶에는 적절한 이미지이지만, 중보기도의 이미지와는 대조된다. 중보기도의 경우 웨슬리에게 적합한 어법은 "경성함"(watchfulness: 주의)이다. 어떤 이가 중보기도를 한다고 할 때, 그것은 기도 내용과 일치하여 행동할 기회를 얻도록 주의를 기울이는 것이다. 또 어떤 이가 고백(고해)하는 기도를 하면 고백한 것을 반복하지 않도록 경성해야 하는 것이다. 지식을 구하는 자가 있다면 지식과 지혜를 증가시킬 수 있는 경우에 대해 주의를 기울여야 한다. 따라서 대부분의 기도는 우리에게 이 세상에서 보다 신실하게 살아갈 수 있도록 방향지워주며, 개인이나 공동체 그리고 이 땅 자체의 다양한 필요에 주의를 기울이도록 요청한다. 기도란 곧 이 세상에서 사랑의 행동을 하도록 우리를 자극하는 것이다.

그러나 감사의 기도는 이 세상을 넘어서 하나님께 그 초점을 맞춘다. 우리의 기도들은 하나님 자신의 행위—창조, 구속, 성화—에서 시작할 지도 모른다. 하지만 하나님 자신이 하나님의 그 어떤 행위보다도 더 위대하기 때문에 이 용어들조차도 제한적이 된다. 그러므로 웨슬리의 바다 이미지는 모든 강들을 포함할 만큼 깊고, 모든 대륙을 접할 만큼 광활하면서도 여전히 그 깊이와 넓음에 있어서 놀라운 신비로 남아 있다는 의미가 내포되어 있는 것이다. 감사는 모든 은사와 관심사를 뛰어넘어 하나님께로 그 자체를 쏟아 붓는 기도인 것이다. 참으로 감사기도는 은사를 주신 것에 대한 감사에서 하나님으로 인해 단순히 기뻐하는 것으로 우리의 감사가 자라도록, 모든 은사와 관심사를 벗어버리고 하나님의 무한한 깊이 속에 그것들을 쏟아붓는 것이다. 감사기도는 하나님을 만나고 하나님께로 흘러들어갈 뿐 아니라 그렇게 함으로써 우리의 종착지를 암시한다. 그것은 곧 그 깊이가 사랑이신 하나님의 영원한 신비에 참여하는 것이다.

VIII

그렇다면 이제 우리는 웨슬리의 기도신학에 대하여 어떠한 결론을 내려야 할 것인가? 우리는 기도가 타자들과 함께 일하시는 하나님의 은총의 수단으로 사용됨으로써, 하나님의 섭리 속에서 경이로운 위치를 부여받은 구절들을 살펴보았다. 기도는 일치시키는 것이니, 우리로 하여금 서로의 죄를 하나님께 고백하게 할 만큼 그렇게 깊은 "함께함"(withness)으로 하나님에게 뿐만 아니라 서로서로에게 연합시켜 주는 것이다. 중보기도는 세상을 향한 추진력이니, 우리가 위해 기도하는 바로 그 사명을 향하여 우리를 몰아가는 것이다. 기도는 지속적이고도 구체적인 것으로서, 우리의 삶을 지탱한다. 그리고 마지막으로, 기도는 우리의 영원한 종착지를 암시함으로써 하나님의 경이와 충만을 증거하는 수단이 된다.

웨슬리의 기도신학은 우리를 자신의 끝없는 창조성에로 끌어들이시는 상호작용적인 하나님(interactive God)을 제시하고 있다. 하나님은 오래전에 이미 완성된 세상을 그저 내버려두는 이신론(理神論)적인 관찰자가 아니다. 그는 그 반대이신 것이다. 또한 하나님은 마치 세상이 조물주의 손에 의해 마음대로 주무를 수 있는 것에 불과한 것인양, 이 세상에 일방적인 힘을 행사하는 것처럼 보이는 하나님이 아니다. 기도는 이러한 이미지들의 한계성을 지적해준다. 기도를 진지하게 여긴다면 그러한 것들은 결코 적절한 것이 못된다. 만일 하나님이 웨슬리가 지적한 정도로까지 기도를 사용하신다면, 하나님은 세상과 더불어 계속되는 창조활동을 하고 계신 것이다. 이 세상에서 하나님이 행하시는 바는 부분적으로 기도에 의존하고 있는 것이다.

어떤 이는 하나님은 기도를 통해서 일하셔야만 하는가 라고 문제를 제기할 수도 있을 것이다. 아마도 이 질문 자체로는 적절치 못한 것일 수 있다. 이 질문에 대해 우리는 긍정적인 대답과 부정적인 대답에 대한 이유들을 찾을 수 있다. 우리는 하나님이 자유의 은사를 주셔서 하나님의 의도에 함께하거나 반대할 수 있도록 피조물을 창조하셨다고 논박할 수 있다. 피조물(바로 우리!)들은 우리의 유익을 위해 하나님의 창조적인 의지를 방해할 수도 있다. 그러나 기도는 은총에 대한 우리의 저항을 "제거하는"(unblocking), 하나님을 향한 개방성이다. 즉 기도는 이 세상에서 하나님이 일하시도록 그리고 그 일에 우리 자신도 참여하도록—무엇보다도 그 자체로 우리를 사랑의 행위에 개방하는 기도를 통해—길을 여는 것이다. 기도 속에서의 하나님에 대한 우리의 응답은, 우리의 의지와 더불어 일하시는 하나님의 능력으로 말미암아 하나님의 사랑에 일치하는 정도로까지 우리를 이끈다. 이러한 사랑의 행위는 "미리 정해진"(foreordained)것이 아니라, 여러 경우들의 합류점인 창조성 안에서 일어날 수 있다. 하나님의 지속적인 창조 활동에 계속적으로 참여하는 모험에는 기쁨과 자발성이 깃들 수 있다. 그렇다면, 하나님이 기도를 통해서 일하셔야만 하는가에 대한 대답은 잠정적으로 "그렇다"이다. 하나님이 자유가 부여된 피조물을 창조하시기로 작정하셨다면, 그러한 피조물들은 하나님의 사랑에 함께하거나 혹은 거역하여 행동할 수 있는 능력이 있는 것이다. 이때 기도는 하나님이 행하시는 긍정적인 일의 본질적인 요소가 되는 것이다.

그러나 어떤 이는 이성적으로 "아니다. 하나님이 굳이 기도를 통해서 일하실 필요가 없다. 하나님은 당신이 원하시는 것은 무엇이나 하실 수 있다. 하나님은 단순히 기도를 통해서 일하시기로 선택하신 것 뿐이다" 라고 대답할 수도 있을 것이다. 그러한 대답의 근거 또한 창조되었을 때 부여받은 자유에 달린 것이다. 하나님의 거룩함, 즉 하나님과 이웃에 대한 사랑을 행할 수 있는 피조물을 창조하기로 선택하셨다면, 정의(定義)상 그 사랑은 자발적이어야 한다. 그것이 강요된 것이라면, 결코 거룩한 것이 아니다. 그러나 이 사랑이 어떻게 생기는 것일까? 이 난제는 만일 하나님이 단순히 피조물에게 이 사랑을 "심으셨다면"(plant), 이것은 참된 사랑이 아니고 단지 주어진 자극에 대한 자동적인 반응이라는 점이다. 그러면 피조물이 어떻게 사랑을 "자라게"(grow) 할 수 있을까? 물론 사랑을 받음으로써이다. 우리는 어린아이들과의 경험으로 그것을 알고 있다. 그러나 어떻게 피조물이 하나님의 사랑에 대한 경험을 통함이 없이 하나님의 사랑에로 "자랄" 수 있을까? 하나님의 사랑은 우리가 아는 자들의 말과 행동을 통해 전달될 수 있는 반면, 우리를 위한 하나님의 사랑을 우리가 실제로 접촉하고 하나님을 향한 우리의 사랑속에서 성장하는 것은 바로 기도를 통해서이다. 그래서 기도는 하나님에 대한 지식과, 사랑의 경험 속에서 우리가 자라게 되는 "은총의 수단"(means of grace)인 것이다. 아마도 하나님은 이 모든 것을 다른 식으로도 정하실 수 있었을 것이다. 반드시 기도

만이 하나님이 우리와 더불어 일하시는 방식은 아니기 때문이다. 그러나 그것은 그럼에도 불구하고 하나님의 섭리 안에서 하나님께서 선택하시고 제정하신 방식이다.

어느 경우든, 기도가 특별히 웨슬리가 우리에게 가르쳐 주는 것은, 하나님은 세계 자체의 계속적인 창조에 있어서 세계와 상호 작용하신다는 점과, 기도가 이런 일을 일으키기 위한 주된 방식이라는 점이다. 하나님은 우리의 기도를 격려하시며, 우리의 기도를 받으시고, 하나님의 선하신 뜻에 따라 그 기도 및 우리와 함께 일하시는, 상호 작용적인 분이시다.

기도의 "이유"(why)에 대한 이해에 있어서 경고(caveat)는, 더 이상 기도를 단순히 우리 자신의 영혼의 이익을 위해 주어진 것으로만 여길 수 없다는 점이다. 하나님이 진실로 상호 작용적이시며 하나님이 기도를 하나님의 은총의 행위에 개방하는 것으로 제정하셨다면, 세상에서의 궁핍함이나 사랑치 않음 혹은 부정의와 같은 모든 경우들은 기도의 역사를 필요로 하는 셈이다. 우리는 하나님이 우리의 기도를 통해서 일하실 수 있는 바를 감히 과소평가해서는 안 된다. 물론 성격상, 우리가 관여된 우리 자신의 기도에 대한 "응답"의 측면들만을 바라보아야 할 것이다. 그러나 하나님은 우리가 보는 것에 제한되지 않는다. 세상에서 하는 우리의 기도가 하나님이 세상에 행하시고자 하는 것에 적극적인 차이를 만들어낼 수 있다면, 우리는 우리 자신과 세상의 손해를 가져다 줄 기도를 그만 두어야 한다.

웨슬리는 회심과 성화라는 특별한 경우를 사용하여 기도를 은총의 수단이라고 하였다. 우리의 기도는 이러한 상황이 벌어지든 그렇지 않든 간에, 구체적인 차이를 만들어낸다. 현시대에 우리는 우리 사회 속에서 사람들과 이 땅에 대한 불의를 새롭게 인식하고 있다. 그러한 일들을 바르게 하는 행동은 분명히 하나님의 사랑에서 나오는 행위이며, 그러한 일에 대한 관심은 분명히 거룩에 대한 웨슬리적 이해의 실천이다. 만일 개인의 회심과 사랑에의 성장과 관련하여 "하나님은 오로지 기도에만 응답하신다"고 웨슬리가 주장하였다면, 그것이 불의의 영역에서도 똑같이 사실이라고 확대하여 말하는 것이 이성적인 것이 아니겠는가?

물론, 부정의의 여러 형식 중에서 아주 복잡한 문제는 깊게 뿌리내린 사회적인 성격이다. 개인 혼자서 어떻게 대량학살이나 집단탐욕 혹은 환경오염을 막을 수 있겠는가? 우리의 모든 행동은 우리의 열정을 포기해버릴 만큼 보잘 것 없고 비효과적인 것 같이 보인다. 그러나 기도란 우리 자신의 힘으로가 아니라 하나님의 은혜로운 사랑을 통해서 관심을 기울이고 행동하는 것을 의미한다. 희생자들에게 심한 고통을 안겨다주는 이러한 부정의의 문제를 놓고 중보기도하는 것은, 이런 상황에 선을 가져다주시도록 이 세상을 하나님께 개방하는 것이다. 우리 자신의 보잘 것 없는 힘은 기도로써 하나님께 바쳐지게 된다. 하나님은 멀리 떨어진 곳에서조차 성취할 수 있도록 그 힘과 그 개방을 사용하신다. 그리고 교회의 공동기도는 은총에의 개방과 하나님의 역동적인 능력에의 개방인 것이다. 기도는 한 사회로서의 교회를 사회 변혁의 동인으로 변혁시킬 능력을 지니고 있다.

웨슬리의 기도신학은 하나님께서 자신의 사랑을 보다 신실하게 반영시키시기 위해 세상과 함께 일하시는 것이라는 결론을 이끌어 낼 수 있다. 하나님은 계속적으로 자유와 사랑으로 엮어진 우리 피조물이 창조된 대로 하나님의 형상이 되도록 요청하고 계신다고 할 수 있다. 또한 기도는 은총이 우리와 더불어 그리고 우리 안에서 작용하여 그러한 특권을 완성시키도록 하는 수단인 것이다.

제 4장

초월, 정의, 자비: (웨슬리적) 하나님 개념의 재구성을 향하여
테오도어 제닝스 2세(Theodore W. Jennings Jr.)

　웨슬리는 그의 글 "신적 주권에 관한 생각들"에서 신적인 정의와 자비는 신적인 초월, 권능, 주권과 분리되는 것이 아니라 오히려 하나님으로서의 하나님의 신성에 통합되어야 한다고 주장한다.[1] 이렇게 함으로써, 웨슬리는 한편으로 이신론(理神論)적인 신관념, 다른 한편으로는 신적인 주권에 대한 칼빈주의자들의 성찰에서 결과된 것으로 보이는 바, 신적 존재를 개념화하는 데 있어서 나타나는 이분화를 극복하고자 하였다. 이 글에서 나는 하나님에 관한 이해를 (그의 시대 이후의 지적인 발전에 의존하면서) 다시 개념화하는 작업이 웨슬리의 주장을 확증하는 데에 도움이 될 수 있다고 논증할 것이다.

　나는 지상에서 가난한 자들, 권리를 침해받는 자들, 굴욕을 당하는 자들의 문제가 신론에 있어서 결정적인 것임을 밝히고자 한다.[2] 좀 더 엄밀히 말하면, 나는 하나님의 존재가 침해 당하고 굴욕 당하는 이들과의 관계로서 구성되어 있음을 논증할 것이다. 또한 나는 그것이야말로 성서에 나타난 하나님과 모든 다른 신들을 구분하는 것임을 논하고자 한다. 이러한 논제에 주목함으로써, 바로 정의와 자비가 하나님의 존재에 속해 있으며 따라서 그것들이 신적 존재의 절대성에 어떠한 방식으로 첨가될 수 있거나, 그것과 잠재적인 갈등관계에 있는 것으로 생각되어져서는

---

1. "Thoughts Upon Divine Sovereignty," Works (Jackson) 10:361-63.
2. 이점과 연관된 훌륭한 연구를 위하여, Victorio Araya, God of the Poor: The Mystery of God in Latin American Liberation Theology (Maryknoll, NY : Orbis, 1987)을 보라.

안된다는 웨슬리의 통찰력에 구체적인 의미를 주기를 바란다.

　나는 엄밀한 의미에서 상처받기 쉬운 약자들(vulnerable)의 부르짖음에 대한 응답으로서 신적 존재가 행동하며 따라서 실재로서(real) 증거되는, 시편 82편과 출애굽기 3장의 신(神) 현현에 대한 해석학적인 고찰에서부터 시작할 것이다. 이러한 증거는 나로 하여금(Barth와 Levinas, 그리고 Derrida의 도움을 힘입어) 신학적-철학적 고찰로 나아가도록 이끄는데, 그것은 신적 초월성이 구체적으로 나타나는 것이 곧 나에게 절대적인 요구를 하는 모든 타자가 나타나는 것이라는 사실을 입증하는 것을 목적으로 한다. 그후 우리는 마태복음의 마지막 비유에 초점을 맞춘 해석학적 성찰로 돌이킬 것이다. 거기서 나는 침해받는 자들의 부르짖음에 귀를 기울이실 뿐만 아니라 십자가의 포기 속에서 그 부르짖음 자체가 되시는 하나님을 확인함으로써, 우리가 추구해온 통찰을 어떻게 복음서가 철저화시키고 있는가를 주목할 것이다. 이러한 인식의 결과, 나는 영국의 기득권을 박탈당한 자들과 함께 그들 속에서 기독교 공동체를 발전시킨 웨슬리의 결정이 단지 복음화의 전술(evangelical tactics)의 문제가 아니라 복음의 진리에 따른 필수불가결한 것이었다고 결론짓게 될 것이다.

해석학적 고찰

　성서에 나타나는 가장 두드러진 구절 가운데 하나인 시편 82편을 살펴보는 것으로 시작해보자:

> 하나님께서 신들의 회의에 앉아 계신다; 신(神)들 한 가운데서
> 하나님이 재판을 하신다: "너희는 언제까지 불의하게 심판하며
> 악인들의 편을 드느냐? 약한 자와 고아에게 정의를 베풀고
> 천한 자와 궁핍한 자들의 권리를 지켜 주어라.
> 약한 자와 곤궁한 자를 구해주고, 그들을 악인들의 손에서 건져내어 주어라."
> 그들은 무지하고 깨닫지 못하며 어두움 속을 걷고 있으니,
> 이 땅의 모든 기초들이 흔들린다. 내가 말하기를,
> "너희는 신들이고, 모두 다 지존자의 자녀라고 하지만,

제4장 - 초월, 정의, 자비:(웨슬리적) 하나님개념의 재구성을 향하여　　　83

너희들은 사람들처럼 죽으며, 방백의 하나같이 넘어질 것이다."
일어나소서, 하나님, 이 땅을 심판하소서 ; 모든 나라가 당신께 속하여 있습니다.[3]

이것은 매우 놀라운 장면이다: 야훼가 모든 신들이 운집해 있는 회의에 앉아 계셨다. 그것은 올림푸스(Olympus) 산을 상상하게끔 하는 장면이다. 모든 민족의 신들이 출석해 있다. 더욱이 그것은 성서를 읽는 독자로 하여금 "우리가 우리의 형상을 따라 인간을 만들자"(1:26)고 한 창세기의 무대나, 혹은 "자, 이제 우리가 내려가자"(11:7)하고 바벨탑의 장면을 연상시키는 장면이다.

신들의 회의에서 여러 신들은 신의 형상으로 인간을 창조하는 데에 동의했다. 신들의 회의에서 그들은 인간들이 하늘을 공격하는 것을 제지하고자 하였다. 이러한 장면에서 신적인 모든 존재는 야훼 엘로힘(YHWH Elohim)의 지도를 따르면서 하나의 생각을 가지고 있는 것처럼 보인다. 그러나 이 시편에서 이스라엘의 하나님은 다른 모든 신들과 반대 입장에 서 계시며, 그들에게 책임을 추궁하고 있다. 이스라엘에게 알려진 하나님은 다른 모든 신들에게 심판을 행하며, 따라서 이 신들의 회의의 "보편적인 신성"(divinity in general)으로부터 밖으로 나오심으로써, 심판의 소리가 되시고 정의에 대한 요구가 되신다. 이런 식으로 아도나이(Adonai)는 신들(elohim)에 반대하여 서시는 것이다.

그러므로 우리가 이러한 비범한 장면에서 만나는 분은, "신성 자체" 혹은 "보편적인신성"이나 신성의 어떠한 구체화된 측면이 아니라, 바로 약한 자와 보호받지 못하는 자와 침해당하고 굴욕을 당하는 자를 위한 정의의 요구로서 보편적인 신성이나 신성 자체와 대립하는 분이시다. 그리고 이렇게 상처받기 쉬운 사람들을 위한 정의를 요구하고 주장하는 자로서 이 분은, 이 방법 저 방법으로, 간접적으로 직접적으로, 동의와 묵인함을 통해서, 이 지상의 탐욕적이고 강탈하는 지배 속에서 폭력을 자행하는 자들과 협력하는 저 모든 신적 주권자들에 대항하여 서시는 것이다.

이러한 요구에 신들이 관심을 보이지 않는다는 사실은, 결국 그들이 참된 신들

---

3. The New Testament and Psalms: An Inclusive Version (New York and Oxford: Oxford University Press, 1995)에서 발췌한 시편 82편이다.

이 아니라는 사실을 명확하게 보여주는 것이다. 명철이 없으며, 당황과 침울 속에서 사는 그들의 모습은 그들을 바로 성서적인 용어로 한낱 우상에 지나지 않게 만드는 것이다. 그들이 우상인 이유는, 그들이 인간의 손에 의해 만들어져서가 아니라, 침해 당하고 굴욕 당하는 자들에게 도움을 줄 수 없기 때문이다. 상처받기 쉬운 약자들을 위한 정의가 필요하다는 요구에 직면해서, 이런 신들은 암흑 속으로 들어가 버리고 그 결과 세상의 기초들은 흔들리고 기울어지게 된다. 후에 바울이 "우주의 기둥들"이라고 불렀던 것은 약하고 형편없는 초등 권세들에 지나지 않게 된다. 신들의 주권과 힘은 침해당하고 굴욕 당하는 이들을 위한 정의의 요구의 무게에 눌려 비틀거린다.

이 시편에서 그들은 사형선고 아래 놓여 있는 것처럼 보인다: 불멸할 것처럼 보였던 이들은 죽음을 맞을 수밖에 없는 존재가 되고, 모든 나라들을 통치하는 것처럼 보였던 이들은 한낱 "일개 개인"으로 전락해 버린다. 이렇게 전락하는 자가 그와 같은 신성 자체의 원리가 되는 최고의 존재, 역사의 희생자들의 곤경을 무시하는 신적 원리(예를 들어 不動의 動者), 또는 희생과 착취와 빈곤의 현존하는 질서(어떠한 현존하는 질서이든지 간에)를 정당화하는 것으로서 전용될 수 있는 최상의 존재란 말인가? 이것이 자신의 이름 안에서 가부장제와 상하 위계질서, "사악한 것"에 의한 폭력이 신성화되는 신적 원리란 말인가? 여기에서 공포되어진 것은 바로 이러한 신적 존재의 죽음, 역사와 존재의 기초들을 온통 뒤흔들어놓는, 이른바 유신론(有神論)의 신의 죽음이라고 말할 수 있는 것이다.

시편 기자는 여기에서 하나님이 하나님 되시는 것과 힘있으나 거짓된 지상의 신들이 무너지는 것을 목격하면서, 온 지상의 주님, 온 열방의 주님이 되시는 일을 행하시라고 하나님께 요청한다. 그러면 어떻게 하나님께서 이것을 하실 수 있으며 하셔야만 하는가? 정확히 말해서, 그것은 침해당하고 굴욕당하는 이들을 위한 정의를 요구하심으로써이다. 이러한 점, 아니 오직 이 점에서, 이 하나님의 신성이 존재하며, 그로 말미암아 대체적 신성(ersatz deity)이 노출되어 축출된다.

그렇다면, 시편 기자를 통해 말하고 있으며 그에 의해 요청받고 있는 하나님의 신성은, 엄밀히 말해서 이렇게 동요 없이 요청하고 주장하는 신성이다: "약한 자와 고아에게 정의를 베풀라; 천한 자와 가난한 자의 권리를 지켜주어라. 약한 자와 곤궁한 자를 구해주고, 그들을 악인의 손에서 건져내어 주어라."
 성서적 유일신론을 이해하는데 매우 결정적인 이 구절은 너무나도 자주 무시된다—만일 신학이 하나님의 신성을 고려함에 있어서 피압제자와 빼앗긴 자들의 부르짖음으로부터 벗어날 수 있다고 생각한다면, 그렇게 할 충분한 이유가 있을 것이다. 그러나 다른 더 친숙한 구절이 있는데, 그것은 동일한 점을 주장하고 있다. 내가 말하고자 하는 것은 불타는 가시덤불에서 모세에게 나타나신, 잘 알려진 신현현(theophany)이다(출3:1-17).
 이 출애굽 구절은 전통적인 신학에서, 특히 철학적인 경향을 띤 신학에서 간과되어 왔다. 왜냐하면, 그 신현현의 장면에서 신의 이름의 현시는 흔히 "존재 그 자체"와 같은 것에 하나님을 연결시키는데 사용되어지기 때문이다. 그러한 이름은 "존재"라는 뜻인 히브리어 동사의 한 형태로 번역되는데, 흔히 "나는…이다(존재한다)"(I Am)로 번역된다. 그러나 철학적 신학에서 그것은 본질(ousia 또는 eseendi로 여겨져서, "존재하는 일자(一者)" 또는 "존재 자체"로 번역된다. 어거스틴의 신(新)플라톤주의에서든, 아퀴나스의 신(新)아리스토텔레스주의에서든 간에, 여기서 우리가 엄밀히 분별하게 되는 것은 신성의 존재성(beingness)과 함께, 그에 따른 존재에 대한 철학적 성찰에의 연계이다.[4]
 이 본문이 하나님의 본성을 이해하는데 중심이 된다는 사실은, 여기서 우리에게 신의 이름인 야훼가 현시되며, 그 이름은 "나는 스스로 있는 자이다" 뿐만 아니라 "나는 스스로 있을 자이다." 혹은 "나는 스스로 존재하는 자로 존재할 것이다"라는 의미를 가지고 있다는 사실로부터 명확해진다. 바로 그 하나님의 존재, 하나님의 가장 깊은 본질은 모세에게 주어진 이름에서도 드러난다. 이것이 거룩하신 하나님의 본질 자체에 그처럼 가까이 접근하기 때문에 이스라엘인들은 이 이름을 결코 발음하지 않는 관습을 채택하였다. 왜냐하면 그렇게 하는 것이 하나님의 거룩성 — 우주 중심에 있는 순수한 불 — 을 침해하는 것처럼 느껴졌기 때문이다. 우

---

4. 이처럼 토마스 아퀴나스는 Summa Contra Gentiles(이교도 반박 총론) I. 22. 9-10에서 하나님의 본질은 하나님의 존재이라는 사실을 확립하기 위해 신의 이름의 현시를 원용하고 있다. 또 한 Summa Theologica(신학대전) I. Q. 2. art 3을 보라. 여기에서 아퀴나스는 오리겐("제일 원리론』, 1권 3장)과 어거스틴("삼위일체론』 5권, 2장)의 앞선 논의를 뒤따르고 있다.

주의 한 가운데서 타오르는 불길이 있는 그 산에서 모세에게 나타나신 야웨는—나는 스스로 있는 자이다; 나는 너와 함께 있는 자이다; 하나님의 바로 그 존재 자체—말씀으로 터져나오신다.

그러나 하나님의 거룩한 존재가 계시되어진 것은 무슨 의미를 담고 있을까? 우리는 여기서 아무런 의문도 가지고 있지 않다. 여기에 현시된 이름을 가지신 이 분은 정확하게 이집트에 살던 노예들의 부르짖음을 들으셨던 바로 그 분이시다. 하나님은 여기서 하나님 자신을 드러내시도록 감동되신다. 왜냐하면 그는 고통가운데 괴로워하는 사람들의 울부짖는 소리를 들으셨기 때문이다. "나는 이집트에 있는 내 백성들의 비참함을 살펴보아 왔다; 나는 내 백성들이 그들의 공사감독으로 인해 울부짖는 소리를 들어 왔다. 진실로 나는 그들의 고통을 알고 있다. … 이스라엘 백성들의 울음소리가 이제 내게로 들려온다. 나는 또한 이집트인들이 어떻게 내 백성들을 억압하는지 보아왔다"(출 3:7-9, 필자의 강조). 거룩한 분에 관해서 무엇이 드러났는지 주목해 보라. 하나님은 그들의 비참함을 보아오셨고, 그들의 부르짖음을 들어오셨고, 진실로 그들의 고통이 무엇인지 알고 계신다. 이제 하나님께서 하나님 자신을 모세에게 나타내시고 신 존재의 본질을 드러내시게 된 것은, 하나님이 괴로움 가운데 있고 억눌림 가운데 있는 백성들의 울부짖음을 들으셨기 때문이다.

존재로서 혹은 존재 그 자체로서의 하나님의 존재에 관한 고찰의 출발점으로서 이 구절이 사용된 데에서 주목되지 않는 것은, 정확히 말해서 하나님의 존재가 환난받는 자들에 대한 이러한 들음과 관심이라는 사실이다. 하나님은 어떤 일반적인 의미로 현존하시며, 그후 존재와 본질로부터 현존과 우연에로 빠져나감으로써 이 사람들의 부르짖음에 귀를 기울이고 관심을 기울이게 되는 것이 아니다. 오히려 침해 당하고 굴욕 당하는 이들의 부르짖음에 귀를 기울이고 관심을 기울이시는 것 속에서 또한 그것을 통해서, 이 분은 존재하며, 이 분의 존재는 있게 되며, 행위와 존재, 행위로서의 존재는 역사 속으로 돌입하는 것이다.

다시 이 본문에서 하나님의 신성, 즉 하나님의 존재는, 엄밀히 말해서 이처럼 침해받는 자들의 부르짖음을 듣고 관심을 기울이는 것이라 할 수 있다. 이러한 하나님의 존재는 괴로움 가운데 있는 이들의 부르짖음과 폭력에 대한 항거에 의해 존재하도록 요청되어진다.

호세 폴피리오 미란다(Jos Porfirio Miranda)는 『마르크스와 성서』라는 다소 오해를 살만한 제목이 붙여진 그의 성서연구에서, 환난을 당하는 사람들의 부르짖음과 하나님의 현현 사이에는 확연한 상관관계가 있다는 것을 입증하고 있다.[5] 이미 아벨을 살해함으로 인하여 피로 물든 땅은 울부짖으며, 하나님은 가인의 역사 속에 돌입하신다(창 4:10). 이와 비슷하게 소돔의 경우에서, 폭력 아래 침해당하는 자들의 부르짖음은 하나님으로 하여금 행동을 취하시게 하고, 존재하시게 한다. 그는 가난한 자들을 약탈하고 약한 자들에게 폭력을 일삼는 자들의 오만함을 파괴하신다(창 18:20-21). 미란다가 주목한 바대로, 폭행당하는 자들을 위한 정의의 요구와 하나님의 신성을 동일시하는 것은, 창세기로부터 계시록에 이르기까지 성서 전반에 걸쳐서 결정적인 것이다. 그러기에 미란다는 "야훼야말로 실체들이나 존재하는 것들 중에, 혹은 단일존재나 유비존재 중에 있는 것이 아니라, 오히려 정의에 대한 준엄한 도덕적인 명령 안에 존재하신다"라고 정당하게 주장할 수 있는 것이다.[6]

이와 같은 해석학적인 성찰을 요약해본다면, 하나님의 존재는 — 그리고 신성은 — 엄밀하게 말해서 압제당하고 굴욕당하는 이들의 부르짖음과 가난하고 주변화되어 있는 자들의 부르짖음을 듣고 관심을 갖는 것으로 이루어져 있다. 이것은 충분하게 성서에 입증되어 있으며, (많은) 철학자들의 (또한 신학자들의) 신과 성서의 하나님을 구분하게 하는 것은 바로 이 점인 것이다.

신학 — 철학적 고찰

우리는 다른 관점으로부터 같은 통찰력에 접근할 수 있을지도 모른다. 이제 나는 돌이켜 하나님의 초월의 문제와 함께, 우상숭배가 아닌 어떤 다른 것으로서 하나님에 관해 말하도록 관심을 환기시키는 그 초월성의 자취에 관한 질문을 다루려

---

5. Jos Porfirio Miranda, Marx and the Bible: A Critique of the Philosophy of Oppression (Maryknoll, NY : Orbis, 1974), 89-93.
6. Ibid., 49.

고 한다. 이와 같은 작업을 위해 나는 간략하게 칼 바르트(Karl Barth)와 엠마누엘 레비나스(Emmanuel Levinas)의 주된 통찰들 가운데 몇 가지를 생각해 보려고 한다.

칼 바르트 : "전적인 타자"로서의 하나님

바르트가 키엘케고르(Kierkegaard)의 "시간과 영원 사이의 무한하고 질적인 구별"을 채택한 것은, 바르트 자신이 제 1차 세계대전의 붕괴 속에서 문화와 국가에 대하여 더 이상 예언자적 관계를 가질 수 없음이 판명된 자유주의 신학과의 결정적인 단절을 나타내는 것이었다. 하나님과 근대성의 문화적 프로젝트를 안이하게 동일시한 것이 붕괴됨으로써, 이러한 종합의 결과로서의 유신론(theism)이 포이엘바하(Feuerbach)와 그 후로 마르크스(Marx) 심지어 프로이드(Freud)와 니체(Nietzsche)에게까지 이어지는 무신론(atheism)에 의해 적절하게 도전받았다.

이에 반하여 바르트는 "낯설고 새로운 성서의 세계"에 있는 하나님이 이러한 의식, 문화의 체계와 아무런 공통점이 없는 "전적인 타자"로 이해되어야 한다고 주창하였는데, 이러한 의식, 문화 체계와 관련하여—문화와 사회 그리고 실로 종교로서의 세계의—총체적인 "인간" 체계의 전체성으로서의 하나님은 아무 것도 남지 않게 될 정도로 철저히 의문시되었던 것이다. "위로부터 경사지게" 이 세상을 교차하는 타자는 이 세상을 문제 속으로, 위기 속으로, 심판 속으로 이끈다.

더욱이 우리가 초월에 관해 말할 수 있는 것은 오직 이런 방식으로만 가능하다. 그렇지 않으면 신은 단지 있는 그대로의 세계에 내재하는 법칙일 뿐이다. 그러므로 바르트는 자신의 로마서 주석에서 이렇게 기술하고 있다: "우리는 우리가 하나님을 말하고 있을 때 우리가 무엇을 말하고 있는지 알고 있다고 생각한다. 우리는 세상에서 가장 높은 곳을 그에게 배려한다: 그리고 그렇게 함으로써 우리는 하나님을 근본적으로 우리 자신들 및 사물들과 같은 선상에 위치시킨다. … 그리고 그렇게 우리가 하나님을 세상의 보좌위에 올려놓을 때, 우리는 그 하나님에 의해 우리 자신을 의미하게 된다." [7] 그러나 성서속의 하나님은, 그의 타자성(otherness)

이 인간과 세계의 여타의 개념과 동화될 수 없으며 한계들을 초월하며 실제로 세상의 전체성을 파쇄하는 미개척의 영역인 분이시다.

우리의 목적들을 위하여 결정적인 사실은, 하나님의 초월이 하나님의 타자성으로 인한 참된 초월로서, 사회적으로, 종교적으로, 그리고 인식론적으로 확립된 세상의 전체성과 관련하여 하나님의 이질성(heterogeniety: 타자성)으로 생각될 수 있다는 것이다. 하나님의 "내재성"에 대해, 혹은 실로 하나님의 인간성에 대해 다른 무엇을 말할 필요가 있든지, 그것은 어떤 방식으로든 신적인 것과의 연속성을 가지기 위해서, 세계와 인간의 허식과 자만들에 대한 견고하고 단호한 "아니오"를 포함하는 이러한 타자성의 불 속을 통과해야만 할 것이다.

엠마누엘 레비나스: "얼굴"로서의 타자

바르트에게 있어서 제 1차 세계대전의 재난이 문화적, 종교적 종합과 마주하여 타자성의 개념에 대한 날카로운 위기의식을 야기하였다면, 제 2차 세계대전의 무시무시한 현실들은 또 다른 결정적 단절을 가져왔는데, 이번에는 현상학의 움직임 내에서 그것이 발생하였다. 이러한 단절을 주장한 이는 엠마누엘 레비나스로서, 타자라는 주제는 그에게도 역시 결정적인 것이었다.

레비나스는 서양철학의 역사를 "전체성에 대한 향수" 속에 사로잡혀 있는 것으로 보는데, 이는 인식론의 발전에 영향을 미침으로써 "지식이란 실제로 내재이다. … 지식 내에서 존재의 고립에 의한 붕괴는 없다"고 보게 되었다.[8] 그 자체를 인식하는 의식의 역사는, 동일성과 자아를 불확정적으로 확장하는것인 전체성을 구성하기 위한 시도의 역사이다. 이것이 서양의 인식론과 존재론의 주제인 것이다.

이러한 자아, 동일성, 전체성의 개념에 반대되는 것은 무한자 개념(데카르트)인데, 레비나스에 의하면 "얼굴"로서의 타자의 현현이다. 동일성으로 구성된 세상에서 안주하는 자아의 이기주의를 문제삼는 것은 바로 이러한 타자의 침입이다.

---

7. Karl Barth, The Epistle to the Romans (New York: Oxford University Press, 1933), 44.
8. Emmanuel Levinas, Ethics and Infinity (Pittsburgh, PA: Duquesne University Press, 1985), 76, 57.

그것은 동화될 수 없는 "무한성"을 가지고 전체성에 간섭하는 타자의 침입이다. 타자는 세상에 안주하고 즐기는 자아의 동일성이 나타내는 전체성으로 구성되어 있는 세상을 초월한다.

이러한 타자가 존재내의 자아의 안주함을 제한하며 문제시하는 방식은 그 "얼굴"인데, 그 얼굴은 약함 속에서 그렇지만 엄숙하게 "살인하지 말라"고 명령하는 만남 속에서 드러난다. 자아, 동일성, 전체성에 대한 타자의 외면성(exteriority)을 표현하기 위해서 레비나스는 타자의 높음, 위대함, 존엄을 이야기한다. 즉 무한성의 출현으로서 타자를 말하고 있는 것이다.

이러한 존엄성은 정확히 말해서 살인하지 말라는 명령의 절대성이다. 확실히 그것은 얼굴의 궁핍함과 벗음 자체이며, 살인을 가능케하는 것처럼 보이는 얼굴의 연약함, 상처입기 쉬움이다. "얼굴은 마치 우리로 하여금 폭력을 행하도록 하는 것처럼 노출되어 있으며, 위협받는다. 동시에 얼굴은 우리로 하여금 살인을 못하게 막는 것이다."[9] 그것은 세상 속에 자아확립의 프로젝트를 문제시하는, 약함 속에 현존하는 절대적인 명령이다. 왜냐하면 이러한 자아확립의 프로젝트는(지식, 노동 등등을 통해서 이루어지는데) 자아가 만나는 모든 것을 자아에 동화시키는 프로젝트이기 때문이다. 그러나 여기에 폭력과 침해 없이 그렇게 동화될 수 없는 하나의 타자가 있다. 이 "자아"는 이해의 망을 침입하고 빠져나가는 자아이고, 또한 자기 확대에 대하여, 자아확대의 구조에 대한 나의 참여나 대리적 동일화와 만족에 대하여 구체적인 한계를 제기하는 자아이다.

이제 물론 우리는 얼굴을 가진 타자가 실제로 정규적으로 자아를 확대하는 프로젝트에 동화되어지는지 의심할 수 없다. 그러나 이것은 타자로 하여금 침묵하게 하거나 얼굴이 없게 만들며, 타자를 자아의 확장으로, 동일한 것의 표현으로 만든다. 그리고 이것은 최종적으로 분석해보면 타자의 타자성을 멸절시키는 일종의 살인이다. 물론 다음과 같은 것들이 발생한다: 성적인 사랑의 타자, 즉 사랑하는 이를 자아의 확장, 장식, 반향으로 축소시키며, 연약함 가운데 있는 아이를 난폭한 교육을 통하여 자아를 영속시키는 것으로 축소시키며, 이방인을 동화되게 하든지 전멸시켜 버리는 일들이 발생한다. 확실히 이러한 타자의 타자됨은 공동선택(co-

---

9. Ibid., 86.

optation)을 통하여 세상을 전체성으로서 구성되게 하는 재현(또는 표출, 표상)의 체계(system of representation) 속으로 축소될지도 모른다. "살인을 금지하는 것은 살인을 불가능하게 만들지는 않는다."[10] 그러나 그것은 살인을 범죄로 만든다. 그것은 위반과 폭력의 과제로서 자신의 프로젝트를 노출시켜 버린다. 이와 같은 의미에서 얼굴로서의 타자의 출현은 판단하게 만들고, 자아와 세계와 전체를 문제시한다.

레비나스가 인식하는 대로, 이러한 타자는 "과부와 고아, 그리고 이주자들"에 의해 의미를 가지는 타자이다. 성서의 담화에 널리 퍼져 있는 이러한 형상들의 삼위(세 가지)는 무엇을 말하는가? 그것은 전체적인 가부장적인 의미의 보호된 의미체계 밖에 나타나는 등장인물들이다: 예컨대 남성 보호자가 없는 여성, 아버지 없는 자식들, 조국(patria: 아버지나라)이 없는 여행자들을 말한다. 그들은 모두가 가부장적인 보호로부터 배제되어 있는 이들이다. 또한 일일 노동자와 궁핍한 자들, 거지들, 토지 없는 자 등이 있다.

이러한 목록에서 명확해지는 것은 자아와 세계를 문제시하는 타자의 연약함(상처받기 쉬움)이다. 이러한 의미에서 우리는 궁핍함과 헐벗음, 그리고 얼굴의 연약함을 통해 어느 다른 이들과 만나는 그 만남 속에 무엇이 진정 문제되는지 발견할 수 있을지도 모른다. 왜냐하면 진정으로 타자로서 존재하는 어떤 타자도 밖에 처하며, 낯선 "나그네"가 되며, 따라서 그것이 동시에 금하는 침해로 인해 쉽게 상처받을 수 있기 때문이다.

"전적인 타자"로서의 모든 타자?

이상과 같은 성찰을 결론짓기에 앞서 우리는 이러한 타자성에 관한 현상학적 고찰이 우리가 앞에서 바르트와 관련하여, 특히 자아와 세계를 문제시하는 자로서의 하나님의 타자성에 관한 바르트의 재발견과 관련하여 주목했던 바에 어떻게 연결되는지를 논구할 수 있을 것이다. 어떻게 우리는 바르트의 타자에 레비나스의 타자를 연결시킬 수 있겠는가?[11]

---

10. Ibid., 87.

바르트와 마찬가지로, 레비나스는 초월자에 대해 말하는 것은 의식의 집으로서 우리가 세계를 구성함으로 인해 나타나는 표출의 체계안에서 잡혀질 수 없는 또 다른 것에 대해 말하는 것임을 알고 있다. 오히려 초월성은 가로지르고, 개입하며, 의식과 문화에 관한 전체주의적인 프로젝트를 문제시하는 타자의 도래를 가리킨다. 더욱이 양쪽의 경우에서 이러한 타자를 요구하는 우선성은 바르트가 "성서의 낯선 새로운 세계"라고 불렀던 바가 그들의 성찰에 미친 공헌이다. 또한 우리는 이 사상가들의 각각의 사고에서 보게되는 이러한 타자의 우선성의 결과가 그들의 사고 속에 나타나는 윤리의 어떠한 우선성임을 주목할 수 있다. 바르트는 자신의 『교회교의학』에서 신학과 윤리 사이의 구분을 없애고자 하였고, 전적으로 다른 분으로서의 타자의 타자성에 합당한 범주를 "명령"이라는 개념 안에서 식별하려고 하였다. 레비나스는 더 나아가서 윤리학이야말로 "제 1의 철학"이라든지, 형이상학(그가 타자와의 만남에 대한 성찰을 명명한 것)은 존재론과 인식론에 대해 우선성을 가진다는 주장을 입증하려 한다. 윤리학은 가장 근본적인 "학문"이 된다. 왜냐하면 그가 말한 대로 선은 진리보다 더 근본적이기 때문이다.

그러나 여전히 우리는 바르트가 하나님으로서 타자를 이해하는 반면, 레비나스는 얼굴을 가진 타자, 즉 다른 "사람"인 타자로 이해하였음을 인식하여야만 한다. (우리는 어떠한 일반적인 용어도 타자를 동일자에 포섭시키는 폭력을 영속화하지 않고는 자아와 타자를 결합할 수 없다는 것이 바로 문제라는 점을 주목해야만 한다. 그러므로 우리가 만일 '다른 사람', '다른 인간', 혹은 당신을 소유한 것을 말한다면, 우리는 타자의 타자성을 감소시킴으로써 타자를 단순히 다른 나로 만드는 방식으로 말하는 것이 된다. 그것은 바로 레비나스의 윤리학이 우리에게 경고하고자 하는 움직임인 것이다. 왜냐하면 그러한 공통분모의 경우에 있어서 타자성은 동일한 것의 현상으로 격하되고, 존재하는 무엇이든지 간에 cogito〔인식〕의 범주들에 포함시키는 인식론적인 전략으로 격하되기 때문이다.

또한 바르트가 타자를 신성(神性)으로 제한한다면, 레비나스는 얼굴을 가진 타자의 무한성을 탐지하고 있다. 그러나 바르트가 하나님을 세계로부터 벗겨버리는

---

11. Steven G. Smith, The Argument to the Other: Reason Beyond Reason in the Thought of Karl Barth and Emmanuel Levinas (Chico, CA: Scholars Press, 1983)을 참고하라.

것처럼 보인다면(그리고 만일 세계가 자아의 인식론, dasein[현존재]의 존재론, 문화의 정복에 의해 전체성으로서 구성된다면, 어떻게 그것이 다르게 존재할 수 있겠는가?) 레비나스는 어떤 타자 안에서도, 즉 이 얼굴과 음성의 요구와 요청 속에서, 타자를 발견하게 된다. 그렇다면 하나님의 이름은 무엇인가?

레비나스가 "인간과의 관계로부터 분리되는 하나님 '지식'이란 없다. 타자는 바로 형이상학적인 진리의 장(場)이고, 하나님에 대한 나의 관계에 있어서는 필수불가결한 것이다"라고 단언할 때, 그는 이러한 질문을 예기하고 있다.[12] 이러한 의미에서 레비나스는 "얼굴에의 접근(출입)에는 확실히 또한 신관념에의 접근이 있다"는 사실을 주장할 수 있다.[13]

이로부터 "절대적으로 타자인 것이 타자이다"(L'absolment Autre, c'est Autrui)라는[14] 그의 정식이 나온다. 이 정식은 자끄 데리다(Jacques Derrida, 그의 철학도 레비나스와 토론하고 있다)에 의하여 심지어 더욱 모호하고 자극적인 "tout autre est tout autre"로 변형된다.[15] 그것은 "모든 타자는 전적인 타자이다" 혹은 "전적인 타자는 모든 타자이다"로 번역될 수 있다. 그러므로 존 카푸토(John Caputo)는 데리다에 관해 다음과 같이 언급하고 있다:

> '타자'는 하나님의 이름으로 명명된 것의 본보기이다; 하나님의 이름은 '타자'에 의해 명명되어진 것의 한 본보기이다. 하나님은 모든 '타자'의 본이 되며, 타자는 하나님의 본이 된다. 요한이 '하나님은 사랑이다'라고 말할 때, '사랑'은 하나님이 의미하는 것을 예증하는 것이지만, '하나님'이 '사랑이 의미하는 것을 예증하고 있는 것 역시 사실이다. 하나님이 정의의 본보기인가, 아니면 정의가 하나님의 본보기인가?[16]

---

12. Emmanuel Levinas, Totality and Infinity: An Essay on Exteriority (Pittsburgh, PA: Duquesne University Press, 1969), 78.
13. Levinas, Ethics and Infinity, 92.
14. Levinas, Totality and Infinity, 39.
15. Jacques Derrida, The Gift of Death (Chicago : University of Chicago Press, 1995), 68, 77-78, 82-115를 보라.
16. John D. Caputo, The Prayers and Tears of Jacques Derrida: Religion Without Religion (Bloomington, IN : Indiana University Press, 1997), 52-53.

우리가 이러한 경구적 표현을 어떻게 해득하려 하든 간에, 그것의 성서적인 기원(起源)은 명백한 것처럼 보인다. 하나님은 예배나 기도 혹은 금식을 원하는 것이 아니라 폭력과 압제 아래 있는 이들에게 구체적인 정의를 원하신다는 예언자들의 주장에서, 혹은 이웃을 사랑하는 것은 하나님의 전체 계명이라고 하는 바울의 주장에서, 혹은 다른 이를 사랑하는 것은 하나님을 아는 지식이라고 했던 요한의 주장에서도, 이러한 가장 약한 이들과의 관계없이 하나님과의 관계가 있지도 않고 있을 수도 없다고 하는 성서의 주장은 명백하다. 다시 카푸토는 이렇게 말한다: "예를 들어 예언자들이 하나님의 이름을 사용할 때, 그들은—데리다와 같이—'정의'를 의미하는 것처럼 보이고, 그들이 정의를 말할 때 그들은 하나님을 의미하는 것처럼 보인다."[17] 또는 초월성의 주제로 돌이켜, 나는 다시 한번 더 미란다(Miranda)의 이야기를 인용하고자 한다: "초월성은 단지 상상할 수 없고 인식불가능한 하나님을 의미하는 것이 아니라, 오직 정의로운 행동 속에서 접근 가능한 하나님을 의미하는 것이다."[18]

이러한 분석을 진행시키기에 앞서, 나는 이러한 고찰이 제안하고 있는 구체적인 역사의 예시를 지적하고자 한다. 19세기 말엽에(그러니까 바르트나 레비나스보다 이전의 일인 셈이다), 동학이라 불리는 사상과 공동체의 운동이 한국에 등장했다. 최제우에 의해 주로 발전되다가 자신의 제자인 최시형에 의해 이어진 동학은 그 당시 로마 카톨릭에 의해 대표되었던 형식적 기독교에 연결된 "서도(西道)"에 담긴 요소들에 저항하기 위해 "동도(東道)"를 모색하고자 하였다. 동시에 일종의 "민중 기독교"의 요소들이 비밀리에 개신교 선교사들에 의해 마가복음과 같은 소책자들의 출판을 통해 전용되어 퍼져나갔다. 시간이 지나면서 동학운동은 압제의 구체적인 구조, 특별히 지배계층(양반)들이 피지배계층(민중)들을 압제함으로 인해 결과된 부패에 대항하는 동학 혁명이 되었다.

이 운동에서 핵심적인 것은 하늘과 땅이 다른 사람의 구체적인 현존 안에서 만난다는 주장이었다. 그것은 곧 사람과 신은 하나라는 '인내천(人乃天)' 사상이다. 다른 사람은 하늘 혹은 신의 담지자(侍天主)로 보여지게 되었다. 그와 같은 신에

---

17. Ibid., 68.
18. Miranda, Marx and the Bible, 48.

돌려진 존경심은(혹은 양반과 특별히 황제에 대하여 민중에 의해 이루어지는 존경심) 모든 사람에게 대한 것으로 존경심이 되었고('사인여천,' 즉 사람들을 신처럼 대하라), 이것은 구체적으로 여성, 아이들, 그리고 "노예"를 포함하는 피지배 계층의 사람들에 대한 존경심의 실천을 의미하는 것이었다. 다른 이를 신성을 지닌 소유자로 인식하는 것은 혁명적인 잠재력을 가지고 있었으며, 실제로 혁명으로 표출되었고, 오늘날에도 역사의 주체로서 민중이 역사적인 돌입을 행한 예로 남아있다.[19]

새로운 해석학적 고찰

"타자" 중에 존재하거나 퍼져있는 존재로서의 신적 타자의 개념 자체는 해석학적으로 입증(실체화)될 수 있는가, 혹은 우리는 이제 신적 초월에 대해서 주장을 하는 성서의 세계 뒤에 남겨졌는가? 이 결론적인 해석학적 성찰에서, 나는 우리가 바르트와 레비나스, 그리고 데리다를 고찰함을 통하여 인도되어 왔던 방향을 정확하게 확정짓는 것처럼 보이는 성서적 증언의 중요한 요소들이 있다는 것을 제안하고 싶다.

마태복음에 기록되어 있는 맨 마지막 비유는 예수의 사명과 사역에 있어서의 전체적인 요점을 강조하고 있다. 마태는 자신의 청중들에게 경고하기를 하나님 앞에 서는 것은 기독교 교리를 믿는 것으로도, 기독교 공동체에 결합하는 것으로도 이루어지지 않고, 그들이 굶주린 자에게 먹을 것을 주고 헐벗은 자에게 입을 것을 주는 여부에 의해 결정된다고 말하고 있다.

> 인자가 자기 영광으로 모든 천사와 함께 올 때에 자기 영광의 보좌에 앉으리니 모든 민족을 그 앞에 모으고 각각 분별하기를 목자가 양과 염소를 분별하는 것 같이

---

19. Benjamin Weems, Reform, Rebellion and the Heavenly Way (Tucson, AZ: University of Arizona Press, 1964)를 보라. 아직도 다 탐구되지 않았지만 그래도 특별히 관심을 유발하는 것은 독특한 동도(東道)에 민중 기독교적 요소들을 자유롭게 채용하였던 중국의 "태평" 운동과 이 운동 사이의 연관성이다. Jonathan D. Spence, God's Chinese Son: The Taiping Heavenly Kingdom of Hong Xiuquan (New York: W. W. Norton, 1996)을 보라.

하여 양은 그 오른편에, 염소는 왼편에 두리라. 그때에 임금이 그 오른편에 있는 자들에게이르시되 "내 아버지께 복 받을 자들이여, 나아와 창세로부터너희를 위하여 예비된 나라를 상속하라. 내가 주릴 때에 너희가 먹을 것을 주었고 목마를 때에 마시게 하였고 나그네 되었을 때에영접하였고 벗었을 때에 옷을 입혔고 병들었을 때에 돌아보았고옥에 갇혔을 때에 와서 보았느니라." 이에 의인들이 대답하여 가로되 "주여, 우리가 어느 때에 주의 주리신 것을 보고 공궤하였으며 목마르신 것을 보고 마시게 하였나이까? 어느 때에 나그네 되신 것을 영접하였으며 벗으신 것을 보고 옷 입혔나이까? 어느 때에 병드신것이나 옥에 갇히신 것을 보고 가서 뵈었나이까?" 하리니, 임금이 대답하여 가라사대 "내가 진실로 너희에게 이르노니 너희가 여기내 형제 중에 지극히 작은 자 하나에게 한 것이 곧 내게 한 것이니라" 하시고,또 왼편에 있는 자들에게 이르시되 "저주를 받은 자들아,나를 떠나 마귀와 그 사자들을 위하여 예비된 영영한 불에 들어가라.내가 주릴 때에 너희가 먹을 것을 주지 아니하였고 목마를때에 마시게 하지 아니하였고 나그네 되었을 때에 영접하지 아니하였고 벗었을 때에 옷 입히지 아니하였고 병들었을 때와 옥에 갇혔을때에 돌아보지 아니하였느니라" 하리니, 저희도 대답하여 가로되 "주여,우리가 어느 때에 주의 주리신 것이나 목마르신 것이나 나그네 되신것이나 벗으신 것이나 병드신 것이나 옥에 갇히신 것을 보고 공양치아니하더이까?" 이에 임금이 대답하여 가라사대 "내가 진실로 너희에게 이르노니 이 지극히 작은 자 하나에게 하지 아니한 것이 곧 내게 하지아니한 것이니라" 하시리니, 저희는 영벌에, 의인들은 영생에 들어가리 라 하시니라 (마태복음 25:31-46, 개역성경)

가난한 이들 및 괴로움 가운데 있는 이들에 대한 관계와 하나님에 대한 관계를 동일시함에 있어서 이보다 더한 엄격한 표현은 상상할 수 없다. 하나님이 가난한 이들과 곤궁한 이들과 이 땅에서 굴욕당하는 이들에 대하여 응답하는 것에 입각하여 세상과 모든 사람과 나라를 심판한다는 사실은 무섭도록 명확해진다. 하지만 우리는 이러한 구절을 마태복음에서 자주 읽어왔으면서도, 가까이 있건 멀리 있건 간에 우리 사회에 있는 가장 약한 이들의 곤궁에 대하여, 이 땅에서 폭력 아래 있는 자들과 굴욕당하는 이들의 부르짖음에 대하여 응답하는 것이 우리들의 주된 임무가 되었다고 말할 수 있는가? 그리고 만일 우리가 이것을 해오지 않았다면, 도

대체 무슨 근거로 우리가 그리스도의 명확하고 분명한 계명으로부터 어떠한 특별한 면제를 받았다고 스스로를 설득할 것인가? 가난한 이들을 무차별적으로 돕는 것이 그들에게 정말 좋은 것이냐고 어떤 부유한 사람으로부터 질문을 받았을 때 웨슬리는 대답하기를 그들에게 좋고 나쁘고를 떠나서 우리가 그러한 일을 행하지 않는다면 우리는 틀림없이 지옥으로 가게 될 것이라고 말하였다.[20]

그러나 가난하고 약한 사람들에게 정의를 행하라고 하는 예언자들의 친숙한 명령의 반복보다 훨씬 더 많은 것이 여기에 관계되어 있다. 왜냐하면 그 비유는 제안하고 있기를, 하나님의 본성은 그러한 명령 내에서만 현존하는 것이 아니라 침해당하는 자들과 약한 자들의 부르짖음 혹은 곤경 속에 현존하고 있음을 말하고 있기 때문이다. 이러한 사실은 엄밀히 말해서 신성을 "이들 중 지극히 작은 자"로서 비상하게 재정위할 것을 제안한다. 이러한 것이 어떻게 더 자세히 논의될 수 있는지 살펴보기로 하자.

우리는 "심판관"의 정체성에 있어서 어떤 기이한 점을 주목함으로써 논의를 시작할 수 있다.[21] 비록 심판의 기준이 거의 정확하리만큼 엄격하게 제시되어 있고, 네 차례에 걸쳐 동일한 용어들이 사실상 반복되고 있지만, 심판관의 정체는 기이하게 구성되어 있는 것처럼 보인다. 이 심판관은 우선 "인간적인 존재"로 간주된다.[22] 그러나 이 인간적 존재는 신적인 모습을 부여받았다. 그의 존재는 "그의 천사들이" 수행하는 존재로, "그의 영광의 보좌" 위에 앉아 있는 존재로 언급된다. 그 인간적 존재가 심판관과 "왕"으로서 나타나는 것은 정확히 말해서 이처럼 신성의 속성들과 동일시되는 존재로서이다. 그러나 이러한 신적인 형상과 "아버지"로서의 신성 사이에는 어떠한 구분이 남아있다.

우리는 인간적인 존재의 신격화를 어떻게 생각할 수 있을까? 물론 4세기 이후 기독론적인 정식의 가정들을 염두에 두고 이 구절을 읽는 한에서는 그 구절의 기

---

20. Sermon 24, "Sermon on the Mount, IV," §3.7, Works 1:546.
21. 앞에서 인용한 웨슬리의 주권에 관한 언급들 중에서 전면에 나온 것은 엄밀히 말해서 심판관 개념이 었음을 주목하라.
22. 인간적 존재로서의 "사람의 아들(인자)"에 관한 더 발전된 성찰을 위해서는 나의 논문 "The Martyrdom of the Son of Man," in Text and Logos: The Humanistic Interpretation of the New Testament, ed. Theodore W. Jennings (Atlanta, GA: Scholars Press, 1990), 229-43을 보라.

이함이 나타나지 않을 것이다. 그러나 우리가 그 본문을 읽음에 있어서 후대의 교리적인 정식들을 부과하는 일에서 야기되는 문제적인 특징들을 인식할 때에, 우리는 그것이 틀림없이 놀라운 것임을 발견하게 된다.

확실히 마태는 우리들로 하여금 그것이 놀라운 것임을 발견하도록 의도하고 있다. 왜냐하면 정확히 말해서 대제사장으로 하여금 예수의 가르침에서 참람됨(신성모독)을 찾아내도록 이끄는 것은 인간적인 존재를 신적 존재와 연합시키는 것이기 때문이다: "예수께서 이르시되 네가 말하였느니라. 그러나 내가 너희에게 이르노니 이후에 인자가 권능의 우편에 앉아 있는 것과 하늘 구름을 타고 오는 것을 너희가 보리라 하시니라. 이에 대제사장이 자기 옷을 찢으며 이르되 그가 참람한 말을 하였도다!"(마 26:64-5) 이것은 결코 문제의 끝은 아니다. 왜냐하면 재판의 장면을 보전하고 있는 사도행전의 저자 역시 스데반이 하나님의 우편에 서 계신 인간적인 분(인자)을 본다고 선포한 것이 곧바로 신성모독으로 인해 돌로 맞는 결과로 인도되는 것을 독자에게 말하고 있기 때문이다(행 7:56-8).

인간적인 것과 신적인 것과의 이러한 연결에 있어서 매우 놀라운 사실은 그것이 하나님의 초월과 거룩을 침해하는 것처럼 보인다는 점에 있다. 그러나 이러한 인간과 하나님과의 결합은 예수가 새롭게 만들어 낸 것이 아니다. 그것은 적어도 암시적으로 소돔을 향한 하나님의 심판을 수행하고자 길을 가고 있는 천사들과 아브라함이 만난 사건에서 이미 나타나고 있다. 거기에서 우리는 "주(主)" 그리고 역시 "인간"으로 확인되는 세 명의 천사들 사이에 어떠한 모호한 전이(轉移)가 있음을 발견하게 된다(창 18:1-2). 이와 비슷한 것이 인간의 모습을 가진 하나님의 영광에 대한 에스겔의 환상 속에서 발견된다(겔 8:1-4). 그러나 신적 통치가, 맹수로서 표상되는 이전의 제국들에 반(反)하여 인간적인(humane: 인정있는) 것으로 묘사될 수 있는 새로운 질서 혹은 제국의 도래로서의 "인간적인 존재"와 아주 밀접하게 관련되는 것은 다니엘서에서이다(단 7:2-14). 그러므로 신적인 것과 인간적인 것을 동일시하는 것은 성서의 상징에 전혀 알려져 있지 않은 어떤 것이 아니다. 비록 그것이 또다른 종류의 (성서적) 경건에 반감을 일으키는 것으로 보일지도 모르지만 말이다.

따라서, 예수의 마지막 비유에서 새로운 인간적인 제국(또한 하늘 혹은 신적 제국으로서 알려져 있는 바)을 표상하는 (익명의) 인간적 존재는 신적인 존재로서 나타나고 있다. 그리고 신적인 존재와 나란히 서 있도록 인간적 존재를 들어올리는 것은 참람한 것으로 인식될 수 있다. 이것은 신적 존재의 성육신의 경우가 아니라 인간적 존재의 신화(神化)이다. 그것은 예수 자체가 아니라 신적 신분과 속성이 부여될 수 있는 "인간적 존재"이다. 따라서 그것은 이와 같은 신적인 인간성, 인간적인(인정있는) 신성은 역사를 향하여 심판을 행하고 선포하기 위해 "도래하는" 것으로 표상되어지는 것이다.

심판을 받아야 될 이들의 정체성은 역시 어떤 모호함을 가지고 있다. 왜냐하면 본문의 용어는 "나라(민족)들"로부터, 의로운 사람들과 저주받은 사람들로 나누어질 사람들 혹은 백성들처럼 보이는 바에로 변화하고 있기 때문이다. 이러한 모호함은 심판관의 정체성 안에 나타나는 변화처럼 분명히 나타나는 것은 아니다. 여기에서 보여지고 있는 것은 단지 개인주의적인 심판이 아니라 예언자적 비젼(환상)에서 예기되어지는 바와 같은 열방의 심판을 상기시키는 것처럼 보인다고 말하는 것이 안전할 듯하다. 신적인 인간적 존재가 나타나는 것은 역사와 열방과 백성들의 심판자로서이다.

이제 심판의 규준은 우리가 보아 왔듯이 일정한 것이다. 그것은 사실상 네 차례나 같은 용어로 반복되고 있다. 또한 이처럼 반복되어지는 규준은 결코 율법과 예언자들에 친숙한 누구에게도 놀라운 것이 아니다. 그러나 놀라운 것은 이러한 규준이 근거하고 있는 방법이다. 예언자들과 특히 율법에 있어서 상처받기 쉬운 약한 자들에 대한 응답은 이스라엘의 과거의 상태를 회상해보는 데에 근거하고 있다: "이방인들에게 친절하라, 이는 너희들 역시 이집트에서 이방인이었기에 그러하다"(출 22:21; 신 10:19 등등). 그러나 여기에 나타나는 규준은 심판받는 이들의 경험이나 상태에 근거하는 것이 아니라, 심판하는 이의 입지에 근거하고 있다. 왜냐하면 도래할 인간적 존재는 이미 역사 내에서 상처받기 쉬운 약자로서 존재해 왔기 때문에, "너희가 그들에게 그것을 행한(또는 행하지 않은) 만큼, 너희는 그것을 내게 행하였다(또는 행하지 않았다)"는 선고에 대한 상고는 있을 수 없다.

도래하실 신적 존재는 이미 배고프고 헐벗고 옥에 갇힌 자 등등의 모습으로 여기 존재해 왔다. 그 비유는 인간적/신적 존재의 도래라는 관점으로부터 이것을 나타낸다. 그러나 그 비유를 듣는 자의 관점에서 볼 때 이것은 도래하실 인간으로서의 신적 존재는 현재 배고프고, 헐벗고, 옥에 갇힌 자 등등의 모습으로 존재하고 있음을 의미한다. 현재 상처받기 쉬운 이들, 굴욕을 당하는 이들, 폭력아래 있는 이들은 그 자체로서 신적 심판자로서 오는 자의 현존이다. 상처받기 쉬운 타자는 초월적 타자이다. 모든 타자는 전적인 타자이다. 전적인 타자는 모든 타자이다.

우리는 예수의 이러한 마지막 가르침(이것은 이 복음서에 담긴 마지막 비유이기도 하다)이 이상하게도 예수의 처음 설교가 시작되는 방법과 일치하고 있음을 주목해야 한다. 다시 말해서, 올리브 산 위에서 행한 설교는 예수의 공적인 사역을 여는 산상수훈의 시작과 일치하고 있다. 그러한 설교에서 예수는 팔복(beatitudes : 至福)으로 시작하고 있다: "심령이 가난한 자는 복이 있나니. … " 가난하고 애통하고 굴욕을 당하고 배고프고 목마른 자들이 "이제 행복하니.… 그들이. … 하게 될 것이라"는 말씀은 예수의 마지막 비유에 나타나는 부의 반전(反轉)과 기이한 일치점을 가지고 있다. 그러나 그러한 마지막 비유에서 마태의 팔복에 관해 기록에 나타나는 신령화시키는 경향은 사라져 버리고, 문자 그대로 가난, 배고픔, 목마름 등등으로 바뀌어진다.

더욱이 그 비유는 특이한 방법으로 부의 반전을 변화시킨다. 왜냐하면 현재 배고픈 이들은 도래하는 인간적/신적 존재로서 드러날 것이기 때문이다. 현재 그들은 신적 존재의 숨겨진 장소이다(따라서 "현재 축복받은" 이들이다). 그리고 나서 그들은 역사의 위기(심판)가 되고자 신적 존재로서 나타난다.

아마도 더욱 더 중요한 변화가 팔복과 비유사이에 발생하는데, 그 이유는 이제 가난한 이들이 축복받은 사람들이 되는 대신에 장차 심판을 받게 될 사람들에 대해 축복이나 저주의 위치가 되기 때문이다. 그들 자신은 가난한 자들이 아닌 이들(열방과 백성들)이 현재 상처받기 쉬운 사람들과의 상호작용으로 인해 축복이나 저주를 받게 된다. 하나님이 인간의 모습으로든 인간이 하나님의 모습으로든 나타나게 될 가난한 이들은, 이제 역사적 주체들(agents)의 궁극적인 지복이나 멸망이 결정되는 장이 되는 것이다.

팔복으로부터 그 비유에 이르는 움직임이 갖는 효과는 상처받기 쉬운 자들과 신적 존재의 동일시를 더욱 깊게 하는 것이다. 신적 존재로서 오시는 이는 현재 곧

궁에 처했거나 상처받기 쉬운 타자로서 나타난다. 현재 약하고 상처받기 쉬운 타자는 이제 신적 타자로서 오게 될 자이다. 그리고 이들 양쪽, 즉 신적 타자와 상처받기 쉬운 타자는 다 "인간적 존재"인 것이다.

그렇다면 우리는 가장 상처받기 쉬운 모든 약자들 가운데 신적 존재를 철저히 선전하거나 분포시킬 시점에 놓여 있다. 이제 역사 속에서 신적 존재로 오실 분의 자리로서 인식되어야 하는 것은 바로 이 약함(vulnerability : 상처받기 쉬움)이다. 상처받기 쉽고, 특히 굴욕을 당하고, 폭력아래 있는 모든 다른 이는 전적으로 다른 이이고, 역사의 종말이며, 역사의 심판과 목적이다.

이 비유는 이처럼 상처받기 쉬운 이들과 가난한 이들, 굴욕을 당하는 이들과 폭력아래 있는 이들을 신적인 존재와 동일시하는 데에만 중요한 것은 아니다. 이미 우리는 어떻게 이 비유가 팔복에 나타나는 예수의 가르침의 시작을 변형하고 있는가를 살펴보았다. 그리고 우리는 신적 존재로서의 인간적 존재의 이미지가 나아가서 예수의 신성모독과 그로 인하여 그가 유대교 당국에 의해 거부되어지는 것에 연결되고 있음을 역시 살펴보았다. 그러나 가장 유대교적인 이 복음서에서 이러한 동일시에는 훨씬 더 많은 문제성이 존재하고 있는 것이다. 왜냐하면 마태는 마가로부터 예수의 죽음에 대한 묘사를 취하고 있는데, 거기에서 언제든지 어디서든지 버려지고 폭력을 당하는 이들의 부르짖음이 예수의 입술에서 울려퍼지고 있기 때문이다: "나의 하나님, 나의 하나님, 어찌하여 나를 버리시나이까?"(막 15:34 ; 마 27:46)

다시 한 번, 여기서 들리는 신적 존재의 음성은 더 이상 폭력을 당하는 이들의 부르짖음에 관심을 가지라는 명령으로 들려지지 않고 오히려 이러한 부르짖음 그 자체로 들린다. 로마의 집행관들이 인정하였듯이 빈곤과 폭력과 버림받음의 부르짖음은 신적 존재 자신의 부르짖음인 것이다: "진정 이 사람은 신적 존재〔하나님의 아들〕이었다"(막 15:39; 마 27:54 참조).

또한 이러한 동일시가 부활에 있어서 보류되거나 반전된다고 생각하는 것은 옳지 않다. 왜냐하면 되돌아오시는 이는 그의 옛날의 친구들에 의해 인식되어지는 것이 아니라 오히려 아무 것도 아닌 중요하지 않은 사람으로서, 예컨대 엠마오로 가는 제자들에게 나타난 나그네로(눅 24:13), 막달라 마리아에게 나타난 무덤을

파는 일꾼으로(요 20:15), 고기잡으러 간 제자들에게 불쑥 참견하는 이로(요 21:4-6) 나타난다. 아무 것도 아닌 이들, 실체가 없는 이들 속으로, 따라서 약하고 궁핍한 사람들 사이로 흩어져 나타나는 것은, 부활에 의해 반전되어지는 것이 아니라 어떤 점에서 그로 인해 강화되어지는 것이다.

결 론

이제까지의 논의는 아마도 우리로 하여금 웨슬리와 하나님의 정의와 자비를 그의 주권과 초월 및 권세에 좀 더 밀접히 결속시키려는 웨슬리의 시도로부터 먼 길을 가게 해왔는지도 모른다. 나는 어떤 식으로든 웨슬리가 레비나스와 데리다의 좀 더 과격한 요구들을 예기하였다는 것을 주장하려고 의도하지 않는다. 그러나 나는 이들 근대이후의(postmodern) 개념들이, 웨슬리 자신이 할 수 있었던 것보다 더 일관성있게 그리고 더 철저하게, 신적인 것(초월)과 정의와 자비의 동일시를 확증하기 위한 기회를 우리에게 제공한다고 주장하기 원한다.

우리는 종종 웨슬리 자신이 영국의 가난한 자들에게 관심하였고, 부유한 이들과 유명인사들에게 관심하지 않았다고 회고한다. 우리는 아마도 상상하기를 이것이 단순히 특별하게 이상주의적인 경건이라든지 혹은 심지어는 오도되고 궁극적으로는 실패한 하나의 전략이었다고 생각할지도 모른다. 그러나 그것이 무엇이 되었든지간에, 그것은 하나님의 존재에 대한 성서적 계시의 선포와 공동체 형성의 영역에서의 엄격한 적용이었다. 교회를 형성하고 건설하고 혹은 설립하고자 하는데 있어서 어떠한 다른 방법도 성서상에 나타난 하나님을 전적으로 잊어버리는 결과를 낳게 된다. 이러한 의미에서 웨슬리의 신학은, 가난한 자들이란 주제를 하나님이란 주제로부터 분리시키고 다시 이것을 교회란 주제로부터 분리시키는 많은 웨슬리 추종자들의 신학보다 훨씬 더 조직적이었다(다시 말해, 더 일관성이 있었다). 우리가 웨슬리를 평민적인(전문적이 아닌) 신학자라고 제쳐놓기 이전에, 웨슬리가 이러한 점에서 그러했던 것과 같이 우리도 명확하고 일관성 있게 되는 것이 좋을 것이다.

제 5 장

성화와 경제 : 청지기직에 관한 웨슬리적 전망
더글라스 믹스(M. Douglas Meeks)

    테드 러년은 교회의 형성과 그 사명에 대한 웨슬리적인 접근 방법의 새로운 논의를 열어주었다.[1] 이 글에서 나는 생명을 위해 일하시는 하나님의 경제뿐만 아니라 공동체를 통한 존 웨슬리의 청지기직에 대한 견해를 다룸으로써 이러한 논의에 공헌하려고 한다.

    그러나 웨슬리에 대한 관심은 다소 배치(排置)된 듯하지 않은가? 어떻게 자본주의는 커녕 중상주의도 익히 알지 못한 18세기의 한 성직자가 지구화된 자본주의의 세상에서 교회의 청지기직이라는 심원한 문제에 어떤 빛을 비출 수 있다는 말인가? 웨슬리의 청지기직에 관한 견해가 오늘날 시대에 뒤떨어져 보이거나 혹은 혁명적인 것처럼 보이도록 만드는 것은 웨슬리 그 자신이 오경과 예언서, 예수의 가르침과 실천들, 교부들, 그리고 카톨릭과 종교개혁에서 존 로크에 이르기까지의 전통에서 나타나는 하나님의 oikonomia(경제)에 관한 견해를 철저하게 물려받았다는 사실이다. 웨슬리는 시종일관 하나님과 경제를 한데 묶으려 하였다. 이러한 전통을 다시금 채용한다는 것이 어떤 사람들에게는 보수주의적으로 비쳐질지 모르겠으나, 그것은 기독교적 청지기직에 대한 새로운 관점을 향하는 유일한 방식이라고 할 수 있다.

---

1. 특별히 Theodore H. Runyon의 The New Creation : John Wesley's Theology Today (Nashville : Abingdon Press, 1998)을 보라. 한국어 번역본은 『새로운 창조 : 오늘의 웨슬리신학』김고광 역 (기독교대한감리회 홍보출판국, 1999)으로 출판되었다.

이러한 방식으로 하나님과 경제를 다시금 연관지으려는 노력은 물론 우리들이 신학과 경제란 가능한 한 서로 멀리 떨어뜨려 놓아야 한다는 3백년간의 통념을 중지해야 할 것을 요청하는 것이다. 목회자들과 감독들은 경제학을 제외하고는 시장 사회 내에서 사실상 무엇에 관해서나 설교할 수 있다. 그러기에 청지기직이란 전형적으로 교회의 예산을 증가시키는 데에만 국한되어 있다. 웨슬리의 관점에서 보았을 때 대두되는 문제는, 우리가 경제를 포괄적으로 이야기하지 않는 한, 하나님에 대해 성서적으로 말할 수 없다는 데에 있다.

삶을 위한 경제로서의 청지기의식과 현대 경제학

경제학이라고 불리우는 학문이 확실히 상대적으로 최근에 등장한 산물이라면, 경제('집'이라는 희랍어 oikos와 '법'이라는 희랍어 nomos의 합성어)라는 단어는 그렇지 않다. 그것은 문자적으로 "가정의 살림에 필요한 법 혹은 경영"이라는 의미를 갖고 있다. "경제"는 70인역(Septuagint)과 신약성서 전반에 걸쳐 발견되며 하나님의 경제(경륜, 경세)라는 의미의 oikonomia tou theou 구절은 성서적으로 하나님을 나타내는 중심적이고 결정적인 표현이다.[2] 경제는 삶과 충만한 삶에 필요한 조건으로 들어가는 통로에 관한 것이다.[3] 17세기까지 경제를 추구하는 것은 "가계에서 생활하는 모든 이들이 삶에 필요한 것들을 얻을 것인가, 모든 이들이 그 날을 생존할 수 있을까(생존이란 단어 survive는 sur와 vivre의 합성어인데, 이는 "목숨을 부지하다"는 뜻이다), 또한 가능하다면 풍성하게 살 수 있을까?" 등의 질문을 추구하는 것을 의미했다. 가계(정) 혹은 공동체에서 사는 것을 가능케 하는 구성조건으로서, 경제는 공동체와 연관되어 있었다.[4] 실제로, 경제가 공동체를

---

2. 오이코노미아(oikonomia)에 대한 성서적, 헬레니즘적인 용례들을 보려면 John Reumann, The Use of Oikonomia and Related Terms in Greek Sources to about A.D. 100 as a Background for Patristic Applications (Ann Arbor, MI : University Microfilms, 1957)과 John H. Elliott, A Home for the Homeless : A Sociological Exegesis of 1 Peter, Its Situation and Strategy (Philadalphia : Fortress Press, 1981)을 참고하라.
3. M. Douglas Meeks, God the Economist : The Doctrine of God and Political Economy (Minneapolis: Fortress Press, 1989), 29-45를 보라.
4. Aristoteles, Politics, Book II를 보라.

섬기기 위해 존재하였다는 것은 명백한 사실이다. 아주 넓은 의미에서 보았을 때 경제란 죽음에 대항하는 삶의 조건들을 생산하기 위해 형성된 사람들의 관계들을 의미한다. 경제란 인간이 삶을 사는 것과 번성하는 것에 관한 것이다.

성서적 전통들은 창조세계에 대한 하나님의 가장 포괄적인 관계들을 말하며 교회를 창조세계를 구속하는 하나님의 사역을 섬기는 특정한 경제로서 이해하기 위하여 오이코노미아(oikonomia)란 말을 빌리고 있다. 현대세계에 있어서 시장경제학은 점점 더 이러한 의미의 경제를 대체하고 있으며, 모든 각 층의 사람들의 노력이 이해되고 지배될 수 있게 하기 위한 지배적인 논리로서 자신을 제공하고 있다. 시장사회의 논리는 확실성(무엇이 참되며 사실적이라고 불리울 수 있는가)의 근거를 규정지어 왔다: 즉 무엇이 인류의 발전과 사회의 진보, 그리고 질서, 규칙, 정의, 이성, 조화, 및 평화 등의 용인된 개념들로서 중요시 될 수 있는가에 대해서 정의해 온 것이다. 이러한 정신은 사회의 모든 영역에서 자기를 주장하고, 점점 더 스스로를 하나의 보편적인 세계질서로 입증하고 있다.

교회는 이런 논리가 침입해 오는 것에서 면제되지 않았다. 실제로, 교회에 만연되어 있는 질병은 이러한 논리에 맹목적으로 빨려들어가는 교회의 우상숭배적인 행태에 의해 특징지어진다. 시장논리가 심지어 교회 안에서, 회중 혹은 재판소가 함께 달라붙는 식으로 지배하게 되는 것이 가능한가? 생산성, 자극, 극대화, 그리고 능률성 등과 같은 말들은 우리들의 입에 오르내리는 단어들이며, 우리는 너무나 노력 없이 시장 경제의 법칙에 지배받는 시장사회에 속해있기에 그런 것들을 본능적으로 이해한다. 결국 성직자를 임명하는 제도나 목회의 효율성에 대한 관점, 그리고 몇몇 교회 성장 도식들, 전도와 청지기직 프로그램들, 리더쉽과 조직발전에 관한 이론들을 지배하는 것은 결과적으로 흔히 시장논리가 아닌가? 그리고 만약 이러한 질문들에 대하여 어떤 의미에서 "예"라고 답변한다면, 우리는 결국 교회가 삶, 그것도 풍성한 삶의 조건들로부터 많은 것을 배제시키는 공공적인 가계에 대하여 말할 어떤 새로운 것도 가지지 못하는 입장이 되지 않기 위해서 더욱 더 긴박하게 복음의 논리를 가르쳐야 하지 않겠는가? 왜냐하면 결국에 있어서 예수 그리스도의 복음은 교회가 세상에 대해 말해야 할 유일한 새로운 말이며, 세상이 이미 들어보지 못한 유일한 것이기 때문이다. "여호와께서 집을 세우지 아니하시면 세우는 자의 수고가 헛되도다"(시 127:1). 이것은 심지어 교회의 경우에 있어서도 사실이다.

공과 사의 영역들로 나뉘는 현대적인 삶의 구분이라는 가정아래, 교회는 사적 영역에서 어떠한 사회적인 책임들을 맡아왔다. 교회는 헤겔(Hegel)에 의하면 개인적인 선택을 위해 자유롭게 남겨진 영역에 속해 있다. 교회는 사회가 교회를 위해 규정지었던 사적인 역할들에 종속됨으로 인하여 교회가 가지는 공적(公的)인 성격을 상실하게 된다. 그러나 교회는 공적인 가계의 논리를 자신의 것으로 삼음으로써 공적인 존재가 되지 않을 수 있다. 그러므로 우리 사회내의 모든 다른 제도들과 마찬가지로 교회는 스스로를 사회적으로 제도적으로 함께 접합시키는 방법으로서 시장교환이라는 논리를 채택하였다(확실히 매우 자주 부주의한 채로 또한 실로 거의 당연한 것으로).[5] 그에 대한 결과는 '에클레시아'(ecclesia)로서의 교회가 자신의 공적인 표현을 잃어버렸다는 것이다. 다시 말해, 교회는 세상을 구원하는 하나님의 구속사역을 섬기는 대안적인 경제로서 세상에 나타나는 능력을 상실하였던 것이다.

이것은 시장경제의 "잘못"은 아니다. 교회는 지금까지 노예주의나 봉건주의 혹은 중상주의 사회에서 순응해왔던 것처럼 시장논리에 순응해서는 안 된다. 그러나 인간 활동들의 상식으로 여겨지는 시장논리가 널리 퍼져 있기 때문에, 교회는 오직 하나님의 선물로서 교회의 공적인 사명을 위한 자유를 경험하게 될 것이다. 그러나 엄밀하게 하나님의 은혜에 기초하여, 교회가 시장논리와 벌이는 투쟁은 우리 시대에 있어서 중대한 것이다. 왜냐하면, 우리 사회에서 교회와 교회의 선교(사명)를 형성하는데 존재하는 다양한 차원의 문제들은 결국 경제 문제에 초점이 맞추어지기 때문이다. 이렇게 은총과 경제의 문제와 씨름하는 일로부터 움츠러들지 않았던 한 사람으로서 웨슬리는 신실함을 추구하는 우리의 투쟁에 있어서 좋은 동반자가 된다.

현대의 신학은 중심과제로부터 경제를 배제시킴으로써 전형적으로 시장논리가 확산되는 것에 순응해왔다. 그러나 이 사실은 웨슬리에게는 적용되지 않았다. 경

---

5. Jonathan J. Bonk, Mission and Memory : Affluence as a Western Missionary Problem (Maryknoll, NY: Orbis Books, 1991)을 참고하라.

제는 그의 신학에서 두드러지는 주제이며, 단순하게 윤리적 이슈나 혹은 기독교 실천에 관한 이차적인 사상으로 다룬 것이 아니다. 웨슬리에게 있어서 경제는 기독교 제자직의 핵심을 이루며, 구원의 본질이다. 다시 말해서, 웨슬리에게 있어서 창조세계를 구속하시는 하나님의 방법으로서 오이코노미아는 생사의 문제인 경제 문제, 즉 그 경제가 하루를 생존하는데 인간존재에게 필요한 것을 분배하는 일과 분리될 수 없는 것이다.

그러므로 웨슬리에게 독특한 공헌점이 있다면 그것은 그가 다양한 의미에서 경제에 성화를 연관시킨 점이다. 이것이야말로 웨슬리의 청지기직에 관한 견해가 주는 지혜라고 할 수 있다. 이후의 논의에서 나는 어떻게 웨슬리의 청지기직에 관한 이해가 철저하게 예수 그리스도의 은총에서 구체화된 바, 하나님의 오이코노미아에 관한 오경(Torah)의 관점을 따르고 있는지를 보여주고자 한다.

오경과 복음서에 나타나는 가계의 법칙들 : 성화와 청지기직

성화는 대체로 현대의 감리교도들에게 신비화되어 왔다. 왜냐하면 그들 감리교도들은 웨슬리가 성화로써 의미한 것이 단순히 오경의 율법서에서 주어졌고 예수 그리스도의 은총 안에서 구현된 바 하나님의 의라는 사실을 놓쳐버렸기 때문이다. 거룩함은 이러한 오경과 복음서로 이어지는 생명의 은사로부터 그리고 그것에 따라 사는 삶이다. 아니, 좀더 특정하게 말한다면 그것은 하나님의 생명의 은사가 회복되는 것을 의미하는 것이다.

오경은 하나님의 귀중한 선물이다. 그것은 죽음에 반대하여 삶의 가계를 위해 생명을 주는(살리는) 법칙들이다.[6] 이스라엘 백성들의 삶의 문제란 어떻게 하면 노예생활에 다시 떨어지지 않고 자유를 누리는 가계를 세우면서 살아갈 것인가의 문제였다. 따라서 자유를 보장하는 하나님의 가계내의 삶은 하나님께서 의를 분배하는 방식에 순종하면서 사는 것을 의미한다. 오경에 나타난 하나님의 경제를 지키는 것은 삶을 의미하며, 그것을 무시하는 것은 죽음을 의미한다. 계약에 대한 충

---

6. 이러한 가계(정)의 법칙들은 계약법전(출 20:22-23:33), 신명기법전(신 12-26), 그리고 성결법전(레 17-26)에서 발견된다.

실성은 살아가기 위해 가계 내에 사는 모든 이들에게 필요한 것을 분배함에 있어서 오경이 요구하는 것을 말한다. 오경의 율법은 하나님의 가계 내에서 거룩한 삶을 사는데 필요한 안내를 의미한다.

지난 두 세기 동안 자유와 보수계열의 개신교도들은 이러한 가계의 규칙들을 복음에 의해 대체된, 과거에 속한 낡아빠지고 부적절하며 방해가 되는 것들로 의도적으로 회피해 왔다. 왜 하나님께서는 이러한 시대에 뒤떨어진 법칙들을 지킬 것을 기대하고 계시는가?[7] 정확하게 말해서 그 이유는 하나님의 경제에 나타나는 삶과 죽음을 다루는 가계의 법칙들이 예수가 가르친 것의 일부분이기 때문이다. 하나님나라에 관한 예수의 복음은 하나님께서 가정을 관리하도록 이스라엘 백성들에게 주시는 그의 약속과 명령의 내용을 제외하면 무의미한 것이 된다.[8] 그러한 것들이 오늘날 실현 가능한 것인가 하는 점은 엄밀히 말해서 문제가 된다. 말하자면 하나님의 은총의 경제로서의 교회가 실제로 시장논리에 의해 침투된 사회 안에서 존재할 시간과 공간을 현실적으로 발견할 수 있겠는가의 문제 말이다. 예수는 가계의 법칙들을 느슨하게 만드시지 않는다. 그는 도리어 그것들을 철저화시킨다. 웨슬리가 우리에게 일깨워 준 것과 같이 "믿음이 거룩함을 대체한다는 상상은 율법폐기론(antinomianism)의 정수이다."[9] 그것은 청지기의식을 파괴하는 것이다. "사랑으로 역사하는 믿음"은 예수에 의해 요약된 오경에 나타나는 은총에 의해 주

---

7. 구약성서의 오경과 예수의 유대적 성격, 그리고 예언서에 약속된 하나님의 통치에 대한 반대는 심지어 그것이 무의식적인 경우라고 할지라도 반(反)셈족주의와 적지 않은 관계가 있다. 교회가 회당에의 근접성을 떠날 때, 교회는 성서적으로 이단화된다. 소위 예수 세미나(Jesus Seminar)는 최근에 우리에게 이스라엘의 약속의 역사가 결여된 다른 예수를 제시하였다. 예수를 헬라적인 시골뜨기 견유학파의 한 사람으로 축소시켜버린 것이다. John Dominic Crossan, The Historical Jesus : The Life of a Mediterranean Jewish Peasant (San Francisco : Harper SanFrancisco, 1991)을 보라. 그리고 Luke Timothy Johnson의 이에 대한 비판인 The Real Jesus : The Misguided Quest for the Historical Jesus and the Truth of the Traditional Gospels (San Francisco: Harper SanFrancisco, 1996)을 보라.
8. 거룩함은 "'할례' 즉 모든 기독교 규례를 준수하는 것 또는 '무할례' 즉 모든 이방종교의 도덕을 성취하는 것이 아니라, '하나님의 계명들을 지키는 것,' 특히 '주 너의 하나님을 전심을 다해 사랑하고 네 이웃을 네 몸과 같이 사랑하라'는 계명을 지키는 것이다. 한 마디로 말하면, 거룩함은 '그리스도 안에 있던 마음'을 가지는 것이고, '그리스도가 걸었던 대로 걷는 것'이다"라고 말한 웨슬리의 주장을 참고하라. Sermon 127, "On the Wedding Garment," §17, Works 4:147.
9. Sermon 127, "On the Wedding Garment," §18, Works 4:148.

어진 하나의 정황, 하나의 형태, 하나의 의도하는 바를 가지고 있다.

이제 우리는 (1) 하나님과 가난한 자들, (2) 삶에 필요한 것들, (3) 부의 위험성, (4) 가난한 자들과 함께 사는 것, (5) 소유의 바른 사용, (6) 안식일의 성결에 관한 웨슬리의 특정한 가르침의 기원을 살펴보기 위해 좀 더 상세하게 오경과 복음서에 나타나는 가계의 규칙들을 고찰해 보고자 한다.

청지기이신 하나님과 가난한 자들

가난한 자들에 집중된 웨슬리의 청지기직에 대한 견해는 이념적인 곁소리가 아니다.[10] 그것은 이스라엘의 하나님의 성격으로부터 기인하는 것이다. 하나님은 만물의 창조주로서 모든 인간에게, 자연내의 모든 피조물에게 그리고 모든 사회적인 물질에게 요구할 권리를 가지고 계신다. 나아가서 하나님은 가난한 이들에 대하여 구원사적인 요구를 가지고 계신다. 왜냐하면 생명을 위한 하나님의 권능의 영광은 바로 가난한 이들에게서 나타나기 때문이다. 그들은 하나님께 속해 있다! 웨슬리는 몇 번이고 반복하여 가난한 사람들이야말로 그들을 위해 죽으신 분에게 속해있다는 것을 명확히 하였다. 마치 그들이 다른 주인에게 속해 있는 것처럼 취급되지 않도록 말이다.

이스라엘의 가계에 대한 야훼의 배타적인 권리나 요구는 노예된 집(oikos duleias, 출 20:2; 신 5:6; 7-21)으로부터 그들을 벗어나게 한 하나님의 해방에 그 근거를 두고 있다. 하나님께서는 이스라엘 백성들이 나그네되고 압제당할 때에 그들을 해방시키셨다. 따라서 하나님으로부터 구속받은 백성들은 동일한 동정심을 그들 가운데 있는 곤궁한 이들에게 보여 주어야만 한다(출 22:21; 23:9). 교회는 더욱 더 철저하게 같은 논리를 언급하고 있다: 우리가 아직 하나님의 원수였을 때, 그리스도는 우리를 위해 죽으셨다. 하나님의 은총은 그것이 가장 논박되는 곳에서 드러난다. 웨슬리는 하나님의 성품과 의지 때문에 그가 가난한 이들 가운데

---

10. Theodore W. Jennings Jr., Good News to the Poor: John Wesley's Evangelical Economics (Nashville : Abingdon Press, 1990), 139-56 ; Jennings, "Wesley and the Poor : An Agenda for Wesleyans," in The Portion of the Poor, ed. M. Douglas Meeks (Nashville : Kingswood Books, 1995)를 보라.

역사하시는 은총이 충만한 구원사역의 순간을 봄으로써 그러한 전통을 따른다.

이러한 하나님의 특수한 정체성은 하나님이 노예들과 자신을 동일화하시는 것과 관계된다. 모든 경제들과 같이 이스라엘의 가계와 예수 그리스도의 가계는 식탁 주위에서 창조되었고, 식탁 위에 있는 것과 식탁 주위에서 이루어지는 이야기들과 그리고 식탁을 차리는 것으로부터 얻어지는 삶의 관계성들에 의해 형성되었다. 우리로 하여금 우리가 되게 하는 으뜸가는 이야기는 단연 유월절의 식탁(Seder table)주위에서 들려진다(신 6장). 유월절 밤 축제의 식탁에서 어머니나 아버지는 아이들로 하여금 "왜 우리가 이런 식으로 살아야 하나요?"라는 질문을 하도록 만드는 어떤 기이한 전례적인 행동을 한다. 그것은 우리로 하여금 우리가 되도록 만드는 귀중한 이야기를 해 줄 신호이자 기회인 것이다.

요즘 감리교도들에게 있어서 최우선의 어려움은 이것이다(사실 웨슬리도 그의 생애 말미에 당시 감리교도들도 같은 문제를 가지고 있다고 생각하였다): 즉 우리의 예전, 예배, 삶은 우리 아이들이 삶의 이면에 있는 이야기들에 관해서 그리고 우리들로 하여금 오늘의 우리가 되도록 만드는 이야기에 관해 즉각적으로 질문을 하게끔 한다 — 즉 그것들은 우리 주위의 세계와 충분하게 다르지 않다. 만약 우리가 냉정하고 정직하게 판단한다면, 교회가 숫적으로 감소하는 원인은 우리 자신의 아이들을 잃어버리고 있기 때문이라는 사실을 인정해야만 할 것이다! 그리고 우리 아이들이 복음의 이야기에 귀기울일 것인가를 결정하게 될 것은 우리가 가난한 자들의 아이들을 섬기는 하나님의 leitiurgeia(예배, 전례)의 실천이 아닌가?

우리로 하여금 지금의 우리로 만드는 식탁의 이야기는 하나, 오직 하나의 방법으로 시작한다: "너는 기억하라. 네가 애굽 땅에서 종(oiketes)이 되었더니 너의 하나님 여호와가 강한 손과 편 팔로 너를 거기서 인도하여 내었도다"(신 5:15). 이 이야기보다 앞서거나 그 위에 있거나 혹은 아래에 있는 하나님에 대한 어떠한 지식도 없다. 이것이 우리의 이야기의 시작이다. 우리는 아직 바로의 노예경제 아래에서 노예였을 때 처음으로 하나님에 관하여 알게 되었다. 불쾌한 냄새와 쇠사슬, 채찍, 우리가 사랑하는 이들과의 분리, 움직일 수 있고 우리의 미래를 결정할 수 있는 자유의 결핍, 이러한 것들은 우리가 노예생활을 넘어서서 노예생활에 반대하여 우리에게 집을 주신 하나님을 어떻게 처음 알게 되었느냐고 물었을 때 우

제5장 – 성화와 경제 : 청지기직에 관한 웨슬리적 전망

리가 회상하는 것들이다. 이스라엘과 교회가 말하는 이야기는, 하나님의 백성이 모든 형태의 노예제도에 대항하여 일어서기 위해 하나님의 권능을 받았던 정도에 따라 여러 시대에 걸쳐 믿을 수 있는 것으로 전해져 왔다. 오늘날 우리 속에서도 아직까지 그러한 노예의 형태는 다양하게 존재한다고 할 수 있다.

전통적으로 주로 하나님에 대해 말하는 데 있어서 정치적인 은유들이 강조되어 왔으나(왕, 주인, 심판자, 소유주), 주된 성경의 이야기들은 좀더 경제적인 은유들로 하나님에 대해 이야기하고 있다. 하나님은 자신의 피조물들을 위해 집을 조성해 줌으로써 세계를 구원하신다. 구원에 관한 이야기는 곧 하나님의 경제 이야기이다. 그러므로 하나님의 가장 중요한 이름은 하나님의 경제 행위에 관한 이야기의 서술이다: "나는 너를 애굽 땅, 종 되었던 집〔노예 경제〕에서 인도하여 낸 자이니라"(출 20:1). 비록 그것이 서양인의 귀에는 충분히 든든한 존재로 들리지 않겠지만, 적어도 모세와 예수에게 있어서 성서는 하나님을 청지기라는 의미에서 가계의 종으로 이야기하고 있다. 다시 말해서, 하나님을 그 가계 내에 사는 모든 이들이 살아가기에 필요한 것들을 확실하게 소유하도록 하는 책임을 지고 있는 자로 이야기하고 있는 것이다. 이러한 전통들은 예수 그리스도 안에 계셔서 세상을 구속하시는 하나님이 누구신가에 대한 최선의 진술인, 신약성서의 최고의 기독론적인 찬양 속에서 정점에 달하고 있다:

> 너희 안에 이 마음을 품으라 곧 그리스도 예수의 마음이니
> 그는 근본 하나님의 본체시나 하나님과 동등됨을 취할 것으로
> 여기지 아니하시고 오히려 자기를 비어 종〔고대의 개념에서
> 경제인〕의 형체를 가져 사람들과 같이 되었고 사람의 모양으로
> 나타나셨으매 자기를 낮추시고 죽기까지 복종하셨으니 곧
> 십자가에 죽으심이라 이러므로 하나님이 그를 지극히 높여 모든
> 이름 위에 뛰어난 이름을 주셨다.(빌 2:5-9)

하나님께서는 창조세계의 가계에서 종이 되심으로써, 세상을 구속하신다. 또한 설화적 서술인 신약성서에 나타나는 하나님의 주된 이름은 "죽은 자 가운데서 예수 그리스도를 일으키신 자"이다. 하나님은 죽은 자들 가운데서 이 경제인〔예수〕

을 일으키시고, 새로운 가계의 법칙들을 갖춘 "부활의 가계"(Resurrection Household)를 창조하신다.

삶에 필요한 것들

가계의 법칙(규범)들은 "가난한 이들로부터 이자를 취하지 말라"는 것으로부터 시작된다.[11] 레위기 25:35-38; 출애굽기 22:26-27. 그 외에 신명기 24:6, 10-13; 신명기 15:7-11을 참고하라. 이것은 신용을 중시하는 현대 경제학의 개념에서 매우 불합리해 보인다. 적어도 미국인으로서 만약 당신이 빚을 지지 않았다면, 무엇인가가 당신에게 잘못된 것임이 틀림없다. 그렇다면 우리는 사람들이 빚에 의해 손해 보는 것을 막기 위해 고도로 조율된 회계적 장치를 가진 경제 안에서 살고 있지 않은가? 아니다! 빚은(그것이 개인의 것이건 국가적인 것이건 간에) 여전히 세계에 사는 대다수 사람들의 삶을 비참하게 만들고 있는 것이다.

이러한 오경에 나타난 경제 법칙에 대한 이유는 단순히 다음과 같다. 즉 빚은 조만간 노예상태로 이끌 것이고, 하나님은 자신이 노예경제로부터 자유롭게 해 준 백성들이 또 다시 노예로 전락해버리는 것을 참을 수 없으리라는 것이다. 빚은 오늘날 여전히 많은 종류의 노예제도를 야기하고 있다. 빚은 가난한 이들에게서 삶에 필요한 것들을 앗아간다. "우리가 우리에게 죄 지은 자들을 사하여 준 것과 같이 우리 죄를 사하여 주옵시고"라고 기도하는 우리는 어떻게 다양한 형태의 빚이 수많은 사람들에게서 가계를 앗아갈 수 있는가를 기억해야만 한다.

심지어 이자가 오경의 율법에서 허용되는 경우에도, 엄격한 법칙들로 인해 삶에 필요한 것들이 배제되는 것을 막아준다: "네가 만일 이웃의 옷을 전당 잡거든 해가 지기 전에 그에게 돌려보내라 그 몸을 가릴 것이 이뿐이라 이는 그 살의 옷인즉 그가 무엇을 입고 자겠느냐? 그가 내게 부르짖으면 내가 들으리니 나는 자비한 자임이니라"(출 22:26-7). 오경은 가난한 자들의 삶이 의존되어 있는 소유물들을 가로채가는 채주들의 권리를 제한함으로써 가난한 자들이 당하는 압제에 한계를 설정하고 있다. 생명에 필요한 그 어떤 것도 담보로 취급되어서는 안 된다. "왜냐

---

11. 레위기 25:35-38; 출애굽기 22:26-27. 그 외에 신명기 24:6, 10-13; 신명기 15:7-11을 참고하라.

제5장 - 성화와 경제 : 청지기직에 관한 웨슬리적 전망   113

하면 그들은 나의 백성이고 나는 그들을 애굽 땅에서 구해 내었으며 그들은 팔려 가는 노예들과 같이 팔려서는 안 된다. 너는 그들을 가혹하게 다루어서는 안 된다. 그러나 너의 하나님을 두려워하라.… 왜냐하면 내게 있어 이스라엘 백성들은 종이기 때문이다. 그들은 내가 애굽 땅에서 구해내어 온 나의 백성들이다. 나는 주 너의 하나님이니라"(레 25:42-3, 55). 이것은 계몽주의적으로 훈련된, 자유에 대한 우리의 감수성에는 바른 것으로 들려지지 않을지도 모르겠다. 그러나 성서의 전통에서는 하나님의 종이 되는것이(혹은 예수의 제자가 되는 것이) 자유라고 주장한다. 영국국교회의 공동기도서의 한 기도문은 이렇게 말하고 있다: 예수 그리스도, "그의 섬김 안에 완전한 자유가 존재하는 분."[12] 이것은 웨슬리가 자유라는 것이 삶에 "필요한 것들"을 가난한 이들에게 제공함으로써 그들을 섬기는 것이라는 확신을 얻은 곳이다.

삶에 대한 가난한 이들의 요구와 부(富)의 죄

> 두 번째 가계의 규칙은 이삭을 남겨놓으라는 것이다:
> 너희 땅의 곡물을 벨 때에 너는 밭 모퉁이까지 다 거두지 말고
> 너의 떨어진 이삭도 줍지 말며 너의 포도원의 열매를 다 따지 말며
> 너의 포도원에 떨어진 열매도 줍지 말고
> 가난한 사람과 타국인을 위하여 버려 두라
> 나는 너희 하나님 여호와니라. (레 19:9-10)[13]

이러한 법규에는 오직 하나의 이유가 있다: 그것은 가난한 이들이 먼지뿐인 땅에 그들의 얼굴을 대게 할 수 없다는 것이다. 가난한 이들은 수확물을 공유하도록 하는 이와 같은 권리를 통해 하나님의 삶의 경제로 접근한다. 7년째 되는 해에 포도밭과 과수원은 아무도 돌보지 않는 상태로 남겨두게 되는데, 이는 비단 땅을 소생시키려 하는 것 뿐 아니라 가난한 사람들에게 이로움을 주게 하려 함이다(출

---

12. 영국국교회의 공동기도서의 한 기도문은 이렇게 말하고 있다: 예수 그리스도, "그의 섬김 안에 완전한 자유가 존재하는 분."
13. 레위기 19:9-10. 그 외에 신명기 24:19-22와 레위기 23:22, 룻기 2장을 참고할 것.

21:24; 23:10-11). 신명기 법전은 곡식다발과 과실을 남겨두는 법을 일곱째 해를 넘어서 매 추수때로 확장시킨다(신 24:19-20). 그것은 심지어 가난한 이들로 하여금 추수 전에 밭에 들어가는 것을 허용하기까지 한다. 비록 그 배고픈 이들이 단지 자신의 필요를 충족시키고 밭 소유주의 이득을 취하지 않는다 하여도 말이다(신 23:24-25). 예수께서는 배고픈 자들을 위해 곡식 낟알을 취하심으로써—그것도 안식일에!—이러한 법을 따르고 있다. 이러한 법들은 가난한 이들로 하여금 자신들의 생존을 위해 구걸하는 것을 방지하며, 구원함을 얻은 종들에 대한 하나님의 요구란 다름 아닌 그들의 삶의 수단에 대한 권리를 뜻한다는 것을 보여주고 있다. 이러한 권리는 땅과 생산물에 대한 권리를 대신한다.

이사야는 이 권리들을 인정하기를 거부하는 이스라엘에게 이러한 방법으로 대답하고 있다:

> 여호와께서 변론하러 일어나시며 백성들을 심판하려고 서시도다.
> 여호와께서 그 백성의 장로들과 방백들을 국문하시되 포도원을
> 삼킨 자는 너희며 가난한 자에게서 탈취한 물건은 너희 집에 있도다.
> 어찌하여 너희가 내 백성을 짓밟으며 가난한 자의 얼굴에 맷돌질하느뇨?
> 주 만군의 여호와 내가 말하였느니라 하시리로다.(사 3:13-15)

웨슬리는 부유하고자 하는 욕망이 주님에 의해 금지된다고 보고, 부를 정의하기를 삶에 최소한의 필요한 것과 편리한 것을 넘어서는 것이라고 하였다: "누구든지 먹을 충분한 것과 입을 의복과 머리 둘 곳과 함께 그 외의 것들을 가지고 있으면 부유한 것입니다."[14]

웨슬리는 가난한 자들 앞에서 부를 축적하는 죄를 간음이나 살인에 버금가는 죄로 규정지었고, 다음의 상반되는 지침들을 구체적으로 들었다:

> 다음의 몇 가지 사항이 허용됩니다. 첫째, 우리는 우리 자신의 가계를
> 위해 필요한 것들과 편리한 것들을 공급해야 합니다. 둘째, 사업을 하는 이는

---

14. Sermon 87, "The Danger of Riches," §1.1, Works 3:230.

그 사업을 운영하는 데 필요한 것만큼만 축적해야 합니다.
셋째, 우리는 우리의 아이들에게 우리가 세상을 떠난 후에
우리 아이들을 위해 필요한 것과 편리한 것들을 남겨 두어야 합니다.
넷째, 우리는 '아무에게도 빚지지 않기 위해'
모든 이들이 보기에 정직한 것들을 공급해야 합니다.
그러나 이러한 것들이 행해졌을 때 그 이상 더 축적하려는 것은. … 우리가 부유
하게 되려는 욕망이 있음을 명확하게 입증하는 것입니다.[15]

이삭을 남겨두는 권리는 가난한 이들을 향하여 부자들이 갖는 자발적인 동정의 행위가 아니다; 이삭을 남겨두는 권리는 가난한 이들이 살아가기 위한 권리이기 때문이다. "도적질하지 말라"는 계명은 가난한 자들이 하나님께 속하여 있기 때문에 가난한 자들에게 속해 있는 것들을 취하지 말라는 의미이다.[16] 이러한 오경의 규범은 어떤 사람이 삶을 위해 필요로 하지 않는 것들("필수품들과 편리한 것들" 이외의 것들)은 이미 하나님께 속해 있으며, 나아가서 하나님의 명령에 의해 가난한 자들에게 속해 있다는 웨슬리의 가르침에 대한 근거가 된다.

부자들은 수혜자이신 하나님의 의지에 따라 그들이 사용하는 것
이상으로 이 세상의 것들을 보다 더 많이 소유하는 자들이다―
나는 하나님을 차라리 소유주라고 하겠다.
왜냐하면 그는 그러한 것들을 우리에게 단지 빌려주시기 때문이다;
아니 좀 더 엄밀하게 말해서, 그에게 속한 것들을 보관하는 청지기로써
우리에게 그것들을 맡기신 것이기 때문이다.
그리고 실제로 그는 그러한 모든 것들이 그의 손으로 행하신 것임을
보고 계시기 때문에 달리 행하실 수 없다.
그는 땅과 하늘의 소유주이시고, 그러한 분임에 틀림없다.
이것은 하나님의 양도할 수 없는 권리이고,
결코 그 자신이 포기할 수 없는 권리인 것이다.
그리고 하나님께서 우리 손에 일임하신 자신의 소유물과 함께

---

15. Ibid., §1.4, Works 3:231.
16. 이러한 관점은 Robert Gnuse, You Shall Not Steal : Community and Property in the Biblical Tradition (Maryknoll, NY : Orbis Books, 1985)에서 발전되었다.

> 그는 자신이 우리에게 위임하신 것에 대한 기록을 우리에게 넘겨 주셨다.
> 그러므로 만약 우리가 상기의 목적에 필요한 것 이상의 것들을
> 우리 손안에 간직하려고 한다면,
> 틀림없이 우리는 "부유하게 되려는 욕망" 아래 빠져 있는 것이다.[17]

웨슬리를 그의 생애 말기에 가장 곤혹스럽게 한 것은 감리교도들이 이러한 가르침을 지키는 일에 실패한 것이었다.[18] 이것은 우리가 완전으로 나아가는 데 있어서 가장 심각하게 실패를 겪는 곳이기도 하다. 이러한 하나님의 삶의 경제에 대한 법칙을 우리가 잊는 것은, 아마도 미국내의 연합감리교회가 복지를 외면하는 일과 아이들이 삶에 필요한 것들을 취하는 데에서 배제되는 일에 관하여 여전히 이상하리만큼 침묵해온 이유가 될 지도 모르겠다.

예수께서는 창고와 커다란 곳간에 대하여 많은 할 말을 가지고 계셨다. "삼가 모든 탐심을 물리치라. 사람의 생명이 그 소유의 넉넉한데 있지 아니하니라"(눅 12:15). "어리석은 자여, 오늘밤에 네 영혼을 도로 찾으리니 그러면 네 예비한 것이 뉘 것이 되겠느냐 하셨으니, 자기를 위하여 재물을 쌓아두고 하나님께 대하여 부요치 못한 자가 이와 같으니라"(눅 12:20-21). 오늘날 우리의 창고들은 우리의 보험과 연금이다. 그것들은 물론 우리를 안전하게 보호하기 위해 존재하는 것이다. 그러면 이것들은 좋은 것이 아닌가? 그러나 그것들은 복음을 살기 위한 우리들의 자유에 대해 무엇을 해 왔는가?

인위적인 궁핍이(이것을 웨슬리는 "좀 더 가지려는 욕망"이라는 뜻인 pleonesia로 언급했다) 시장경제의 논리적인 전제가 되는 반면에, 하나님의 은총의 충만성(pleroma)은 기독교인이 청지기로 살아가는 삶의 근거가 된다. 하나님의 은총이 "충분한 것 이상"이라는 느낌은, 기독교인으로 하여금 죄책을 완화시키고 죽음에 대한 공포를 억제하는 것 이외의 다른 방법으로 자신의 소유물을 사용할 수 있게 하는 성격을 창조해낸다. 하나님의 경제(oikonomia tou theou) 안에 사는 삶은 하나님의 죄의 용서와, 죽음에 반대하는 하나님의 부활의 권능에 대한 확신에서 시작된다.

---

17. Sermon 87, "The Danger of Riches," §1.5, Works 3:231-32.
18. Sermon 122, "Causes of the Inefficacy of Christianity," Works 4:86-96을 보라.

소유물의 사용

하나님의 가계 규칙 가운데 세 번째 것은 십일조를 실천하는 것이다. 십일조는 오경에서 많은 이유 때문에 존재한다. 그러나 그 중 가장 두드러지는 이유는 가난한 자들이 살아가게 하기 위해서이다(신 14:22-29; 말 3:7-12). 우리는 종종 십일조를 우리의 상황에서 종교제도를 지지하는 수단으로 생각한다. 그러나 십일조는 이러한 것 이상의 것이다. 십일조는 그 어떤 누구도 가계의 생계로부터 제외될 수 없다는 것을 확실시함으로 인해 가계를 세우는 수단이다. 십일조를 하는 이유는 가계 법전을 통해 되풀이된 이유와 동일한 것이다: "너는 애굽에서 종되었던 일과 네 하나님 여호와께서 너를 거기서 속량하신 것을 기억하라"(신 24:18,22). 가난한 이들은 항상 존재하겠으므로, "너는 반드시 네가 사는 땅에 있는 네 형제와 곤궁한 자와 가난한 자에게 네 손을 넓게 펼찌니라"(신 15:11). 십일조는 오경에서 삶을 위한 하나님의 권세를 가계에서 재분배하는 것이다; 십일조는 가난한 이들에게 속한 것이다. 그것은 하나님의 백성들의 삶을 위해서 공유물을 창조하는 것이다.[19]

재정적인 측면에서 청지기를 보는 웨슬리의 이해는 이러한 오경의 가계에 나타난 확신에 매우 깊이 뿌리를 두고 있었다.

> 모든 만물의 주께서는 다음에 물으실 것이다,
> 어떤 방법으로 너는 저 포괄적인 능력인 돈을 사용했는가?
> 육체의 정욕, 안목의 정욕, 혹은 이생의 교만을 만족시키기 위해서가 아닌가?
> 헛된 낭비로, 마치 바다에다 그것들을 던져버리는 것과 같이
> 쓸모 없는 지출로 그것들을 탕진하고 있는 것은 아닌가?
> 땅에다 그것을 묻어버리는 것과 같이 축적하고 있는 것은 아닌가?

---

19. 우리는 사도행전 2장에 나타나는 소유물들을 공유하는 공동체에 대한 웨슬리의 높은 평가가 웨슬리의 목회에서 표현될 수 있는 방식들에 대한 전격적인 연구로부터 도움을 얻어야만 한다. 중요한 접합점들에서 웨슬리는 공동 소유를 "재세례파적"인 것으로 보아 거부하는 영국국교회의 입장을 견지하였다. "자선행위"가 통상적으로 "공동 소유물"에 반립(反立)된다는 사실에도 불구하고, 그것 또한 일종의 공동적인 것이었다. 웨슬리는 어떠한 다른 방법들로 공동적인 것을 창출하려고 추구하였는가?

그러나 우선은 너의 가족들의 필요와 함께 너 자신이 필요한 것을
이성적으로 공급하라; 그리고 가난한 자들을 통해서, 남은 것들을 내게 돌리라.
그들은 내가 그것들을 받도록 지명한 이들이다; 너 스스로를
내가 이러한 목적을 위해 네 손안에 남겨놓은 나의 물질들의 일부분을
공급받는 가난한 많은 사람들 가운데 하나로 여겨라; 먼저 공급받게 되는
권리를, 그리고 받는 것보다 주는 것의 축복을 네게 남겨두지 않았느냐?[20]

웨슬리는 매우 구체적으로 모든 것의 소유자가 되시고 또한 관리자가 되시는 하나님께 속한 것들을 선용하는 것이 우리가 받은 것들을 낭비하지 않게 하는 것임을 강조했다.

아마도 당신은 지금 그 비용을 감당할 수 있다고 말할지도 모른다.
이것은 말이 되지 않는 주장이다. 누가 당신의 재산을 증식시켜 주었는가?
아니, (적절하게 말해서) 누가 당신에게 그것을 빌려주었는가?
좀 더 바르게 말해서, 누가 자신의 청지기(관리인)로서 당신 손에 맡겼는가?
동시에 당신에게 알려주는 것이지만, 무슨 목적으로 그가 당신에게 위임했는가?
그리고 당신 스스로가 그 모든 것 하나하나를 설명해야 할텐데,
주님의 것들을 허비할 수 있다고 말할 수 있거나,
혹은 당신에게 분명히 위임된 것 이상의 어떤 다른 방식으로든
그것들을 사용할 수 있다고 말할 수 있겠는가?
이런 고약하고 악마 같은 위선적인 말투를 집어치워라!
다시는 결코 당신의 입술에서 이와 같은 말이 나오지 않도록 해라.
이와 같이 주님의 것을 도적질할 수 있다는 것은 바로 지옥의 말인 것이다.
하나님께서 배고픈 자를 먹이기 위해서, 헐벗은 자를 입히기 위해서,
나그네와 과부와 고아를 돕기 위해서, 그리고 실로
힘이 닿는 한 모든 인류의 부족한 것들을 면하게 해주기 위해서
(당신의 가족들에게 필요한 것들을 사주고도 넉넉하도록) 이러한
물질을 당신에게 위임하셨다는 것을 알지 못하느냐? 어떻게 당신이,

---

20. Sermon 51, "The Good Steward," §3.5, Works 2:295.

감히 이것들을 다른 목적으로 전용함으로써
하나님의 것을 횡령할 수 있다는 것인가?
하나님께서 당신에게 적은 물질을 허락하셨다면, 그것은
당신이 선을 행하는데 쓰게 하기 위해서 당신에게 위임한 것이 아닌가?
그리고 하나님께서 당신에게 많은 물질을 허락하셨다면,
그것은 당신이 좀 더 나은 능력을 가지고 있기에 그만큼 선을 더 많이
행하게 하기 위해서 이런 추가적인 물질을 위임하신 것이 아닌가?
당신이 이전에 가졌던 것 이상으로, 일 파운드, 일 쉴링, 혹은 일 페니를
소비할 수 있는 권리를 더 가졌었단 말인가? 그러므로 당신은
걸인이었을 때보다 현재에, 육신의 정욕을 만족시키거나
안목의 정욕을 만족시키기 위한 더 이상의 권리를 가지고 있지 않다.
오, 제발! 당신의 인정많으신 주님께 그렇게 형편없이 보답하지 말라![21]

가난한 이들과 함께 사는 삶

하나님의 경제에 있어서 네 번째 법칙은 친절을 베푸는(환대하는) 것이다.[22] 이것은 고아들과 과부들, 나그네들, 이주자들, 그리고 가난한 이들에게서 시작하여 가정으로부터 배제되었기에 죽음의 위협을 받는 사람들을 향해 집을 개방하는 것을 뜻한다. 진정한 예배는 하나님의 의를 부인함으로써 제외된 모든 이들을 하나님께서 가정으로 초대하시는 그러한 경제를 사는 것이다. 이사야는 다음과 같이 하나님을 예배함과 가난한 이와 나그네를 환대하는 것을 한데 묶는다 :

> 나의 기뻐하는 이 금식은 흉악의 결박을 풀어주며 멍에의 줄을 끌러주며 압제당하는 자를 자유케 하며 모든 멍에를 꺽는 것이 아니겠느냐? 또 주린 자에게 네 식물을 나눠 주며 유리하는 빈민을 네 집에 들이며 벗은 자를 보면 입히고, 또 네 골육을 피하여 스스로 숨지 아니하는 것이 아니냐? 그리하면 네 빛이 아침같이 비칠 것이며, 네 치료가 급속할 것이며 네 의가 네 앞에 행하고 여호와의 영광이 네 뒤에 호위하리니, 네가 부를 때에는 나 여호와가 응답하겠고, 네가 부르짖을

---

21. Sermon 131, "The Danger of Increasing Riches," §3.12, Works 4:183-84.
22. 신명기 15:7-11; 이사야 58:6-9. 그 외에 이사야 1:12-17; 아모스 2:6-7; 5:21-24를 참고.

때에는 말하기를 내가 여기 있다고 하리라.[23]

웨슬리에게서 환대는 "가난한 자를 찾아봄"을 의미하는 것이었다.[24] 웨슬리는 하나님의 은총의 경제를 실제적으로 체험하는 것이 철저한 타자(radical other)를 외면함으로써 자기 자신의 구체적인 현실로부터 숨지 않는데 달려있다는 것을 의심하지 않았다. 은총은 오로지 우리 자신에 대한 우리의 정의(definition)를 문제 삼는 다른 이들을 하나님께서 용납하신다는 것을 우리가 체험함으로써 체험되어질 수 있는 것이다.

시간과 장소 안에 존재하는 거룩함

마지막으로 그리고 아마도 가장 중요한 것으로서, 하나님의 경제는 안식일을 지킬 것을 요구한다. 현대 신학이 안식일의 기초로서 하나님의 안식을 강조해오긴 했으나, 사실 안식일은 근본적으로 하나님의 정의에 관한 것이다. 안식일은 역사의 조건들 하에 나타난 하나님의 정의의 실제적 현존이다. 안식일에는 인간들이 서로를 압제하고 착취하는 그런 방법들이 그치게 된다; 다시 말해서, 일, 재산, 소비가 더 이상 지배의 요인이 되지 않는다. 가계는 오직 안식일이 지켜지는 한 자유로운 삶을 누릴 것이다. 예수께서는 안식일을 없애신 것이 아니라, 도리어 레위기 25장에 나오는 안식의 해(희년)을 포함시킴으로써 이를 더 철저화하셨다(눅 4:18 이하).

오경은 안식년을 통하여 계층간의 불화와 부의 불일치에 대하여 다루고 있다. 오경에 나타난 희년법의 규정에 의하면, 노예가 자유케 되고, 빚이 탕감되며, 토지가 경작되지 않고, 토지(혹은 부)가 원래 소유주에게 돌려지거나 재분배된다(레 25:23-24). 오경에 나타난 하나님의 가계에서 부의 축적은, 자신들에게 삶과 미

---

23. 이사야 58:6-9. 그 외에 이사야 1:12-17; 아모스 2:6-7; 5:21-24를 참고
24. Good News to the Poor, 47-49에 나오는, 가난한 자들과 함께 한 웨슬리에 관해 제닝스(Jennings)가 훌륭하게 기술해놓은 부분을 보라.

래를 주는 것으로부터 배제되어 있는 가난한 이들의 면전에서 결코 정당화될 수 없다. 우리는 다른 사람들이 하나님의 백성을 위해 하나님의 경제의 삶에 기여하기 위해 필요로 하는 것을 그들로부터 취하거나 주지 않을 수 없다.

부활의 가계

하나님의 은총은 부활의 경제를 창출해낸다. 부활의 가계(resurrection household)는 우리가 하나님의 은혜에 의해 선물을 받고 우리의 생명과 우리가 가진 모든 것을 돌이켜 선물로 줄 것을 요구한다.[25] 그러나 우리는 어떻게 선물을 받고 주는 지를 잊어왔다. 우리가 너무나 교환의 논리에 익숙해 있기 때문에, 은총의 논리는 낯선 감이 있다. 부활의 식탁에서 이루어지는 은총의 전체적인 논리는, 하나님께서 자신의 아들을 주셨고 그래서 우리와 세계가 삶을 사는데 필요한 것을 누리게 되었다는 점이다. 이것은 우리가 만약 삼위일체적인 관점으로 생각한다면, 하나님께서 자신의 생명을 주시는 것을 의미한다. 하나님께서 기대하는 대답은 "많은 책임이 있습니다"이다; 즉 "예, 우리는 당신이 세상을 구원하기 위해 하시고 있는 것에 우리의 생명을 드립니다"라고 답하는 것이다.[26]

하나님의 경제는 하나님의 관용을 다시 가르치고 다시 배우는 데에 의존하는 것이다. 또한 그것은 받는 가운데서 주며 받아들이는 데에서 존엄성을 창조하는 선물들에 의존한다. 오직 무보상적인 찬양의 언어가 우리들의 공동적인 가계 내에서 선물을 주고 받는데 대한 의혹과 증오를 불식시킬 수 있다. 우리의 공동 가계 내에 있는 그 어떤 누구도 "많이 책임을 지는 것"을 원치 않는다. 왜냐하면 그것은 분명히 교환을 위한 자유를 잃어버리는 것을 의미하기 때문이다. 우리가 다시금

---

25. 곧 나오게 될 나의 논문, "Trinity, Community and Power," in Trinity, Community and Power: Mapping Trajectories in Wesleyan Theology, ed. M. D. Meeks(Nashville : Kingswood Books, 1998)를 참고하라.
26. 이와 같은 "협력하는" 혹은 "응답할 수 있는 은총(responsible grace)"의 주제는 Randy L. Maddox, Responsible Grace : John Wesley's Practical Theology (Nashville : Kingswood Books, 1994)에 의해서 결정적으로 발전되었다.

우리 자신과 공동체를 선사되어야 할 선물로 이해함으로써 가능하게 되는 기적은, 우리가 청지기 의식으로 단지 시장이 의도하는 것을 의미하는 일을 그만둘 때에야, 일어나게 될 것이다.

하나님의 경제는 새로운 빵(양식)으로 시작된다. 사람들은 그것을 만나(이 말은 "그것이 무엇인가?"의 뜻이다)라고 부르는데, 그 이유는 사람들이 그것이 무엇인지를 모르기 때문이다. 그러나 그것의 성격이 가려져 있긴 하나, 그것은 정확하게 바로의 상품, 다시 말해 창고에 들어있는 빵과는 반대의 개념이다. 만나는 썩지 않게 하기 위해서 저장될 수 없다. 그것은 교환되어질 수도 없다. 왜냐하면 그것은 하나님의 은총의 선물이기 때문이다. 이러한 사회적인 물품은 상품이 아니기 때문에 그것은 철저하게 다른 논리에 의해 분배되어야만 한다: "그 거둔 것이 많기도 적기도 하나, 오멜로 되어 본즉, 많이 거둔 자도 남음이 없고, 적게 거둔 자도 부족함이 없이 각기 식량대로 거두었더라"(출 16:17-18). 하나님의 경제는 이러한 분배의 논리로 형태지어진다. 빵과 하나님의 역사는 성만찬의 자리에서 우리가 빵을 들어 올려 그것에 새롭게 공유되는 공동체적 이해를 부여할 때 교회를 위한 정점에 도달한다: "이것은 너희들을 위해 찢겨진 나의 몸이다." 이러한 생명의 빵은, 만일 하나님의 자녀들이 살아야 하고 그것도 풍성하게 살아야 한다면 분배되어져야 하는 모든 것들의 상징이 된다.

교회내의 모든 것은 이러한 은총의 논리에 따라 적절성이 시험되어져야 할 것이다. 만약 우리가 기억의 축복을 선사받는다면, 우리는 한편으로는 노예의 빵과 눈물의 빵과 죽음의 빵, 그리고 다른 한편으로 자유의 빵과 기쁨의 빵과 생명의 빵 사이에 매우 커다란 차이가 있음을 알게된다. 오늘날 아이들이 양식을 취하게 될 것인지의 여부는, 어떠한 빵이 우리가 소유와 사업을 가지고 하는 무엇을 하는지 결정하는가에 달려 있다.

교회와 시장논리

예수 그리스도의 가계는 삶을 위해 필요로 하는 재화 분배의 모든 영역들이 시장논리에 의해 통제되어져야 한다는 개념에 상반되는 기억을 가지고 있는가? 우리 사회내의 여느 다른 단체들과 같이 교회는 기억상실증과 무감각증의 위협을 받고 있다. 술, 마약, 진통제, 단조로운 업무, 과도한 TV시청, 그리고 모든 대중적인 형태의 금욕주의(stoicism)는 우리로 하여금 잊어버리는 사람들로 만들고, 우리 자신의 고통을 경험할 수 없게 하며, 또한 다른 사람들의 고통을 경험할 수 없게 만든다. 그래서 교회가 가정으로부터 사람들을 몰아내는 일에 반대하는 입장을 취할 것이라는 생각은 단순하게 가정되어질 수 없다. 현재 우리의 공동적인 가계를 배치하는 데에 상반되는 개념인, 교회의 소위 "위험한 기억들"은 성서를 통하여 활발히 기억되어져야 한다. 성경이 없고 하나님의 약속에 대한 기억이 없는 교회는 하나의 기관에 지나지 않게 된다.

그러나 만약 우리가 기억을 가지고 있다면, 우리는 어떠한 사회적인 재물들은 그 자체가 상품이 아니기 때문에 다른 논리에 따라 분배되어져야 한다는 것을 알게 된다. 이스라엘과 교회는, 만약 기억이 작용한다면, 치유가 교환의 논리에 따라 분배되어질 수 없다는 사실을 인지해 왔다. 병원은 원래 교회가 나그네와 가난한 자, 잠시 머무는 자, 그리고 집 없는 이들을 위해 집을 개방함으로써 친절을 행하는 환대의 방식이었다(롬 12:13). 교회는 그들이 교환할 아무 것이 없다 해도 그들에게는 집이 주어져야 한다고 말했다. 하지만, 심지어 우리의 교회 병원들도 현재 병원을 필요로 하는 바로 그 사람들을 제외시키는 일을 야기하는 논리를 채용하고 있다.

만약 기억이 살아있다면, 이스라엘과 교회는 항상 우리가 배우는 것과 다음 세대들을 낳는 일을 시장 논리에 따라 분배할 수 없다는 사실을 알아왔다. 교회는 우리가 두 가지 확신을 예증하는 데 있어 학교들이 필요하다고 말했다(이 확신들은 우리의 기억상실증으로 인한 무감각 속에서 얼마나 이상하게 보이는가!). 그것은 첫째, 모든 인간 지식은 복음의 진리에 연결되어야 한다는 것이고, 둘째, 배움의 재능을 부여받은 어떤 사람도 단지 그들이 교환할 것이 없다는 이유로 집으로부터 배제되어서는 안 된다는 점이다. 그러나 심지어 우리교회의 대학교와 종합대학교들이(신학교들은 말할 것도 없거니와) 점차적으로 시장 논리에 따라 조직되어지고 있다. 입학과 배움에 관한 결정들은 점점 더 "최저선"(bottom line)에 의해 이루어지고 있다. 만약 교회가 자신의 기억을 되찾는다면, 우리는 병원과 은퇴자들을 위한 집, 학교와 대학교 복음의 논리에 따라 자녀들의 삶을 인간적으로 만들기 위한 갖은 종류의 기관들을 다시금 설립하기 시작해야 되지 않겠는가? 그렇지 않으면, 우리는 복음에 나타난 평화가 실제로 우리가 사는 세상을 위해 의도되었다는 것을 믿지 않는 것이 된다.

이것은 결단코 교회가 인간의 복지를 위한 공공기관을 대체할 수 있음을 의미하지는 않는다. 그러나 이러한 공공기관들이 해체되는 지금, 교회도 역시 과거에 그래왔던 것처럼, 세상의 아이들을 위해 죽음에 대항하여 삶에 의해 지배되는 새로운 기관들을 모형적으로 제시하기 위해 복음의 상상을 적용할 것이라는 사실을 의미할 수 있다.

시장은 우리가 이제껏 상품들을 생산해내고 분배하기 위해 고안해 낸 가장 위대한 체계이다. 그러나 우리의 정신과 손이 생산해낸 모든 작품들과 같이, 시장은 우상이 될 수 있다. 시장사회에서는 원칙적으로 상품으로 분류되어질 수 없는 것은 아무 것도 없다. 모든 것이 구매되어 질 수 있다. 시장 경제학자들은 심지어 공기 오염도 우리가 공기를 상품으로 만드는 법만 알면 즉시 해결될 수 있다고 주장한다. 그러나 만일 상품이 아닌 어떤 것이 있다면, 그것은 시장논리에 따라 분배되어져야 하는가? 아니면 삶과 풍요로운 삶을 위해 필요한 것들을 분배하기 위해서 다른 논리가 있겠는가?[27]

복음과 인간의 심오한 지혜에 따르면, 삶에 필요한 것은 상품, 혹은 독점적으로 상품이 될 수 없다. 그러므로 음식, 주거, 직업, 교육 그리고 보건과 같은 사회적인 품목들은 시장 논리에 의해 독점적으로 분배되어져서는 안 된다; 그리고 정의, 안전, 소속, 존경, 애정, 은총 등은 상품을 교환하는 논리에 따라 어떠한 의미로도 분배되어져서는 안 되는 것이다. 그렇지 않다면, 교환할 것이 아무 것도 없는 자들은 불가피하게 집 밖으로 버려질 수밖에 없다.

현대 경제학(economics)은 고대 경제(economy)를 붕괴시켰다. 현대에 시장 경제학은 점차적으로 이런 의미에서 경제를 대체하고 있으며, 그 자체를 인간의 노력의 모든 영역이 이해되어질 수 있고 지배될 수 있는 보편적인 논리로서 제공

---

27. 이 질문에 대한 논의를 위해서는 Michael Walzer, Spheres of Justice : A Defence of Pluralism and Equality (New York: Basic Books, 1983)을 보라.

하고 있다. 한때 이런 표현이 있었다: "교회 밖에는 구원이 없다"(extra ecclesiam nulla salus). 그러나 요즘 세상에 사는 가난한 이들은 새로 등장한 비정한 교의(dogma)에 직면해 있다: "시장 밖에는 구원이 없다."

만일 교회가 실제로 하나님의 살아있는 경제가 되려 한다면, 우리는 세상 내에 존재하는 대안적인 경제, 즉 모든 인간존재의 번영을 위해 열려있는 경제에 진정 이바지하기 위해 교회 스스로는 그 청지기적 삶을 위해 자신의 복음, 성례전, 봉사, 그리고 친교에 의해 철저하게 재구성되어야 하고 "재문화화하여야"(recultured) 할 것이라고 지금 즉시 말해야 할 것이다. 다음 세기를 향해 교회가 직면해 있는 가장 커다란 직무는 "하나님의 경제"(oikonomia tou theou)가 이루어지기 위해 어떻게 그리고 어디에서 우리의 시장 사회내에서 실제적으로 자유로운 공간을 발견하느냐 하는 것이다. 예수 그리스도의 교회를 위해 이보다 더 긴박한 다른 질문은 없다. 이 질문을 제의하는 데 있어서 감리교도들의 공헌은 그들의 웨슬리적 원천들을 진지하게 받아들임으로써 더욱 풍부해질 수 있을 것이다.

제 6 장

기독교적 회심 : 우리의 삶을 하나님과 연결하기
만프레드 마르쿠바르트(Manfred Marquardt)

    구원의 특성과 내용을 기독교적으로 이해한다면, 그것은 하나님의 형상인 인간존재의 갱신의 과정이라 할 수 있을 것이다. 이러한 "새 창조"는 성경에서, 인간 개인들 뿐 아니라 그들이 하나님과 다른 인간들 및 자기 자신들과 더 나아가 전 창조세계와 더불어 맺고 있는 본질적인 관계들을 포괄하는 것으로 제시되고 있다. 테드 런연이 보여준 대로, 웨슬리 전통은 이러한 구원에 대한 통전적인 비전(holistic vision)을 공유하고 있으며, 또 마땅히 공유해야 할 것이다.[1] 구원은 또한 성경과 기독교 전통에서 창조에 못지 않은 하나님의 사역으로 이해되고 있다. 단 한가지 차이점이 있다면, 그것은 우리를 창조하신 하나님은 우리 없이 우리를 구원하지는 않으시리라는 점이다.[2] 이렇듯 하나님의 구원사역에 있어 "우리 없이는 아니다"라는 측면은 웨슬리적신학과 설교의 합의를 정의하는 기준점이 되어왔다.

    하지만, 웨슬리 전통 내에서의 이러한 합의는 구원을 묘사하는 몇몇 용어들의 용법이 주목받게 될 때 무너지기 시작한다. 성경 속에는 다양한 은유(metaphor)가 있으며, 신학전통은 구원에 있어서 분별할 수 있지만 틀가분리적인 구성적 측면들을 이들로써 예증하곤 했던 것이다. 예컨대, "칭의"란 말은 하나님께서 우리 죄를 사해주시는 것이며, "새로운 탄생(중생)"은 성화의 과정에서 성령의 창조적

---
1. Theodore H. Runyon, The New Creation : John Wesley's Theology Today(Nashville: Abingdon press, 1998)을 보라.
2. Qui creavit nos sine nobis, non salvabit nos sine nobis (Augustine).

능력에 의해 우리의 전 존재가 다시 새롭게 되기 시작하는 것이고, "회심"이란 그리스도를 따르며 믿음과 순종 가운데 하나님을 신뢰할 것을 권하는 그리스도의 초청에 대한 인간의 자유로운 응답인 것이다. 이 중에서 회심이란 용어가 웨슬리안의 그룹에서 가장 논란이 되어왔다.

웨슬리 자신은 "회심"이란 말을 그다지 자주 사용하지는 않았으나, 이 용어는 전형적으로 그 동의어인 "중생"보다 의식적(意識的)인 변화의 의미들을 더 많이 내포하고 있는 것으로 여겨졌으며, 이러한 의식적인 변화에 대한 강조는 웨슬리 사상에서 커다란 중요성을 갖고 있었다.3) 웨슬리안 그룹들 내에서는 "회심"이란 용어가 이러한 의식적인 변화가 어떻게 일어나는가 하는 문제를 설명해주는 특수한 모델에 국한될 경우, 이 용어를 둘러싸고 논쟁이 촉발되곤 하였다. 그 논쟁의 초점은 주로 웨슬리 자신의 "회심"에 대한 문제에 맞추어졌지만, 그것은 또한 보다 넓은 함축성을 띠고 있었다.

나는 웨슬리의 회심의 시기와 그 형태에 관한 논쟁을 재연하는 데는 관심을 갖고 있지 않다.4) 오히려, 나는 나의 동료 감리교인들과 더 넓은 기독교 공동체에게, 거듭된 논쟁에도 불구하고 여전히 본질적인 성서적 용어로 남아있는 "회심"이 지칭하는 바가 무엇이며, 그 용어를 신학적 성찰에 재도입하는 것이 얼마만큼 현명한 일이 될 것인지를 새롭게 고려해 보도록 권유하고 싶다. 나는 이것이 언급할 만한 가치가 있는 중요한 문제라고 생각한다.

최근까지도 유럽의 정황에서는 회심의 비유를 사용하는 일이 실제로 매우 드물었고, 혹 사용될 경우에도 아주 피상적이고 제한된 의미를 담고 있다. 즉 비기독교인들이 기독교회에 가입하거나, 명목상의 기독교인이 자신이 속한 교회나 다른 교회의 종교적인 생활에 보다 적극적으로 가담하고자 결심하는 것을 가리키는 정도였다.5) 대체로 19, 20세기의 복음주의권에서 회심이라는 복합적인 성서적 개념

---

3. Colin Williams, John Wesley's Theology Today (Nashville : Abingdon Press, 1960), 101 참조.
4. 이 논쟁들에 관한 소개는 Aldersgate Reconsidered, ed. Randy L. Maddox (Nashville: Kingswood Books, 1990)에서 얻을 수 있다.
5. Helmut Burkhardt, Die biblische Lehre von der Bekehrung (Giessen:Brunnen, 1978), 78은 심을 "영원한 의의를 지닌 한번의 사건"으로 정의한다. 성서의 용법들에 대한 개관을 위해서, Paul Lffler, "Bekehrung," Evangelisches Kirchenlexikon, 3rd ed. (1986), 1:404-5를 보라.

을 매우 제한적인 의미로 사용했던 것에 대한 반발로, 현재 발간되는 신학 저술들에는 그 용어가 거의 삭제되다시피 하고 있다. 한편, 일반사회에서는 개인의 태도나 윤리적 행동 및 경제 프로그램 등에서 나타나는 온갖 종류의 변화를 가리켜 "회심"이라고 일컫고 있는 실정이다.

이러한 상황에서 본질적인 성서적 개념 하나를 살려내는 것은 새로운 신학적 투자의 대상이 될만한 것이다. 이러한 구출 작업에서 내가 기여하고자 하는 것은 회심에 대한 통속적이고도 전통적인 왜곡된 상들을 회심의 진정한 본성과 대조하여 보는 것이다. 회심의 참 본성은 우리 삶을 그리스도와 연결짓고, 우리 서로 간에 연결지어줄 뿐 아니라, 더 나아가 이 세계와 연결시켜주는 하나님의 구원사역이다.

하나님의 구원 사역의 일부인 회심

회심에 대한 통속적인 설명은 대체로 인간이 자신의 삶을 변화시키려는 노력이라고 제시하고 있다. 테드 러년은 성서적 대안을 잘 포착하고 있는 바, "회심이란, 엄격히 말해서 무엇보다도 먼저 하나님이 우리 안에서 성령을 통해 역사하시는 변형의 역사로 볼 수 있으며, 문자 그대로 말한다면, '우리를 돌아서게 하는 것' 이다."[6] 이 말이 강조하고 있듯이, 회심에 나타난 인간의 응답은 하나님의 은총에 뿌리박고 있으며, 우리로 하여금 인간 실존의 현상태를 넘어서는 원대한 목표를 지향하도록 한다. 진정한 회심을 유도하고 촉발하는 것은 인간 안에 깊이 잠재한 자유와 삶의 성취에 대한 소원이다. 그것은 또한 "생명의 원천" (시36편)으로 자신을 알려주신 영원하신 하나님과 더불어 살고자 하는 소망이기도 하다. 회심에는 감정이 동반되기도 하고, 또 그것이 인격적인 결단으로 조성되기도 하지만(그것이 순간적인 것이든, 보다 장기간에 걸친 과정이건 간에, 그것은 그리스도를 향한 한 번의 돌아섬이며 하나님께로 돌아가는 것이다), 회심은 결코 순전히 정서적이거나 단순히 인간의 결단으로만 돌려질 문제가 아니다. 그것은 해방하시고 힘을 불어넣으시는 하나님의 사역에 의해 생겨나며, 그러한 하나님의 사역에 기반하고 있다.

---

6. Runyon, New Creation. 60.

그렇지 않다면, 회심은 구원의 조건이 되는 인간의 행위로 전락할 것인데, 이것은 구원이 은총으로 말미암는다는 성서의 중심되는 가르침에 위배된다.[7]

이 말이 뜻하는 바는 회심이란 항상 하나님이 은총으로 주도하심에 대한 응답이라는 사실이다. 하나님의 선행적 은총과 칭의의 은총은 각 사람이 하나님의 사랑에 자유로이 응답할 수 있게 함으로써 하나님의 형상인 인간 존재가 회복되고 하나님의 자유로운 대리자로서 하나님과 닮은 동역자로 회복되는 일련의 과정을 촉발시킨다. 회심은 구원에 필수불가결한 부분으로, 그 본질상 인간이 하나님 — 포용하시고 구속하시고 치유하시는 사랑이신 하나님, 즉 성부, 성자, 성령의 삼위일체적인 공동체 안에 계신 하나님 — 과의 재통합을 의미한다.

하나님의 구원행위라는 맥락에서 살펴보면, 회심이란 그 자체가 목적이 아님이 분명하다. 한편에서 보면, 회심은 구원의 시작이 아니다. 구원은 하나님께서 피조물인 인간에 대해 품고계신 은혜로운 애착에서 기원(起源)한다. 회심은 한 개인이 (항상 다른 사람들과 함께 하는 공동체속에서) 그리스도와 동행할 것과 자신의 삶을 두팔벌려 기다리시는 "아바"(Abba)이신 하나님께 연결할 것에 동의하는 인격적인 동의이다. 다른 편에서 보면, 이렇듯 자신을 하나님께 연결하는 행위는 처음부터 명확하고 단호한 것일 수도 있고, 혹은 처음에는 조심성있게 시작하다가 점차 확신을 품게되는 그런 것일 수도 있지만, 여하튼 그것이 항상 자신을 초월하는 목표, 곧 미래의 성취를 지향하는 데 있어서는 모두 한가지이다. 그러므로, 참으로 회심한 사람은 결코 자신이 복된 소유자(beati possidentes) — 스스로 무언가를 성취했으며, 그것을 마음대로 할 수 있다고 생각하는 행복한 소유자 — 라도 된 듯이 처신하지 않는다.[8] 오히려 그들은 바울 처럼 — 자신들이 받지 않은 것이 아무것도 없으며, "하나님께서 자기를 사랑하는 사람들을 위해 예비하신" 훨씬 더 많

---

7. 잘못된 방향으로 이끄는 어떠한 신인협력론(synergism)에 대해서도 경고하는 예레미아 31:18에서 발견된다: "에브라임이 스스로 탄식함을 내가 정녕히 들었노니, 이르기를 주께서 나를 징벌하시매 멍에에 익숙하지 못한 송아지 같은 내가 징벌을 받았나이다. 주는 나의 하나님 여호와시니 나를 이끌어 돌이키소서. 그리하시면 내가 돌아오겠나이다." 이 예언자의 말은 옛 개신교의 개념인 truncus et lapis, 즉 구원의 과정에서 신자의 역할을 묘사하는 잘못된 시도인 그러한 의미에서 이해되어서는 안된다.
8. William Abraham의 이와 대조되는 묘사를 참고하라: "모든 사람이, 선택된 자들 중에 있는 것으로 여겨지려면 거쳐야 할, 어떤 선호하는 체험의 모형을 주장하는 회심의 옹호자들"; The Logic of Evangelism (Grand Rapids: Wm. B. Eerdmans, 1989), 122.

은 것들, 즉 "눈으로 보지 못하고 귀로도 듣지 못하고 사람의 마음으로도 생각지 못한 것들(고전 2 : 9)"이 있음을 아는 사람들이다. 회심은 여러 방식으로 일어나지만, 언제나 "은총으로부터 은총에로 나아가는" 것이며, 하나님께서 시작하시고 하나님께서 완성하시는 그 유일한 공동체, 하나님께서 우리를 그 지체들로 불러주시는 공동체에 속하는 것이다.

그렇지만 회심은 하나님과 연결되어 살아가는 이들의 인격적인 결단없이 일어나지 않는다. 그들이 은총으로 말미암아 얻은 자유는 — 창세기 3장에서의 아담과 하와처럼 — 믿음과 순종으로 하나님과 함께 사는 삶에 거역하여 사용될 수 있다. 바울은 갈라디아서에서 다음과 같이 책망하고 있다.

> 이제는 너희가 하나님을 알뿐더러 하나님의 아신 바 되었거늘, 어찌하여 다시 약하고 천한 초등학문으로 돌아가서 다시 저희에게 종노릇하려 하느냐? 너희가 날과 달과 절기와 해(年)를 삼가 지키니 내가 너희를 위해 수고한 것이 헛될까 두려워 하노라.(갈 4:9-11)

이러한 신자들은 더 이상 "그리스도와 동행"하지 않았으며, "율법으로 의롭게 되려고" 하여 스스로 "그리스도에게서 끊어지고, 은혜에서 떨어져 나갔다" (갈 5: 4). 그럼에도 사도는 단지 의례적인 형식으로만 볼 수 없는 말씀으로 갈라디아 교회전체를 축복하고 있다: "형제자매 여러분, 우리 주예수 그리스도의 은혜가 여러분의 심령에 있기를 빕니다. 아멘." 기독교인들도 하나님의 뜻에 불순종하며, 심지어 "은혜로부터 떨어질" 수도 있다. 하지만, 그들에겐 영원하신 사랑의 하나님의 은혜를 꺾을 힘이 없으며, 그들의 저버림도 모든 인류를 향한 하나님의 사랑을 소멸시키지 못한다.

성경 전반에 걸쳐, 이러한 주권적인 사랑의 하나님이 그의 백성을 잊거나 저버리지 않으시는 독특한 행동에 대한 보도가 있다. 즉, 하나님께서는 그의 백성이 딴 길로 나아갈 때, 언제나 어느 곳에서나 그들을 부르사 고향으로 인도하시려고, 그 백성을 "찾아오신다". 이 "찾아오다"는 뜻에 해당되는 영어 단어 'visit'는 히브리 말 "파카드(paqad)"의 어의를 제대로 살리지 못한 제한된 번역일 뿐이다. 이 히브리 말은 '유의하다', '징계하다', 더 나아가 '돌아보다', '보살피다'와 같은 의미를 포괄하고 있다. 예를 들어, 예언자 이사야는 주 하나님의 이름으로 다음과 같이 선포하고 있다. "만군의 여호와께서 벽력과 지진과 큰 소리와 회리바람과 폭풍과 맹렬한 불꽃으로 그들을 징벌하실〔찾아오실〕 것이다"(사 29:6). 하지만 다음과 같은 말씀도 있다. "나 여호와가 이같이 말하노라. 바벨론에서 칠십년이 차면 내가 너희를 권고하고〔돌아보고〕, 나의 선한 말〔약속〕을 너희에게 실행하여 너희를 이곳으로 데려오리라"(렘 29:10).

"파카드"란 말은 흔히 하나님의 길을 떠나 있는 상황과 연결되곤 한다. "나 주 너희의 하나님은 질투하는 하나님이다. 나를 미워하는 사람에게는 아비부터 자손 삼사대까지 벌을 내린다(파카드)"(출 20:5). 이스라엘 사람들이 금송아지를 경배한 일이 있은 후에, 하나님이 누구이신지를 기억하게 되었다. 주 여호와는 "자비롭고 은혜롭고, 노하기를 더디하고, 인자와 진실이 많은 하나님이로라. 인자를 천대까지 베풀며, 악과 과실과 죄를 용서하나 형벌받을 자는 결코 면죄하지 않고 아비의 죄악을 자녀손 삼 사대까지 보응하리라〔파카드〕"(출 34:6-7).

예수님이 예루살렘에 대하여 눈물을 흘리시며, "(너의 원수들이) 너와 및 그 가운데 있는 네 자식들을 땅에 메어치며, 돌 하나도 돌 위에 남기지 아니하리니 이는 권고받는 날을 네가 알지 못함을 인함이라"(눅 19:44)고 말씀하시는 대목에서 헬라어 본문은 "권고하다"라는 뜻으로 "에피스코페"란 말을 사용하는데, 이 말은 후에 감독의 직무를 나타내는 것으로 쓰여지게 되었다. 이렇듯 다양한 방식의 "권고"(visit) 뒤에 담긴 의도는 곧 하나님의 백성이 돌이켜서 집으로 돌아오도록 분부하는 것이다.[9] 이는 하나님의 질투하심이 그 백성을 자기 파멸에 빠지게 하는 것이 아니라, 모든 방법을 다하여 그들의 회심을 구하시며 하나님의 샬롬 안에 사는 삶으로 돌아오도록 하시려는 하나님의 사랑의 표현임을 잘 보여주고 있다.[10]

---

9. 특히 이사야 44:22을 보라: "내가 네 허물을 빽빽한 구름의 사라짐같이, 네 죄를 안개의 사라짐 같 도 말하였으니, 너는 내게로 돌아오라. 내가 너를 구속하였음이니라."
10. "구약의 역사는 인간존재들의 불신실함과 하나님의 신실하심 역사이다"(Johannes Schniewind, Das biblische Wort von der Bekehrung〔Berlin, 1948〕, 4). 이와 비슷한 비유는 선한 목자의 비유인데, 그것은 신약에서 하나님의 아들이신 예수에게 확대된다. 제한된 지면 때문에 나는 이 비유를 사용하는 성서 본문들을 논하지 않겠다.

하나님의 질투하심은 단순히 하나님이 그 영원하신 사랑의 손길을 우리를 향해 내뻗으사, 우리의 회심을 가능케하고 우리를 살아계신 하나님과 연합하도록 하는 것이다.

우리의 삶을 그리스도와 연결하는 것

회심에 대한 전통적 (혹은 부흥운동적) 이해는 우리가 앞에서 회심에 있어 하나님 은총의 선행을 강조한 것과 일치하기는 하지만, 그러한 전통적인 입장은 회심의 경험과 의미를 기독교인 개인의 영적 전기(傳記)에서 절정에 해당되는 단일한 사건으로 보는 경향이 있다. 나는 기독교인들이 이러한 절정의 사건을 체험케 됨을 부인하는 것은 아니다(비록 이것이 대다수의 사람들에게 있어 회심을 "체험하는" 유일한 방식이라고 보지는 않지만 말이다). 하지만 회심에 대한 성서적 의미는 이러한 협소한 관점으로는 포착할 수 없다. 내가 보기에, 회심이란 근본적으로 하나님께—그 자체로서 사랑이신 성부, 성자, 성령, 삼위일체 하나님께—"우리의 삶을 연결하는 것"으로 보게 될 때, 그 의미가 훨씬 더 잘 표현될 것이다.

신약에서 예수님의 부르심에 응답했던 사람들의 이야기를 살펴보자. 나사렛 사람과 만났던 이들은 모두 자기 자신의 삶과 자기 자신의 곤궁을 깊이 깨닫게 되었다. 그리스도를 영접했던 이들은 자신들의 삶을 그 분의 삶에 연결하게 되면서 하나님과 함께 하는 새로운 공동체를 경험하기 시작했다. 무슨 이유에서든, 그리스도와 함께 하지 않기로 작정한 이들은 그리스도 안에서 하나님과 함께 하는 치유와 해방의 공동체로부터 스스로를 배제시켰던 것이다. 사람들이 하나님께 돌이키게 되는 근본적인 전제조건—은혜로우신 사랑의 하나님이 먼저 그들에게 돌이키신 것—은 모든 사람에게 이미 주어진 것이다. 그리스도의 제자가 된 사람들은 그리스도를 따르며 믿음과 순종으로 하나님을 신뢰하라고 하시는 그리스도의 초청에 자유로이 응답했던 것이다. 이것이 바로 단순한 의미에서의 회심인 것이다.

그러나 이 말은 단순화한 의미에서의 "단순함"을 말하는 것이 아니다. 하나님의 은혜는 사람들로 하여금 만유의 아버지이신 하나님께로 돌이키게 한다. 하지만 오늘날 많은 사람들이 흔히 생각하듯이, 이러한 하나님의 은혜가 만병통치약은 아니다. 그것은 어느 거룩한 장소에서 구할 수 있는 신비한 영약도 아니며, 신비적인 의식을 통해 얻어지거나 영적인 수련을 통해 획득할 수 있는 그런 것이 아니다. 그리스도 안에서 인격화한 하나님의 은혜는, 자신의 형상으로 창조하신 사람들을 향한 하나님의 사랑스러운 성향인 것이다. 하나님의 은총과의 만남은 개개인을 그들의 있는 모습 그대로 진지하게 받아들여 준다는 점에서 인격적인 만남이라 할 수 있다. 즉, 그들은 들을 수 있고, 이해할 수 있고, 분별할 수 있고, 결단할 수 있고, 응답할 수 있는 피조물로서 받아들여지는 것이다. 따라서, 구원의 은혜는 하나님을 향한 인격적인 믿음의 회심을 통해서만 충만히 주어진다. 그것은 사람들의 인격적인 결단을 부차적인 것으로 만들도록, 인간에게 그저 "부어지는" 것이 아니다. 이것이 더 편안한 방식으로 은혜를 받는 것인지도 모르지만, 적어도 두 가지 이유에서 그것은 "그리스도가 오신 목적"을 이루어 낼 수 없다. 그러한 방식으로는 인간을 하나님께서 창조하신 바 진정한 동역자로 대우할 수 없을 것이다. 또한 그것은 구원의 본질에 없어서는 안 될, 하나님과 함께 하는 삶의 공동체로 인도되지 않을 것이다. "편안한 방법"으로 얻을 수 있는 것은 그저 '값싼 은혜'일 뿐이다. 이것은 좋은 느낌은 줄 수 있을는지 모르나, 결국은 무가치한 것이 될 뿐이다.

디트리히 본회퍼(Dietrich Bonhoeffer)는 기독교 자체가 위기에 처한 시대에 그러한 값싼 은혜에 대한 고전적인 비판을 제시하였다.[11]

> 값싼 은혜란 싸구려 물건들처럼 시장에서 팔리는 은혜를 말한다. … 은혜는 교회가 갖고 있는 무진장한 보고로 이해된다. 교회는 거기서 꺼낸 갖가지 축복을 아무 질문도 하지 않은 채 관대한 손으로 그냥 쏟아부어 준다. … 은혜의 본질이란, 생각하건대, 이미 셈이 치뤄졌으며, 그렇기 때문에 모든 것을 거저 가질 수 있다는 것이다. … 그리스도를 따르는 것 대신에, 기독교인들로 하여금 그 분이 주시는 은혜의 위안을 누리게 하라! 이것이 바로 우리가 말하는 값싼 은혜이며, 그가 죄를 떠나고 죄가 그를 떠난 회개한 죄인에 대한 칭의가 아니라, 죄에 대한 칭의에 해당하는 그런 은혜인 것이다.

---

11. 이후의 인용들을 위해서 Dietrich Bonhoeffer, The Cost of Discipleship, 2nd ed.(New York: Macmillan, 1963), 45-48을 보라.

이 말은 은총을 받은 사람들이 그 값을 치뤄야 한다면 그것은 명백히 은총의 성격자체를 훼손시키고 만다는 뜻인가? 그것은 이 말을 전적으로 잘못 이해한 것이다. 그렇지 않다. "값싼 은혜란 죄의 용서를 통해 우리를 죄악의 고역에서 자유케 하는 것이 아니다. 값싼 은혜는 우리가 우리에게 부여하는 그런 은혜인 것이다." 값싼 은혜는 "살아계시고 성육신하신 예수 그리스도가 없는 은혜"이다. 반면에, "값비싼 은혜는 예수 그리스도의 부르심이며, 제자들은 그 부르심에 따라 자기의 그물을 버리고 예수를 따르는 은혜이다. … 그와 같은 은총을 가리켜 값비싸다고 하는 것은 그것이 우리를 따르도록 부르기 때문이며, 그것을 가리켜 은총이라 하는 것은 그것이 우리를 예수 그리스도를 따르도록 부르기 때문이다. … 그것은 예수를 따르라는 은혜의 부르심으로 우리에게 부닥쳐 오며, 상한 심령과 통회하는 마음에 용서의 말씀으로 다가온다." 참된 회심 — 기꺼이 충심으로 그리스도께 돌아서는 것 — 은 인간의 구원에 있어 본질적인 부분이며, 이를 통해 인간의 삶 전체는 하나님의 삶에 연결되어 온전케 되는 것이다.

기독교인들이 살아가다 보면, "너희도 떠나가기 원하는가?"(요 6:67)라고 물으시는 주님의 음성을 듣게 될 때가 있다. '원한다'라는 말에 해당되는 그리스어(thelete)는 열두제자들을 향한 강력한 호소를 표현하고 있다. 그것은 다른 사람들이 예수를 떠나는 상황에서 분명하고도 의지적인 결단을 촉구하는 말이다. 다른 이들이 그랬던 것처럼 제자들도 "떠나가려는" 유혹을 받는 경우와 같이 이러한 결단이 새롭게 요구되는 상황이 몇차례 더 있었다. 이때에 제자들은 예수를 떠나지 않고, 그 분과 함께 머물기로 — "모든 사람이 그를 버리고 도망치게" 될 순간까지도 — 결단하였다. 위험과 유혹의 순간에 그리스도와 함께 머무는 것은 자기의 삶을 그리스도께 연결한 채로 살아가겠다는 결단을 함축한다. 이러한 결단은 아마 맨처음의 회심보다 더 어려운 선택이 되었을 것이다. 아울러, 자기 스승을 배반하거나 부인하고서 떠나버린 사람들에게도 새로운 회심이 필요하다. 그리스도는 그의 사랑으로 문을 다시 열고서 그들을 들어오라고 초청하며, 그들에게(그 중 몇몇은 여전히 의심하고 있지만) 가서 제자를 삼으라는 사명을 주신다. 그리고, 그들에게 "내 양을 돌보라"(요 21:16)는 말씀과 함께 하나님 나라의 복음과 교회를 섬길 책임을 위탁하신다.

이러한 하나님과 하나님의 백성사이의 상호 관계적인 면을 묘사하는 성서적 은유 중 하나가 바로 "언약"인 것이다. 나는 여기서 언약(계약)의 구원론적, 교회론적, 종말론적 측면 및 그밖의 여러 측면을 반복하지 않겠다. 그저 몇가지 논평으로도 회심의 전제조건과 성격을 이해하는 데 도움을 줄 수 있을 것이다. 하나님의 언약은, 그리스도 예수 안에서 맺은 새 언약을 포함하여, 하나님께서 그 백성을 향해 가지신 사랑과 신실함에서 나오는 것이다. 그것은 하나님의 풍한 은혜의 표현이며, 하나님께서 이스라엘과 교회와 온 인류와 전 세계의 주님이 되시는 하나님 이심을 선포하는 것이다: "하나님이 이 모든 말씀으로 말씀하여 이르시되, 나는 너를 애굽땅, 종 었던 집에서 인도하여 낸 주 너의 하나님이다. 너는 나외에 다른 신들을 네게 두지 말라"(출 20:1-3). 계시의 역사 전 과정에 걸쳐 하나님은 자신을 유일하신 하나님으로 알려주셨다. 이사야서에는 다음과 같은 말씀이 있다. "그룹들 위에 계시는 이스라엘의 하나님, 만군의 주님, 주님만이 이 세상의 모든 나라를 다스리시는 오직 한 분이신 하나님이시며, 하늘과 땅을 만드신 분이십니다.". 아울러, 사도 바울은 다음과 같은 말씀으로 그리스도의 교회를 일깨워 주고 있다: "여러분이 부르심을 받았을 때에 한 희망으로 부르심으로 받은 것 같이 몸도 하나요, 성령도 하나요, 주님도 하나요, 믿음도 하나요, 세례도 하나요, 하나님도 한 분이십니다. 그 분은 만유의 아버지시며, 만유 위에 계시고, 만유를 통하여 일하시고, 만유 안에 계십니다"(엡 4:4-6).

웨슬리가 그를 따르던 자들에게 해마다 언약갱신의 예배를 드리도록 권고한 때부터, 계약의 비유는 감리교 영성에서 중심이 되어왔다. 언약갱신의 예배에서 그들은 자신의 삶을 그리스도께 연결하며, 그 분이 정하시는 어느 곳에서든지 그 분을 섬기는 일에 예비된 그리스도의 제자가 되겠다는 결심을 재확인하는 것이다. 예배의 부름 순서 중에, "여러분 자신을 그리스도의 종으로 그리스도께 맡기십시오. 여러분 자신을 그 분께 바쳐, 그 분께 속한 자가 되도록 하십시오"라고 권면하면, 다음과 같은 응답의 기도가 이어진다: "저를 주님의 분부대로, 주님의 종으로 삼아 주소서. 저는 더 이상 제 것이 아니오니, 범사에 주님의 뜻을 따라 제 자신을 바치옵니다." 그들이 그리스도를 따르는 것은, 자신의 구원을 공로로 '얻어내기' 위해서가 아니라, 그들이 '그리스도가 순종하는 모든 이들의 구원의 근원이 되심'

제6장 - 기독교적 회심 : 우리의 삶을 하나님과 연결하기

을 알고 믿기 때문이다. 이리하여, 그들은 새롭게 "모든 우상을 벗어버리고", 그리스도와의 언약에 들어가게 되는 것이다.[12]

호세 미구에즈 보니노(Jose Miquez Bonino)는 회심을 존재론적으로 "하나님이 인류와 맺으신 언약, 즉 그리스도 안에서 입증하시고, 갱신하시고, 확증해 주신 언약에 한 인간이 개인으로서 능동적이고도 의식적으로 참여하도록 통합시키시는 과정"으로 묘사하고 있다.[13] 우리 삶을 그리스도께 연결하게 되는 기회는 우리의 응답을 요구하는 은사이며, 대부분의 경우 인생에서 한 번 이상 겪게 된다. 이러한 응답은 때때로 자기 자신의 죽음과 포기를 요구하기도 하며, 이로써 우리는 그리스도께 생생하게 연결된 삶을 살게 된다. 그리스도의 죽음과 부활의 신비는 우리 삶의 현실이 되어야 한다. "누구든지 제 목숨을 구하고자 하는 사람은 잃을 것이요, 누구든지 나를 위하여 제 목숨을 잃는 사람은 찾을 것"(마 16: 25)이기 때문이다. 우리 삶을 그리스도께 연결하는 것은 죽음도 파괴할 수 없는 생명을 가져다 준다.

우리의 삶을 하나님의 백성들과 연결하는 것

신약시대부터 오늘날에 이르기까지 기독교인의 실존은 개인과 공동체, 개인과 사회간의 대립되는 긴장관계를 그 특징으로 해왔다. 신앙 고백은 단수 형태("나는 믿습니다")로 말해지지만, 고백되는 내용은 — 그것이 예배 중이든 어디에서든 간에 — 바로 기독교 공동체의 신앙인 것이다. 마찬가지로 세례 때에도 기독교인은 각자의 이름으로 불리어지며, 이 점은 그들이 틀림없이 그 이름으로 불리는 바로 그 개인임을 지적해 준다. 하지만, 그 동일한 세례행위를 통해 그들은 그리스도의 몸인 교회와 한 몸이 되는 것이다.

회심이란 하나님의 영과 신자가 함께 개입되는 과정이며, 이로써 믿는 자의 삶

---

12. The United Methodist Book of Worship, 1992, 291이하. Charles Wesley의 찬송: "오, 내가 회개할 수 있다면!/내 모든 우상을 떠나,/당신의 은혜로운 눈 앞에서/겸손하고 통회하는 마음으로!"를 비교해보라. Hymns, #99, Works 7:205.
13. Jose Miguez Bonino, "Conversion, New Creature and Commitment," International Review of Missions 72 (1983):330.

이 하나님께 연결되는 과정이라고 이해한다면, 어느 한 개인의 회심은 또한 그리스도께 회심한 다른 모든 사람들과 그를 연결해 주는 그런 사건임이 분명하다. 믿는 자들은 그리스도께 연결되어 있으므로 그들은 또한 반드시 그리스도의 지상적인 몸 혹은 — 에베소서의 비유를 사용하자면 — 곧 그리스도가 머리이신 교회에 연결되는 것이다. 존 웨슬리는 사회적 종교가 아닌 종교는 존재치 않으며, 믿는 자들을 그 지체들로 구성된 몸인 공동체와 연결하지 않는 기독교 신앙이란 존재치 않는다고 말하였다. 그의 이러한 진술은 그리스도와 교회, 그리고 교회의 지체들 서로 간의 본질적인 연결성에 그 신학적 기초를 두고 있다.

이러한 회심의 '사회적' 성격을 입증하는 일은, 우리 시대에 점증하는 경향성에 반대하는 것이다. 그러한 경향은 바로 "나는 믿나이다"를 "우리는 믿나이다"로부터 분리시키며, 기독교 신앙을 교회의 구성원됨으로부터 분리시키며, 회심을 그리스도의 연합체와의 연결으로부터 분리시키는 것이다. 이러한 분리가 모순(contradictio in adiecto)이라는 사실을 많은 사람들은 깨닫지도 못하고, 인정하려 하지도 않는다. 하지만, 바울이 분명히 밝힌 것처럼, "몸은 하나인데 많은 지체가 있고, 몸의 지체는 많지만 한 몸임과 같이, 그리스도도 그러하며, 우리는 유대인이든, 헬라인이든, 종이든, 자유인이든, 모두 한 성령으로 세례를 받아서 한 몸이 되었고, 모두 한 성령을 마시게 되었다"(고전 12: 12-13). 그리스도 안에 있는 우리의 삶과 우리의 성화는 '깊은 지지와 영적 양분을 제공해 주는 공동체의 지지'에 깊이 의존하고 있다.[14] 웨슬리가 깨달았던 것처럼 이러한 추상적인 신학원리는 실천적 보충을 필요로 한다. 역설적이게도 오늘날 감리교인들은 다른 누구에 못지 않게, 공동체적인 지지와 자양분을 줄 수 있는, 교회 내의 활기찬 소그룹의 회복을 필요로 하고 있다.

현대 기독교를 고찰한 어떤 사람들은 교회 내의 풍부한 영성 생활이 영적 소비주의라는 의심스러운 태도를 조장해 왔다고 비판하였다. 이러한 위험을 피할 수 있는 길은 오로지 기독교 공동체가 그 자신을 은총의 수단뿐 아니라 회심의 수단으로도 인식하여, 그 지체들로 하여금 하나님의 계명과 신약의 윤리적 교훈을 자기비판적 안목에서 읽도록 인도하는 것이다. 물론 그러한 접근은 우리 사회와 보

---

14. Abraham, Logic of Evangelism, 129.

조가 맞지 않는 일이 될 것이며, 심지어 기독교인들 중에서도 별로 호응이 없어 왔다.

이러한 비판에 직면하여, 교회가 결코 해서는 안될 일이 한 가지 있다면, 그것은 항상 해 왔듯이 희생양을 찾는 일이다. 그 대신에 사랑의 공동체인 교회는 회개와 용서를 위한 여지를, 삼위일체 하나님의 이름으로 행해지는 죄의 고백과 사죄를 위한 여지를 마련함으로써, 사람들로 하여금 그리스도의 몸된 치유의 공동체(용서 받은 죄인들의 공동체)에 들어가도록 해야 할 것이다. 하나님이 그의 해방하시는 용납을 받아들인 모든 사람들, 즉 그리스도의 복음이 선포되고 들려지는 교회에 맡겨주신 귀한 은사는 바로 사람들을 회개에로 초청하는 특권이다. 우리는 야고보가 그의 독자들에게 명한 것을 상기해 볼 필요가 있다. "너희가 알 것은 죄인을 미혹한 길에서 돌아서게 하는 자가 그 영혼을 사망에서 구원하며 허다한 죄를 덮을 것이니라"(약 5:20).

이와 똑같이 중요한 교회의 과제는, 우리의 회중들 가운데 자라나고 있는 젊은 세대가 그리스도와 동행하는 삶을 자유롭고도 즐거운 마음으로, 의식적인 선택에 따라 결단할 수 있도록 인도하는 것이다. 그들은 한 회중 속에서 양육되며, 여러 목소리를 통해 기독교의 메시지를 듣게되며, 서로의 다름 가운데서도 서로를 존중하고 받아들이는 사람들과 공동체를 이루어 사는 것이 무엇을 뜻하는지 경험하면서, 매우 "정상적으로" 이러한 친교의 한 부분이 된다. 어느날 그들은 "예, 그렇습니다. 나는 이 교회에 속하여 그 지체가 되기를 원합니다. 그것은 내가 기독교인이 되기를 원하기 때문입니다"라고 말할 수 있어야 한다. 그들은 그리스도와 성부와 성령에 대한 자신들의 믿음을 고백하도록 인도되어야 한다. 신앙을 고백하는 교회의 지체가 되는 데 있어서 "바른" 길이 단 한가지만 있는 것은 아니다. "웨슬리 전통은 죄된 삶으로부터 또는 율법주의로부터 돌이켜서 의식적으로 기독교에로 회심한 사람들이나, 기독교 가정에서 신앙으로 양육받은 사람들 모두에게 열려 있다."[15] 그러나 각 사람은 그들이 할 수 있고 또 하고자 하는 때가 이르면, 그들이 믿는 바와 누구를 그들이 전적으로 신뢰하는지를 확인하는 어떤 길을 선택하는 것

---

15. John B. Cobb Jr., Grace and Responsibility: A Wesleyan Theology for Today (Nashville: Abingdon Press, 1995), 99.

이 중요하다. 교회는 그들에게 — 견신례 뿐 아니라, 그 이외의 것을 포함하여 — 그들이 자신의 소속감을 개인적으로 표현할 수 있는 장소와 기회를 제공해 주어야 한다. 이렇게 내딛는 한 걸음은 그들의 삶 전체를 위해 중요한 지침이 될 수 있다.

우리 삶을 하나님의 세계와 연결하는 것

인간은 자신이 우주의 중심인 양 환상에 빠지곤 한다. 인간은 마치 자기들의 개별적인 필요와 관심사를 축으로 삼아 회전하고 있는 위성들처럼 다른 모든 것들과 관계함으로써 "자기들의 세상(thier world)"을 구축하고 있다. 다른 인간들과의 관계마저도 거기에 부수되는 이익에 따라 평가하고, 형성하고 혹은 단절하기도 한다. 이러한 경향에 반해, 기독교의 회심은 매우 단순하지만 혁명적인 변화라고 할 수 있다. 즉 그것은 "우리의 세계"의 중심으로부터 우리 자신을 제거해 버리고 그 대신에 하나님의 피조물이자 자녀인 모든 인류 곁에 우리의 자리를 취하는 "코페르시쿠스적인 전환"인 바, 이제 인류의 삶은 참으로 그들의 창조주와 어버이되신 하나님 안에 중심을 두게 된다.

하지만 불행하게도, 몇몇 기독교 전통 내에서 발달되어 온 회심에 대한 이해는 이와는 전혀 반대되는 태도를 조장하는 데 기여해 왔다. 말하자면, 그것은 "회심자"에 속하지 않는 사람들과 함께 하는 것을 의심쩍게 바라볼 뿐 아니라, 때때로 "회심자"라는 명칭을 자신들만의 협소한 단체에 국한시키곤 했던 것이다. 그들은 바울이 고린도 교회에 보낸 경고와 같은 성서본문을 인용하곤 한다.

> 너희는 믿지 않는 자와 멍에를 같이 하지 말라. 의와 불법이 어찌 함께 하며 빛과 어두움이 어찌 사귀며 그리스도와 벨리알이 어찌 조화되며 믿는 자와 믿지 않는 자가 어찌 상관하며 하나님의 성전과 우상이 어찌 일치가 되리요? 우리는 살아계신 하나님의 성전 이라. 이와 같이 하나님께서 가라사대, "내가 저희 가운데 두루 행하여 나는 저희 하나님이 되고 저희는 나의 백성이 되리라" 하셨느니라. 그러므로 주께서 말씀하시기를 "너희는 저희 중에서 나와서 따로 있고 부정한 것을 만지지 말라. 내가 너희를 영접하여 너희에게 아버지가 되고 너희는 내게 자녀가 되리라. 전능하신 하나님의 말씀이니라".(고후 6:14-18)

예수께서 제자들에게 보여주신 모범을 언급하지 않더라도, 바울의 이 말이 그의 동료 그리스도인들에게 불신자들과 여하한 교류도 피하라는 식의 주장과 얼마나 거리가 먼 것인가는 바울 자신의 생활방식만 보더라도 알 수 있을 것이다. 그 본문의 의미는 그것과 유사한 구절을 살펴봄으로써 올바로 이해될 수 있을 것이다.

> 그러므로 형제들아 내가 하나님의 모든 자비하심으로 너희를 권하노니 너희 몸을 하나님이 기뻐하시는 산 제사로 드리라. 이는 너희의 드릴 영적 예배니라. 너희는 이 세대를 본받지 말고 오직 마음을 새롭게 함으로 변화를 받아 하나님의 선하시고 온전하신 뜻이 무엇인지 분별하도록 하라.(롬 12:1-2)

이 세상에서 살아가되, 하나님의 뜻을 고의로 어기는 자들과 손잡지 말고, "이 세상의 형적(길, to schema tou kosmou toutou: 고전 7:31)"을 따르지 않으며, 오히려 성령으로 마음(nous: 정신)의 변화를 받아 하나님의 뜻을 확실히 알수 있게 되는 것, 이것이 바로 회심이 지향하는 바이고 회심이 이루고자 하는 것이다.

하나님의 뜻을 바르게 분별할(identify) 수 있는 능력은 믿는 자들의 새로운 정체성(identity)에서 자라 나오는 바, 그들이 "그 아들의 형상을 본받음으로, 그로 많은 형제[대가족] 중에서 맏아들이 되게 하는 것"(롬 8:29)이다. 이러한 근본적인 변화의 결과는 한 사람이 다른 동료 인간들을 대하는 태도와 자세에도 영향을 주어, 그들도 모두 하나님의 형상을 따라 지음받았으며, 공동체를 이루어 함께 살도록 하셨음을 깨닫게 되는 것이다. 사도 바울은 다음과 같이 말한다. "옛 사람과 그 행위를 벗어버리고 새 사람을 입었으니, 이는 자기를 창조하신 자의 형상을 따라 지식에까지 새롭게 하심을 받은 자니라"(골 3:9-10). 여기서 하나님의 "형상을 따른 지식"(즉 사랑의 공동체가 지닌 형상)이 알고 있는 바, 모든 행위에 있어 타당한 법칙 한 가지는 곧 "네 이웃을 네 몸과 같이 사랑하라"는 말씀이다. 기독교의 회심은 그리스도를 향한 회심일 뿐 아니라, 우리 이웃을 향한 회심이기도 한 것이다. 우리의 이웃은, 예수께서 "내가 진정으로 너희에게 말한다. 너희가 여기 내 형제 자매 가운데, 지극히 보잘 것 없는 사람 하나에게 한 것이 곧 내게 한 것이다"라고 자신과 동일화하여 말씀하신 대로, 우리에게 그리스도를 대신해 주는 사람들이다. 이러한 행위는 결코 하늘에서 높은 자리를 차지하기 위해 베푸는 식의 계산된 수고가 될 수 없다. 그것은 "너희는 무엇이든지 남에게 대접을 받고자 하는 대로 너희도 남을 대접하라"는 말씀처럼, 돌이켜 다른 사람의 관점을 취하는 순수한 행위인 것이다.

몇몇 윤리적인 관심을 가진 기독교인들은 (블룸하르트, 본회퍼, "종교사회주의"의 대변자들의 인도를 따라) 그리스도께 향한 첫번째 회심 뒤에 세상을 향한 두번째 회심이 있어야 할 것을 요청하였다. 그들은 이러한 요청을 통해 단지 사적인 경건에 치우치는 경향에 대항하려는 것이다. 아주 엄밀히 말해서, 하나님을 향한 회심으로서의 기독교의 회심은 이미 필연적으로 세상을 향한 회심을 함축하고 있다. 왜냐하면 하나님의 사랑이 구원하고자 하는 것은 바로 이 세상이기 때문이다.[16] 그럼에도 불구하고, 기독교적인 개인주의가 감리교인들 사이에도 널리 퍼져 있는 마당에, 회심이 지니고 있는 이러한 차원에 대해 특별한 주의를 기울이는 것은 결코 불필요한 일이 아닐 것이다.

하지만 도대체 어떻게 그리스도인들이 이러한 비기독교적인 세상에 구체적으로 관계할 것인가? 적절한 관계성을 설정하기 위해서는 부정적 차원과 긍정적 차원이 모두 필요하다. 부정적 차원으로는 세상 속에서의 기독교인들의 삶의 모델로서 대립사회(Kontrastgesellschaften) 내지는 대립행위(Kontrastverhalten)의 모델이 있다.[17] 이 모델들은 믿는 자들의 공동체가, 그들이 그리스도와 맺고 있는 삶을 변화시키는 관계로 인해, 이 세상 사회 속에서 항상 낯선 집단으로 남아 있어야 함을 강조한다. 따라서 기독교인들의 자세는 여러 정황에서 다양한 정도로 그 동시대인들과 필연적으로 달라야 한다. 심지어 그것이 어리석게 비칠 정도로 다르게 나타나야 한다.[18] 사회와의 이러한 긴장 관계는 하나님을 향한 믿음과 순종 속에서 사는 삶의 피할 수 없는 표현일 지도 모른다.

---

16. Walter Klaiber, Call and Resonse : Biblical Foundations for a Theology of Evangelism (Nashville : Abingdon Press, 1997), 181을 보라.
17. Gerhard Lohfink, Jesus and Community : The Social Dimension of the Christian Faith (Philadelphia : Fortress Press, 1984) ; Walter Klaiber, "Proexistenz und Kontrastverhalten," Jahrbuch ftir biblische Theologie 7(1992):125이하를 보라.
18. 예컨대 고전 4:10: "우리는 그리스도의 연고로 미련하되 너희는 그리스도 안에서 지혜롭고, 우리는 약하되 너희는 강하고, 너희는 존귀하되 우리는 비천하도다"를 보라.

제6장 – 기독교적 회심 : 우리의 삶을 하나님과 연결하기

기독교인이 비기독교적인 "세상"에서 살아감에 있어서, 진정 긍정적인 차원들 역시 존재한다. 이러한 차원은 "실존을 위해(pro-existence)" 살아가는 교회의 이미지로 수렴되어 왔다.[19] 이 말을 만들어낸 이들은, 기독교인과 기독교회가 항상 인권(내지 요사이는 생태학적 권리)에 대한 관심에 있어서 '반 혁명적(counter-revolutionary)' 세력에 불과하다는 인상에 대항하려고 하였다. 그들에게 있어 그리스도를 따르려는 결단 및 그리스도의 사랑을 그들의 윤리적 행위의 원천 및 규범으로 삼으려는 결단은 바로 가난한 자, 억압받는 자, 제외된 자들의 권리를 지키기 위해 투쟁하는 무신론자들 곁에 서 계셨던 그리스도를 확인하는 것과 직결되는 것이다.

이러한 부정적 차원과 긍정적 차원 내에서, 중요한 것은 이 "세상" 속에서 살아가라고 하는 교회가 받은 소명이 바로 이 우주(kosmos: 세계) 전체를 하나님의 구원행위의 지평으로 감싸 안으라는 소명임을 깨닫는 것이다.[20]

---

19. 내가 추정할 수 있는 한에서, 이 용어는 1950년대 반에 이전의 독일민주공화국(GDR)에서 만들어졌다. Elizabeth Adler, Pro - Existence, Christian Voices in East Germany (London : SCM, 1964)을 보라. 엘리자벳 아들러는 세계학생기독교연맹(WSCF)의 총무 및 부회장이었다.
20. 요 3:16; 8:12; 고후 5:18; 요일 4:14.

제 7 장

그리스도를 제시하는 것 : 오늘의 웨슬리적 전도
제임스 로건(James C. Logan)

현대 교회에서 복음전도라는 용어의 사용은 점차로 증가하여왔다. 복음전도는 행정회의의 안건 중에서도 높은 위치를 점하고 있다. 또한 복음전도는, 행동으로서는 아니더라도 말로서, 개체 지역의 교구에서 우선적인 이슈가 되고 있다. "1970년대는 에큐메니즘(ecumenism)의 시대였고, 1980년대는 갱신(renewal)의 시대였으며, 이제 1990년대는 전도(evangelism)의 시대이다"[1] 라는 빈정대는 듯한 말 속에는 중요한 진리의 요소가 내포되어 있다. 이렇게 에큐메니즘과 갱신에서 복음전도에로의 용어사용의 변화는 서구사회 내에서의 교회의 위치가 근본적으로 전이되고 있음을 가리키는 것이다.

변화된 사회 상황에 도전하는 복음전도

교회분석가들은 최근 패러다임의 전환에 대해 이야기한다.[2] 사도 시대의 교회는, 교회와 보다 넓은 사회가 날카롭게 구별되던 시대에 근본적으로 선교하는 백성으로 자신을 이해했다. 예수의 이야기로 형성된 초대 교회는 그 이야기 속에서 "제자를 삼기 위해서는" "세상에 있으나 세상에 속하지 않아야" 한다는 위임이 함

---

1. Michael Marshall, The Gospel Connection : A Study in Evangelism for the 90s (Harrisburg, PA: Morehouse Publishing, 1990), 2.
2. Loren B. Mead, The Once and Future Church (Washington, DC : The Alban Institute, 1991), 8-29.

축되어 있음을 발견했다. 이러한 초기 기독교인들은 자신들을 더 큰 문화와는 다른 문화를 지닌 특별한 백성이라고 이해했다.[3]

그들은 예수에 대한 신앙으로 연합되어, 공동식사로 모였으며, 자신의 소유물을 서로 나누고, 자신의 실존을 형성한 이야기를 가지고 낯선 땅으로 모험해 들어갔다. 그들은 사도적인(apostolic : 사명을 받은) 사람들, 곧 "보냄을 받은" 사람들이었다.

콘스탄틴 교회의 도래와 함께, 새로운 패러다임이 출현했다. 기독교세계(Christendom)로 알려진 패러다임은 사도적인 패러다임과는 뚜렷하게 달랐다. 기독교 공동체의 문화와 기독교인들이 자신을 발견한 사회 사이의 날카로운 구분선은 더 이상 존재하지 않았다. 교회는 보다 큰 문화와 동일시되었다. 아주 실제적인 의미에서 교회는 합법성을 얻으려는 바로 그 경제적인 세력과 정치적인 세력들에 의존하는 한편, 그 사회에 합법성을 제공했다.

기독교세계는 한 순간에 이루어진 것이 아니었다. 오랜 역사적 기간을 거쳐 형성된 것이다. 마찬가지로, 서구세계의 기독교 역시 오랜 소멸 과정을 거쳤다. 예를 들어, (계몽주의 사상에 영향을 받은) 미국을 창건한 조상들은 제도화된 교회를 거부하였으나, 그럼에도 불구하고 개신교 교단들의 비공식적인 설립이나 종교적 제휴가 형성되었고, 최근까지도 종교적 상황을 지배하였다. 대부분의 개신교도들의 관점에서 볼 때, 기독교세계의 한 변형된 형태가 여전히 가정되었던 것이다. 이러한 분위기에서, 교회 내에서 에큐메니즘과 교회 갱신에 대하여 일차적으로 관심을 집중하게 된 것은 이해할 만한 일이다. 교회가—개체교회적으로 또는 연결된 형태로—그것을 충분히 인식하고 있든 그렇지 않든 간에, 오늘날 복음전도라는 용어의 사용은 곧 사회적 변이(變移), 곧 기독교세계 이후, 계몽주의 이후, 혹은 현대 이후(postmodern)로 불리는 다양한 변이(전환)를 가리킨다. "나는 우리가 더 이상 캔사스에 있는 것 같지 않아요"라고 '오즈의 마법사'(The Wizard of Oz)에서 도로시가 토토에게 말한 것처럼 말이다. 전도활동을 하는 교회가 이 사실을 무시한다면, 그것은 문화적으로 시대착오적인 복음주의로 정의내려지는 상황에 빠

---

3. Rodney Clapp, A Peculiar People : The Church as Culture in a Post-Christian Society (Downers Grove, IL : InterVarsity Press, 1996)을 보라.

질 것이다.

불행하게도 오늘날 지나치게 강조되는 복음전도라는 말의 사용은 대부분 예수 이야기에 함축된 복음 전도의 명령을 상황적으로 적합하게 회복하려는데 전념하는 것보다는 실용적인 관심에 더 뿌리를 내리고 있다. 그것은 감소하는 교인 수, 일그러진 자기 이미지, 잃은 것처럼 보이는 지배사회에 대한 설득력 있는 영향력 등 교회의 제도적 관심에서 비롯된 것이며, 이들이 훨씬 더 깊은 어떤 것에 대한 증상들에 불과하다는 것은 별로 문제시하지 않는다.

이러한 실용주의적 관심은, 복음전도가 주요 교단의 최우선적 안건이 된 것이 1960년대 교인수의 감소가 표면적으로 드러나고 나서부터라는 사실에서 우선 알수 있다. 예를 들자면, 가장 큰 기존 개신교단이었던 미국 연합감리교회는 1960년대에 전체 교인수의 감소를 보고하기 시작했다. 1970년과 1984년사이에 이 교파는 매주 평균 1,930명의 교인이 감소했다!⁴⁾ 다른 교파들도 유사한 감소 현상을 겪고 있었다.

이러한 교인수의 감소는 교회의 자기 이미지에 변화를 초래했다. 1960년대 에큐메니컬 문헌은 교회를 '모이는' (come) 구조에서 '흩어지는' (go) 구조에로 향할 것을 요청했다. 1980년대까지 이 비유적인 자기 인식은 분명 "상태유지 구조" (maintenance structure)였다. 이러한 자기 이미지는 교회의 선교사역 특히 복음전도에 직접적인 영향을 끼쳤다. "상태유지 양식"의 복음전도는 교회의 복음을 증거받는 자들을 제도적 생존이라는 목적을 위한 수단으로 취급한다.

공적 영역에 대한 영향력과 충격의 상실은 통계적 감소 및 안쪽으로 발전한 자기 이미지와 그 맥락을 같이 하고 있다. 여기서 교외에 사는 한 부부의 말은 사뭇 교훈적이다. "교회에 가야한다는 것은 알아요. 하지만, 보시다시피 오늘날 좋은 핑계들이 얼마나 많은지요." 점증되는 사회의 다원주의와 함께, 교회는 선한 명분들을 지닌 소비주의의 "쇼핑 센터"에 있는 여러 다른 것 중 하나의 선택사항이 되고 말았다. 교회가 시장 매매센터에 "예수 이야기를 판매함으로써" 그러한 자리매김을 받아들이는 만큼, 교회는 자신의 존재를 규정하는 이야기를 침해하는 상대주의

---

4. General Minutes of The Annual Conferences of The United Methodist Church (Evanston, IL : General Council on Finance and Administration, 1969-84).

를 합법화한다.[5]

기독교세계에서는 상황이 달랐다. 사실상 기독교세계 내에서, 교회는 공적인 영역의 후원자 아니면 목사(chaplain)로서 그 기능을 할 수 있었고 또 그러했었다. 하지만 오늘날의 사회는 더 이상 후원자나 목사를 원하지 않는다는 표지들을 여기저기에서 많이 볼 수 있다. 만일 교회가 어떠한 합법성을 얻고자 한다면, 그것은 다원주의적인 합법성일 것이다. 다른 말로 하자면, 교회는 소비주의의 시장에서 여러 매점 중 하나의 매점을 차지하는 것으로 전락해버린 것이다.

웨슬리 전통내에 혼합된 복음전도의 유산

나는 우리의 변화된 상황에서 복음전도의 적합한 수단을 결정하는데 있어서 존 웨슬리가 도움이 될 것이라는 희망에는 이유가 있다고 믿는다. 그가 "보다 더 천해지기를 감수하여" 조지 휫필드(George Whitefield)의 야외설교에 함께 했던 1739년, 그는 문화적으로나 사회적으로나 지성적으로나 엄청난 전환이 있던 분기점에 서 있었다. 그의 시대는 기독교 신앙과 실천에 거의 적합지 않은 시대였다. 계몽주의의 회의주의가 지성적 엘리트들 사이에 유행했고, 이성주의가 대학가에 스며들었으며, 이신론이 기독교의 계시적 권위에 대한 주장을 일축시키도록 위협했다. 웨슬리는 로크와 흄의 경험주의를 수정된 형식으로 받아들였으나, 선행적이고 의롭게 하며 성화시키는 신적 은총의 원천으로서 담대하게 "그리스도를 제시하면서" 그들의 결론은 받아들이지 않았다. 이신론적 축소주의는 그의 일상적인 음식물이 아니었다!

마찬가지로, 1739년 영국은 농업사회에서 산업사회로 변화하고 있었으며, 그러한 혁명적인 전환에 따르는 모든 동요와 사회적 혼란이 성행했으며 풍기가 문란했다. 부와 가난사이의 첨예한 불균형, 도덕 폐기론자의 부도덕성, 노동시장에서의 아동 학대, 빈민주거지의 생활조건, 비인간적인 공장 노동조건, 불합리한 교도

---

5. Philip Kenneson and James Sweet, Selling Out the Church: the Dangers of Church Marketing (Nashville : Abingdon Press, 1997) 참조.

소 관행, 참담한 아프리카 흑인노예 매매 등 이 모든 것이 한꺼번에 작용했던 것이다. 웨슬리의 눈은 이런 사회 현실을 지나치지 않았고 또 묵과하지도 않았다. 그는 은둔적인 신비가들의 종교를 옥스포드에 남겨두고 떠났다. 위슬리는 설교를 듣는 사람들에게 은총의 수단을 사용하도록 요청함으로써, 그가 이미 인식하고 있던 페터 래인(Fetter Lane)의 도덕폐기론을 거부했다. 또한 그는 구원의 은총은 강조하나 책임있는 제자직을 위한 훈련된 삶을 무시하는 열광주의를 피했다. 그는 설교를 들으러 모여든 군중들에게 예언자로서, 제사장으로서, 그리고 왕으로서 "모든 직분을 감당한"(in all his offices) 그리스도를 선포함으로써 그리스도를 온전하게 제시했다.

웨슬리의 전도모델의 이러한 측면들이 현대의 감리교인 대다수에게 익숙하지 않은 것이라면, 그것은 웨슬리 전통이 주로 제 2차 대각성운동(또한 야외 천막집회 부흥운동)에 의해서 미국 교회에 전해졌기 때문이다. 이런 현상이 미국교회생활에 끼친 영향력은 엄청난 것이어서, 오늘날 많은 이들이 제 2차 대각성 운동에 나타난 전도의 개념과 실천을 표준적인 웨슬리주의로 여기게 되었다.

그러나 웨슬리와 19세기 부흥사들의 복음전도의 본질은 그들이 이용한 구조와 다를 바 없었다. 웨슬리는 그의 전도운동을 활성화시키기 위해 신도회와 속회를 적용했고, 제 2차 대각성 운동은 야외집회(camp meeting)를 개척하였다. 야외집회의 구조에는 단절되지는 않았지만 축소된 형태로 웨슬리의 메시지가 반영되었다. 그것은 본질적으로 값없는 은총(free grace), 자유의지(free will), 회심(conversion)이라는 삼중 메시지였다. 웨슬리의 부흥운동에서 회심은 진정한 신앙의 표시로 여겨졌고, 제 2차 대각성 운동에서 회심은 점차 신앙의 목표가 되었다. 토마스 콕(Thomas Coke)과 영국 감리교회의 지도자들은 야외집회 참석자들이 감정에 지나치게 치우치는 것에 반감을 느꼈다. 반면 애즈배리(Asbury)는 이 야외집회를 "은총의 주된 수단"이라고 보았다.[6]

1971년 앨버트 아우틀러(Albert Outler)가 덴만(Denman) 강연을 하였을 때, 그는 제 2차 대각성 운동에 대한 간단한 비판적 분석과 함께 웨슬리의 복음전도의

---

6. Nathan O. Hatch, The Democratization of American Christianity (New Haven : Yale University Press, 1989), 3.

신학에 대한 명석한 해석을 제시하였다. 그의 판단은 이러했다:

> 제 2차 대각성 운동은 유럽에 당시를 지배하던 루터교와 개혁교, 그리고 영국 국교회에 의해 너무나 엄격하게 억눌려 왔던 "급진적 개신교"가 새로운 세계(미국)에 서 효과적인 승리를 가져왔음을 나타냈다. 이 개신교 전통은 교회론에 있어서 대체로 "몬타누스파적"이었으며(저교회, 자유교회), 반(反) 성직주의, 반 성례주의, 반 지성주의였다. 그것은 사변적인 신학과 실존적 신앙사이의 비방적인 구분을 빚어냈다. 그것은 학식있는 성직자를 의심하였다. 또한 그것은 회심을 기독교인의 체험의 시작보다는 더 전형적으로 그 절정으로 간주했다.[7]

이는 제 2차 대각성운동의 긍정적 효과를 부인하는 것은 아니다. 불란서 혁명 이후 10년 반 동안 미국에서는 종교가 환영을 받지 못하는 시기였다. 한동안 볼테르(Voltaire)의 예언이 실현되는 것 같았고, 한때 정치적 자유를 얻었던 사람들은 자유를 얻고자 하는 기도를 종교적 영역에로까지 확장시킬 것 같았다. 제 2차 대각성 운동은 이러한 조류를 바꾸어 놓았다! 새로운 종교적 열정의 탄생은 서부 변경에서 동부 해안까지 전부 휩쓸었다. 부흥운동은 새로운 교파들을 탄생시켰고, 영적으로나 통계적으로나 이전 교파들을 강화시켰다. 복음주의적 부흥회들이 거의 전 세기동안 미국인들의 종교적 삶의 대부분을 형성하였던 것이다.

일반적인 인식이 그렇듯이, 이러한 과정에서 형성된 신학은 흔히 불완전했다. 또 다시 아우틀러의 매우 날카로운 분석이 이 점을 말해준다:

> 전형적인 부흥사는 단테나 밀턴보다도 천국과 지옥에 대해 더 많이 알고 있으며 그것을 훨씬 더 문자적으로 취하였다. 하나님에 대한 그의 개념은 솔직히 신인동형론적이었으며, 그의 기독론은 그가 유티케스주의(즉, 그리스도의 인성은 신성에 흡수되고 지배를 받는다는 교리)의 정의를 모른다해도 유티케스적(Eutychian), 즉 이단적이었다. 그들 대부분에게 있어 동정녀 탄생은 그리스도의 인성보다는 신성을 증명하기 위해 채택되었다. 대리속죄설은 예수 그리스도의 구원사역을 설명하는 그들의 유일한 이론이었다. 그들은 종종 성령에 관해 언

---

7. Albert C. Outler, Evangelism and Theology in the Wesleyan Spirit (Nashville : Discipleship Resources, 1996), 45.

급했는데, 주로 교회나 성례전에 있어서의 영이라기 보다는 개인적인 카리스마의 견지에서 사용하였다. 그들의 인간론과 심리학은 이중적 혹은 삼중적이었다. 또한 그들의 인식론은 비판 이전이며, 과학 이전이며, 단순했다. 전체적으로, 우리는 원래의 교회 모태에서 분리되어 교회와 성례전에 대한 보편적 인식이 결여되어 있는, 아 켐피스, 쉬페너, 프랑케 그리고 웨슬리의 마음의 신학(theologia cordis)을 발견할 수 있다.[8]

그러나 그들이 복음 전도 명령을 지니고 있었고 많고 많은 회심자들이 그리스도의 구원의 은총을 경험하였다는 것은 어느 누구도 의심하지 않을 것이다.

19세기 후반과 20세기 초의 문화적, 신학적 발전과는 대체로 동떨어져 있었지만, 부흥운동의 많은 자손들은 전도활동의 노력을 낳았고 19세기 후반의 세계 선교운동을 일으켰던 교회 내의 복음주의적 경건을 계속 양육하였다. 그리스도에 대한 그들의 사랑과, 모든 사람들이 기독교 메시지를 들어야 한다는 그들의 열정은 때로 위축되고 자기의에 입각한 판단주의에 빠졌으나, 그들은 그후에 그에 필적할 만한 것이 없었던 방식으로 교회의 복음전도에 자극을 줄 수 있었다.

한편, 개신교 주요 교단들은 20세기에 들어서면서, 제도적 등록 인원을 다시 채우기 위해서 오로지 주일학교와 입교인 교육에 더욱 더 의존하면서 복음전도를 "교인 확충"(membership recruitment)으로 재포장하였다. 그 회중들이 현재 기독교 신앙에 대해 단지 참된 신앙으로부터 면역될 만큼만 아는 신도를 가지고 있다는 것은 놀랄 일이 아니다.

지금까지 대략 서술한 혼합된 유산의 잠재적 결과 중 하나는, 오늘날 웨슬리의 후예인 우리가 복음전도에 대한 웨슬리의 접근을 올바로 인식하는데 어려움을 겪을지도 모른다는 점이다. 그것은 우리와 19세기 부흥운동과는 아주 다른 상황에서 발생했기 때문이다. 두 번째 결과는 암묵적으로 지금 지배하고 있는 19세기 부흥주의의 모델은 포스트모던 세계관에 의해 형성된 현대인들에게 선포할 힘을 지닌 진정한 복음전도를 일으키지 못하도록 우리의 능력을 약화시켰을지도 모른다는 점이다. 이 두 가지 결과는 웨슬리 당시 상황의 복음전도 모델이 잠재적으로나마 오늘날 우리의 노력들에게 교훈을 줄 수 있는 것으로 여겨지는 정도만큼 서로

---

8. Ibid.

겹쳐진다.

오늘의 진정한 웨슬리적 복음전도

나는 오늘날 "그리스도를 제시하는" 방법에 있어서 우리에게 웨슬리가 교훈을 줄 수 있을 것이라고 믿는다. 하지만 그의 메세지를 듣기 위해서는 약간의 노력을 기울여야 할 것이다. 그저 단순히 우리에게 익숙한 용어를 들을 수는 없기 때문이다. 웨슬리는 현대 복음전도 논의에 핵심이 되는 용어를 쓰지 않았다. 예를 들어, 웨슬리는 "복음전도"(evangelism)란 용어 자체를 사용하지 않았다. 웨슬리가 그의 평신도 순회설교자들을 "전도자"(evangelists)로 명명하면서 그들의 설교의 책임을 가리킨 적이 있을 뿐, 이 명사(evangelism)는 그의 시대에 사용되던 것이 아니었다.

게다가 웨슬리에게는 단순히 "그리스도를 제시"하는 것만으로도 충분했으며, 그 동기도 본질적으로 은총 자체였다. 그는 현대의 전도자들처럼 어떠한 형태로든 복음전파의 "위대한 위임"에 호소하지 않았다. 이 점에서 그는 혼자가 아니었다. 어거스틴을 따르던 개혁자들도 그 위임의 성서본문에 구속적(拘束的) 권위가 없다고 주장했다. 즉 그것은 사도들에게 전달되었고 그들에 의해 완성된 것으로 여겨졌다. 윌리암 캐리(William Carey)는 웨슬리가 사망 한 후 그 다음 해에 "이교도의 회심을 위한 수단을 사용해야 할 기독교인들의 의무에 대한 연구"(An Enquiry into the Obligation of Christians to Use Means for the Conversion of the Heathen)라는 제목의 소책자에서 그 용어를 복구시켰다. 웨슬리에게 그것은 단순히 다른 사람들에게 손을 뻗는 것을 촉진하였던 그리스도의 은총의 역사였다. 은총은 나누지 않으면 사라져 버린다는 것이었다!

따라서 웨슬리의 신학용어는 몇몇 경우에 있어서 새 시대에 적합하게 번역되어야 할 지도 모른다. 그의 생각은 18세기의 사상세계에 완전히 함께 하고 있었던 것이다. 그러나 중요한 것은 용어가 아니라, 그의 메시지의 논리이다. 비슷한 방식으로, 만일 오늘날에 우리가 웨슬리로부터 교훈을 받는다면, 우리는 그의 계획적인 노력들을 단순히 재현하는 데에 만족할 수는 없을 것이다. 이것들은 당대의 특정한 목적들에 맞도록 고안된 것이고 또 그러한 일을 충분히 감당하였다. 중요한 것은 웨슬리의 계획적인 노력들(개인적 책임을 제공하는 것과 같은) 이면에 담긴 목적들을 인식하고, 우리 시대에 이 같은 목적들을 완수할 방법들을 모색하는 것이다.

요약해 볼 때, 복음전도의 진정한 접근을 형성하기 위한 우리의 노력에 있어서 웨슬리가 우리에게 교훈이 될 수 있는 방법은 우리가 어떻게 복음전도에 대한 그의 접근의 중앙궤도를 분별할 수 있는가 하는 것과, 그리고 어떻게 철저하게 이질적인 우리의 문화 배경에 이것들을 초점맞출 수 있는가 이다. 나는 이제 우리 시대에 복음전도 사역을 충실하게 해내는데 도움이 될 수 있는 세 가지 웨슬리적 궤도를 강조하고자 한다.

신학적 온전성을 갖춘 복음주의

19세기 복음전도의 유산은 최소의 신학과 최대의 경험주의적 심리학을 동반하였다. 복음전도의 주창자들은 흔히 진지한 신학적 숙고를 불필요하게 여긴 것처럼 보였다. 역으로 조직신학의 분야는 복음전도의 차원을 전적으로 무시하거나 양육의 항목 아래에 예속시키려는 경향이 있었다. 그 결과 이중적 고립이 초래되었다. 복음전도는 자신을 신학적 숙고와 분리시켰으며, 또 반대로 신학적 사고는 복음전도를 "당황스러운 사촌" 쯤으로 간주하려고 하였다.

이와 같은 복음전도와 신학의 이중화는 웨슬리에게서는 상상도 할 수 없는 일이었다. 제럴드 크랙(Gerald Cragg)이 지적하였듯이, 실로 "그의 신학의 특별한 강조점은 복음전도에 대한 그의 몰두에서 도출되었다. 그는 기독교 신앙 체계의 전통적 요소들을 모두 포함시켰지만, 구원의 교리가 가장 예리하게 살려지도록 그 요소들을 배치하였다."[9] 웨슬리의 신학은 참되고 성경적이며 체험적인 종교를 묘사하기 위한 노력이었다.

웨슬리는 복음전도를 지지하는 신학의 완전성(integrity: 온전성)이 있어야 할 것을 염려하였다. 여기서 "완전성"(integrity)이란 단어는 진리의 "온전성"

---

9. Gerald Cragg, "Introduction," in Works 11:15.

(wholeness) 혹은 "완전성"(completeness)을 뜻한다. 신학적 온전성을 구체화시키려는 웨슬리의 의도는 감리교를 자랑하는 글 속에서 고전적인 형태로 나타난다:

> 따라서 성화를 대신하기 위하여 칭의에 대해 생각하거나 말하지 않는 것처럼, 마찬가지로 칭의를 대신하기 위하여 성화에 대해 생각하거나 말하지 않는다는 것은 이 사람들에게 주어진 크신 축복이다. 그들은 전자와 후자를 동등하게 강조함으로써 각각을 그 자체의 자리에 보존하려고 애를 쓴다. 그들은 하나님이 이것들을 하나로 연결시켰으며, 사람이 그것들을 흩어놓지 않아야 한다는 것을 알고 있다. 그러므로, 그들은 한편으로는 동등한 열정과 근면함으로 자유롭고 완전한 현재적 칭의와, 다른 한편으로는 마음과 삶에서의 전적인 성화의 교리를 견지한다. 따라서 그들은 어느 신비주의자들과 마찬가지로 내적인 거룩함을, 그리고 어느 바리새인들과 마찬가지로 외적인 거룩함을 모두 붙들고 있다.[10]

웨슬리의 메시지는 새로운 혁신이라는 측면에서 현저했던 것이 아니라, 오히려 의도적으로 메시지의 자료나 전통에 충실하다는 측면에서 그러하였다. 웨슬리의 신학은 본질적으로 사색적(speculative)이 아니라 서술적(descriptive)이다. 그는 신학적 방법이나 변증적 프로그램에는 별 관심이 없었다. 웨슬리는 원시(처음)교회에서 종교개혁과 종교개혁 이후의 경건주의에 이르기까지의 기독교 전통이 회복시키고 가능케 하는 은총의 인간 경험을 인지할 수 있고 의미있는 것으로 만드는 신학적인 논리와 범주들을 제공하였다는 점을 확신하면서, 듣고자 하는 모든 사람들에게 그들이 완전한 구원 즉 칭의와 성화에 접근할 수 있음을 선포했다. 그 취지는 교회 전통에 의해 증거되고 받아들여진 기독교 이야기를 기독교인의 체험을 명명하고 규범화하는 방식으로서 말하는 것이었다. 웨슬리는 다음과 같은 한 현대 교의신학자의 말에 동의하는데 별 어려움이 없었을 것이다: "기독교인이 된다는 것은 자신과 그의 세계를 기독교적 표현으로 해석하고 체험할 수 있을 만큼 충분히 이스라엘과 예수의 이야기에 대해 배우는 것을 포함한다."[11] 웨슬리의 신학은 후에 슐라이어마허에 의해 제시된 바와 같은 "기독교 체험의 신학"이 아니라, 전

---

10. Sermon 107, "On God's Vineyard," §1.8, Works 3:507.
11. George A. Lindbeck, The Nature of Doctrine : Religion and Theology in a Postliberal Age (Philadelphia, PA : Westminster Press, 1984), 33.

수받은 성경과 교회의 전통으로 체험을 해석하려는 시도였다.

이러한 목적을 위해 웨슬리는 verbum internum(내적인 말씀) 즉 우리가 치유하시는 말씀이신 예수 그리스도의 말씀을 듣고 받아들일 수 있도록 해주는 성령의 내적 행동과 더불어, 자신과 자신의 세계를 형성하고 해석하는 verbum externum(외적인 말씀)을 기본적인 통일성 속에 유지시키려 하였다. 그는 복음의 객관적 말씀도, 인간 경험 속에서의 그 말씀의 주관적 적용도 경시하지 않았다. 그는 그리스도를 인간적 주관성의 포로로 삼아 한 쪽을 다른 한 쪽 속으로 무너뜨리지 않았다. 그보다는 그의 전형적인 결합적 사고방식으로, 웨슬리는 그 두 가지를 완전한 총체로 접합시키려 하였다.

예수에 대한 정경적인(canonical : 표준이 되는) 이야기는 언제나 기독교인의 체험의 원천과 규범이 되었다. 설교자들에게 준 웨슬리의 권고를 주목해보라. "그리스도를 가르치라." 즉 정경인 성서에 나타난 그리스도를 가르치라. 그리고 구원하시는 은총의 지속적이고 즉각적인 원천으로서 그리스도를 "그의 모든 직분(무)에 있어서" 가르치라.[12] 예언자로서 제사장으로서 그리고 왕으로서의 직분을 가지신 그리스도는 구원의 절대적이고 유일한 원천이다. 성육하신 선포자는 하나님의 법을 죄인들에 대한 심판과 그리스도 안에 있는 자들을 위한 "가리워진 약속들"이라고 선포하였다. 성육하신 속죄의 희생자 그리스도는 죄로 인해 하나님과 깨어진 관계를 회복하고 치유하는 신적인 일(칭의)을 행하셨다. 십자가에 못박히시고 부활하신 주님으로서, 그리스도는 새롭게 태어나고 다시 방향지어진 인간의 의지가 추구하는 목표로서 통치하신다. 이 정경의 이야기를 한마디로 요약하면 그것은 은총이고 은사이며 신적인 회복의 사랑이며 "만유 안에 자유로우며 만유를 위하여 자유로운 것이다"(free in all and free for all).

이러한 외적이고 내적인 말씀의 완전한 통일성 혹은 온전성은 진정한 복음전도의 근거를 마련해준다. 한 구원자에 대한 소식, 즉 구원이 선포되었다. 들음은 신적으로 값없이 주어진믿음으로 말미암은 것이다. 이에 대한 응답은 선행적 은총의

---

12. Minutes(2 Aug. 1745), Q.15, John Wesley, 151 ; "Large Minutes," Q.38, Works (Jackson) 8:318을 보라. 또한 Sermon 36, "The Law Established by Faith, Ⅱ," §1.6, Works 2:37-38을 참조하라.

역사로 양육된 자유로운 결단인 것이다. 많은 사람들이 다음과 같이 노래하였다.

> 죄인들이여, 복음의 잔치에 오십시오.
> 모든 영혼은 예수의 손님입니다.
> 당신만이 남아있을 필요 없습니다.
> 하나님이 모든 인류를 부르셨기 때문입니다.
>
> 하나님으로부터 나온 나의 말을 받으십시오..
> 여러분 모두 그리스도께 나와 사십시오.
> 그의 사랑이 여러분의 마음을 재촉합니다.
> 그는 헛되이 죽음의 고통을 당하지 않으셨습니다.
>
> 어서 나오세요. 바로 지금, 그의 부르심을 듣고
> 모두를 위해 죽으신 그를 위해 사세요.[13]

복음전도를 지탱하는 신학의 온전성에 대한 웨슬리의 관심으로 인해 그는 (주저하면서도) 논쟁에 휘말려 들고 말았다. 칼빈주의자들과의 논쟁은 우발적인 문제였다. 웨슬리에게 그것은 부흥운동의 혼을 위한 싸움이었다. 그와 칼빈주의자들을 분리시켰던 것은 하나님의 주권에 대한 확신이 아니었다. 오히려, 하나님에 대한 저마다의 지배적인 모델의 차이가 그들을 갈라놓는 선이었다. 칼빈주의자들에게 하나님은 주권적 능력이었으며, 결과적으로 선택과 예정설이 주장되었다. 이와 반대로, 웨슬리에게 하나님은 주권적 사랑이었다. 하나님의 사랑의 지배적 모델은 그의 사상속에 넓게 스며들어서, 보편적 은총이 도출될 수 있는 유일한 결론이 되었다. 보편적인 은총(universal grace)은 부흥운동에서 복음전도 활동에 긴박감을 주는 근본적 모티브였다.

칼빈주의자와 웨슬리의 경합은 신학적 추상화에 관한 싸움이 아니었다. "우리의 의가 되시는 주님"이란 설교에서, 웨슬리는 그리스도가 칭의와 성화의 공로적

---

13. Charles Wesley, "Come, Sinners, to the Gospel Feast," The United Methodist Hymnal(Nashville : The United Methodist Publishing House, 1989), #339 (Works 7:81-82 참조).

원인(meritorious cause)인 한편, 형식적 원인(formal cause)은 신앙이라고 주장하면서 예민한 지각을 가지고 이슈의 핵심 속으로 파고 들어갔다. 그렇지 않으면, 칭의와 성화에 있어서 인간작용의 역할은 완전히 사라질 것이라고 말해도 좋을 정도로 축소되기 때문이다.[14] 웨슬리는 "오직 은총으로만"이라는 바울의 원리와 타협하려 하지 않았다. 그러나, 그는 은총에는 응답과 책임이 수반된다고 주장하였다. 은총은 응답을 가능케 하지만 그 응답을 강요하지는 않는다. 이것이 바로 선행적 은총이 역사하는 방식이었다. 칭의에서처럼, 신앙은 성화에 필수적인 유일한 조건이다. 선행적이며 의롭다 하시는 은총의 역사를 통해, 순종의 책임이 있는 자로서 기독교인은 그의 삶을 살아가게 된다. 그리스도의 의가 새로 거듭난 신자에게 나누어지기(imparted) 때문에, 그러한 의는 하나님에 대한 사랑과 이웃에 대한 사랑의 자발적 순종 속에서 명백하게 드러날 수밖에 없다.

앨버트 아우틀러는 그의 인생 후반기에 한 인터뷰에서, 그가 초대 교부에 대해 박식한데도 왜 그렇게 유별나게 웨슬리에게 초점을 맞추는지에 대하여 마틴 마티(Martin Marty)의 질문을 받았다. 그때 그는 "웨슬리는 구원의 순서를 바로 잡고 있기 때문이지요!"라고 대답했다.[15] 실로 웨슬리는 그렇게 하였던 것이다. 편만한 무비판적인 상대주의를 수반하는 문화적 다원주의가 등장하는 우리 시대에, 교회는 바로 "구원의 순서를 바로 하여야" 할 것이다. 현대 교회가 각종 대중적 복음전도, 즉 문화 그 자체를 반영하는 즉각적인 결과를 가져오는 복음전도로 가득찬 메뉴를 제공받을 때, 교회는 신학적 사고를 회복시킬 필요가 있다. "사고하는" 복음전도는 완전하게 "그리스도를 제시할" 수 있는 유일한 복음전도인 것이다.

> 여기에서 현대 교회는 웨슬리로부터 교훈을 얻어낼 수 있다. 그는 "문화를 멸시하는 자들"에 대한 변증적인 신학자는 아니었다. 아주 진정한 의미에서, 그는 당시 성행하는 문화에 대항했다. 그는 현대의 감수성 혹은 신뢰성의 기준에 맞추어 메시지의 본질을 격감시키려고 노력하지 않았다. 그렇지만 결과는 사람들에게서 격리된 무미건조한 신학적 스콜라주의가 아니었다. 그의 메시지는 인간의 "지각

---

14. Sermon 20, "The Lord Our Righteousness," Works 1:449-65.
15. Martin E. Marty, "Albert C. Outler : United Methodist Ecumenist," Christian Century 105(12 Feb. 1988): 221.

기관(sensorium)," 즉 마음, 정신 그리고 의지의 전 영역을 포괄하려는 점에서 상황화되었다. 웨슬리는 신중한 결정으로 인간 상황의 전 범위를 정당하게 취급할 수 있는 전달의 양식, 곧 "평범한 사람들에게 평범한 진리"를 채택하였다.[16] 우리 시대의 현대 복음전도도 그와 같은 노력을 할 수 있다. 그의 신학적 어휘들은 더 이상 성서적으로 문맹인 대중들에게 공감을 일으킬 수 없다. 우리는 웨슬리의 메시지인 은총의 논리를 온전하게 유지하면서도, 동일한 은총에 대한 정경의 이야기를 말하기 위해 새로운 용어와 방법들을 모색해야 한다.

개인의 책임을 수반하는 복음전도

영국, 아일랜드, 해협 제도(諸島)의 순회일정을 마친 후 옥스퍼드 주(州)의 한 마을로 돌아갔을 때의 웨슬리는 피로한 여든넷의 노인이었다. 그의 부흥운동은 이제 거의 오십년이나 계속되었다. 그는 여행에서 보고 들은 것들을 회고하였다. 그의 생각과 마음은 편치 못했다. 이사야 5장 4절의 말씀이 마음에 떠올랐기 때문이었다. "내가 내 포도원을 위하여 행한 것 외에 무엇을 더할 것이 있었으랴? 내가 좋은 포도 맺기를 기다렸거늘 들포도를 맺힘은 어찜인고?" 이 본문을 토대로 설교문을 작성하면서, 웨슬리는 "보통 감리교도(메도디스트)라 불리는 사람들"에게 그가 기여한 공헌 네가지 — 교리, 영적 도움, 훈련, 외적 보호 — 의 목록을 열거하였다.[17] 이 모든 것이 중요한 공헌이었지만, 나는 웨슬리의 사상궤도의 또다른 부분을 탐색하기 위해 "영적 지원들"에 초점을 맞출 것이다.

웨슬리의 복음전도에서 설교만큼 중요한 것이 없지만, 그것만으로는 온전한 복음전도의 사역에 충분하지 않았다. 체험을 통해 그는 뒤따르는 양육과 훈련(예를 들어 속회와 같은) 없이 영혼을 깨우는 것은 사탄의 계략에 빠지게 된다는 것을 깨닫게 되었다. 따라서 그의 전도활동의 첫 번째 반응에 대한 설교자들의 보고에 웨슬리가 보인 기본적인 응답은 "호각소리를 따르라!"(follow the blow)였다.[18] 웨

---

16. Albert C. Outler, "Introduction," Works 1:18-29 참조.
17. Sermon 107, "On God's Vinyard," Works 3:503-17.
18. Journal(13 March 1743), Works 19:318; Letter to Christopher Hopper (31 July 1773), Letters(Telford) 6:36; and Letter to Joseph Benson(4 March 1774), Letters (Telford) 6:77 참조.

제7장 - 그리스도를 제시하는 것 : 오늘의 웨슬리적 전도

슬리 부흥운동의 초기 때부터 속회는 설교와 함께 선택사항이 아닌 필수적인 것이었다.

청중들이 "어떻게 하면 제가 이 구원을 발견할 수 있을까요?"라고 질문할 때, 웨슬리는 그들 자신의 구원을 "이룰 수 있도록"(work out) 소그룹으로 모이게 했다. 평신도의 지도 아래, 속회는 "구도자"(seeker) 그룹이 되었고, 의심할 여지 없이 야외 설교 시간보다 속회 구조 속에서 더 많은 회심이 일어났다.

이 속회는 "성경적인 구원의 길"(scripture way of salvation)을 추구하는 데 있어 개인의 책임을 확인시키기 위한 웨슬리의 방식이었다. 이러한 소그룹 형태가 본래 웨슬리의 생각은 아니었지만(청교도, 모라비안, 영국 국교회 및 다른 교파들도 이와같은 것을 시도했었다), 절충적이지만 언제나 비판적인 웨슬리는 그의 복음전도 사역에의 필수적인 부분에 소그룹제도를 채택하였다. 1739년 12월, 웨슬리는 그의 속회를 관리할 수 있는 근본적인 질문을 도출해 냈다.

> 당신은 죄사함을 받았습니까?
> 당신의 심령에 하나님의 영의 증거가 있습니까?
> 어떠한 죄도 내적 혹은 외적으로 당신을 지배하지 못하고 있습니까?
> 당신은 당신의 모든 잘못에 대해 들을 용의가 있습니까?
> 이런 일을 함에 있어서 우리가 가능한 한 당신의 심령 내부 깊이 밑바닥까지 속속들이 파헤쳐주기를 소원하십니까?

그리고 매 모임마다 모든 사람들에게 반드시 제기하는 다섯 가지 질문이 있었다.

> 지난 모임 이후로 당신이 범한 아는 죄는 무엇입니까?
> 당신은 어떠한 유혹에 부딪혔습니까?
> 당신은 어떻게 그 유혹에서 건짐을 받았습니까?
> 당신은 어떻게 생각하고 말하고 행동하였습니까?
> 그것이 죄인지 아닌 지 의심해 보았습니까?
> 당신은 비밀로 간직하고 싶은 것이 아무것도 없습니까?[19]

---

19. "Rules of the Band Societies," Works 9:77-78.

웨슬리는 "영적 도움들" 혹은 직고(accountability: 책임)의 이러한 작은 훈련들을 부흥의 "힘줄"로 간주했다.[20] "평민들의 언어로 표현"하고 "견실한 신학적 원리에 토대를 둔" 이러한 모임의 영적 도움은 사람들이 선행적 은총에서부터 칭의와 성화 그리고 완전에 이르기까지의 영적 여정을 구상할 수 있도록 하는 신학적 잣대를 제공하였다.[21]

그 특성상 속회는 19세기를 지나는 동안 미국 감리교에서 서서히 그 힘이 약화되었다. 19세기 말엽, 그것은 남북의 감리교 감독교회(Methodist Episcopal Church)의 장정에서 사라지게 되었다. 속회의 소멸로 말미암아 이 웨슬리 후예들은 웨슬리가 남겨준 주요 유산 중 하나를 잃게 되었다. 속회의 쇠퇴 혹은 소멸은 책임과 제자도로 양육시키는 교회의 역량의 결정적인 감소로 특징지어졌다. 우리는 더 이상 "호각소리를 따를 수"(follow the blow) 없었다. 공동 직고(책임)의 상실은 19세기 복음전도가 20세기에 이르러 절단되었을 뿐 아니라 왜곡된 복음전도로 드러났음을 의미하였다. 책임의 구조 없는 복음전도는 "제자도"(discipleship road) 없이 "제단의 체험"(altar experience)만을 낳는 식의 관심으로 축소되었다. 이것은 하나님의 이름만 알고 있을 뿐 그 이야기는 알지 못하는 복음전도인 것이다.

사회학자인 피터 버거(Peter Berger)는 둘러싸고 있는 "거룩한 덮개"(sacred canopy)가 무너진 사회를 생생하게 묘사했다.[22] 그러한 상황에서 기독교의 증언이 직면하는 문제는 신뢰성(credibility)이 아니라 그럴 듯함(plausibility)의 문제이다. 사회적으로 그럴 듯함의 구조가 무너졌기 때문이다. 이로 파생되는 결과는 "종교가 치약과 세탁비누 상표와 아주 흡사하게 주관적으로 시장에서 선택할 수 있는 사항으로 들어서게 되었다"는 점이다.[23]

비슷한 맥락에서 로버트 젠슨(Robert Jensen)은 포스트모던(근대 이후) 세계

---

20. Letter to Thomas Maxfield(2 Nov.1762),§3, Letters(Telford) 4:194와 Plain Account of Christian Perfection, ★25,Q.37, Works(Jackson) 11:433을 보라.
21. David Lowes Watson, The Early Methodist Class Meeting (Nashville: Discipleshiip Resources, 1992), 84.
22. Peter Berger, The Sacred Canoqy : Elements of a Sociological Theory of Religion (Garden City, NY: Anchor Books, 1969)

에 사는 우리에게 공동의 이야기가 없다는 점을 상기시켜준다. "현(근)대는 보편적 이야기꾼이 없이 보편적 이야기 속에 살아가려는 노력에 의해 정의되었다." 그렇다면 우리는 어떻게 해야 할까? "명백한 해답은," 젠슨의 말에 의하면, "만일 교회 청중이 먼저 이야기가 있는 세상에 사는 것을 교회가 발견하지 못하면, 교회 자체가 그러한 세상이 되어야 한다. 만일 교회 자신이 복음이 실제화될 수 있는 참되고 본질적이며 살아있는 세상이 아니라면, 신앙은 불가능한 것에 지나지 않는다."[24]

다른 말로 하면, 교회는 정말로 기독교 신앙에 대해 유일하게 그럴 듯하게 여겨지는 조직이다. 이것은 초대 교회에서도 마찬가지였고(사도행전을 다시 읽어보라), 우리 기독교세계 이후인 오늘의 세계에서도 마찬가지이다. 이러한 교회현실을 통해, 기독교 세계관은 잠재적으로 한가지 형태의 현실 긍정에만 의존하지 않는 현대 청중들에게 통전적인 호소를 할 수 있는 방식으로 표현될 수 있다. 포스트모던인은 하나님의 은총에 근거한 거룩하고 사랑이 있고 정의롭고 용서하고 생명을 주는 공동체를 가장 잘 이해할 수 있으며, 예수 그리스도의 제자가 됨으로써 효과적이 될 수 있다.

만일 교회 자신이 그럴 듯함의 구조라면, 그 자신을 의도적으로 자체의 문화로 형성하기 위한 과제를 신중하게 고려해야 한다. 교회가 기독교적인 그럴 듯함과 책임의 구조를 회복하지 않는다면, 어떻게 이런 일이 일어날 수 있겠는가? 개인의 책임에 대한 웨슬리의 신학적 궤도는 우리의 혁명적이고 상대주의적인 포스트모던 상황을 다루는데 있어 우리에게 시사적인 전례를 제공해준다.

사회적 양심을 수반하는 복음전도

19세기부터 복음전도의 유산 대부분은 격심한 개인주의와 반동적 사회도피주의의 색채를 띠고 있다. 확실히 이것이 전체 모습은 아니다. 예로, 웨슬리적 성결운동의 첫 세대는 완전성화의 교리를 노예폐지, 빈민들의 곤궁, 여성의 참정권과

---

23. Jürgen Moltmann, "Is 'Pluralistic Theology' Useful for the Dialogue of World Religions," in Christian Uniqueness Reconsidered, ed. Gavin D'Costa (Maryknoll, NY : Orbis Books, 1990), 152.
24. Robert W. Jenson, "How the World Lost Its Story," First Things (October 1993):21.

불가피하게 연결된 것으로 보았다. 그러나 이것이 20세기의 교회가 19세기로부터 받은 복음전도의 형태가 아니라는 것은 부인할 수 없는 사실이다.

때때로 웨슬리 자신도 사회계와 정치계의 공적인 영역에 관해 지나치게 개인주의적이라는 비판을 받았었다. 하지만 웨슬리를 좀더 신중하게 읽으면 교훈적인 면이 있다. 웨슬리는 오늘날 우리처럼 비판적인 사회분석의 도구를 갖고 있지 않았었다. 하지만, 그가 옥스포드 시절 그리고 야외설교를 시작했던 1739년에 보다 절실하게 빈민들을 발견했을 때, 그는 다른 측면을 간과하지 않았다.

그가 빈곤, 교도소 생활여건, 혹은 미국식민지로의 노예 매매의 문제를 대면하였을 때, 이러한 것들은 그가 설교한 은총의 복음의 보조적인 문제가 아니었다. 그가 구두로, 글로, 혹은 행동으로 이러한 문제들을 대면한 것은 그저 "사랑으로 역사하는 믿음"의 발로였을 뿐이었다. 성화의 실재가 내적인 동시에 외적인 것이듯이, 마찬가지로 성화 과정의 삶은 사적 영역으로 물러날 수 없는 것이다. 이것이 은총의 논리였다. 또한 그것이 제자도의 논리였다. 웨슬리는 1775년 마취 양(Miss March)에게 쓴 편지에서 그것을 생생하게 표현했다. "누추하고 보잘 것 없는 헛간에 사는 가난한 자들과 병든 자들을 보십시오. 여인이여, 당신의 십자가를 지십시오! 믿음을 기억하십시오! 예수님이 당신을 앞서 가셨고 또 당신과 함께 가실 것입니다. 점잖은 여성을 벗어버리고 보다 고매한 성품을 지니십시오."[25] 아니면 인생 말년의 웨슬리의 말을 들어보라.

> 내가 죽어 사라지기 전에, 할 수 있는 대로 모든 것을 획득하여 저축하지만, 할 수 있는 대로 모든 것을 주지 않는 자들을 향하여 하나님께서 한번 더 나팔처럼 나의 목소리를 들어올릴 수 있게 하시기를! … 하나님의 사랑하는 당신의 많은 형제들이 먹을 양식이 없고 입을 옷이 없으며 머리 둘 곳이 없다. 그런데 왜 그들이 괴로워 하는가? 그것은 당신의 주인이자 그들의 주인이신 분이 그들의 필요를 공급할 목적으로 당신의 손에 맡긴 것을 불경스럽고 정당치 못하며 잔인하게 그냥 가지고만 있기 때문이다! 굶주림에 움츠러들고 추위에 떨며 반은 벌거벗은 불쌍한 그리스도의 지체를 보라! 당신은 이 세상의 재화 즉 고기와 마실 것 그리고 입을 것으로 풍성한데 말이다. 하나님의 이름으로 당신은 지금 무엇을 하고

---

25. Letter to Miss March(9 June 1775), Letters(Telford) 6:153.

제7장 – 그리스도를 제시하는 것 : 오늘의 웨슬리적 전도

있는가?[26]

웨슬리에게 구조적 불의에 대한 이해가 없다고 주장하는 사람들은 그의 책 "오늘날의 식량 부족에 대한 숙고"(Thoughts on the Present Scarcity of Provisions)을 읽어야 한다. 그는 증류산업이 곡물 수요를 조성하며 그로 인해 밀가루 가격을 비싸게 만듦으로써 굶주린 이에게서 밀가루를 빼앗는 결과를 낳는데 대하여 우선적으로 공격을 가하였다. 그러는 동안 사치에 대한 욕망은 지주들로 하여금 세를 올리게 하는 원인이 되었다. 이어서 비싼 토지세를 지불해야 하는 농부는 농산물의 가격을 더 올려 받아야 했다. "그래서 바퀴는 돌아간다"고 웨슬리는 말한다.[27]

마찬가지로, 노예제도에 대한 그의 예리한 신학적 논증은 신학적 확신과 정의의 확신이 따로 분리된 문제가 아니라는 사실을 예증하고 있다.

> 압제자들의 주요 논점은 노예제도가 합법화되어 있다는 점이다. 그러나 인간의 법이 하나님 창조질서의 정의를 바꾸어 놓을 수 있는가? 인간의 법이 어둠을 빛으로 또는 악을 선으로 바꿀 수 있는가? 결코 그럴 수 없다! 옳은 것은 옳은 것이고 그른 것은 그른 것이다. 정의와 불의, 잔인함과 자비 사이에는 여전히 본질적인 차이가 존재한다. 그리고 노예제도는 자비나 정의와 화해할 수 없는 것이다![28]

우리가 이처럼 웨슬리에게서 은총의 효과에 관한 철저한 낙관주의와 동등하게 인간의 상황에 대한 철저한 비관주의를 함께 결합된 형태로 발견하기란 좀처럼 드문 일이다. 복음전도에 대한 그의 시각은 칭의와 성화, 믿음과 행위, 회심과 거룩한 삶을 갈라놓는 것을 허락하지 않았다. 그의 복음적 사역은 성화의 은총으로 회복된 양심은 동시에 개인적이고도 사회적인 양심이라는 점을 지속적으로 상기시켜 준다. 이러한 균형을 진정하게 구현할 수 있는 복음적 사역은 우리의 포스트모던 상황에 대한 중심이 될 것이다.

---

26. Sermon 122, "Causes of the Inefficacy of Christianity," Works 4:86-96.
27. "Thoughts on the Present Scarcity of Provisions," §7, Works(Jackson) 11:57.
28. "Thoughts Upon Slavery," §4.2, Works(Jackson) 11:70.

제 8 장

연결과 교제 : 웨슬리의 유산과 에큐메니칼적 이상
브라이언 벡(Brian E. Beck)

이 글의 제목 첫 마디의 철자(connexion)를 보면, 필자가 영국식을 따르고 있음을 알 수 있다. 즉 기술적인 표시어로 사용된 connextion이란 말에 x자를 보존하고 있다. 나는 미국 연합감리교회의 동료요 친구인 러넌에게 이 에세이를 헌정하게 되어서 기쁘다. 옥스포드 감리교신학연구학회(Oxford Institute of Methodist Theological Studies)라는 국제회의를 통해서 그와 함께 일한 것이 내게는 큰 즐거움이었다.

자신의 연결체계(connexion)가 교회론적인 개념으로서 논의되는 것을 알게 된다면, 아마 누구보다도 웨슬리 자신이 가장 놀랄 것이다. 웨슬리에게 있어 연결체계란 본질적으로 선교적 봉사를 위한 실천적이고도 목회적인 제도였다. 그리스도에 대한 믿음을 발견한 사람들을 돌보고 그들이 거룩함에로 성장할 수 있도록 양육하기 위해서 무엇인가가 필요했던 것이다. 그 개념이 발전한 18세기의 종교 신도회(the religious societies)의 정황에서 볼 때, 그것을 어떤 다른 견지에서 생각할 이유가 없었던 것이다. 교회론적인 실체로 여겨졌던 것은 당시의 국교회였다.

이러한 시각은 비교적 최근까지도 타당한 것이었다. 연결체계란 어느 모로 보나 조직상의 문제였지 교회론의 문제가 아니었다. 19세기 전반에 걸쳐 영국에서는 이 연결체계의 웨슬리안적 및 다른 다양한 형태들에 대한 강렬한 변호들이 있었다. 그러나 이 그룹들의 조직신학적 작업들이 교회론을 다루게 되었을 때, 이상하게도 연결체계라는 주제에 관해서는 침묵하였다. 1995년에 이르러서야 영국에서는 이 주제를 진지하게 다룬 교회론에 관한 성명서가 총회석상에 제출되었다. 아울러 이 연결체계에 관한 신학적 해설이 연합감리교회 장정에 최초로 삽입된 것도 1988년의 일이었다.[1] 하지만 실제에 있어서는 교회론적인 함축성들이 항상 존재해 왔으며, 이러한 함축성들이 보다 확대된 계기는 웨슬리의 사망과 함께, 웨슬리 개인과의 연결체계로부터 회의(연회, 총회 등)와의 연결체계로 전환이 이루어짐으로써 비롯되었다. 이러한 변화와 더불어, 하나의 현존하는 신도회들의 연합체로부터 현존하는 교회에로의 점진적인 움직임이 가속화되었다. 안타까운 것은, 그러한 발전에 따라 연결체계의 제도적인 측면들은 강화된 반면, 사실 교회론적으로 더 가치있는 다른 요소들은 점차 잠복하게 된 것이다.

이 글의 목적은 그러한 교회론적으로 가치있는 몇가지 요소들을 찾아내어, 그것을 최근의 에큐메니즘적 이상으로 주목받고 있는 코이노니아(koinonia)의 개념과 비교해 보고, 그럼으로써 양자가 서로에게 어떤 의미를 줄 수 있을지 알아보고자 하는 것이다.

웨슬리적 연결체계에 대한 개관

먼저 "연결체계"란 말은 오직 감리교만의 용어도 아니고, 배타적으로 종교적인 용어만도 아니라는 사실이 인정되어야 한다. 18세기에 그 말은 종교단체뿐 아니라, 상업단체 및 정치단체를 가리키는 데에도 쓰여질 수 있었다. 그 용어를 사용하고 있던 종교단체 중에는 조지 휫필드와 하웰 해리스(Howell Harris), 그리고 헌팅턴(Huntingdon) 백작부인 등과 연계된 단체들이 있었는데, 이들 중 마지막 연결체계는 지금도 그 이름으로 존속하고 있다. 하지만 웨슬리는 그 단어에 독특한 성격을 부여하였으니, 곧 자신의 부흥운동에 그 자신의 인격과 방식을 각인시켜 놓았다.

웨슬리의 용법을 살펴보면, 연결체계는 우선 회원들, 신도회들, 설교자들의 세

---

1. The Book of Discipline of The United Methodist Church (1988),112(pp.116-18)을 보라. 그 문단은 The Book of Discipline of The United Methodist Church(1996), 109(p.109)에서 개정되고 훨씬 간략하게 된 형태로 나타난다.

제8장 – 연결과 교제: 웨슬리의 유산과 에큐메니칼적 이상

범주로 구분되어 적용되었음을 알 수 있다. 각각의 경우 모두 웨슬리 자신과의 유대가 중요했다. 웨슬리는 다양한 방식으로 그들 모두에 대해 권위를 행사하였다. 1766년 웨슬리는 이러한 권위에 대한 자신의 견해를 다음과 같이 밝히고 있다.

> 그것은 내가 돌보는 신도회에 받아들이고 제명하는 권한, 집사들을 선택하고 해임시킬 권한, 보조자들(순회설교자들)을 받아들이거나 거부할 권한, 보조자들이 언제, 어디서, 어떤 식으로 나를 보좌할 수 있도록 그들을 임명할 권한, 내가 좋다고 판단될 경우, 그들 중 누구라도 나를 접견하게 할 권한입니다.[2]

그 관계는 본질적으로 수직적 혹은 구심적인 것이었는 바, 흩어져 있는 단위들로부터 웨슬리에게로 집중되었던 것이다. 하지만 이런 구심적 관계로부터 횡적인 관계도 발전하게 되었다. 설교자들은 웨슬리와의 연결체계를 통해 서로 연결되었으며, 하나의 단일체를 형성하게 되었다. 웨슬리는 1769년에 이미 자신의 사후를 전망하면서 이 점을 표명하였다.

> 여러분은 서로 조화로운 가운데, 일치된 계획에 따라 행동합니다. 이제 이러한 일체성을 지속하기 위해 무엇을 해야 할지 숙고할 때입니다. 사실 내가 살아있는 한, 커다란 어려움은 없을 것입니다. 나는 하나님 아래에서 우리 모든 순회 설교자와 지방 설교자들의 구심점이 되어 왔습니다. … 오로지 나에 대한 존경심이 있기에 그들은 서로에 대한 연결관계를 지속시킬 것입니다. 그러나 하나님이 나를 여러분에게서 데려 가신다면 이러한 연락체계를 보존할 수 있는 방편이 무엇이겠습니까?[3]

이 문제에 대해 1784년 선언문(Deed of Declaration)에서 나온 대답은 회의제도(Conference)였다. 신도회들은 유사한 방식으로 서로 연합되었다. "연합신도회(The United Societies)"라는 명칭은 그 기원이 불분명할 뿐 아니라, 그 의미도 일관되었던 것 같지는 않다. 그 말은 브리스톨에 있던 두 신도회가 통합된 데서 시

---

2. 1766 Minutes, Minutes (Mason), 61(또한 "Large Minutes," Q.27, Works [Jackson] 8:312).
3. 1769 Minutes, Minutes (Mason), 87-88 (또한 "Address to the Traveling Preachers" [4 August 1769],§2, Works [Jackson] 13:242).

작되었던 것 같으며, 그 후로 합동하지 않은 다른 신도회들로 퍼져나갔는데, 결국 서로 연합체를 이룬 신도회들 전체를 가리키게 되었다. 그러한 연합이 웨슬리에게 극히 중요한 것이었음은 그가 미국교회에 보낸 마지막 편지에서도 엿볼 수 있다. 거기서 웨슬리는 미국교회에게 "감리교인들은 전 세계에서 하나의 백성이며, 이 점은 내내 이어질 그들의 확고한 결단임"을 분명히 선언할 것을 촉구하고 있다.[4]

이러한 연결체계의 유대는 목회적 필요 혹은 기회에 대한 응답으로서, 실용적인 견지에서 발전되었다. 그것은 신도대(band meetings)와 속회, 순회제도, 규칙, 찬송, 설교, "신약주해"와 여타 출판물 및 회의체제 등과 더불어 시작되었다. 시간이 지나면서 규범문(Model Deed)과 선언문이 추가되었으며, 미국의 신생 교회를 위해 25개조 종교강령(이것은 계속해서 표준으로 남았다)과 "주일예배 규범"(이것은 표준으로 자리잡지 못했다)이 제공되었다. 이 모든 것의 배후에는 바로 장정(discipline: 규율, 훈련)이 있다. 이 장정의 시행은 감리교 운동 전체의 모태가 되는 세 가지 확신에 따른 것으로, 첫째로 그리스도는 모든 사람을 위해 죽으셨다는 것(따라서 선교야말로 일차적인 명령이며), 둘째로 모든 사람은 거룩한 삶에로 부름받았다는 것(따라서 훈련과 감독이 필요하며), 셋째로 고독한 종교 같은 것은 존재하지 않는다는 것(따라서 신도회와 그것을 유지하기 위해 고안된 모든 것들이 필요하다는 것) 등이다. 바로 그러한 확신과 목회적 필요는 웨슬리로 하여금 영국교회의 완강함에 낭패를 맛본 후에 결국 미국을 위해 성직안수를 시행하게끔 고무시킨 것이다. 그 후 웨슬리는 스코틀랜드, 캐나다, 서인도 그리고 마침내 영국을 위해서도 성직안수를 행하게 되는데, 이로써 그는 교회법의 관점에서 볼 때 감리교회라는 배를 영국 국교회의 항구에 붙잡아 매두었던 밧줄을 끊어버렸던 것이다.

웨슬리 사후 수십년 동안 감리교운동은 대서양의 양쪽에서 각각 상이한 방식으로 발전되어 갔으나, 웨슬리가 감리교에 물려준 조직구조 만큼은 현저하게 지속력 있는 것으로 증명되었다. 오늘날에도 그 특징으로 회의체제, 규칙(영국에서는 상존 회칙, 미국에서는 장정이란 이름으로 되어있음), 순회제도, 공동찬송가 등을 꼽을 수 있으며, 무엇보다도 감리교회라면 가지고 있는 다음과 같은 기대를 들 수 있

---

4. Ezekiel Cooper에게 보낸 편지 (1 February 1791), Letters(Telford) 8:260.

을 것이다. 즉 지역의 개체교회와 그 생활방식이 개교회 자체적으로 결정되는 것이 아니라 그 교회를 통치하는 규칙제정권을 가진 중앙기구에 의해 규정된다는 것과, (연합) 감리교인이 된다는 것은 단지 한 지역교회 회중에 속하는 것이 아니라 보다 더 큰 친교(공동체)에 속하게 된다는 것이다.

하지만, 대서양 양쪽에서 감리교회의 기본틀은 유지되었던 반면, 내적 생활은 여러 면에서 변화를 겪게 되었다. 감리교회는 스스로를 단지 신도회 정도가 아닌 교회로 인식하였을 뿐 아니라, 영적인 추구와 그것을 위한 목회적인 기제마저도 변하게 되었다. 신도대 모임, 상호간의 심사(審査), 애찬식, 철야 등이 사라져 버렸다. 한 개체 감리교회의 매주일의 삶은 비슷한 사회적 양상을 띤 장로교회나 침례교회와 크게 다를 것이 없게 되었다. 이로써 연결체계를 제도적 관점에서 바라보는 경향이 더 심해졌다. 즉 연결체계를 통해 무상원조라도 받게 될 경우 그것은 혜택으로 여겨졌으며, 그것이 공인된 목회자의 공급을 보장해 준다는 점에서는 일종의 편리함이 되었지만, 혹 개체교회의 주도권이 제약받는다고 느껴지거나 개체교회가 받는 혜택들에 대하여 과도한 액수로 여겨지는 돈을 지불해야 할 경우 그것은 강제나 부담으로 다가왔던 것이다. 물론, 영국과 미국의 초기 선교사들이 세운 세계 여러 지역의 교회를 방문해 본다면, 이러한 묘사는 여러 면에서 수정되어야 할 것이다. 하지만 영국과 미국의 경우, 그것은 대체로 사실에 부합한다. 1988년 연결체계 전통에 대한 성명이 연합 감리교 장정에 삽입된 사실이야말로 이러한 유산을 재천명해야 할 필요에 봉착했음을 반영해 주는 것이다.

사실 독립주의는 그것이 의식적으로 규정된 것이든 여러 교파의 교인들 사이에서 대하게 되는 무분별한 실용주의적 형태에 있어서든 간에, 항상 연결체계전통의 옹호자들에겐 주된 비판의 대상이 되어왔다. 예컨대 19세기 영국의 저자들은 감독제나 장로제의 정체(政體)를, 비록 웨슬리적인 연결체계보다는 훨씬 덜 중앙집권적인 것이긴 해도, 본질적으로 연결체계적인 것으로 보려고 했다. 하지만 그들은 회중제(congregationalism)를 전적으로 별개의 것으로 간주하였다. 사실 18세기부터 회중제는 감리교 저자들이 보기엔 몇 가지 심각한 위험을 제기하고 있었다: 즉 선교에 헌신하는 것보다 회중을 섬기는 것이 목회자의 일차적인 기능이 될 것이며, 목회자들이 회중에 의해 임명되었으므로 회중이 목회자의 지도력에 종속되기보다 목회자들이 회중들의 영향력에 종속되기가 더 쉬울 것이다. 또한 이로써 교리적인 이단이나 영적인 해이함이라는 심각한 위험이 발생하게 될 것이며, 만약 목회자가 예언자의 칼날을 세운다면 그들은 해임될 위험에 처할 것이고, 혹 그렇지 않다면 그들은 그저 생계를 위해 거기에 머물러 있으면서 그 교회와 더불어 점차 퇴락으로 가라앉고 말 것이다. 감리교 변증가들의 말은 극단적인 예에 불과할 수도 있겠지만, 그러한 두려움을 뒷받침할 만한 경험이 그 당시에 많이 있었던 것이다.

하지만, 연결체계에 대한 적당한 평가는 어떤 제도적인 정리나 논쟁들로부터가 아니라 초기의 특징들로부터 시작해야 한다. 영국과 미국의 감리교 전통은 모두 그들의 초기유산으로부터 배우고 회복해야 할 많은 것을 가지고 있다. 물론, 우리가 앞으로 살펴보겠지만, 비록 보다 넓은 범위의 에큐메니즘적인 논의도 몇가지 문제를 제기할 것이지만 말이다.

웨슬리의 연결체계 전통에 대한 평가

그렇다면 웨슬리의 실용적이며 목회적인 체계 배후에 있는 교회론적 가치들은 무엇인가? 우리가 이미 살펴본 대로, 그것은 자발적인 회합을 위한 체계였지, 하나의 독립된 교회를 위한 것은 아니었다. 하지만 그것은 교회란 무엇이어야 하는가에 대한 전제들로부터 발전되어 온 것이며, 그 이유 때문에 여전히 교회론적인 중요성을 갖고 있다. 나는 현대의 교회론적 성찰에 대해 가치를 지닌 6가지 점들을 조명해 보고자 한다.

(1) 연결체계는 선교적이며 목회적인 필요에서 나온 것이지, 보다 성경적인 조직을 만드려는 욕구로부터 나온 것은 아니다. 19세기 웨슬리안 변증가들은, 개혁주의 전통에 속한 교회들과는 달리 교회조직 그 자체는 자기들에게 중요한 사안이 아니라고 주장함에 있어서 결코 한 걸음도 물러서지 않았다. 그들은 교회의 형태란 믿음의 내적인 본성으로부터 따라 나오는 것이지 결코 성경이나 전통에 의해 법률적으로 결정될 일이 아니라고 보았다. 이 점에 관한 웨슬리의 확신은 그의 아르미니우스주의와 분리될 수 없다. 웨슬리는 구원이 단지 선택된 자

들 만이 아닌 모든 사람들에게 주어져야 함을 주장하였다. 따라서, 교회의 구조도 이 목적에 봉사해야 하는 것이다. 더 나아가, 교회의 선교는 궁극적으로 개인과 더 넓은 사회의 성결과 관계하는 것이다. 하나님이 감리교 설교자들을 세우신 것은 "어떤 새로운 종파를 만들려는 것이 아니고, 민족을, 특별히 교회를 개혁하려는 것이고, 성경적인 거룩함을 온 땅에 전하려는 것이다."[5] 따라서 교회의 구조는 복음화(전도)와 영성 계발에 봉사해야 한다.

오늘날 그와 같은 원칙을 긍정한다고 해서, 그것이 전통의 중요성을 부인하는 것은 아니다 (실로 그렇게 하는 것은 웨슬리적인 유산에 대한 검토를 무의미한 것으로 만들 것이다). 하물며 그것이 성경의 중요성을 부인하려는 것은 더 더욱 아니다. 오히려 복음화와 영적 형성에 대한 명령을 인식하는 것은 바로 성서에서 비롯되는 것이다. 하지만 성경과 전통의 역사적 상대성이 점증적으로 인정되고 우리가 물려받은 모든 구조들이 문화적으로 조건지어졌다는 것이 인식되는 시대에 있어서, 핵심적인 가치들을 분별해 내어 그에 따라 구조들을 평가, 보유 혹은 대체하려는 것이 중요하다. 그 중의 한 가지가 교회의 선교이다.

(2) 연결체계는 본질적으로 상호인격적인 것이다. 회원들과 신도회들과 설교자들은 웨슬리와 연합되어 있었으며, 그들 상호간에도 그러하였다. 조직체계를 구성하는 요소들 — 신도대, 속회, 신도회, 회의체제 — 은 사람들이 만날 수 있도록 하는 데 중점이 있었다.

> 기독교는 본질적으로 사회적인 종교이다. 그것을 고독한 종교로 바꾸어 버리는 것은 실로 그것을 파멸시키는 것이다. … 내가 말하는 것은 기독교가 사회 없이는, 다른 사람들과 함께 살아가며 교제하는 것 없이는 제대로 존속할 수 없을 뿐만 아니라, 전혀 존속할 수 없을 것이라는 사실이다.[6]

감리교의 구조는 이러한 관계들에 봉사하기 위해 고안되었다. 그렇지만 역설적이게도 다른 모든 교회구조들과 마찬가지로, 감리교의 구조 역시 시간이 지남에 따라 만남에 대한 장애가 되어버렸다. 오늘날과 같은 에큐메니칼 시대에 그러한

---

5. "Large Minutes," Q. 3, Minutes (Mason), 447 (혹은 Works [Jackson] 8:299).
6. Sermon 24, "Sermon on the Mount IV," §1.1, Works 1:533-34.

구조들은 보다 광범위한 만남이 가능하도록 극복되거나 변형되거나 혹은 무시되어야 할 필요가 있다.

(3) 관계성은 개체교회 차원 이상의 것으로 이해되었다. 그것은 잠재적으로 우주적인 것이었다. 우리가 위에서 살펴본 대로 웨슬리는 "감리교인들은 전 세계에서 하나의 백성이며, 이 점은 내내 이어질 그들의 확고한 결단임"을 천명하였다. 독립전쟁 후에도 영국과 미국의 감리교인들을 단일한 연결체계로 묶어 두려는 웨슬리의 희망은 얼마 후에 꺾이게 되었다. 미국인들은 정치적 문제에서 만큼이나 교회 문제에 있어서도 자기들의 길을 가고자 하는 결심을 나타내었다. 당시의 상황에서 다른 것을 기대하기란 무척 곤란한 일이었다. 하지만 웨슬리의 발언은 단지 자기 조직을 함께 붙들려고 분투하는 행정가의 선언 이상의 어떤 것이었음을 주목해야 한다. 그는 누구도 거룩함이 없이는 하나님을 볼 수 없는 바 그 거룩함에로의 부름이 곧 완전한 사랑에로의 부름이라는 확신에 뿌리박은 것이었다. 따라서 일치, 곧 경계선 없는 일치야말로 복음의 명령인 것이다.

(4) 이 모든 면에서, 그 강조점은 직고에 있었다. 웨슬리가 조직한 모든 단계의 모임들 —신도대, 속회, 신도회, 인도자들의 모임, 설교자들의 모임, 회의들— 이 지향한 목적은 "엄격한 보고를 실시하는" 것이었다. 모임들의 일차적인 목적은 현대적인 의미에서의 '업무'가 아니라 영적이고 신학적인 감독이었다. 그들은 믿음, 기도, 순종, 신실한 목회, 교리적 충실성 및 지속적인 증거와 선교를 통해 서로를 그 길에서 붙잡아 주기 위해서 모였던 것이다. 1744년에 열린 최초의 연회를 위한 의사일정은 다음과 같다: "무엇을 가르칠 것인가? 어떻게 가르칠 것인가? 무엇을 할 것인가, 즉 우리의 교리와 장정과 실천을 어떻게 규정할 것인가?"[7] 아무도 스스로를 자율적인 존재로 간주해서는 안된다. 모든 사람은 서로에 대해 책임을 져야 한다. (여기에서 유일한 예외는 물론 존 웨슬리 자신이었다.) 몇몇 설교자들은 그도 역시 친교 공동체에 대해 책임을 져야 한다고 생각했으며, 적어도 찰스 웨슬리만큼은 그를 그렇게 취급하는데 전혀 거리낌이 없었을지라도, 웨슬리 자신은 확실히 자기가 공동체에 대하여 책임을 져야 한다고 생각지 않았다.[8]

(5) 감독(episcope: 감찰)은 따라서 실제로 핵심적인 중요성을 띤 사안

---

7. Minutes(25 June 1744), Minutes(Mason) 1:1 (혹은 John Wesley, 136).

이었다. 존 웨슬리는 이냐시오 로욜라(Ignatius Loyola)가 예수회의 감독 역할을 한 것과 비교하는 것이 타당할 것이다. 미국에 파견할 성직자들을 안수할 때에도, 웨슬리는 홧콧(Whatcoat)과 베이시(Vasey)를 설교자 겸 목사로 안수했을 뿐아니라 콕(Coke)을 감리사로 임명하기도 했던 것이다. 따라서 오늘날까지 연합 감리교회 전통에 따르면, 교회 전체를 주관하는 총 감리직(general superintendency)은 감독단 전체에 일임되어 있다.

(6) 결국 웨슬리의 연결체계의 모델은 신자들이 하나님과 순종의 언약(계약)관계를 맺으라는 제안을 담고 있었다. 불행하게도, 웨슬리의 연결체계가 하나의 자발적인 연합체로서 시작되었다는 현실 때문에 이러한 제안은 전형적으로 모호하게 될 수 밖에 없었다. 웨슬리 당시뿐 아니라 그 다음 세기 동안에도 이러한 연결체계의 자발적인 면이 강조되었는데, 이는 연결체계가 너무 권위적이라는 비난에 맞서기 위한 것이었다. 사람들이 그 체제가 싫으면 얼마든지 떠날 수 있다는 점을 내세우곤 했지만, 실제로는 그렇게 단순한 문제가 아니었다. 더 중요한 사실은, 이렇듯 자발성을 강조한 결과 하나님께 대한 순종의 언약이 지닌 교회론적 차원이 침해되는 경향을 띠게 되었다는 것이다. 이러한 위험은 연결체계에 관한 현대 감리교의 해설에도 남아있다. 예를 들어 연합 감리교회 장정에 실린 1988년 성명서가 언약의 개념을 사용하고 있는 방식을 살펴보자.

> 감리교인들은 어디에 있든지 우리는 서로와 맺은 연결체계와 언약관계 안에서 함께 길을 가는 믿음의 한 백성이라는 생각을 품어 왔다. 감리교인들 중에 존재하는 이러한 고도의 응집력과 중앙집중된 조직을 표현하는 연결체계의 원칙은 감리교인들을 성공회의 교회조직이 가졌던 규범적인 패턴 및 당시 개신교 교파들의 보다 느슨한 조직체들로부터 구별해주는 뚜렷한 특징이 되었다. 감리교인들이 강력한 언약적 결속을 받아들이게 된 것은 우연이 아니었다. 여기에는 결과적으로 언약에 대한 개념과 경험 및 하나님과 서로간에 맺은 계약 가운데 함께 길을 가는 믿음에 대해서 강조하는 것 등과 같은, 심오한 신학적 근거들이 있었다. 그러한 연결체계에 관한 개념은 단지 조직적이거나 구조적인 틀이라기 보다

---

8. 1766 Minutes, Minutes (Mason) 1:61(또한 "Large Minutes," Q. 27, Works [Jackson] 8:312)에 나오는 웨슬리의 다음과 같은 논평, 즉 "나는 나에게 충고하도록 그들을 보냈던 것이지, 나를 지배하도록 보냈던 것은 아니다"를 참고하라.

는 관계의 양식인 것이다. … 그것은 그 본질상 감리교파의 생활 전반에 걸쳐 개
인과 집단들 사이에 존재하는 상호의존적인 관계의 그물망인 것이다.[9]

연결체계에 관한 이같은 설명은 적절치 못한 것이다. 그것은 하나의 종교 단체
에는 적합할지 모르지만, 교회 속의 관계들에 대한 진술로는 부적절한 것이다. 그
것은 연결체계를 하나님과 우리 간의 언약에 유비되는 하나의 언약으로 취급하고
있지만, 그 둘 사이의 관련성을 명확히 그려내지는 못하고 있다. 이 문제를 직시하
기 위해서, 세계교회 협의회(WCC)가 1993년 "코이노니아(친교)와 정의, 평화,
창조의 온전성"에 관한 협의 후에 발간한 보고서인 "값비싼 일치(Costly Unity)"
에 실린 언약에 관한 논평들과 비교해 보라:

> 인간들 사이의 언약은, 그것이 하나님의 언약에 따른 요구들에 순종하겠다는 의
> 사와 더불어 하나님 앞에서 맺어질 경우에만 성서적인 의미를 띠게 된다. 언약관
> 계로 들어간다 고 하는 것은 하나님께서 우리에게 설정하신 창조질서의 조건들
> 을 우리가 받아들인다는 것을 뜻한다.[10]

달리 말해서, 연결체계는 (그 최선의 형태에 있어서) 자발적인 연합체가 아니
라, 교회론적인 규율(discipline)인 것이다. 그것은 복음과 교회의 본성으로부터
비롯되는 것이다.

코이노니아 개념에 대한 개관

코이노니아(친교, 교통) 개념에 대한 가장 간결한 진술로서 세계기독교 협의회
의 1991년 캔버라(Canberra)성명서, "코이노니아로서의 교회의 일치 : 은사와
소명"를 들 수 있다.[11]

---

9. The Book of Discipline of the United Methodist Church (1988), 112 (p.116). 언약과의 구체적인 유비가 1996년 판 장정(109, p.109)에서 축소된 형태의 이 단락에서는 나타나고 있지 않지만, 수평적 차원의 견지에서의 연결에 대한 해석은 전적으로 동일하게 남아있다.
10. "Costly Unity," 25. Costly Obedience, eds. T. F. Best & M. Robra(Geneva : World Council of Churches, 1997)에서 볼 수 있음.

또한 1993년 산티아고 데 콤포스텔라(Santiago de Compostela)에서 열린 신앙과 직제에 관한 제 5차 세계 총회의 보고서에 실린 문건들이 보충자료가 될 것이다. 우리는 다음의 발췌문에서 그 분위기를 느껴볼 수 있을 것이다:

> 우리의 소명인 바 교회의 일치는 하나의 코이노니아로서 사도적 신앙의 공동 고백 안에 주어지고 표현되는 것이다. 그것은 하나의 세례에서 시작되고 하나의 성만찬적 친교를 통해 함께 기념되는 공동의 성례전적 생활이며, 그 안에서 각 지체들과 각각의 교역들이 상호 인정되고 화해를 이루는 공동의 생활이다. 그리고 그것은 모든 사람들에게 하나님의 은총의 복음을 증언하고, 창조세계 전체를 섬기는 공동의 선교인 것이다. ⋯ 이러한 완전한 교통(communion)은 삶과 행동의 협의회적(conciliar) 형태들을 통해서 지역적 차원과 전세계적 차원에서 표현될 것이다. 이와 같은 교통(친교) 안에서 교회들은 하나의 신앙을 고백하고, 예배와 증언, 계획과 행동에 함께 동참함으로써 그들의 삶의 모든 국면에서 함께 결속된다.[12]

더 나아가서 다음과 같은 산티아고 보고서로부터의 인용문은 코이노니아는 연결체계가 바라는 것보다 훨씬 더 포괄적이고 뿌리깊은 개념임을 예증한다:

> "코이노니아"는 무엇보다도 그리스도 안에서 누리는 은혜로운 친교로서, 창조세계와 인류가 하나님께로부터 받은 선물의 풍부함을 드러내 준다. 그것은 삼위일체 하나님을 예배하고, 사도적 신앙을 고백하며, 복음과 성례전적 삶을 함께 나누며, 교회와 세상 속에서 하나님께 신실하고자 하는 사람들의 믿음과 삶과 증언 가운데 존재하는 다차원적인 역동성인 것이다. ⋯ 교회의 코이노니아의 본질이라고 할 수 있는 일치와 다양성 간의 상호의존성은 예수 그리스도 안에서 계시된 삼위일체이신 하나님 안에 뿌리박고 있다. 성부, 성자, 성령은 일치와 다양성의 완전한 표현이며, 관계적인 삶의 궁극적 실재인 것이다. ⋯ 교회의 구조 자체가 바로 관계적인 것이다. ⋯ 어떤 기독교인도 고립된 개인으로 존재하면서 하나님

---

11. The Unity of the Church as Koinonia, eds. G. Grassmann & J. A. Radano (Geneva: World Council of Churches, 1993) 속에 그것에 대한 응답들과 함께 포함되어 있다.
12. Fifth World Conference on Faith and Order: Message, Section Reports and Discussion Paper (Geneva: World Council of Churches, 1993), Discussion Paper, p. 12.

과 직접적이고도 특별한 교통을 누릴 수는 없다. … 일치나 다양성 모두 코이노니아를 표현하고 있다. … 교회의 코이노니아는 또한 우주적인 것이 다.[13]

이러한 코이노니아 개념의 발전이 지닌 현저한 강점은, 그것이 삼위일체론에 뿌리박고 있다는 사실이다. 이로써 교회일치의(ecumenical) 목표에 하나의 중심이 되는 신학적 패러다임과 하나님 지향적인(Godward) 차원이 주어지는 것이다. 우리의 소명인 일치는 구조들 간의 융합이나 인간 공동체들 간의 화합이 아니라, 인간존재들을 — 그리고 궁극적으로는 모든 창조세계를 — 하나님의 생명에로 인도하는 것이다.

이와 같은 이해는 교회일치의 목표들에 대한 우리의 현대적인 표현들 뿐만 아니라, 갈라져 있는 모든 교회들의 삶과 구조들에 관한 문제를 제기한다. 하나님을 지향하는 차원이 교회의 본질과 교회 생활에 관한 우리의 성찰의 중심이 되지 못한다면, 우리의 비전은 왜곡된 채로 남아있게 될 것이다.

코이노니아 개념과의 연관성

이제 코이노니아 개념에 관한 몇가지 의미를 염두에 두고서, 나는 그 개념을 웨슬리적인 관점에서 관계시켜 보고자 한다. 이를 위해 나는 연결체계와 코이노니아의 교회론적인 강조점들 간의 병행되는 면들과 대조되는 면들을 살펴보고자 한다. 우선 교회의 코이노니아적 모델과 연결체계적 시각 사이의 몇 가지 흥미로운 병행점들을 다루어 보자.

코이노니아와 연결체계 간의 병행점들

(1) 코이노니아는 연결체계와 마찬가지로, 교회를 위한 단순한 선택사항이 아니다. "어떤 기독교인도 고립된 개인으로 존재하면서 하나님과의 직접적이고도 특별한 교통을 누릴 수 없다"고 말하는 캔버라의 성명서와 "기독교는 본질적으로 사

---

13. 같은 책, Report of Section I, pp. 6-8.

제8장 - 연결과 교제 : 웨슬리의 유산과 에큐메니칼적 이상   177

회적인 종교"라고 말하는 웨슬리 간에 나타나는 서로 병행되는 정서는 그 점을 잘 지적해 주고 있다.

(2) 코이노니아는 연결체계와 마찬가지로 상호 인격적인 것이다. 또 다시 캔버라 성명서를 참조해 보면, "교회의 구조 자체가 바로 관계적인 것"이라는 말이 나온다. 그리고 그 말은 공동의 신앙고백, 성례전적인 삶의 나눔, 지체들과 교역들에 대한 상호인정이라는 견지에서 표현되고 있다. 강조점은 다소 다를지 모르지만, 웨슬리의 연결체계도 본질적으로 사람들 간의 만남에 관한 것이었다. 웨슬리가 감리교인들에게 교회에 관한 만족할 만한 교리를 제시해 주지 못했다고 하더라도, 그는 분명 그들에게 — 함께 소그룹으로 만나서 서로를 지탱해 주는 — 교회, 그 안에서 성만찬이 새로운 의미를 취하게 되었던 교회에 대한 경험을 주었던 것이다.

(3) 코이노니아는 연결체계와 마찬가지로 선교지향적인 것이다. 캔버라 성명서를 다시금 인용해 보면, "모든 사람에게 하나님의 은총의 복음을 증언하고 창조세계 전체를 섬기는 공동의 선교인 것이다. … 교회의 코이노니아는 … 우주적인 것이다." 웨슬리에게 있어서도 역시 연결체계는 잠재적으로 원하는 사람 모두를 포괄하는 우주적인 것이었다.

언어의 상이함 말고도 코이노니아와 연결체계 간에 이러한 논제들에 관한 차이점이 있다면, 그것은 서로가 출발점이 다르다는 것이다. 웨슬리는 미시적 차원에서 시작하여, 신자 개개인의 필요성과 관계성을 다루었으며, 거기서부터 개체 교회를 거쳐 밖으로 나아가, 보다 넓은 연결체계로 뻗어나갔다. 코이노니아는 그 논의의 장이 전세계적인 교회일치 운동의 관계들인 까닭에, 거시적 차원에서 시작하여 개체 교회를 향하여 안으로 심화되어 들어간다. 그러나 우리는 코이노니아가 갈라진 교회들 간의 관계에 대해 언급하는 것이 여느 개체교회 내의 특정한 회중 집단들과 그 관계들에도 마찬가지로 적용된다는 사실을 놓쳐서는 안될 것이다.

연결체계에 대한 코이노니아의 도전

우리가 유사성에서 상이성으로 시선을 돌리게 되면, 코이노니아의 개념이 감리교적인 사고에 주는 가장 중요한 도전은, 앞서 언급한 삼위일체적인 틀 말고도, 바로 코이노니아가 일치와 다양성 모두를 포괄해야 한다는 주장이다. 이 점은 18, 19세기뿐 아니라 심지어 20세기 전반기까지도 감리교인들에게 있어 그다지 명료한 것이 아니었다. 그 시대의 공통적인 태도를 보여주는 글 중에 가장 강경한 진술은 아마 릭(J.H. Rigg)의 것인데, 이 글은 지난 반세기 동안 영국 감리교회가 적어도 어디까지 와 있는지 보여주는 한에서만 인용할 가치가 있을 뿐이다.

> 웨슬리적인 감리교는 연결체계적인 제도로서, 거기엔 관심사의 절대적인 상호공유, 일치된 교인들. … 일치된 순회목사 제도가 존재한다. 따라서 교역자들과 교인들이 하나의 교리 와 하나의 장정을 분명하게 채택하거나 인정하는 것이 절대적으로 요구된다. 자신들의 양심상 승인할 수 없는 여하한 교리체계에 대하여, 어떠한 교역자라도 그것을 가르치고 강요하도록 하든지 어떠한 교인이라도 그것을 받아들이고 그것에 순복하도록 요구될 수 없다. … 모든 개체 구역과 모든 교역자들에게 연합의 조건을 강요할 수 있는 권위와 권력은 반드시 연합신도회 전체에 귀속되어야 한다.[14]

내가 볼 때, 이런 식의 진술이 나오게 된 것은 이미 퇴락이 시작되었을 시기가 아닌가 한다. 물론, 현재 적어도 영국의 상황에서, 그것은 감리교회라기 보다는 행인들에게 동일한 간판에 획일적인 물건을 제공하는 연쇄점과 같은 것이다. 영국에서는 그러한 다양성이 대부분 합법화되어 있으며, 생각하건대 미국이나 유럽대륙보다 더 심할 것이다. 그 결과 우리는 일치와 다양성 간의 관계를 붙들고 씨름하고 있으며, 다양성을 매우 좋지 않게 보는 유산과도 투쟁하고 있다.

코이노니아에 대한 연결체계의 도전

앞에서 요약적으로 진술된 코이노니아에 대한 설명에서 무엇인가 약점을 찾을 수 있다면, 그것은 아마도 직고(accountability : 책임성)에 관한 부분에서일 것이

---

14. J. H. Rigg, A Comparative View of Church Organizations, Primitive and Protestant, 3rd. ed. (London : Charles H. Kelly, 1897), 11.

다. 내가 그 상대어인 관할권(jurisdiction)이란 말보다 직고란 말을 사용하는 것은 '관할권'이란 말이 무언가 외부로부터 부가된 것으로 비쳐질 수 있기 때문이다. 게다가 그 말은 법률용어로서, 근본적으로 상호인격적인 특징을 지닌 코이노니아와는 다소 거리가 먼 까닭이다. 하지만 코이노니아 역시 자율성을 부정하며, 교회질서를 세우는 데 있어서의 핵심적인 문제, 즉 개별교인들, 회중들, 그리고 보다 넓은 집단들이 상호간에 어떻게 책임질 것인가 하는 문제를 제기한다. 코이노니아에 관한 문건들은 회의를 통한 합의(conciliarity)는 과대평가하는 반면, 직고(책임성)는 과소평가하고 있다. 예외적으로 의사일정 항목에서나 다음과 같이 언급될 뿐이다: "코이노니아는, 분열된 교파들이 서로 친교를 나누고 있는 한에서 현재의 교파적인 구조를 용인하는 것으로 해석되어서는 아니된다. 이것은 코이노니아를 기껏해야 '화해된 다양성'을 뜻하는 동의어 정도로 전락시킬 것이다."[15]

연결체계의 유산이 지닌 강점 중 하나는, 그것이 회의제(conference) 형태 내에서 어떻게 직고를 창출해 낼 수 있을까 하는 실제적인 문제에 대한 해답을 제공한다는 점이다. 여기서 회의제란 함께 기도하는 가운데 하나님의 마음(생각)을 분별하고 그것을 선포하는 일을 협의하기 위해 교회의 대표자들이 모이는 회합을 말한다. 거기서 대표자들이 합의하는 결론은 그들을 파견한 교회에 대해 구속력을 지닌다. 바로 그러한 틀 안에서 개체 교회들은 그리스도께 순종하는 가운데 서로에게 책임을 지고 서로를 규제하는 것이다. (실제 경험은 이와 매우 다를 수 있다. 즉 정치가 개입되는 것인데, 그것은 새로운 일이 아니다.)

흥미롭게도 영국과 미국의 감리교 전통은 이러한 원칙을 적용함에 있어 서로 다른 방향으로 나가고 있는데, 그 방식들은 다른 전통들에서 아주 옛날에 있었던 구분들을 반영하고 있다. 요컨대 미국 감리교 전통에서는 (예외가 있긴 하지만), 미국 바깥의 자교회들(daughter churches)이 — 대부분 자체적인 회의들에 의해 치리되기는 하지만 — 그 성격상 전 지구적인 총회와 단일한 감독 협의회에 가입함으로써 그 규율 하에서 함께 결속되어 있다. 영국 감리교 전통에서는, 자교회들이 (미국 감리교회는 그 최초의 자교회로서 "하나님이 기이하게 그들을 자유케 하신 바 그 자유"를 누렸다[16]) 상호 지원과 상호 대표에 관한 협의를 통해 연결된 자

---

15. "Costly Unity," 31.

율적인 체제로 자리잡아 왔다. 따라서 미국 감리교 전통은 보다 중앙집중적이고 전 지구적이며, 이 점에서 단일한 주교단과 보편적 수위권을 지닌 로마 카톨릭의 접근 방식과 유사한 반면, 영국 감리교 전통은 지역 자율성을 더 많이 인정한다는 점에서 영국 성공회 내지는 정교회의 전통을 반영한다(물론 정교회의 경우, 참으로 에큐메니칼한 공의회들이 결속력을 갖고 있음을 우리가 망각해서는 안된다). 기이하게도, 어떤 이들은 전형적인 로마 카톨릭의 원칙인 종속성(subsidiarity)에 호소하여 영국 감리교 내지는 영국 성공회의 입장을 옹호하기도 한다.

결론

에큐메니즘(교회일치운동)에 대한 존 웨슬리의 공헌을 흔히 인용되는 "보편적 정신(catholic spirit)"과 관련해서가 아니라, 연결체계라는 매우 감리교적인 제목 하에 논의하는 것은 이상하게 보일 수도 있다. 1749년 어떤 다른 곳이 아니라 더블린에서 웨슬리는 "로마 카톨릭교도에게 보내는 서신"(Letter to a Roman Catholic)이라는 문건을 출판한 일이 있는데, 그것이 금세기 들어 새롭게 주목을 받게 되었다. 그 글에서 웨슬리는 관용을 요청하고, 개신교와 카톨릭이 함께 공유하는 확신들, 즉 본질에 있어서 신조의 교리들을 제시하면서, 다음과 같이 청원하고 있다:

> 우리가 모든 것에서 아직 서로 같이 생각할 수 없다고 해도, 우리는 최소한 서로 똑같이 사랑할 수 있다. … 우리는 먼저 서로에게 상처를 입히지 않기로 결심하자. … 둘째로, 서로에게 지독하고 불친절한 말을 절대로 하지 말자. … 셋째로, … 무정한 생각, 비우호적인 태도를 품지 말자. … 넷째로, 무엇이든 하나님 나라를 진작시키는데 있어서 우리가 일치하는 일에 서로 돕도록 노력하자. 우리가 할 수 있는 한, 항상 하나님 안에서 서로의 손을 굳세게 하는 일에 즐거워하도록 하자.[17]

---

16. Letter to "Our Brethren in America" (10 September 1784), §6, Letters(Telford) 7:239.
17. Letter to a Roman Catholic, §16-17, Works (Jackson), 10:85-86.

같은 날 행해졌던 "보편적 정신"이란 설교에서도 우리는 동일한 정서를 느낄 수 있다.[18] 분명히 그러한 문건들을 통해서 웨슬리는 중요한 신학적 원칙, 즉 현재 흔히 말하는 진리의 위계(hierarchy of truths)에 관한 개념을 공표했던 것이다. 가치체계의 척도로서 가장 중요한 것은 바로 믿음과 사랑이라는 영적인 가치이다. 하지만 웨슬리 당시에, 그리고 오늘날도 마찬가지로, 그것은 바로 존재하던 교파 간의 장벽을 가로지르려는 시도였고, 앞으로도 그것은 우리로 하여금 교파간의 장벽이란 불필요할 뿐 아니라 철폐될 수 있는 것임을 알게 하는 수단이 될 것이다. 그러나 연결체계와 함께 그것의 대응개념으로서 보다 광범위하며 신학적으로도 더 적절하다고 할 수 있는 코이노니아는, 그러한 장벽이 더 이상 존재하지 않을 그 날을 대망하면서 다음과 같은 질문을 던진다: "우리는 아직도 마치 장벽이 존재하는 것처럼 살아갈 것인가? 만약 그렇지 않다면, 우리의 공동의 삶은 어떻게 질서 지워져야 할 것인가?"

---

18. Sermon 39, "Catholic Spirit," Works 2:81-95.

제 9 장

삼위일체와 언약목회 : 웨슬리적 전통들에 관한 연구
메리 엘리자벳 멀리노 무어(Mary Elizabeth Mulino Moore)

　내가 미국 연합감리교회에서 집사목사(deacon: 준회원 목회자, 한국의 전도사와 비슷함)로 안수받기 두 주 전에 일어난 일이다. 나는 그때 교회에 있었는데, 어떤 은퇴한 장로목사(elder: 정회원 목회자) 한 분이 내게 다가와서 이렇게 말했다. "안수받게 되신 것을 축하드립니다. 이제 안수받고 나면 우리들과 거의 동등하게 되시겠군요." 그 분이 이 말을 한 것은 칭찬과 축하의 뜻에서였다. 그리고 나도 그런 칭찬을 듣는게 새삼스러운 일은 아니었으므로, 그 말을 그런 뜻으로 받아들였다. 하지만 그 칭찬의 말은 나에 대한 그 분의 진솔한 관심을 나타내 준 것 외에 흔히 전제되고 있는 한가지 가정을 드러내 주었는데, 그것은 교역의 다양한 형태들이 중요성의 위계구조(hierarchy of importance) 속에 배열되어 있다는 생각이다. 그의 생각에 집사목사의 직제는 장로목사에 비하면 약간 열등한 직제였을 것이다. 그래도, 그가 보기에 그 직제는 내가 20년동안 사역해 왔던 집사로서의 교역(diaconal ministry)보다는 나은 것이었다.
　내가 안수받은 연회 회기 중에 있었던 일이다. 친한 동료 한사람이 내게 다가와서 마치 화난 듯한 목소리로 내게 말했다 — 그녀는 평신도의 중요성을 오랫동안 옹호해 온 사람이었다(그녀는 여러 해 동안 평신도였으나, 그 당시에는 장로목사가 되어 있었다). — "메리 엘리자벳, 평신도 직책은 이제 어떻게 된거죠? 설마 하니 그것들을 저버리려는 건 아니시겠죠?" 이 말은 지난번 (은퇴한 장로목사의) 칭찬보다 나를 더 당황하게 했다. 그도 그럴 것이 그녀는 자기가 장로목사로서 행하고 있는 모든 사역에 있어서 평신도의 교역을 가치있게 보는 사람이었기 때문이다. 나는 내가 평신도 교역(사역)에 관한 나의 진지한 투신을 결코 저버리지 않으리란 것을 누구보다도 그녀가 알아 줄 것이라고 생각했었다. 사실 나의 신학적 반성, 입법 초안, 공적인 발언 등의 대부분은 전체 교역이 가진 통전성과 평신도(laos)가 지닌 중요성을 재발견하는 일에 바쳐진 것이었다.

앞의 예로 든 두 이야기는 교역(사역)의 다양한 형태를 둘러싼 신경과민을 잘 보여준다. 이러한 신경과민은 오랫 동안 교역을 이원론적, 위계적 방식으로 개념화해온 전통과, 일치와 다양성을 이분화시켜온 공통적인 신학적 관행으로부터 말미암는 것이다. 나의 사례는 웨슬리 운동의 역사를 관통해온 긴장 관계, 즉 교역을 위계적으로 배열된 각각의 부분으로 정의해 온 데서 야기되는 긴장 관계를 둘러싼 최근의 일례를 반영해 줄 뿐이다. 이러한 긴장 관계가 지속되어 온 것은 부분적으로 감리교 신학자들이 신앙, 은총, 거룩함 등의 주제와는 달리 교역이라는 주제에는 별로 주목하지 않았기 때문이기도 하다. 특히 그들은 감리교 전통에 속한 넓은 범위의 신학적 성찰과 방법론이 교역의 개념, 구조, 실제 등에 어떤 빛을 던져줄 수 있는가에 대해서 깊이 있는 성찰을 전개하지 않았다.[1] 그 결과 교역을 둘러싼 담론은 이원론적, 위계적 형태를 취하는 경향을 띠게 되었다.

존 웨슬리와 찰스 웨슬리 형제가 어떤 새로운 교회를 시작하려는 의도가 없었다는 사실을 감안할 때, 교역에 관한 포괄적인 신학적 성찰이 결여되어 있는 것도 그다지 놀랄 일은 아니다. 사실 찰스 웨슬리는 존 웨슬리가 영국 교회와 분열의 문턱으로까지 나아갔던 행동(미합중국의 신생교회를 위해 목회자를 안수한 일)을 우회적으로 비난하였다. 웨슬리 형제는 그들을 둘러싼 특정한 상황 때문에 영국 성공회의 목회유형을 따르게 되었다. 물론 선교적인 이유나 필요성에 따라 달리 해야 할 경우에는 예외적으로 성공회의 유형을 따르지 않았으니, 예컨대 평신도 설교자들을 세워 순회구역을 여행하게 한다든지, 속회 지도자들을 세워 속회를 인도하게 한 경우를 들 수 있을 것이다. 이런 까닭에 초기 감리교인들은 교역의 목적

---

1. 이러한 일반화에는 두 개의 예외들이 존재하는데, 하나는 웨슬리가족에 속한 많은 교파들에서의 연 적인 목회 연구이고, 다른 하나는 에큐메니칼적인 양면적 대화들이다. 이 양자는 교파적인 혹은 에큐메니칼적인 결정의 상황에서이긴 하지만, 상당한 신학적 고찰에 관여해 왔다.

을 위해 새로운 구조들을 창출하는 데는 매우 기민했음에도 불구하고, 교역에 관한 신학을 개발하는 데는 철저하지 못하였다.

교역에 관한 신학적 성찰을 등한시하는 태도는 후대의 웨슬리 운동에도 이어졌다. 웨슬리 형제의 주된 관심사였던 하나님의 구원 사역이나 기독교적인 삶의 형성과 같은 주제들은 계속해서 주된 주목을 받아왔다. 신학자들은 전형적으로 다양한 입장들을 면밀히 고려한 뒤에 차이점들을 중개하거나 관점들을 함께 조직하고자 하였다. 이와는 대조적으로, 교역에 관한 문제가 전면에 등장하게 되는 것은 교회가 갑작스런 논쟁이나 새로운 운동 등과 만나게 되었을 경우이며, 그것이 결정되는 과정에서도 다양한 입장에 관심을 기울인다거나 그 입장들 간의 관계를 고려하는 일은 별로 없었다. 물론 교역의 본성과 같은 중요한 사안은 이보다는 좀더 나은 대접을 받는다!

나는 웨슬리적인 신학전통을 보다 넓은 범위에서 비판적으로 성찰하고, 그 지혜에 의거하여 교역의 신학을 육성해야 할 시기가 무르익었다고 확신한다. 본고의 목적은 다음과 같은 매우 실제적인 질문에 초점을 맞춤으로써 그러한 과정에 첫걸음을 놓으려는 것이다. 그 **문제란 어떻게 교회가 이분법이나 위계구조가 아닌 언약(계약) 공동체에 기초하고 있으며 선교적 일치 내에서 형태와 기능의 다양성에 토대를 두고 있는, 교역에 대한 이해와 실천을 향하여 움직일 수 있는가** 하는 것이다.

그같은 질문을 던지는 것 자체가 이론과 실천의 끝없는 순환 가운데 신학을 해오고 있으며 아울러 이 세상에서 정의로운 삶을 위해 다양한 관점들을 수렴해오고 있는 웨슬리 전통에 호소하는 것이다. 이 논문의 헌정 대상자인 테드 러년만큼 웨슬리 신학에서 프락시스적 접근 방식에 투신된 사람은 별로 찾아볼 수 없을 것이다. 러년의 특징은 교회의 관심을 끌 수 밖에 없었던 논제들, 예컨대 1970년대의 은사주의적 부흥운동이나 1980년대의 정치신학과 해방신학의 긴박한 문제들을 규명한 것이다.[2] 러년은 사람들이 함께 모여서 그러한 문제들을 성찰하도록 도와

---

2. Theodore Runyon, ed., What the Spirit Is Sayings to the Churches (New york : Hawthorn Books, 1975) ; Runyon, ed., Sanctification and Liberation : Liberation Theologies in Light of the Wesleyan Tradition (Nashville: Abingdon Press, 1981) ; Runyon, ed., Theology, Politics, and Peace (Maryknoll, NY : Orbis Books, 1989) 참조.

주었으며, 웨슬리 신학의 전통 내에서 그러한 문제들을 조명할 수 있는 풍부한 유산들을 찾아내는데 그의 노력을 경주하였다. 더 나아가서 그는 자주 두 세가지 이상의 관점들을 제시한 뒤, 그것들을 보다 완결된 하나의 총체적인 것으로 엮어내곤 하였다.[3] 다음에 이어지는 연구는 러년의 이와 같은 신학적 접근 방식에 깊이 영향받은 것이다.

이것은 내가 이 연구를 하기 위해서는 먼저 교역의 현실태에 관한 분석, 즉 이 경우에는 연합감리교회(UMC)와 그 전신이 되는 교단들에 관한 사례연구에 초점을 맞추어야 한다는 것이다. 이러한 분석에 의해 18세기 이래로 감리교운동의 역사 전반에 걸쳐, 교역의 이론과 실천에 지대한 영향을 끼쳐온 이분화의 경향(a tendency to dichotomize)이 밝혀질 것이다. 그 후에 나는 존 웨슬리를 해명하는 일에로 돌이켜, 특히 그의 삼위일체적인 확신들이 언약적인 삶에 대한 긍정과 어떻게 서로 얽혀 있는가를 살펴보고, 이로써 이원론과 위계구조를 넘어서 다양성과 일치를 지향하는 교역에 대한 전망과 실천을 제안하고자 한다. 끝으로 나는 연합감리교회의 현재 상황으로 되돌아가서 최근의 발전들 가운데 엿보이는 희망의 조짐들과 아울러 교역에 관한 진정한 언약적 관점을 지향함에 있어 지속적으로 다가오는 도전에 대해 언급하고자 한다.

연합 감리교 전통에서의 교역

본 단락의 목적은 연합 감리교회 역사로부터 끌어낸 몇 가지 사례연구들을 분

---

3. 러년이 카리스마 운동(charismatic movement)에 대해 고찰한 것에 의하면, 그는 사람들이 영과 그리스도, 양쪽 모두에게 관심을 가지도록, 그리고 우리들의 삶 속에서 일어나는 하나님의 내적 증거와 외적 증거에 대해 주의하도록 촉구하였다. 마찬가지로, 그는 종교적 열정이 이해와 연관되고 종교체험이 변화된 삶과 연관될 것을 주장하면서 바울의 고린도전서를 들어 호소하고 있었다(Spirit to the Churches, 11-15, 109-14). 이 책과 다른 책들에서 그는 개인의 종교적 체험과 사회적 책임이 함께 해야 할 것을 촉구하였다(같은 책, 121-23; Sanctification and Liberation, 39-48). 또 역시 마찬가지로, 그는 칭의와 성화, 성화와 해방, 은총과 행위를 결합시키는데 있어서 웨슬리전통에 의존하였다 (Sanctification and Liberation, 9-11, 30-39). 때때로, 러년은 또한 다양한 신학적 관점들이 서로를 보완하며 교정하기 위해 관여되어야 할 필요성에 대해 이야기하였다(Theology, Politics, and Peace, 특히 p. xx).

석함으로써, 미국 연합감리교회에 있어 교역의 본성과 실제에 영향을 주는 동력들을 탐구하는 것이다.[4] 한가지 인상적인 것은, 이러한 사례들이 여러 가지 면에서 서로 상이함에도 불구하고 모두 위계질서 대 혼돈, 성직자 대 평신도, 흑인 대 백인, 여성 대 남성이라는 이분화된 범주에 따라 사안들을 설정하는 경향을 드러내 준다는 점이다. 그 사례들을 살펴보면, 교회가 교역의 다양한 형태들 뿐만 아니라, 다양성과 일치라는 개념마저도 이분화해온 경향이 있음을 알게 된다.

교역에 있어서의 갈등의 사례들

연합 감리교회와 그 전신이 되는 교단들의 역사를 살펴 보면, 때때로 교역에의 완전 허입이 논란의 중심이 되었음을 알 수 있다. 아프리카계 흑인 미국인들(African American)과 여성들을 안수받은 교역에 완전 허입시키는 문제를 둘러싸고 이 모든 그룹들이 충돌했던 것이 그 두드러진 예가 될 것이다. 다른 예들은 (그 강도에 있어 개별 교회마다 다르긴 하지만) 평신도가 연회나 총회에 정회원으로 참석하는 문제, 특히 평신도 여성들이 참석하는 문제와 평신도 여성들이 주도하는 선교단체를 후원하는 문제 등에 관해 의견이 불일치했던 사례들에 관한 것이다. 본 단락에서는 이러한 갈등을 보여주는 대표적인 사례들을 선정하여, 도대체 교역에 관한 어떠한 신학적 전제가 그러한 갈등에 반영되어 있는지 혹은 그러한 갈등의 동기가 되는지 규명해 보고자 한다. 각각의 사례 연구는 갈등을 일으킨 사안에 따라 정리되어 있다.

몇몇 사례들은 기존의 교역의 전통과 교회의 즉각적인 필요성 간의 갈등에서 야기된 것이다. 예를 들어, 1772~1781년의 성례 논쟁은 북미주의 신도회(North American societies)가 영국 성공회나 다른 교파에서 성례를 받는 것에 만족할 수 없게 됨에 따라 터져나온 것이었다. 북미주의 상황은 영국과 사뭇 달랐으며, 미국

---

4. 나는 내 관점이 가지는 한계를 충분히 인정한다. 나의 목적은 한 상황을 깊이있게 분석하려는 것이다. 미국내의 그리고 세계에 걸쳐 있는 웨슬리가족의 다른 지파들 및 세계감리교회에 속한 필리핀, 서부와 중부유럽, 시에라 레온(Sierra Leone), 및 다른 부분들의 감리교 운동에 대한 유사한 지역적 연구들이 내가 여기에서 제공하고자 하는 감리교회의 교역이 가지는 구조들에 대한 첫 설명을 풍부하게 하는 데에 매우 바람직할 것이다.

혁명(독립전쟁)을 전후한 시기에 감리교인들은 웨슬리식으로 영국성공회에 의존하는 패턴을 더 이상 지속하려 하지 않았다. 그리하여 몇몇 설교자들은 서로에게 안수를 베풀고 나서, 세례와 주의 만찬시 사제적인 지도권을 행사하기 시작하였다.5) 몇 해가 지나지 않아, 평신도 설교자들을 안수하는 관행이 생겨나게 되었다. 이들 설교자들은 성례를 집행할 수 있었는데, 심지어 자기들이 소속된 구역이 오직 집사로 안수받았거나 혹은 전혀 안수받지 않은 순회 설교자의 관할인 경우도 있었다.6)

어떤 사례들은 교역의 정체성과 기능을 감리교 감독교회(the Methodist Episcopal)나 복음주의 연합(Evangelical Association), 연합형제회(United Brethren) 등의 전통에 따라 규정하려는 시대착오적인 행태로 인해 야기되기도 하였다. 예를 들어 18세기 감리교 감독교회(the Methodist Episcopal Church)에서는 연회 회원권이 교역의 정체성을 규정하는 열쇠였을 뿐 아니라, 의사결정 과정에서 교회 지도자들의 역할을 규정하는 열쇠이기도 하였다. 평신도나 본처 목회자(local pastor, 지역 목회자)는 연회나 총회의 회원이 될 수 없었고, 치리권에서도 배제되었다.7) 이는 순회하는 평신도 설교자가 그들이 지닌 순회직(itinerrancy)과 연회회원권 덕분에 연회의 의사결정에 참여할 수 있었던 반면, 안수받은 본처 설교자들은 성례집행권이 있음에도 불구하고 연회에 참여할 수 없었

---

5. Paul S. Sanders, "The Sacraments in Early American Methodism," in Perspectives on American Methodism : Interpretive Essays (이후로는 Perspectiveseds. Russell E. Richey, Kenneth E. Rowe, and Jean Miller Schmidt(Nashville : Kingswood Books, 1993), 82.
6. 같은 책, 90. Jeffrey P. Mickle, "A Comparison of the Doctrines of Ministry of Francis Asbury and Philip William Otterbein," in Perspectives, 96 참조. 그러한 상황은 위치해있는 본 처 설교자들(local preachers)과 감독에 의해 임명받은 회의의 구성원들 사이의 명백한 구별을 짓도록 이끈다. Mickle은 지적하기를 일차적인 사역의 정체성은 실제로 연회의 멤버쉽(membership)에 의해 확립된 것이었다고 한다. 초기에 이루어진 회의들에 관한 좀 더 포괄적인 논의는 다음의 책에서 발견할 수 있다: Russell E. Richey, The Methodist Conference in America: A History (Nashville: Kingswood Books, 1996).
7. Mickle, "Comparison of Doctrines," 103. Mickle에 의하면, "장로목사와 집사목사의 치리권은 그들의 연회 회원권에 달려 있었다." 또한 Mickle은 성례전의 집행이 안수받은 목회자들의 우선적인 차이점이 아니라, 연회회원의 자격과 순회설교가 그 차이점이었다고 설명한다(96).

제9장 – 삼위일체와 언약목회 : 웨슬리적 전통들에 관한 연구   189

다는 뜻이다. 때때로 이러한 관행은 다른 기존의 관행들, 특히 집사목사, 장로목사, 감독의 3중 직제(three-fold ministry)의 관행과 긴장관계에 있기도 하였다. 집사목사와 장로목사 간의 관계가 위계적으로 이해되었던 반면, 순회하는 집사목사들은 정주하고 있던 장로목사들이 갖지 못한 치리의 특권(governing privilege)을 지니고 있었다.

다른 사례들은 교역 간의 관계성이 다양한 방식으로 규정되고 구현되었음을 보여준다. 18세기 감리교 감독교회는 대체로 직제 간의 차별성에 따라 교역의 관계를 규정하였다. 다음의 세 가지 예를 살펴보자. (1) 프란시스 애즈베리(Francis Asbury)는 교역이 사도적 모범을 본받아야 한다고 보았다. 그가 묘사하는 사도적 모범이란 먼저 집사(부제)로 안수받고 나중에 장로(사제)로 안수받는 것을 말한다. (2) 장정의 규정에 따르면, 장로목사들은 성례를 집행함에 있어 감독들과 동등권을 가지는 반면, 집사목사들은 부분적인 동참권을 가질 뿐이다. (3) 일반적인 안수례의 관행에 의하면, 감독만이 단독으로 집사목사와 감독을 안수할 수 있으나, 장로목사 안수시에는 장로목사들이 동참한다(이로써 집사목사는 안수에 참여하여 손을 얹을 권한을 갖지 못한 유일한 직제가 된다).[8] 같은 시기에 필립 윌리암 오터바인(Philip William Otterbein)이 지도하고 있던 연합 형제회에서는 직제 간의 차별성에 그다지 관심을 두지 않았다. 설교자들은 순회 설교자이건 아니건 간에 모두 다 연회의 회원이었고, 설교, 세례, 주의 만찬 집례 및(혹은) 결혼 주례(이 기능들은 반드시 안수와 관련될 필요는 없었다) 등의 권한을 누구에게 부여할 것인가를 결정하는 데 모두 다 참여하였다.[9] 실제 교역구조는 설교자가 남성회중들에 의해 선출되고, 장로는 설교자에 의해 종신직으로 임명받으며, 집사는 회중들에 의해 매년 선발되는 장로교 체제를 변형한 것이었다.[10] 이러한 두 전통에 속한 유형들은 매우 다른 것이었으며, 각각 그 장점과 한계를 지니고 있었다.

이러한 다양한 정황 내에서, 또 다른 사례들은 누구를 안수에 포함시키고, 누구

---

8. 같은 책, 101-3, 96.
9. 같은 책, 99.
10. 같은 책, 103. 장로목사 안수를 받은 목회자가 가지는 고유한 역할은 다른 장로목사들에게 성직을 임명하는(안수를 베푸는) 것이었는데, 그렇게 함으로써 연속성을 보장할 수 있었다(104). 목회자 안수는 연회에서보다는 오히려 지역에 있는 교회에서 베풀어졌다.

를 배제시킬 것인가 하는 문제에 대한 갈등을 보여준다. 최초의 가장 심각했던 갈등의 사례는 리차드 앨런(Richard Allen)에 관한 것이었다. 그는 필라델피아에 소재한 성 조지교회(St. George's Church)에서 본처 설교자로 인준받고, 그 수가 늘어나고 있던 아프리카계 미국인들 사이에서 속회 지도자로 봉사하고 있었다. 노예 출신인 앨런이 인준받을 당시, 그는 성 조지 교회의 백인 장로목사단의 관할 하에 있었다. 하지만 시간이 지남에 따라 앨런과 그의 신도들은 자체 조직을 결성하였고, 독립된 교회를 세우려고 하였다. 1794년 베델 감리교 감독교회가 봉헌되었고, 2년 후에 나온 그들의 법인설립 허가서(charter of incorporation)는 베델 감리교회가 감리교회에 속해 있고 그 재산은 그들 자신의 이사회의 관할 하에 두며, 본처 설교자의 인준과 파송, 성례 집행에 관해서는 "당분간(for the time being)" 성 조지교회 장로목사의 관할권을 인정한다고 밝히고 있다.[11] 하지만 문제가 해결된 것은 아니었으며, 1807년 베델교회는 "아프리카인에 관한 부칙(The African Supplement)"을 들고 나와, 베델교회 회중들의 자치권을 확대시키고자 하였다. 윌 그레이블리(Will Gravely)에 따르면, "앨런을 비롯한 다른 흑인 집사목사들이 장로목사직으로 승진되어 연회원이 되었더라면, 그 부칙 자체가 불필요했을 것"이다.[12] 그레이블리가 보기에 감리교회가 아프리카계 미국인들에게 목회직을 제한적이나마 허용하는 조치도 아주 "변칙적인 경우"에 속했으며, 그나마 안수식도 정식 연회회기 도중에 열리는 것이 아니라, 사적인 형태로 진행되었다고 한다.[13] 이 시기 동안, 권위에 관한 커다란 사안 두 가지 ― 흑인 집사목사의 안수 문제와 흑인 이사들의 재산 관할 문제 ― 가 새로이 등장하고 있던 흑인 교회들 대부분의 관

---

11. Will B. Gravely, "African Methodisms and the Rise of Black Denominationalism," in Perspectives, 111-13. 1796년 아프리카 감리교감독교회 협의회의 헌장(1796 Articles of Association of the African Methodist Episcopal Church)에 나타나 있는 "당분간"이라는 표현은 1794년 베델 선언(the 1794 Bethel proclamation)의 연속이었다. 이 선언문은 "하나님을 대변하여 말할 수 있는 은총과 은사들을 부여받은 흑인들의 안수를 주장하는 베델 설립자들의 목적을 확언하였다."
12. 같은 책, 114.
13. 같은 책, 125. Gravely는 덧붙이기를 "완전한 목사안수 없이는 직접적으로 교파를 대표하고 치리에 참여할 수 있는 기회가 없었다"라고 주장한다(125). 그는 흑인교파주의의 출현을 목회자들에게 연회의 회원권을 허용하지 않고 교파 내에서 직접적인 대표와 완전한 안수를 허용하지 않은 교회의 실패 탓으로 돌리고 있다.

심사였다. 감리교 감독교회가 이러한 문제들을 해결짓지 못함에 따라 결국 분리된 흑인 교단의 설립을 초래했던 것이다.

다음의 사례들도 위와 유사하게 안수 배제에 관한 것이다. 특별히 언급할 만한 사례가 한가지 있는데, 그것은 아프리카계 미국인의 안수 문제처럼 여성의 안수도 커다란 논란거리가 되었던 경우이다. 애나 올리버(Anna Oliver)와 애나 하워드 쇼(Anna Howard Shaw)는 1880년 그들이 속한 계삭회(quarterly conferences)에서 안수 후보자로 인준받았으나 현직 감독은 그들의 명단을 뉴 잉글랜드 연회에 올리지 않겠노라고 공표하였다. "교회법은 여성의 안수를 인정치 않는다"는 이유에서였다.[14] 이러한 결정으로 인해, 그 건은 총회로 이양되었고, 다음에는 법률위원회(Judiciary Committee)로 넘어갔으나, 둘다 여성 안수에 관한 청원을 거부하였다. 1880년 총회에서 순회제도 위원회(the Committee on Itinerancy)는 그러한 결정에 관해 해명하면서, "여성들은 그들의 자질에 합당한 모든 특권을 이미 다 부여받았다"고 말하였다.[15] 결국 애나 하워드 쇼는 감리교 개신교회(the Methodist Protestant Church)로 이명하여 거기서 안수받았고 (1880년), 애나 올리버는 감리교 감독교회의 본처 사역자로 돌아갔지만, 몇 해 지나지 않아 심신이 피폐해진 상태로 감리교회를 떠났다.

이와 동일한 시기에, 교회치리에 있어 평신도들의 참여에 관한 일련의 논쟁이 있었다. 1889년 연합형제교회 내의 분열과, 1891년에서 1894년 사이에 일어난 복음주의 연합 내의 분열을 초래한 것도 사실상 이러한 문제들 때문이었다. 평신도 지도력에 관한 논쟁에서는 성별도 문제가 되었다. 연합감리교회의 전신이 되는 모든 교단을 살펴보면, 연회나 총회에 평신도 남성들이 착석한 후에야 평신도 여성들이 참석하게 되었음을 알 수 있다. 예를 들어 연합형제회에서 평신도 남성들

---

14. 다음의 글을 보라. Kenneth E. Rowe, "The Ordination of Women: Round One: Anna Oliver and the General Conference 1880," in Perspectives, 302.
15. "Report of the Committee on Itinerancy No. X." 이것은 Rowe, "Ordination of Women," 306에서 인용되었다. 구체적인 이에 대한 언급이 1880년 결정의 발표문에서 나타나 있는데 그것은 비록 본처 설교자로 허락받지 않거나 혹은 안수받지 않아도 여성들은 여전히 주일학교의 교장으로서, 속회의 인도자로서, 및 관리자로서 봉사할 수 있다는 내용이었다: Rosemary Skinner Keller, "Creating a Sphere for Women : The Methodist Episcopal Church, 1869-1906," in Perspectives, 332 및 333-34을 보라.

이 최초로 연회에 참석한 것은 1878년이었고, 평신도 여성들이 최초로 참석한 것은 1883년의 일이었다.16) 복음주의 연합교회의 총회에 평신도 남성이 처음으로 참석하게 된 것은 사실상 1907년에 가서야 이루어졌고, 평신도 여성은 1940년대에 가서야 참석할 수 있게 되었다.17) 평신도에 관한 문제들은 또한 안수문제와 복잡한 방식으로 얽혀있기 마련이었다. 특히나 여성들의 경우 이 점이 분명히 드러나는데, 여성들의 안수를 거부했던 1880년도 총회(감리교 감독교회)는 여성들이 교회의 치리회에서 활동하는 권한을 인정하지 않았다. 다만 여성 해외선교협회(the Woman's Foreign Missionary Society)와 여성 가정선교협회(the Woman's Home Missionary Society)를 인준하고 지원했을 뿐이다.18)

평신도 지도력에 관한 사안에는 평신도 여성들의 주도적인 교역 활동에 어떻게 반응할 것인가 하는 논제가 관련되었다. 교단마다 여성들이 여성들의 선교조직을 설립하려는 움직임을 보이게 되자, 문제가 발생하였다. 19세기말은 복음전도와 선교의 열정이 일으켜졌던 시기였다. 많은 기독교 여성들이 하나님과 교회를 섬길 수 있는 기회를 얻고자 하였다. 연합형제회에 속한 리지 호프만(Lizzie Hoffman)과 같은 몇몇 여성들은 선교지원을 위해 여성들을 조직하는 소명을 깨닫게 되었다.19) 여성들의 운동이 함께 공유하였던 목표는 여성들을 조직하고, 교육하고, 고무하는 일과, 선교를 지원하는 일, 특히 전세계 여성과 아동에게 봉사하는 여성 선교사들을 지원하는 일이었다.

이러한 선교적 사명들은 공통적인 것이었지만, 여성들의 협회가 출현하게 된 것은 교회마다 차이가 있었다. 도널드 가럴(Donald Gorrell)이 제시하고 있는 설득력있는 사례 한 가지는, 연합형제회에서는 여성들의 사역에 대해 개방적인 태도를 갖고 지원함에 따라 여성들의 조직형이 복음주의 연합교회에서보다 훨씬 더 빠

---

16. Donald K. Gorrell, "'A New Impulse' : Progress in Lay Leadership and Service by Women of the United Brethren in Christ and the Evangelical Association, 1870-1910," in Perspectives, 329.
17. 같은 책, 330.
18. Keller, "Creating a Sphere," 333. Keller는 여성신도회(Woman's Societies)의 형성이 실제로 많은 봉사의 영역이 여성들에게 허용되지 않던 상황내에서 여성들의 봉사의 장을 창출해내고자 하였던 시도였다고 주장하고 있다.
19. Gorrell, "New Impulse," 323.

르고 용이했다는 사실이다. 그 결과로 연합형제회에서는 1872년에 조직이 이루어진 반면, 복음주의 연합교회에서는 1883년에 가서야 조직이 만들어졌다.[20] 더 나아가서 연합형제회의 여성들은 연회차원의 조직을 만들고 나중에 총회와 직접 연락이 되는 범교단적 차원의 구조를 발전시켰던 것이다. 복음주의 연합교회에서는 처음에 설교자의 감독을 받는 개교회 차원의 여성조직을 허용했을 뿐이다. 나중에 그 조직들이 교단 차원으로 확대되었을 경우에도, 그들은 남성들이 주도하는 선교국에 대한 보조적인 관계에 머물러 있었다.[21] 여기서 우리가 또 다시 목도하는 것은 교역에 있어서 일치와 다양성 간의 긴장관계이다.

다양한 교역 형태의 이분화: 권력과 공동체의 문제

위에서 논의한 사례들은 선택 범위들을 양자 택일의 범주(either/or categories)로 이분화해온 경향성을 지적해 준다. 그러한 이분법(dichotomies)을 몇 가지 살펴 보면, (1) 우리가 과거로부터 물려받은 구조와 유산들을 유지할 것인가, 아니면 그러한 유산들을 포기하고 파괴시킬 것인가; (2) 강력하고도 막강한 성직자들을 가질 것인가, 아니면 강력하고도 막강한 평신도들을 가질 것인가; (3) 교회가 안수에 관한 현재의 정의와 원칙들을 유지할 것인가, 아니면 교회가 안수 받기 원하는 자는 누구든지 안수할 것인가; (4) 교회가 소수 인종집단을 지원할 것인가, 아니면 교역의 구조상 다수를 점하고 있는 인종집단을 지지할 것인가, 마찬가지로 교회가 여성을 지원할 것인가, 남성을 지원할 것인가.

이 목록이 더 늘어날 수도 있지만, 그 기본적인 요점은 분명하다. 즉 교역에 관한 교회의 논의들 밑에는 대부분 이러한 이분법적 사고(dichotomous thinking)가 깔려 있다는 것이다. 이러한 현실을 인정하는 것은 신학적 성찰 및 교회적인 실

---

20. 같은 책, 322-27.
21. 예를 들면, 그들은 일지를 출판하는 승인을 얻기 위해 14년간이나 기다렸다(Gorrell, "New Impulse," 325). 연합감리교회의 이전에 있던 모든 단체들에 있어서 주도적인 노력이 여성신도회와 교단 선교부와의 보조적 관계를 형성하는데 기울여졌지만, 이러한 노력들은 감리교 감독교회와 연합형제교회 내에서 저항에 부딪치게 되었다; Keller "Creating a Sphere," 338-39 및 Gorrell, "New Impulse," 324-25를 보라.

천과 무관하지 않다. 이분화의 유형은 교회 내에서 권력이 배분되고 공동체가 경험되는 방식에 직접적으로 영향을 끼친다. 이러한 영향력을 인식하고 그것에 대해 발언하지 못한다면, 교회가 신학적 지평을 확대하고 목회에 관한 결정의 불모지와 협상할 수 있는 능력이 침해받게 될 것이다.

우선 권력의 문제를 고려해 보자. 이 문제는 이원론(dualism)에 대한 밸 플럼우드(Val Plumwood)의 뛰어난 분석에 의해 조명될 수 있다. 플럼우드는 어떠한 억압의 원리, 즉 성별이든, 인종이든, 계급이든, 인간 대 자연의 관계이든 상관없이 그러한 억압의 대부분은 이원론적인 사고와 행동에서 비롯된다고 주장한다.[22] 플럼우드는 이원론을 가리켜 서로 반대되는 지배/종속 관계의 용어로 표현된 대조의 정식화라고 정의한다.[23] 나는 사람들에게 선택을 강요하는 양자 택일(either/or option)의 용어로 표현된 차별의 정식화가 바로 어느 한쪽의 선택이 다른 쪽보다 우월하다는 판단을 낳게 된다는 사실을 강조하고 싶다. 서구의 철학사와 신학사는 그러한 실례에 대한 풍부한 증거를 제공해 준다. 정신이 신체보다 우월하고, 인간의 삶이 나머지 자연계보다 우월하고, 영이 물질보다 우월하고, 남성이 여성보다 우월하다는 판단이 바로 그것이다. 이보다 더 미묘하긴 하지만 역시 이러한 예증으로 여겨지는 것들로서, 식자층의 지혜를 민중적 지혜보다 중시하는 태도, 자유인 토지보유자를 노예보다 중시하는 태도, 부자를 빈자보다 중시하는 태도, 북반구의 문제를 남반구의 문제보다 중시하는 태도, 서양의 사고를 동양의 사고보다 중시하는 태도 등을 들 수 있다.

플럼우드 이원론의 논리적 구조에 관한 묘사는 본 분석을 위해 특히 중요하다고 할 수 있다. 그녀의 주장은, 이원론에서는 이원화된 타자(dualised other)의 가치와 영역이 "체계적이고도 편만하게 구성되고 열등한 것으로 묘사되며," 이에 따라 평등성과 상호성의 가능성을 생각할 수 없게 된다는 것이다.[24] 그녀는 이원론

---

22. Val Plumwood, Feminism and the Mastery of Nature (London : Routledge, 1993). 그녀는 자신의 생각을 발전시키면서, 어떻게 이원론이 자주 심지어는 해방운동들을 위한 가상적 구조들의 한 부분이 되어 충분히 가능성있는 해방을 좌절시키기까지 하는가를 설명한다.
23. Plumwood, Feminism, 31-33. 그녀는 말하기를, "이원론은 지배와 종속에 의해 형성되고, 반대적이고 배타적인 것으로서 구성되어지는 상반되는 개념들(예컨대, 남성과 여성의 정체성)이 만드는 과정이다."

의 5가지 특징을 다음과 같이 제시하고 있다. (1) 배경화(거부)—지배집단은 타자를 이용하고, 조직하고, 거기에 의존하지만, 그 타자의 기여도를 무시하거나 과소평가한다. (2) 근본적 배제(극단적 분리)—지배집단은 타자와의 어떠한 유사성도 거부하거나 최소화시킨다. 그럼으로써 차별에 근거한 지배를 정당화한다. (3) 통합화(관계적 규정)—지배집단이 가진 자질은 일차적인 사회적 가치로 확인되며, 피지배집단은 그들 자신의 고유한 자질보다는 그러한 사회적 가치와의 관련 하에서 규정된다. (4) 도구주의(대상화)—피지배자들은 그들의 관심사를 주인이나 주요 계획에 복속시킬 것으로 기대된다. (5) 동질화 또는 천편일률적 시각—피지배계급은 적어도 지배집단의 관심사와 관련된 문제에 있어서는 동질적인 집단으로 간주된다. 따라서 그들은 상투적으로 열등하게 묘사되며, 그들의 다양한 관심사와 업적들은 무시된다.[25]

이러한 이원론에 대한 묘사에 있어, 플럼우드가 창조성, 인물, 사회적 역할, 기능, 능력 등에 있어 나타나는 차이를 제거할 것을 옹호하는 것은 아니다. 그녀가 반대하는 것은, 일부가 타자에 대해 주인으로 군림하는 것과 같은 지배구조를 지원하기 위해 기존의 차별성을 이용하는 것이다.[26] 본 분석 역시 기능과 자질의 차이가 가지는 가치를 부정하지 않는다. 문제는 지배이지, 차이가 아니다. 이원론에 대한 플럼우드의 대안은 이론을 구축하고 제반 사회관계 내에서 평등과 상호성과 존중심을 지지하는 통합성인 것이다.

위에서 살펴본 사례연구들은 흥미롭게도 이원론에 관한 플럼우드의 5가지 특징들과 일치한다.

> * 배경화는 초기 감리교 감독교회가 일상의 교역활동들을 수행함에 있어 지역의 장로목사와 평신도 설교자들에게 의존하면서도 그들을 연회원으로 받아들이지 않았던 것에서 볼수 있다.
>
> * 근본적 배제의 실례는 안수과정에서 리차드 앨런, 애나 올리버, 애나 하워드

---

24. Plumwood, Feminism, 47.
25. 같은 책, 48-55에서 요약되고 설명된 것이다.
26. 같은 책, 55; 또한 3-5를 보라.

쇼 등을 취급했던 방식에서 드러난다. 앨런을 비롯한 아프리카계 미국인들은 영적으로 역동적인, 큰 규모의 교회들을 세웠음에도 불구하고, 교회가 계속해서 그들을 안수하기를 거부한 것은 배제의 거부유형에 잘 들어 맞는다. 마찬가지로, 여성을 안수하지 않는 것에 대한 1880년의 해명(여성들은 "그들의 자질에 합당한 모든 특권을 이미 다 부여받았다")은 남성 결정권자들이 여성들과의 유사성과 공감을 최소화시킨 일례를 대표적으로 보여준다.

* 통합화는 19세기말 교회의 치리기구 내에서 완전한 발언권과 투표권을 얻기 위해 노력 했던 평신도들의 투쟁에서 드러난다. 평신도들은 성직자들에 반하는 것으로 규정되었으며, 성직자들이 지닌 교육, 경험, 책임감 등이 부족하므로 무언가 결여된 것으로 여겨졌다. 그들 자신의 독특한 교육, 경험, 책임감 등은 대부분 무시되었다.

* 도구주의는 몇가지 사례에서 뚜렷하게 나타나지만, 그 중 가장 생생한 것은 복음주의 연합교회가 여성들에게 선교를 위한 조직을 허용하면서도, 그 조직을 지배집단(지역교회 차원에서는 목회자이며, 교단적 차원에서는 선교국)의 감독하에 묶어둔 것이다.

* 동질화 또는 천편일률적 시각은 모든 경우의 사례에서 상당히 잘 드러난다. 예컨대 아프리카계 미국인들은 사적인 집사목사 안수는 가능하지만, 장로목사 안수는 불가한 특수한 집단으로 취급되었다. 아울러 여성들은 몇 가지 역할(예컨대, 주일학교 교장, 속회지도자, 봉사자)을 맡는 데는 적당하지만, 다른 역할, 특히 안수받은 장로목사의 역할에는 알맞지 않은 것으로 간주되었다.

이러한 분석은 연합감리교회의 유산 가운데 교역의 개념화와 구조화에서 나타나는 이분화의 경향이 뚜렷하다는 주장을 강화시켜준다. 지배집단의 권력은 종종 이러한 이분법적인 유형에 의해 강화되어 왔다. 교회는 흔히 그러한 비지배적인 형태의 교역과 그러한 교역에 종사하는 비지배적인 사람들을 대할 경우, 그들을 타자이며 열등한 자들로, "보다 중요한" 지도자들에게 봉사하는 자들 정도로 취급해 왔던 것이다.

확실히, 연합감리교회의 1996년 총회에서 나타난 세례와 교역에 관한 조항(본고에서 후에 이것을 살펴볼 것이다)이 암암리에 문제삼고 있는 유형이 바로 이것이다. 이러한 조항은 하늘에서 갑자기 떨어진 것이 아니다. 그것들은 반세기가 넘는 시기 동안 발전되어 온 것이며, 성경과 교회사 뿐 아니라, 세계의 현실과 전지구적인 범위의 에큐메니칼 회의에서 말해진 신학 담론으로부터 나온 것이다. 한마디로 말해서, 그것은 많은 손길을 거쳐 온 것이다.[27] 하지간 현금의 문제는, 그토록 오랫동안 교회와 교역에 관한 이분법적 사고에 의해 형성된 교회가 과연 어떻게 새로운 종류의 이분법적 범주, 예컨대 성직자와 평신도, 장로목사와 준목, 흑인과 백인, 아시아계 미국인과 아메리카 인디안(Native American), 또는 여성과 남성 같은 범주들을 부과하지 않고 새 시대를 맞이할 수 있겠는가 하는 점이다.

권력의 논제에서 보았듯이, 사람들은 공동체에 관한 문제에 있어서 이분화하는 경향이 있다. 이 점에 있어서 이분화 작용은 양자택일을 통해 일부는 포함시키고 타자들은 배제시킴으로써 진정한 공동체 건설에 역행하게 된다. 신학적으로 말해서, 이러한 과정은 흔히 다양성과 일치 그 자체를 하나의 근본적인 이분법적 구조로 환원시킴으로써 강화되는 바, 이로써 공동체가 양성과 일치를 동시에 구현할 수 없음을 암시하는 것이다.

공동체 내에서 다양성과 일치 간의 이러한 이분법적 분리는 앞에서 살펴본 사례들에 나타나 있다. 연회와 총회의 회원자격을 제한하려는 바로 그 시도가 교회 내의 한 집단과 다른 집단 간의 이분법적 분리를 만들어 내려는 시도인 것이다. 그것이 순회목회자 대 정주목회자 간의 분리이든, 성직자 대 평신도 간의 분리이든, 여성 대 남성 간의 분리이든 간에 말이다. 그러한 분리들이 각각의 집단에 관계된 독특한 역할에 근거한 것이라면 정당화될 수도 있을 것이다. 그러나 앞에서 논의한 사례들의 경우, 교회는 돌이켜 보고 그러한 분리가 정당치 못했다고 판단하였다. 그러한 분리들은, 현재의 시각에서 보면, 성직중심적 편견, 위계주의적 편견, 인종적 편견, 성별에 대한 편견 등등에 의해 초래된 것들이다. 이 점은 누구

---

27. 교역에 관한 연구위원회는 실제로 1944년 이래로 현재에 이르기까지 매 4년마다 형성되어왔다. 이러한 과정에 대한 기술과 설명은 Richard P. Heitzenrater가 제공하고 있는데, 그 주제에 관한 그의 설명이 내가 이 글에서 제시한 것과 다른 관점들을 제공하고 있기에 이 설명을 확충하고 대조되는 것으로서 하이젠레터의 글을 읽는 것은 가치있는 일이다; Richard P. Heitzenrater, "A Critical Analysis of the Ministry Studies Since 1948," in Perspectives, 431-47.

에게 안수를 주고, 누구를 배제시킬 것인가 하는 문제에 관한 사례들에서도 마찬가지이다.

물론 어느 특정한 차별성이 중요하고 적절한 것이라는 주장에 사람들이 쉽게 속아넘어가는 것이 문제이다. 하지만 당장은 다음과 같은 사실을 인정하고 넘어가는 것으로 충분할 것이다. 즉 다양성과 일치를 이분화시킨 것 때문에 사람들은 쉽사리 특정한 일치성을 부과함으로써 다양성을 근절하고, 일정 집단에 속한 사람들에게만 안수와 연회 회원자격을 한정함으로써 일치성을 강화시키고, 일치성을 강화하기 위해 과거의 전통과 법률에 호소하고, 다양성을 교회를 혼란시키고 파괴하는 것으로 단죄하는 등의 행태를 보이게 되었던 것이다. 이러한 사실을 인지하면서, 본고의 다음 단락으로 넘어가서, 나는 기독교의 핵심적인 신앙이라 할 수 있는 하나님의 삼위일체성(tri-unity)에 대한 웨슬리의 확신을 교회에 대한 언약적 이해와 관련지어 탐구해 보고자 한다. 우리가 이분화된 공동체를 넘어서는 일에 이러한 언약적 이해가 도움을 줄 수 있으리라고 희망해 보면서.

웨슬리 신학에 있어서 삼위일체와 언약

하나님이 일체 안에서 삼위이시라는(Three-in-One) 확증은 교회의 역사 가운데, 두 가지 면에서 그 가치를 인정받아 왔다. 첫째는 그것이 하나님의 독특한 위격이 지닌 충만성을 하나님의 일체성과 어떻게 결합시킬 것인가 하는 문제와, 둘째는 다양성 안에서의 일치라는 상호연관된 함축성이 기독교 공동체 안에서 지니는 의미에 관한 것이다. 이러한 확증은 존 웨슬리에게도 중요한 것으로, 그의 사상과 교역의 여러 가지 중대한 시기들에서 나타났다(보통 명시적으로보다는 암시적으로였지만). 예컨대, 웨슬리는 기독교의 세례에 있어서 세 가지 사항을 본질적인 것으로 서술하였다—감독 집례자, 물의 사용, 삼위일체의 이름으로 예식을 행하는 것.[28] 같은 배경에서 웨슬리는 세례를 가리켜 "우리를 하나님과의 언약 속으로 들

---

28. John Wesley, "A Treatise on Baptism," intro., John Wesley, 318. 세 가지 본질적 요소들 가운데 첫 번째 것(감독 집례자)을 지칭하는 웨슬리의 의도는 복합적인 것이다. 웨슬리는 세례에서 재세례파적인 요소들과 구별을 지으려고 힘쓰고 있었다.

어가게 하는 입문적 성례전"으로, 즉 사람들이 하늘나라의 자녀이자 상속자로서, 새로운 언약으로, 교회 안으로, 하나님과의 관계 속으로 들어가게 되는 수단으로 묘사하였다.29) 이 점에 있어 있어 웨슬리는 하나님 안에 존재하는 공동체와 하나님과 백성들 간에 존재하는 언약관계 사이를 함축적으로 연결시키고 있다.

이러한 하나님에 대한 삼위일체적인 관점과 교회에 대한 언약적 관점 사이의 연결이 내포적인 것에 불과하였으나, 이 점이 좀더 분명히 드러나는 것은 웨슬리가 교회의 다양한 형태와 지역성이 지니는 가치를 옹호했을 때였다. 그는 오순절 이후 초대교회가 얼마 지나지 않아 한 곳 이상의 집회장소를 필요로 하게 된 것과, 그 당시 영국 교회 역시 한가지 종류 이상의 집회장소를 필요로 하게 된 것 사이에 유사성을 도출해 내었다.30) 하지만 웨슬리는 "성령도 하나요, 주도 하나요, 믿음도 하나요, 세례도 하나요, 만유의 아버지이신 하나님도 한 분이심"에 기초하고 있는 공교회(catholic church)의 하나됨을 주장하였다. 웨슬리는 교회들이 지역과 민족에 따라 다양함에도 불구하고, 모두 다 보편적인 교회의 일부임을 인정했다.31) 교회들을 하나로 묶어 주시는 한 분이신 하나님은 또한 한 분이신 성령, 한 분이신 주, 한 분이신 하나님이며 만유의 아버지라는 세 가지 방식에 의해 알려진다.

다양성 속에서 일치의 가능성은 (웨슬리의 "로마 카톨릭교도에게 보내는 서신"에 나오는) "참된 개신교도"에 대한 웨슬리의 묘사에서도 강조되고 있다. 웨슬리는 참된 개신교도의 믿음은 "만유의 아버지" 되시는 한 분 하나님과, "세상의 구주"이신 나사렛 예수와, 성부 및 성자와 동등하신 "무한하시고 영원하신 하나님의 성령"에 중심을 두고 있는 것으로 묘사하고 있다.32) 이것이 지닌 중요성은 단지 웨슬리가 기본적인 개신교 신앙을 요약한 것 뿐만 아니라, 그가 프로테스탄트(개신교) 신앙과 로마 카톨릭 신앙 간의 연결점을 찾고자 소망했다는 데 있다. 웨슬리는 다시금 기독교회의 하나됨과 보편성을 긍정함과 동시에 다양성을 인정했다.33) 여기서 특별히 관심을 끄는 것은, 웨슬리가 직접적으로 삼위일체에 초점을 맞추면서 아울러 삼위일체의 주제들을 교회의 일치성의 주제들과 연관시킨 점이다.

---

29. 같은 책, §1.1, §2.2-5, John Wesley, 319, 322-23.
30. Sermon 45, "Of the Church," §§3-6, Works 3:47-8.
31. 같은 책, §§8-13, Works 3:48-50.
32. "A letter to a Roman Catholic," §§6-11, Works (Jackson) 10:81-82.

그렇다면 삼위일체에 대한 웨슬리의 확신은 그의 교역에 대한 신념, 교역의 구조, 교역의 실천과 어떻게 관계되는가? 이 질문에 답하기 위해서는 웨슬리의 초기 자료들을 살펴보고 각 주제들을 연계하는 흐름에 주목해 보아야 할 것이다. 확실히 존과 찰스 웨슬리 형제는 그들의 동료들과 함께 공동체적인 방식으로 구성된 하나의 운동을 조직했는데, 그 안에서 신도회와 속회와 신도대 등은 각각 독특하면서도 서로를 보충해주는 기능들을 지니고 서로 맞물려 있었다. 이 그룹들은 내적이면서도 동시에 외적인 거룩함을 지지하려 함에 있어서, 하나님과 서로에 대해 맺은 언약적 관계에 초점이 맞추어져 있었다. 예를 들어, 속도원들은 매주 모임을 가질 것, 속도원 각자와 속회 전체의 거룩함을 지지하기 위해 서로 일정한 규율을 따를 것 등을 서약하였다. 이렇듯 교회의 하나됨에 대한 웨슬리의 서술은 그가 다른 사람들과 함께 만들어낸 조직체를 통하여 구체화되었다.

더 나아가서, 존 웨슬리는 하나님의 하나되심과 교회의 보편성을 인정하면서도, 또한 은총의 수단이 다양하며 거기에 참여하는 것이 중요하다는 사실을 강조하였다. 때때로 그는 은총의 수단으로 기도, 성경연구, 주의 만찬을 받는 일 등을 들면서, 이것들을 "하나님께서 사람들의 영혼에 당신의 은총을 전하시기 위한 일반적인 통로로서 제정하신 것"으로 보았다.[34] 다른 곳에서 웨슬리는 교회 출석, 성찬 분급, 금식, 개인 기도, 성경 읽기 등을 은총의 수단에 포함시키면서, 할 수 있는 모든 현세적인 선을 행하는 것과 아울러 영적인 선을 추구하는 것이 중요하다는 것을 덧붙이기도 하였다.[35] 이 모든 정황에 있어, 웨슬리는 이것들을 행한다고 해서 그것이 구원을 가져다 주는 것은 아니지만, 사람의 영혼을 "의로움과 참

---

33. 확실히, 웨슬리는 개혁파, 모라비아교, 비국교파, 재세례파, 그리고 다른 전통들을 비판했듯이 종종 로만 카톨릭교의 교리와 실천을 비판하였다; 그러나 그는 또한 한 로마 카톨릭교도에게 보내는 이 편지에서 알 수 있듯이 자주 관련점들과 일치의 관점을 찾고자 하였다. 웨슬리와 로마 카톨릭교회에 관한 보다 철저한 연구를 위해서 다음의 책을 보라. David Butler, Methodists and Papists : John Wesley and the Catholic Chuch in the Eighteenth Church (London: Darton, Longman and Todd, 1995).
34. Sermon 16, "The Means of Grace," Works 1:378-97;§2.1에서 인용(381). 이 설교를 미리 보게 해 주는 자료로는 Journal (25 June 1740), Works 19:157을 보라.
35. 은총의 수단(the Means pf Grace)에 관한 이와 같은 특정한 목록은 1739년 12월 31일자 웨슬리의 일지에서 발견된다. Works 19:133.

된 거룩함"으로 다시 새롭게 하는 목적이 있음을 강조하였다.36) 이렇듯 초기 감리교의 조직 구조와 은총의 수단에 관한 웨슬리의 가르침을 살펴보면, 웨슬리는 공동체적인 교회구조와 다양한 교회적 실천이 지닌 중요성을 인지하고 있었음이 분명하다. 어떤 경우든지, 많은 것이 하나로서 결합된다. 교회 내의 다양한 개인들과 그룹들이 하나의 보편적인 교회 안에서 연합되며, 은총의 수단에 참여하는 다양한 방식들은 모두 한 분이신 은혜로운 하나님에 의해서 명령되고 선하게 사용되는 것이다.

지금까지 나는 존 웨슬리가 일치와 다양성을 함께 주장하였으며, 앞의 단락에서 서술한 것과 같은 이분화의 경향에 참여하지 않았음을 시사하였다. 많은 경우 이것은 사실이지만, 다른 경우에는 그렇지 못하다. 오늘날과 마찬가지로 감리교 운동 초기에도 문제가 매우 복잡하였다. 웨슬리의 경우 복잡한 사례를 한 가지만 살펴보아도, 그가 얼마나 골치아픈 현실에 처해 있었는지 알 수 있다. 1755년 웨슬리는 감리교 연회에 "우리는 영국 교회로부터 분리해야 하는가?"라는 제목의 진술서를 제출하였다. 이 글에서 웨슬리는 교회가 "신실한 사람들[즉 신자들]의 회중 내지 회합으로서, 하나님의 순수한 말씀이 선포되고 성례가 합당하게 집행되는 곳"이라는 확신을 서두로 하여 감리교인들이 분리되어서는 안되는 이유를 상세하게 설명하고 있다.37) 이것을 토대로 해서 웨슬리는 (아마도 감리교 운동에 가담한 사람들이 제기하였을 반박들을) 항목별로 짚어가면서, 이러한 문제들 때문에 영국 교회로부터 분리하는 것은 타당하지도 적법하지도 않음을 해명하였다. 일치를 유지하고자 하는 그의 소원은 글 전체에 분명하게 드러나 있다. 하지만 그의 특정한 행동들이 항상 일치와 조화되었던 것은 아니며, 그의 해명과 항상 부합했던 것도 아니다.

---

36. 특별히 Sermon 16, "The Means of Grace," 5.4, Works 1:396을 보라. 구원하는 능력은 "하나님의 영 안에 있으며," 공로는 "그리스도의 피 안에 있다." 그러기에 우리는 삼위일체의 주제가 기독교 교리의 요약에서와 같이 인간의 삶 안에서 작용하는 하나님의 역사하심에 관해 웨슬리가 묘사해 놓은 데서도 나타나는 것을 볼 수 있다. 삼위일체론과 사람들의 삶 속에서 나타나는 영적-윤리적 주제 사이의 상호작용은 Manfred Marquardt의 책 John Wesley's Social Ethics : Praxis and Principles (Nashville : Abingdon Press, 1992)에서 잘 전개되었다. 특히 105-14를 보라.
37. "Ought We to Separate from the Church of England?" 2.1, Works 9:568.

영국 교회의 관점에서 볼 때, 가장 논란이 되는 행동 중의 하나는 웨슬리가 무자격의 사람들을 설교자로 임명한 것이었다. 웨슬리는 하나님의 선재적인 임명에 호소하여 이러한 행위를 정당화하였던 바, 하나님은 이미 그대들[평신도 설교자들]을 설교하도록 임명하셨거니와, 이에 따라 우리가 그러한 하나님의 임명을 분별케 되었으므로, "우리는 그대들이 우리와의 연결 속에서(in connexion with us) 행동하도록 허락하였다"는 것이다.[38] 다른 한편, 웨슬리는 이러한 임명에 따라 설교자들에게 성례의 집행권까지 주어진 것은 아니라고 선언했다. 왜냐하면, 설교자(예언자)의 교역은 제사장의 교역과 구분되는 것으로, 이 둘은 서로 뒤섞이거나 혼동되어서는 안되기 때문이다.[39] 이런 까닭에 웨슬리는 1755년 당시, 제사장적인 성례전적 교역을 위해 그 누구에게도 안수를 베풀려는 의도가 없었다. 하지만 거의 30년이 지나서, 웨슬리는 바로 그 일을 행하였던 것이다. 즉 미합중국의 교회를 위해서 토마스 콕(Thomas Coke)과 다른 두 사람을 안수해서 보냈던 것이다. 웨슬리는 이러한 결정에 대해 무척 고민하였으나, 그러한 행위가 하나님의 뜻에 부합한다고 믿었기에 그것을 행하였던 것이다. 이와 동일한 확신 아래에서, 웨슬리는 그 이듬해부터 몇 사람을 더 안수하였으며, 영국의 감리교 운동을 위해서 세 사람에게 안수를 베풀기도 하였다.[40]

프랭크 베이커(Frank Baker)는 웨슬리가 그의 초기 입장과 확연하게 결별한 것을 숙고하면서, 웨슬리는 일반적으로 영국교회와의 관계에 있어서 두 가지 원칙을 따를 것을 주장하였다고 설명한다. 즉 그것은 "가능한 한 영국교회의 교리와 장정과 예배에 준할 것이지만, 우리의 소명인 바 하나님의 특별한 사역이 요구할 경우, 언제 어디서든지 이것들을 변형하는 것"이었다.[41] 여기서 우리는 웨슬리의 교역이 지닌 특징적인 모형을 목도하게 된다. 웨슬리는 하나님의 뜻을 거스르지 않는다면 가능한 한 교회법을 따르고자 하였고, 성경과 현재 상황의 필요성 속에서 하나님의 뜻을 구하고자 했으며, 항상 영혼의 구원과 그의 사람들의 의와 거룩함

---

38. 같은 책, §3.1, Works 9:572.
39. 같은 책, §3.2, Works 9:573.
40. Frank Baker, John Wesley and the Church of England (London : Epworth Press, 1970), 256-82 참조.
41. 같은 책, 324.

에 관심을 두려 하였다.

특정한 사안들에 있어서 웨슬리가 변형시킨 것이 무엇이든 간에, 웨슬리는 분명히 그의 신학과 교회적 실천의 전반에 걸쳐, 삼위일체의 주제와 언약의 주제를 함께 엮어 놓았다. 이러한 유형은 더 깊이 탐구해 볼 가치가 있는 것이지만, 여기서는 웨슬리가 임종시에 남긴 말로 현재의 탐구를 일단락하는 것이 좋을 것이다. "성부와 성자와 성령, 모두 아름답게 일치하시는 하나님께."[42]

오늘날의 미연합감리교회에 있어서 삼위일체와 언약

만약 웨슬리가 미연합감리교회의 초기 역사의 특징이라고 할 수 있는 이분화된 교역의 유형을 재고찰할 만한 자료를 제공해 준다면, 그러한 자료들을 수용할 만한 어떤 표시들이 있는가?

연합감리교회는 분명히 언약적 관점에서 다양성 속의 일치를 강조하는 것에 귀를 기울이고 좋은 평가를 하기에 좋은 위치에 있다. 연합감리교회는 이전 어느 때보다 전지구적 차원에서 진행되는 상호관계에 있어서 보다 활발하게 일하고 있으며, 연결체계 내의 각 부분들이 지닌 독특성을 더 잘 인식하고 있다. 세계의 다양한 지역이나 상이한 인종집단에 속한 교회의 각 부분들이 중요한 사안들을 놓고 서로 의견이 갈라짐에 따라, 혹은 교회의 다양한 정황들을 가로질러 선교와 교역에 관한 결정을 합의해 내기가 어려운 경우에, 서로가 다르다는 현실이 고통스럽도록 확연하게 드러나고 있다. 미연합감리교회는 안팎으로부터의 압력에 직면하고 있다. 동시에 선교—하나님의 사역—에 동참하고자 하는 강한 열망이 들끓고 있다.[43]

이러한 열망이 아주 강한 나머지, 1996년 총회에서는 교회구조 내에 더 많은

---

42. Richard P. Heitzenrater, The Elusive Mr. Wesley (Nashville: Abingdon Press, 1984) 2:147에서 인용.
43. 이러한 바램을 나타내는 한 가지 지표는 지난 4년간(1992-1996) 교역에 대한 연구 위원회의 회장이었던 감독에 의해 출간된 최근의 책이다 : David J. Lawson, Hungering for the Future: Whispers of Hope for a Church in Mission (Nashville : Abingdon Press, 1996).

유연성을 창출함으로써 개교회와 전체교단 차원에서 선교의 극대화를 꾀하고자 하는 전례없는 움직임이 일기도 했다.[44]

이러한 일반적인 개방성 너머로, 나는 현재의 미연합감리교회 장정 중에서 특별히 세 가지 요소를 조명하고자 한다. 이것들은 우리가 앞서 웨슬리에게서 살펴보았던 다양성 속의 일치라는 삼위일체적이고 언약적인 주제들을 반향하는 요소들이다. 첫 번째 반향(反響)은 연합감리교회의 공식 신학성명서 가운데 나타나는데, 그것은 다음과 같은 말로 시작된다. "연합감리교회는 우리의 구원을 위해 예수 그리스도 안에서 성육신하시고, 성령 안에서 인간역사 가운데 늘 활동하시는 하나님에 대한 역사적인 기독교 신앙을 고백한다."[45] 이어서 본 성명서는 신학적 과제란 비판적이며 동시에 구성적인 것, 개인적이며 동시에 공동체적인 것, 상황적이며 동시에 성육신적인 것, 실천적이며 동시에 에큐메니즘적인 것으로 묘사하고 있다. 신앙의 원천이자 판단기준으로서 성경, 전통, 체험, 이성이 제시되고 있다.[46] 이러한 장정 상의 진술은 필연적으로 광범위할 수 밖에 없는 것이지만, 삼위일체 하나님에 대한 중심적인 확언을 보여주고 있으며, 통합적이며 비이분법적인 방식으로 신학에 관여할 수 있는 가능성을 시사해 주고 있다—즉 하나님의 사역을 분별해 내는 과정 가운데, 많은 관점과 자료와 대조적인 입장들이 함께 고려되었다.

두 번째 반향은 세례에 관한 장정상의 해설에서 찾아볼 수 있다. 1996년 연합감리교회는 "물과 성령으로(By water and the Spirit)"라는 책자를 세례에 대한 해석의 문서로 채택하였다. 특별히 이 문서의 결론부분에 들어있는 두 개의 진술이 교역에 관한 연합감리교회의 숙고를 잘 보여주고 있다.

세례를 통하여 우리는 계속되는 그리스도의 선교의 역사 속으로 동참하게 된다.

---

44. 지역(개체)교회를 위한 조직과 행정의 새롭고도 유동적인 구조들을 묘사해 놓은 것을 주목하라; 조직의 목적은 "그러한 지역교회(local church)가 자신의 공동체가 처한 상황 내에서 일차적인 임무와 사명을 추구하도록 하는 데 있다." The Book of Discipline of the United Methodist Church (Nashville: United Methodist Publishing House, 1996), 245(p.136); 245-62를 보라.
45. Discipline, 60 (p.39); 전체 성명서는 60-63에 나온다.
46. Discipline, 63 (pp.72-83).

> … 세례는 세상을 향한 하나님의 사랑의 표현이며, 세례의 효과 또한 하나님의 은총을 나타내 준다. 우리는 하나님의 백성으로 세례받았으므로, 찬양과 감사로 화답하며, 하나님의 뜻이 우리의 삶 가운데 이루어지길 기도한다.[47]

첫 번째 진술에서는 공동체가 그리스도의 선교사역에 참여하는 것과 사람들을 그러한 공동체에 동참시키는 것으로서 세례의 역할을 강조하고 있다. 두 번째 진술에서는 만민을 위한 하나님의 사랑과 은총을, 그리고 그러한 사랑과 은총을 받아들이고 경축하는 것으로서의 세례의 역할을 강조하고 있다. 전체를 하나로 엮어주는 주제는 바로 세례가 하나님의 사랑과 은총의 표현이며, 사람들로 하여금 언약의 공동체, 구속의 행위, 온 세상을 위한 하나님 사랑의 표현 속으로 들어가게 하는 언약적 행위라는 사실이다.[48] 이러한 확언은 우리가 앞서 웨슬리에게서 살펴본 것과 놀라울 정도로 유사하다. 이로부터 세 번째 반향이 나오는데, 그것은 교역에 관한 장정상의 진술 가운데 나타나 있다. 연합감리교회 감독회가 1996년 총회에 상정한 '교역에 관한 연구(the Study of Ministry)'라는 문서에 담긴 핵심적인 주제는 "모든 기독교인들의 교역은 세상을 향하신 하나님의 선교로 말미암아 교회를 통하여 표현된다는 것"이었다.[49] 이 말들은 총회에서 통과되어 현재 장정상의 "모든 기독교인들의 교역" 및 "안수받은 이들의 교역"이라는 제목의 단락들로 들어가 있는 세례연구와 교역에 대한 법령과 맥락을 같이한다. 예를 들어, 앞 단락은 계약에 대한 선언으로 시작하고 있다:

> 태초부터 하나님은 인간가족을 언약을 통해서 관계맺어 오셨다: 아담과 하와, 노아, 아브라함, 사라와 하갈..그리스도 안에서의 새로운 언약 속에서 또 다른 희망의 공동체가 부름받아 모이게 되었다. … 우리의 영적 선조들은 이렇듯 언약을 맺고 언약을 지킨다는 성서적 주제를 기독교 경험의 중심으로 강조하였다.[50]

---

47. By Water and Spirit : A Unted Methodist Understanding of Baptism (Nashville: The General Board of Disciplinship, 1996).
48. 같은 책. 같은 주제들이 "Clergy Orders"(성직)에 관한 항목에 대한 소개로서 장정에서 발견된다: "세례는 성령을 통하여 아무 공로없이 받은 은혜인 하나님의 선물이다. 그것은 교회와 그 사역에로 들어가는 입구를 나타내는, 그리스도에로의 연합이다(롬 6:3, 4, 18)"; Discipline, 310 (p.178).
49. Council of Bishops, "Study of Ministry," 연합감리교회 총회에 제출된 보고서, 1996, 1.
50. Discipline, 101 (p.107); 전문(全文)은 101-9에 있다.

이처럼 모든 기독교인들의 교역은 하나님의 언약의 뜻에 기초하고 있는데, 그 뜻은 사람들의 다양한 은사를 통해 표현되며 연합감리교회의 연결체계를 통해 독특하게 표현되었다. 집사목사나 장로목사로서 안수받은 교역으로 부름받은 사람들은 "그들의 교역을 모든 기독교인들과의 언약 속에서 시행"해야 할 의무가 있다. 더 나아가서 그들은 "그들의 안수에 동참하는 모든 사람들, … 같은 연회에 속한 회원이자 동일한 직제의 부분을 구성하는 안수받은 이들과 더불어 상호간의 돌봄 및 직고의 언약 속에서 살아가도록" 가르침받고 있다.51) 달리 말하면 그들의 언약적 관계는 우선 그리스도의 몸 전체와 관계되며, 그 다음으로는 특히 그들의 연회의 안수받은 목회자들 및 그들의 특수한 직제에 속한 자들과 관계된다.

내가 특별히 강조하고자 하는 점은, 세례와 교역에 대한 새로운 장정상의 진술들이 평신도와 성직자의 이분화를 주의깊게 피하고 있다는 것이다. 그 대신에 그 진술들은 사람들이 세상에서 하나님을 섬기는 선교사명에 함께 동참하는 언약적 관계에 대한 희망을 발하고 있다. 그러한 언약의 유산은 바로 창조주 혹은 아버지 되시는 하나님의 은사이며, 선교사명을 함께 나누는 것은 바로 그리스도의 선교이며, 섬김의 능력은 바로 하나님의 성령께서 하시는 역사인 것이다. 이와 같이 언약의 토대 그 자체는 바로 삼위일체이신 하나님, 즉 셋이며 동시에 하나이신 하나님의 역사이다.

결 론

연합감리교 장정에 최근에 추가된 진술들을 고찰해 본 결과, 우리는 본고의 서두에서 제기한 것과 같은 목표—이분법이나 위계구조가 아닌 언약의 공동체에 기초하고 있으며 선교적 일치 안에서 형태와 기능의 다양성에 토대를 두고 있는 그러한 교역에 대한 이해와 실천을 계발하는 것—를 향한 몇몇 움직임들이 진행되고 있음을 보게 되었다. 이러한 움직임이 쉽게 이루어진 것은 아니다. 근 50년간에 걸친 연구위원회의 활동을 통해, 연합감리교회와 그 전신이 되는 교단들은 다양한

---

51. Discipline, 303.3 (p.171).

관점들을 붙들고 씨름하는 가운데, 교회적인 결정을 내려야 하는 압력들 아래에서도 (참된 웨슬리적인 정신에서)실제적인 해결책들을 추구해 왔다. 이러한 고투의 과정에서 두 가지 약점이 분명히 드러난 것도 사실이다. 즉 다양성과 일치 간의 상호보완적 관계에 대한 의식이 부족한 것과, 교역에 대한 신학적 이해의 토대로서 하나님의 본성(삼위일체로서)과 신-인 관계(언약으로서)에 대한 지속적인 성찰이 부족한 것을 들 수 있다.

비록 이 점들에 관해서 연합감리교의 교역에 관한 최근의 작업이 의미있는 움직임을 보여주고 있지만, 세 가지 도전이 계속 존재한다. 그 첫 번째 도전은 웨슬리신학의 전통 안에서 삼위일체신학과 언약신학의 생생한 흐름을 보다 분명하게 분별해 내어 기념하는 일이다. 두 번째 도전은 그러한 전통을 우리의 신학적 성찰과 교역의 실천 속에 보다 더 완전하게 구현해 내는 일이다. 세 번째 도전은 우리 자신의 말과 행동에 대한 비판적 성찰과 아울러 하나님께서 약속하신 언약이 마침내 실현되도록 간구하는 끊임없는 기도에 힘입어 이분법적 사고가 가진 위력에 맞서 저항하는 일이다.

제10장

웨슬리를 스페인어로 읽을 수 있을까?
후스토 곤잘레스(Justo L. Gonzalez)

나는 몇해 전부터 웨슬리 저작의 스페인어 번역작업의 편집책임자로 일해오고 있다. 현재까지 여섯권이 출판되었고, 본 계획이 완료되면 웨슬리의 저작은 14권으로 이루어질 것이다. 그 중 대부분은 지금껏 스페인어로 번역된 적이 없는 글들이다. 하지만 이처럼 웨슬리의 저술을 스페인어로 옮기는 작업은, 여타의 번역작업이 그러하듯이 단지 언어의 기호들을 바꾸는 것, 이상의 작업을 포함하고 있다. 우리 모두가 알고 있듯이, 언어란 의사소통 수단 이상의 것이다. 그것은 또한 문화의 전달자요, 형성자인 것이다. 언어는 그것이 쓰여지거나 말하여진 시간과 장소를 반영한다. 그것은 그 속에 내포된 전제들, 가치들, 관점들을 함께 전해 준다. 따라서, 완벽한 번역이란 불가능하다. 이탈리아 사람들이 "뜨라두또레, 뜨라디또레 (traduttore, traditore)"라는 말로 적절하게 표현하였듯이, 모든 번역자는 반역자이기도 한 것이다.

웨슬리의 경우에, 이 문장 혹은 저 문장을 어떻게 옮길 것인가 하는 기술적인 문제는 차치하고라도, 그의 저작을 번역한다는 개념 자체가 오늘날 20세기 스페인어권에서 웨슬리가 어떤 의미를 지니는가 하는 문제를 제기한다. 18세기를 살았던 한 영국인이 20세기를 살고 있는 라틴계 사람들(Latinas and Latinos)에게 얼마만큼 중요성을 지닐 수 있겠는가?

다른 것은 몰라도, 오늘날의 스페인어권에서 웨슬리가 지니는 중요성은 오늘날 라틴 아메리카, 스페인, 적도 아프리카, 그리고 미국내 라틴계 사람들 사이에서 웨슬리의 영적 후예로 자처하는 사람들의 숫자만 보더라도 알 수 있다. 정확히 계산된 수치는 아니지만, 혹자는 그와 같은 웨슬리의 후예들—모든 종류와 교단을 망라하여 "웨슬리아노스(wesleyanos: 웨슬리파, 웨슬리주의자)"라고 칭할 수 있는 사람들—이 현재 수천만을 헤아린다고 말하기까지 한다. 그들 중 다수는 자기들이 웨슬리아노스라는 것을 모를 수도 있지만, 웨슬리의 낙인은 그들의 신학과 그들의 예배, 그리고 무엇보다도 그들의 경건에서 분명히 볼 수 있다.

따라서 웨슬리의 신학과 영성이 후기 히스패닉(Hispanic: 스페인계) 문화에 중요한 영향을 끼쳤음을 부인할 수 없다. 하지만 이러한 상호작용이 적어도 몇 가지 시초적인 면에 있어서 웨슬리 자신에게까지 소급되었는가? 그것은 과연 쌍방향적인 상호작용이었는가?—즉 웨슬리의 신학과 영성 자체는 웨슬리가 히스패닉 문화와 접촉한 것으로부터 영향을 받은 점이 없는가? 나는 20년전 테드 러년의 지도하에 옥스포드 학회(Oxford Institute)에서 시작된 대화를 계속시키는 방법의 일환으로 이러한 문제들을 다루어 보고자 한다.[1]

우선 나는 단순한 언어적 상호작용의 수준에서 시작해 보고자 한다. 웨슬리는 그가 조지아에 머물고 있을 때, 스페인어 학습을 시작하였다.[2] 웨슬리의 1736년 6월 28일자 일기(diary)를 보면, 그는 조지아의 원주민들과 직접 이야기할 수 있도록 이 공부를 시작했노라고 적고 있다. 조지아 원주민들 중 일부는 선교사, 탐험가, 식민주의자들에게서 스페인어를 배웠던 것이다.[3] 웨슬리가 1737년 5월 27일 플랜테이션 농장에서 가르쳤던 사람들은 원주민 어머니와 스페인 사람 아버지를 둔 메스티조(mestizo)처럼 스페인 사람들의 후손이기도 하였다. 기이하게도 1737년 4월 4일자 『일지』(Journal)에서 웨슬리는 약간 다른 이야기를 하고 있는데, "내가 스페인어 공부를 시작한 것은 내 관할에 속한 유대인 교구민들과 대화를 나누기 위한 것이다. 그들 중 몇몇은 단지 그리스도를 주님이라고 부르기만 하는

---

1. Theodore Runyon, ed., Sanctification and Liberation : Liberation Theologies in Light of the Wesleyan Tradition (Nashville: Abingdon Press, 1981) 참조.
2. Edwin Sylvest, "Wesley desde el margen hispano," Apuntes 1.2(1981):14-19를 보라. Sylvest가 웨슬리의 초창기 스페인어 학습을 다루었으나, 정작 그는 웨슬리의 그후의 경력 전반에 걸쳐 이러한 주제를 따르고 있지 않다.
3. MS Diary(28 June 1736), Works 18:398.

제10장 - 웨슬리를 스페인어로 읽을 수 있을까?   211

사람들보다 그리스도의 마음에 더 가까이 있는 것으로 보인다"라고 적고 있다.[4] 아마도 웨슬리가 스페인어를 공부하게 된 것은 두 가지 목적을 다 염두에 두고 있었기 때문일 것이며, 아울러 웨슬리가 항상 여러 언어에 매료되어 있었기 때문이기도 했을 것이다.

　조지아의 원주민들과 대화를 나눌 수 있게 되는 것이 웨슬리가 스페인어를 배우려 했던 목적의 일환이었다고 하더라도, 웨슬리는 결코 이 일에 충분한 시간을 할애할 수 없었다. 식민지 당국은 웨슬리가 원주민들을 위한 선교사라기 보다는 정착민들을 위한 목회자로서 일해 주길 바랬기 때문이다. 따라서 이 기간동안 웨슬리가 스페인어와 접했던 것은, 그가 읽었던 책들 외에는 대부분 그 당시 조지아에 자리잡고 있던 상당히 큰 규모의 세파르딤의(Sephardic) 유대인 공동체를 통한 것이었다. 이들 중 한 사람이었던 모이세스 누네스(Moises N ez) 박사는 웨슬리가 자기 딸에게 영어를 가르쳐 준 것에 대한 보답으로 그에게 히브리어를 가르쳐 주었다.

　널리 알려진 대로, 웨슬리는 언어에 대한 매료 때문에 영어, 불어, 라틴어, 희랍어, 히브리어 등을 위한 간단한 문법서들을 저술하기도 했다. 비록 그가 스페인어 문법서를 쓴 적은 없지만, 그는 스페인어의 가치를 인정하는 발언을 자주 하곤 했다. 1756년 10월 11일, 웨슬리는 볼테르의 『앙리아드』(Henriade)를 읽고 난 후, 그의 일지에서 반프랑스적이며, 반스콧틀랜드적인 편견을 표출하기도 하였다. "나는 실로 기이한 글을 읽어 보았는데, 그것은 불어로 된 영웅시인 볼테르의 앙리아드였다. 그는 매우 활기찬 저자로서, 상상력이 뛰어나며, 내 짐작에 모든 유능한 판단자들에 의해 불어의 완벽한 대가로 인정받는 것 같다. 그런데 나는 그의 글을 읽고서 불어가 유럽의 여러 언어 중에서 가장 빈약하고도 형편없는 것임을 이전보다 더 확신하게 되었다. 백파이프(bag-pipe)가 오르간에 필적할 수 없는 것 이상으로 불어는 독일어나 스페인어에 비교될 수 없다."[5]

　웨슬리가 평생동안 계속해서 스페인어를 읽기는 했지만, 결코 스페인어를 유창하게 사용하게 되지는 못했던 것이 분명하며, 그나마도 얼마 안 되어 스페인어를

---

4. Journal(4 April 1737), Works 18:178.
5. Journal(11 October 1756), Works 21:79.

말로 사용할 수 없게 되었다. 이런 까닭에 웨슬리는 스페인어 문법을 집필하지 않았을 것이다. 여하튼 1762년경에 이르러서는, 웨슬리가 더 이상 스페인어로 대화를 나눌 수 없었음을 분명히 알 수 있다. 그 해 12월, 웨슬리는 맥스필드씨(Mr. Maxfield)의 요청에 따라 외국인 두 사람에게 세례를 베풀었는데, 그 중 한 사람은 터키사람 복장을 하고 있었으며 둘 다 자신들이 터키인이라고 주장하였다. 그 일이 있고 난 후, 웨슬리는 그가 기록하지 않은 어떤 이유에서 자칭 "터키인들"에 대해 의심을 품기 시작하였다. 그 터키인들이 스페인어를 알고 있었기 때문에, 웨슬리는 한 세파르딤 유대인에게 그들과의 면담시에 통역을 맡아 줄 것을 부탁하였다. 웨슬리의 일지에 적힌 사건들이 흔히 그러하듯이, 이 대화의 결과에 대해서는 알려진 것이 없다. 하지만 그 사건이 보여주는 것은, 웨슬리가 이 때에 이르러서는 자신의 스페인어 실력이 그 "터키인들"과 직접 면담을 할 만큼 충분하다고 신뢰하지 않았다는 사실이다.6)

 웨슬리의 스페인어 실력이 어느 수준이었든 간에, 중요한 점은 웨슬리가 스페인어권 저자들의 글을 읽은 것이 영성과 신학에 대한 자신의 신념을 전개시키는 데 있어 얼마나 영향을 주었는가 하는 점일 것이다. 이 점은 비교적 밝혀내기 쉬운데, 그것은 웨슬리가 스페인어로 읽은 저작이 주로 경건서적들, 특히 신비주의자들의 글이었기 때문이다. 그가 스페인어 공부를 시작할 당시에 그는 미구엘 드 몰리노스(Miguel de Molinos)의 가르침에 깊은 관심을 갖게 되었다. 얼마나 관심을 가졌던지, 스페인어 공부를 시작한 지 며칠이 안되어 몰리노스의 것으로 전해지는 신비적인 시 한편을 번역하기도 하였다.

 미구엘 드 몰리노스는 웨슬리보다 일백년쯤 전에 살았던 스페인의 신비주의 교사였다. 그의 가장 유명한 책은 Guia espiritual que desembaraza el alma y la conduce al interior camino para alcanzar la perfecta contemplacion으로서 1665년에 출판되었다. 그 책은 6년만에 유럽의 여러 언어로 번역되어 20판을 거듭해서 출판되었다. 영어판은 『영혼을 풀어주는 영적 지침서』(The Spiritual Guide Which Disintangles the Soul)라는 제목으로 1688년에 나왔으며, 아마도 웨슬리가 거의 반세기가 지난 후인 1736년에 읽었던 것은 바로 이 영어역본이었

---

6. Journal(4 December 1762) & (5 January 1763), Works 21:399, 401-2를 보라.

을 것이다. 몰리노스의 가르침은 본질적으로 절대적인 정적주의였다. 영혼은 하나님께 다가가기 위해 아무것도 할 수 없으며, 영혼이 할 수 있는 일이라고는 여러 시간동안 "말없는 기도(mute prayer)" 속에 머물러 있는 것 뿐이다. 이 말 없는 기도는 입으로든 속으로든 전혀 말이 필요없는 것이며, 단지 하나님께서 마치 비어있는 백지와 같은 영혼에 쓰실 수 있도록 내어 맡기는 열려진 상태일 뿐이다. 거룩함마저도 추구해서는 안되는 것이다. 왜냐하면, 그러한 능동적인 추구가 하나님 앞에 선 영혼의 수동성을 방해하기 때문이다.

저명한 스페인 이단연구 역사가 중 한 사람은 몰리노스의 가르침을 다음과 같이 요약하고 있다.

> 하나님이 먼저 영혼을 정화시키지 않으신다면, 영혼은 결코 내적 평화에 도달할 수 없다. 영적 수련과 육체에 대한 징계로는 그러한 목적을 이룰 수 없다. 영혼이 해야 할 의무는 단지 그 본래의 상태에서(proprio motu) 아무것도 하지 않는 것이며, 차라리 그 자신을 무엇이든 하나님께서 그에게 부과하시고자 하는 것에 내맡기는 것이다. 영은 비어있는 백지와 같이 되어야 한다. 그래야 하나님께서 무엇이든 하나님이 원하시는 것을 기록하실 수 있다. 영혼은 말없는 기도 가운데, 겸비와 복종 가운데, 긴 시간을 보내야만 한다. 아무것도 하지 않고, 아무것도 알지 않고, 아무것도 이해하려 하지 않는 채로.[7]

결국 몰리노스는 이러한 교설을 그 극단적인 결론으로까지 밀고 나가, 영혼의 수동성이란, 마치 마귀가 육체를 꾀어서 육체가 죄를 범하더라도, 영혼은 그러한 죄에 물들지 않은 채로 순결하게 남아있는 것이라고 주장하였다. 몰리노스는 심문받는 자리에서 자기의 오류를 시인하고 자기의 가르침 때문에 자신이 부도덕한 상태에 빠졌음을 고백하였다. 그 후로 몰리노스는 나머지 생애를 감옥에서 보내야 했으나, 여전히 자신의 신비주의적 방식을 추구하였다. 다만 그의 정적주의가 초래하는 극단적인 결과들은 거부하였다.[8]

웨슬리가 이 모든 것을 알고 있었는가는 분명치 않다. 그 당시 영국에서는 보통

---

7. Marcelino Menendez Pelayo, Historia de los heterodoxos espanoles (reprint, Madrid: Biblioteca de Autores Cristianos, 1956), 2:210.

몰리노스의 경우와 같은 결과를 초래하는 스페인 종교재판제도가 가진 혹독함을 비난하고 있었으며, 따라서 몰리노스의 타락에 대한 보고를 이단 심문관들이 꾸며낸 책략에 불과한 것으로 간주하였다. 웨슬리가 몰리노스의 "영적 지침"과 그가 쓰거나 그의 것으로 전해지는 신비적인 시 몇 편을 알고 있었던 것은 분명하다. 하지만 이단심문에 따른 판결과는 상관없이, 웨슬리는 얼마 안가서 몰리노스의 정적주의 뿐 아니라 신비주의 일반에 대해 비판적인 입장에 서게 되었다. 웨슬리가 몰리노스의 시를 번역한 지 몇 달이 지나지 않아서 웨슬리는 그의 형인 사무엘에게 다음과 같은 내용의 편지를 보냈다.

> 내 생각에 신앙을 난파시킬 만큼 가장 가까이 있는 암초는 바로 신비가들의 글입니다. 나는 신비가란 말로 여하한 은총의 수단을 소홀히 여기는 모든 사람들을 포함하고 있습니다. 내가 신비가들의 교설에 관한 개략적인 체계를 잡아 본 것은 내가 그들과 나누었던 대화나 편지, 그리고 신비가들 중에서 가장 인정받는 타울러(Tauler), 몰리노스, "독일신학"의 저자 등으로부터 얻은 것입니다. 나는 그것에 대한 형의 생각을 가능한 한 속히 알고 싶습니다.[9]

전형적으로 신비주의 일반에 대한 그의 매우 부정적인 태도에도 불구하고, 웨슬리가 "실천적인 신학(practical divinity)"에 도움이 되는 글들 중에 영어로 구해 볼 수 있는 저작들을 엄선하여 50권의 『기독교 문고』(Christian Library)를 편찬할 당시, 그는 몰리노스의 『영적 지침』의 일부를 포함시켰다.[10]

다른 스페인어권 저자 중에서 웨슬리에게 지속적인 영향을 준 사람은 그레고리오 로페스(Gregorio Lopez)이다. 그는 몰리노스보다 한 세기 이전에 (따라서, 웨슬리보다 두 세기 앞서) 살았던 인물인데, 1542년 마드리드에서 태어나 1596년

---

8. Works 25:487 n.4 에서 프랭크 베이커(Frank Baker)는 몰리노스의 가르침이 "그에게 종교재판의 손에 붙혀져 죽음에 이르게 하였다"고 말하고 있다. 이것은 종교재판이 그에게 사형선고를 내렸다는 의미를 함축하는 것 같다. 실제로, 아마도 그와 이노센트 11세(Innocent)사이의 우정 때문에 종교재판은 단지 그로 하여금 자신의 주장을 철회하도록 강요하거나 아니면 감금당한 채 그의 남은 11년의 일생을 보내도록 강요하였을 것이다.
9. Letter to Samuel Wesley Jr. (23 Nov. 1736), Works 25:487-88.
10. Chr. Library, Volume 38 (1754).

멕시코에서 사망하였다. 그레고리오 로페스라는 인물에 얽힌 비밀과 전설은 상당수 남아 있다. 어떤 이들은 그가 실제로는 필립(Philip) 2세의 아들인 돈 카를로스(Don Carlos)라고 주장한다. 돈 카를로스는 밝혀지지 않은 이유로 인해 고발되어서, 이단 심문에 의해 판결받고 감옥에서 사망한 것으로 추정된다. (필립은 교황에게 보낸 편지 외에 어느 곳에서도, 왜 그가 자기 아들의 체포를 명했는지 그 이유를 밝히지 않았는데, 현재 그 편지는 남아있지 않다. 필립은 자신이 아버지로서 그 같은 일을 감행한 것을 거듭 후회하지만, 국왕이자 기독교인으로서 다른 선택의 대안이 없었노라고 밝히고 있다. 돈 카를로스에 관한 소문이 무성하였는데, 그 왕자는 자기의 의붓 어머니에게 너무나 애정을 가졌다든지, 자기 아버지에게 맞서 화란인들과 음모를 꾸몄다든지, 왕좌를 차지할 계획을 세웠었다든지, 이단 교설에 넘어갔다든지 등의 것이었다. 어쨌든 그는 감옥에서 죽은 후 조용히 매장된 것으로 공포되었다. 이 사건 직후에 많은 사람들이 그가 실제로 죽었는 지에 대해 의심을 품었다.) 꽤 널리 퍼진 소문에 따르면, 돈 카를로스는 목숨을 구하는 대신에 신세계로 가서 새로운 이름을 갖고 살아가기로 약속했다고 한다.

돈 카를로스에 관한 의혹에 찬 풍문들과 그레고리오 로페스의 출신에 관한 신비로운 의혹들이 합쳐져서, 그 두 사람이 실은 동일인이라는 생각이 유포되기 시작하였다. 몇 가지 그럴듯한 요인들이 이러한 설을 뒷받침해 주는데, 로페스가 멕시코로 오기 이전의 자신의 생애에 대서는 일언반구 언급이 없다는 점, 로페스가 말하는 자신의 출생년도인 1542년이 돈 카를로스의 것과 같다는 점, 로페스가 멕시코에 도착한 것은 돈 카를로스가 사라진 직후라는 점, 그리고 마지막으로 필립 2세와 그레고리오 로페스의 초상화를 비교해 보면 그 얼굴 생김새에 공통된 특징이 있다는 점 등을 들 수 있다.

분명한 것은 그레고리오 로페스의 출신이 어떠했건 간에, 그가 멕시코 시에서 2년간 서기로 복무했다는 것과 그 후에 북쪽의 치치메카스(Chichimecas) 지역으로 가서, 거기서 그의 나머지 생애 동안 병자들을 돌보는 일에 헌신하며 살았다는 사실이다. 그의 신앙심이 아주 독실했던 나머지, 그는 30년 동안 꾸준히 하나님의 현존에 대한 생생한 감각을 지닌 채 살아갔다고 한다―이런 까닭에 웨슬리는 그에게 매료되었으며, 그를 기독교적 완전에 대한 살아있는 증거로 보았다. 로페스가

지은 책에는 몇몇 신비주의적인 글들 외에도 『질병의 치료를 위한 책』(Libro de remedios contra enfermedades)이 있는데, 이 책이 또한 그런 종류의 책을 지었던 웨슬리와의 묘한 접촉점을 보여준다.[11] 임종할 때가 되자, 로페스는 이미 성인의 명성을 누리게 되었으며, 이러한 명성은 그의 글들 덕분에 더욱 퍼져 나갔다. 그의 생애와 사후에 일어난 몇 가지 기적들은 그의 중보에 의한 것으로 전해지며, 그가 사망한 지 30년만에 필립 4세는 로마 교회에 그의 시복(諡福)을 위한 공식절차를 시작하였다—그 절차는 알 수 없는 이유로 인해 결국 결말을 보지 못했다. (비록 공식적으로 시성되거나 시복되지는 못했지만, 그레고리오 로페스는 버틀러가 지은 『성인들의 생애』에 포함되어 있다.) 결국, 로페스는 사람들의 뇌리에서 거의 잊혀졌으며, 멕시코 교회의 역사를 자세히 다루는 최근의 저작들에서도 그의 이름에 대한 언급조차 찾기 힘들 정도가 되었다.[12]

웨슬리가 로페스의 글을 처음 접한 것이 언제인지 기록이 남아 있지는 않으나, 웨슬리는 1742년 8월 31일자 일지에서, "나는 그 선하고 지혜로운 (물론 실수도 많았던) 사람, 그레고리 로페스의 전기를 한 번 더 읽었다"라고 적고 있다.[13] (몰리노스의 경우도 마찬가지지만, 이 경우에도 웨슬리는 자기가 한 교리의 다양한 측면들을 구분할 뿐 아니라, 교리와 실천을 구분할 수 있으며, 교리와 실천의 여러 요소 중에서 어떤 것들은 받아들이고 다른 것들은 거부할 수 있었음을 보여주고 있는 것을 주목하라.) 2년 후 웨슬리는 어떤 다른 성직자의 경험에 대해 기술하면서, "그의 경험은 매우 독특한 종류의 것으로, 그레고리 로페스의 것과 매우 유사하다"고 적고 있다.[14] 또 다른 곳에서 웨슬리는 이런 말을 하고 있다. "나는 어느

---

11. John Wesley, Primitive Physick : Or an Easy and Natural Method of Curing Most Diseases, 22nd ed. (Philadelphia : Hall, 1791) 참조.
12. 예컨대, Leon Lopetegui와 Felix Zubillaga의 Historia de la Iglesia en America espanola, vol. 1 (Madrid : Biblioteca de Autores Cristianos, 1965)은 반드시 언급되어야 할 두 가지 분야에서 최소한 로페즈가 공헌함 점들을 무시하고 있다. 즉 그는 새로운 스페인(New Spain)의 신비가들 사이에서 나타나지 않는데, 이 매우 상세한 책은 이들에 관해 논의하고 있다. 또한 그는 자신이 "묵시록 주석"(Commentary on the Apocalypse)을 썼음에도 불구하고 성서 주석자들 에도 언급되지 않는다. 로페즈의 생애에 대해서는 Francis Cuthbert Doyle, The Life of Gregory Lopez (London : R. Washbourne, 1876)을 보라.
13. Journal(31 August 1742), Works 19:294.
14. Journal (31 August 1754), Works 20:490.

상쾌한 언덕의 사면(斜面)에 서 있는 크고 장중한 집에서, 진지한 사람들 몇 명과 함께 식사를 나누었다. 그들은 이러한 낙원같은 곳에서, 평안과 명예와 풍성한 우아함 속에서 살고 있다. 그들은 이러한 생활을 두고 세상으로부터의 물러남이라고 부르는데, 그레고리 로페스라면 과연 그것을 무엇이라고 불렀을까?"[15]

그레고리오 로페스는, 웨슬리가 볼 때에 그 신학적 견해와 교리에 있어서는 로마 가톨릭의 오류를 지니고 있음에도 불구하고, 참다운 종교(경건)을 구현한 사람의 으뜸가는 모범 중 하나로 꼽히게 되었다.[16] 실로 웨슬리는 거룩함이 이생에서 도달 가능함을 입증하거나 거룩함의 표준을 설정함에 있어 로페스의 본보기를 즐겨 인용하곤 했다. 예를 들어, 웨슬리는 존 플레처(John Fletcher)의 임종시에 행한 설교에서 다음과 같이 말하고 있다. "여러 해 동안 나는 영국 사람들 중에 그레고리 로페스나 드 랑티(de Renty)씨에 견줄 만한 사람이 있는지 찾아보았으나 헛수고였습니다. 하지만 플레처씨가 그들만 못했다고 말할 수 있는 사람은 없을 것입니다!"[17] 마찬가지로 맥스웰(Maxwell) 양에게 보낸 편지에서, 웨슬리는 그녀에게 "나는 당신이 단지 기독교인—드 랑티 후작이나 그레고리 로페스와 같은 기독교인—이 되시길 바랍니다"라고 말하고 있다.[18]

로페스는 또한 웨슬리에게는 일종의 거룩함, 즉 몰리노스나 여타의 사람들과는 달리 다른 이들을 섬기는 데서 발휘되는 거룩함의 본보기로 여겨졌다. 웨슬리는 한 젊은 제자에게 로페스는 모든 활동 중에도 성결함 가운데 살 수 있었음을 상기시키면서, 그녀에게 "로페스가 경험했던 것과 같은, 하나님과의 열려진 교제, 그와 같이 친밀하고도 끊임없는 친교(교통)"를 추구할 것을 권고했다.[19] 또 다른 여신

---

15. Journal (15 October 1755), Works 21:32.
16. Sermon 55, "On the Trinity," §1, Works 2:375: "그리고 반면에 사람들은 실제로 종교적이면서도 (경건하면서도) 여러 가지 그릇된 견해들을 가지고 있을지도 모른다. 세상에 로마주의자(가톨릭교도)들이 있는 동안에 그 누구가 이것을 의심할 수 있겠는가? 왜냐하면 그 누구가 이전에 그들 가운데 많은 이들이 (예컨대, a Kempis, Gregory Lopez, 그리고 Marquis de Renty) 종교적이었을 뿐만 아니라 오늘날도 참되고 내면적인 기독교인들이 그들 가운데 많은 수가 있음을 부인할 수 있겠는가?"
17. Sermon 114, "On the Death of John Fletcher," §3.12, Works 3:627.
18. Letter to Lady Maxwell(22 Sept. 1764), Letters(Telford) 4:264
19. Letter to Philothea Briggs (16 Oct. 1771), Letters(Telford) 5:283.

도가 웨슬리와의 편지교환에서 자기가 사회로부터 물러나서 살아가는 삶을 고려하고 있다고 말했을 때, 웨슬리는 어떤 사람이 고독 속에서 살아가는 거룩함을 추구하기 위해 로페스를 찾아 왔을 때 로페스가 그더러 돌아가서 "멕시코시(市) 속에서 은수자처럼" 살아가라고 권고했다는 이야기를 그녀에게 들려주었다.[20]

웨슬리는 신비주의를 떠난 후에도, 계속해서 그레고리오 로페스를 칭찬하고, 연구하고, 추천하였다. 그가 "실천적인 신학"에 필수적인 책들을 모아 기독교 문고를 편찬할 때에도, 웨슬리는 그 마지막 권에 그레고리오 로페스의 생애 요약본을 포함시켰다.[21] 또한 그는 1780년 이 로페스의 생애를 『알미니안지(誌)』에 연재물로 간행하기도 했다.

웨슬리와 히스패닉 문화 및 전통 간의 상호작용을 보여주는 다른 예들도 많이 있지만, 이제까지 인용한 사례들은 웨슬리와 히스패닉 문화 간의 관련성이 처음 생각했던 것보다 훨씬 더 복합적인 것임을 보여주기에 충분할 것이다. 그것은 단지 웨슬리와 그가 시작한 운동이 라틴 문화권 사람들에게 깊이 파고들어간 것만이 아니라, 히스패닉 문화에 속한 인물들과 그 인물들이 양 아메리카 토착민들 사이에서 이룩한 업적에 관한 이야기들이 웨슬리에게 영향을 준 것이기도 하다.

따라서, 웨슬리의 저작에 대한 스페인어 번역을 세상에 내어놓는 것은 스페인어권 사람들 사이에 웨슬리의 영향력을 확대시키는 것만이 아니라, 동시에 웨슬리 자신에 대한 새로운 연구를 촉구하는 것이기도 하다. 그러한 연구는 웨슬리가 앵글로 색슨 세계 밖의 사람들과 맺었던 관계들을 밝혀냄으로써, 웨슬리에 대한 보다 더 진전된 이해를 가능케 해 줄 것이다. 사실, 웨슬리는 개인적 접촉이나 독서들을 통해서 이들과 관계를 맺었고, 그의 신학과 경건이 그들에게서 크게 영향받기도 했다. 바라건대, 이러한 요청이 히스패닉 학자들 뿐만이 아니라, 웨슬리의 생애와 저작에 관심을 가진 다른 이들에 의해서도 주목받기를 희망한다.

비록 부분적인 것에 지나지 않지만, 내가 "웨슬리를 스페인어로 읽을 수 있을

---

20. Letter to Miss March (10 Dec. 1777), Letters(Telford) 6:293.
21. The Life of Gregory Lopez. 원래는 스페인어로 쓰여졌으나 존 웨슬리에 의해 요약되었다. Chr. Library, Volume 50(1755). 웨슬리의 이같은 요약작업은 1675년 Abraham Woodhead에 의해 출판된 번역판에 의거한 것이었다: The holy life, pilgrimage and blessed death of Gregory Lopez, a Spanish hermit in the West Indies.

것인가"라는 이 짧은 논문의 제목을 통해 말하고 싶었던 것이 바로 이 점이다.[22] 스페인어로 웨슬리를 읽는다는 것은 단지 그의 저작을 스페인어 번역으로 읽는다는 것만을 뜻하지 않는다—물론 그것이 크게 유용한 일임에는 틀림없지만 말이다. 그것은 웨슬리를 읽어나가되, 그의 경건에 미친 영국, 독일, 프랑스적인 뿌리들 뿐만 아니라, 스페인적인 뿌리들도 함께 고려하는 가운데 그를 읽어나가는것을 뜻한다—그러는 중에 우리는 예기치 않은 방식으로 우리 자신이 웨슬리의 공동 상속자임을 깨닫게 될 것이다. 이것이 바로 본고가 목적하는 것이다.

하지만, 이것은 스페인어로 웨슬리를 읽어나가는 일의 시작일 뿐이다. 우리는 웨슬리를 라틴 문화와 전통, 사회적 지형의 관점에서 읽어야 할 필요가 있다. 우리는 그러한 라틴적인 현실과 가치를 부정하는 것이 아니라, 그것들을 긍정하는 관점에서 웨슬리를 읽어야 할 것이다. 이러한 작업은 웨슬리 전통의 일부를 구성하고 있는 히스패닉 전통에 속한 수백만의 사람들 사이에서 이미 일어나고 있다. 이 글이 웨슬리와 우리 문화 사이에 과거 먼 시기까지 뻗어있는 접촉점들을 밝혀 주고 있다면, 그러한 수백만의 웨슬리아노스가 존재한다는 사실 자체는 그러한 접촉점들이 먼 미래까지도 이어질 것임을 보여준다.

---

22. 이 제목 자체(Can Wesley Be Read in Spanish?)는 내가 일전에 썼던 책 Manana : Christian Theology from a Hispanic Perspective (Nashville : Abingdon Press, 1990), pp. 75-87에 해당하는 한 장 "스페인어로 성서읽기"(Reading the Bible in Spanish)의 제목을 조정한 것이다. 놀랍게도, 이 제목은 그 책에서 가장 자주 인용되어지는 구절이다.

제11장

라틴 아메리카의 웨슬리: 신학적, 역사적 성찰
호세 미구에즈 보니노(Jose Miguez Bonino)

    웨슬리 전통과 라틴 아메리카 해방신학에 의해 형성된 한 신학자로서 나를 사로잡는 관심은 항상 어떻게 신학적 자료들이 인간 삶의 실천적인 현실들에 대하여 말하는 것을 도울 것인가에 대한 물음 속에 있어 왔다. 차제에 나는 테드 러년의 최근 저작의 궤도와 발맞추어 현대 라틴 아메리카의 종교적, 사회적 상황에 대한 신학적 이해를 위해 웨슬리 전통의 의의(적합성)를 탐구해 보고자 한다.
    이 같은 질문은 추상적으로 논구될 수 없는 것이다. 특별히 현재 라틴 아메리카의 정황에서 웨슬리 전통에 호소하려는 어떠한 시도도 이 전통이 어떻게 소개되었고 이러한 정황에서 어떤 기능을 담당했는가를 고려해 보아야만 한다. 그러므로, 나는 다음과 같은 세 가지로 구분하여 나의 토의를 전개할 것이다: (1) 어떻게 웨슬리 전통이 라틴 아메리카에 소개되었는가에 대한 간단한 설명; (2) 이러한 이주된 집단들과 함께 유입된 웨슬리 신학에 대한 특정한 "읽기들(해석)"에 대한 분석; (3) 현 라틴 아메리카 상황에서 웨슬리 자신의 신학이 가지는 의의에 대한 성찰.

라틴 아메리카에 소개된 웨슬리

    내가 아는 한, 웨슬리는 영어권 식민지였던 아메리카 지역들의 남쪽으로 가본 적이 없다. 더욱이 그의 저술에는 라틴 아메리카 국가들에 대한 언급도 전혀 없다.

그의 저작의 200년 기념판의 색인이 나온다면, 혹시 예상치 못한 어떤 단어가 등장할지도 모르지만 말이다. 웨슬리는 그가 조지아에 머무는 동안 조지아와 플로리다의 경계에서 방문했던 세파르딤의 유대인 식민지(Sephardic Jewish colony)로부터 스페인어를 배웠다. 그의 저술 중에는 비록 그 이름들이 명시되지는 않았지만 십자가의 요한과 아빌라의 테레사에 대한 회상들이 있다. 그는 감리교도들을 위해 마련했던 기독교 문고 속에 포함시킨 아빌라의 몰리노스(Molinos of Avila)를 통해 그들을(특히 테레사를) 알게 되었던 것 같다. 우리는 또한 그가 다른 스페인(또한 프랑스 및 독일) 신비가들을, 그에게 "정적주의"로 여겨졌던 바로 인해 신랄하게 비판했던 사실을 알고 있다.[1]

그러나 1840년과 1920년 사이에, 웨슬리는 원래의 웨슬리 부흥운동으로부터 발전된 교회들의 선교적 노력들로 말미암아 라틴 아메리카에 소개되었다. 이러한 유입 과정은 세 번에 걸쳐 일어났다.[2]

첫 번째 물결은 19세기가 시작될 무렵 영국과 북미 감리교회의 주된 흐름으로부터 비롯되었다. 최초에 들어온 감리교는 영국 정착민들과 함께 들어왔는데, 이들은 닫혀진 가톨릭 영토에서 자신들의 종교를 — 당연히 단지 영어로만 — 실천하도록 인정받은 사업가, 농장이나 플랜테이션 지주들, 이민 집단들이었다. 1820년대에, 미국의 감리교 감독교회(MEC)가 선교사들을 보내기 시작했다. 그들의 초기 노력은 다소 잠정적이었다. 우선 하이티(1823), 도미니칸 공화국(1834), 우르과이와 아르헨티나(1835), 브라질(1836), 그리고 멕시코(1844-45)로 선교사들이 파송되었다. 19세기 마지막 25년 동안에는 큐바(1873), 파나마와 칠레(1877), 파라과이와 페루(1886), 볼리비아와 베네주엘라(1890), 푸에르토리코와 코스타리카(1900)로 선교의 박차가 가해졌다. 19세기 말에는 MEC 또는 (이제 독립된) 남 감리교 감독교회가 실제로 라틴 아메리카의 모든 지역에 선교를 행하였다.

---

1. 이 책에서(10장) 곤잘레스에 의해 쓰여진 글 가운데 웨슬리와 히스패닉 문화와의 접촉을 다룬 논의를 보라.
2. 라틴 아메리카 내의 개신교 역사를 살펴보려면 Pierre Bastian, Historia del Protestantismo en America Latina (1990); Pablo A. Deiros, Historia del Cristianismo en America Latina (Buenos Aires : Fraternidad Teologica Latinoamericana, 1992)를 보라.

이러한 초기 시도들은 침례교도들, 장로교도들, 또 다른 주류의 개신교 교회들과 함께 종교적 자유를 위해 투쟁해야 했다. 이러한 노력에 있어서 그들은 프리메이슨(freemason), 자유사상가들, 실증주의자들과 같은 새로운 자유주의적 지성인 엘리트들 가운데서 동맹을 찾기에 이른다. 몇몇 뛰어난 선교사들은 이중의 사역을 발전시켰다. 즉 한쪽에선 노동자들, 도시주변인, 시골 사람들과 같은 가난한 사람들("사회의 표면에 있는 먼지같은 사람들") 가운데에서 복음전도의 선교를, 다른 한쪽에선 지식인들 가운데에서 교육적이고 지적인 과제를 담당하였다. 감리교회들은 교육적 과제 면에서는 자유주의적인 엘리트들의 자녀들을 위해서 크고 현대적인 학교들을 세웠고, barrios의 가난한 자녀들을 위해서 보다 적당한 교구 학교들을 설립했다. 사회사업, 즉 병원, 고아원, 협조기관들 역시 그들의 정기적 사업의 일부였다. 이러한 교육적이고 사회적인 참여의 한 결과는 사회경제적 유동성인데, 그것은 흔히 이러한 첫 물결을 소박한 중산층 교회들로 고양시켰다. 1930년대에 이르러 그들은 잘 조직되었고 종교적 정착의 확실한 부분이 되었다.

오늘날 그럼에도 불구하고 그러한 주류 감리교도들은 라틴 아메리카에서 전체 웨슬리안 가족의 1/3보다 적게 나타난다. 나머지 인구의 상당한 부분은 이주에 있어서 두 번째 분명한 물결에 뿌리를 두고 있다. 이 두 번째 물결은 19세기 후반에 북미 감리교를 흔들어 놓았던 "성결운동"과 연결되었다. 이 운동에 의해 조성된 긴장들로부터 결국 웨슬리안 감리교도들, 자유 감리교도들, 나사렛 교회, 순례자 성결교(Pilgrim Holiness), 하나님의 교회(Anderson), 구세군, 기독교 및 선교 연맹, 및 몇몇 기타의 작은 교회들과 같은 성결교파들이 등장하였다. 이같은 성결 교회들의 다수가 이미 1914년 즈음에는 라틴 아메리카에서 선교를 하고 있었고 1916년에 파나마에서 있었던 선교대회에 참석하였다. 그들의 복음전도적인 투신은 그들로 하여금 중요한 존재가 되게 하였고, 그들의 신학적 영향은 어느 정도 라틴 아메리카에 있는 모든 개신교에 퍼져 스며들고 있다.

웨슬리적인 영향을 받아 라틴 아메리카에 영향을 준 세 번째 물결은 1909년 칠레의 발파라이소(Valparaiso)라는 항구도시에 있는 감리교회에서 시작되었다. 그 교회에서 윌리스 후버(Willis Hoover)라는 감리교 선교사와 그의 아내는 로스엔젤레스의 아주사(Azusa)거리에서 3년 전에 시작되었던 오순절 갱신운동에 대한 소식을 인도의 한 선교사를 통해 전해 들었다. 그들의 교회는 오순절 선언을 표방했고, 2년 후에 "질서있는" 이 감리교회는 당황하여 이 "반역적인" 선교사와 회중을 반성서적이고 비이성적이며 결정적으로 비감리교적이라는 이유로 추방을 선고했다! 결과적으로 오늘날 오순절 감리교회(Iglesia Metodista Pentecostal) 및 이와 밀접히 관계된 오순절 개신교회(Iglesia Evangelica Pentecostal)는 칠레 신교 인구의 75%를 이루고 있다. 사실 오순절파는 지금 라틴 아메리카 전역을 통해 개신교도의 다수를 이루고 있다. 이러한 오순절파의 발전을 통해, 비록 다른 흐름들과 섞였다 해도 웨슬리안 영향의 주된 줄기가 엮어지게 되었다.

라틴 아메리카에서 웨슬리안 교회들의 수적인 힘을 평가하는 것은 특별히 중요한 것은 아니다. 자신이 원래는 웨슬리안이라고 공식적으로 인정하는 사람들은 대륙의 전체 개신교 인구의 10 ~ 15%를 나타내고 있다. 그러나 웨슬리안 각성운동들의 영향은 이렇게 공식적으로 제시된 수치가 제시하는 것보다 훨씬 더 광범위하게 라틴 아메리카의 개신교에 스며들어 있다.

어떤 웨슬리가 라틴 아메리카에 소개되었는가?

라틴 아메리카에 어떻게 웨슬리가 전해졌는가에 대한 인식과 함께, 이제 우리는 라틴 아메리카에 어떠한 웨슬리가 소개되었는가를 물을 수 있겠다. 즉 이러한 세 번에 걸친 전래과정들의 신학, 영성, 사회적 실천, 예배, 선교적 열심 등을 특징지은, 웨슬리 자신 너머의 영향들은 무엇이었는가? 그리고 라틴 아메리카에서 뿌리를 내린 교회들은 얼마나 웨슬리적이었는가? 이 질문들에 대한 어느 정도의 정확한 대답은 아직은 시행되지 않은 주요한 민속학적 연구를 필요로 할 것이다. 하지만, 몇몇 일반적 특성들을 찾아볼 수 있다.[3]

우선, 라틴 아메리카는 명백히 중개된 웨슬리를 받아 들였다. 즉 초기 감리교의 복음전도의 열정을 많이 물려받았던 것이다. 그것은 다시 몇몇 원래의 제도적 모습들을 낳았다(이는 확실히 매우 긍정적으로 안정을 가져오는 요인이었다). 몇몇

---

3. 나는 Faces of Latin American Protestantim (Grand Rapids : Wm. B. Eerdermans, 1997)에서 라틴 아메리카 개신교의 신학적 동향들을 특징적으로 살펴보려고 시도하였다.

교회에서는 웨슬리를 상기시키는 활발한 사회 참여가 나타났다. 그러나 이들 모두는 북미의 경험을 통해 여과된 것이었다. 더 정확히 말해서, 라틴 아메리카에 소개된 감리교는 북미의 "제 2차 각성운동"과 성결 운동에 의해 조형된 것이었다. 이에 대한 가장 명백한 증거 중 하나는 라틴 아메리카의 웨슬리안 교회들의 전형적인 찬송가이다. 대충 확인해 보아도 그들이 영국과 미국의 부흥운동의 "복음성가"를 거의 따르고 있으며 웨슬리 찬양은 5, 6곡을 넘지 않고 있음을 볼 수 있다. (정규적인 노래부르기가 조성하는 영향을 두고 볼 때, 이것은 실로 중요한 지침이 된다!)

라틴 아메리카에서 웨슬리 전통들의 정착과 함께 전달된 앵글로-아메리칸 부흥운동의 경향들은 그들의 발전에 계속적인 영향을 끼쳤으니, 공식적으로 고전적인 신앙고백 문서들(종교강령, 총칙, 웨슬리의 표준 설교)을 고수했던 감리교회들 안에서조차 그 영향력은 계속되었다. 이 교회들은 존재하고 복음화할 권리를 위한 투쟁을 하면서 자라났는데, 이런 성장의 논쟁적 상황이 이미 부흥운동의 유산에서 존재했던 반(反)성례전적이며 반(反)예전적인 경향들을 강화하였다. 또한 라틴 아메리카에서 (아마 MEC와 연관된 교회를 제외하고) 웨슬리안과 관련된 교회들의 자기이해 속에는, 20세기 초기에 이르러 미국 복음주의를 특징지었던 복음전도와 사회적 관심 사이의 양극화가(모버그가 "크나큰 역전"이라고 불렀던 바에 있어서) 미친 강한 영향을 찾아볼 수 있다.[4] 확실히 많은 교회들은 지역 수준에서 가난한 이들을 도왔고 몇몇 교회들이 학교들과 고아원들을 설립하고 지원하였다. 그러나 이러한 봉사는 그들의 복음전도적이고 신학적인 자기이해에 통합된 것은 아니었다.

라틴 아메리카의 웨슬리주의에서 웨슬리의 이야기, 저술 그리고 그의 신학이 대체로 알려진 것이 없었다는 사실 때문에, 그러한 경향들을 대적할 만한 웨슬리의 전례가 힘을 발휘할 수 없었다. 단지 52개의 "표준" 설교들과 몇몇 흩어져 있는 저술들이 스페인어로 번역되었고, 그의 삶과 사상에 대한 책은 최근까지도 열두 권에 못미치는 현실이었다. 사실상 웨슬리는, 아마도 무의식적으로겠지만, 은퇴했

---

4. Daved O. Moberg, The Great Reversal : Evangelism versus Social Concern (Philadelphia: J. B. Lippincott, 1972).

다고 말할 수 있을 것이다. 아이러니칼하게도 이런 상황은 CLAI(라틴 아메리카 교회협의회)가 페루, 볼리비아, 칠레 등에서 웨슬리안 기원을 가진 교회의 사역자들 — 감리교, 나자렛교, 순례자 성결교, 구세군, 웨슬리안 오순절파를 포함 — 을 위해 조직한 최근의 웍샵(workshop)들에서 예증되었다. 시골과 작은 촌락의 회중들 출신의 많은 목회자들에게 웨슬리의 넓고 다양한 저술 등이 소개되었다. 이런 저작들에 대한 그들의 관심은 강렬한 것이었다. 그들은 그 저술들에 대해 친숙한 감을 느꼈으나, 그것은 미리 받은 신학적 교육에 의한 것이라기 보다는 그들 자신의 일상 목회적 경험이 웨슬리와 자연스럽게 연관되는 데에서 오는 자발적인 반응이었던 것이다.

　　모든 일반화의 경우에서처럼, 내가 이제까지 말한 점들에 역행하는 몇 가지 예들이 있다. 사실 라틴 아메리카의 웨슬리 가족들 간에는 큰 다양성들이 있다. 어떤 경우들에는 특정한 도전들에 대한 응답이 초기 웨슬리안 실천의 경향을 띠는 새로운 시도들을 낳았다(비록 관련된 사람들이 전형적으로 그러한 유사성에 대해 인식하지 못하고 있긴 하지만 말이다). 그 한 예는 페루에 있는 순례자들의 교회일 것이다. 이 교회는 1920대와 30년대에는 가난으로 인한 위기 아래에서, 1970년대, 80년대에는 폭력으로 인한 위기 아래에서 작은 마을들과 촌락들 속에서 지역적인 지도력을 발전시켰는데, 지금은 그 지역 사람들을 위한 주된 종교적, 사회적 준거점으로서 널리 인정받고 있다. 또 다른 예는 칠레의 웨슬리안 오순절 교회들이다. 그들은 그들의 문화 — 노래, 확장의 방법들, 언어 등등에 있어서 — 와 강하게 관련맺으면서도 감리교 전통의 연결 조직, 사역의 직제 및 성례전적 삶(유아세례도 포함해서)을 보존하고 있다. 그리고 또한 우리는 아르헨티나, 브라질, 멕시코, 우루과이에 있는 감리교회들이 CIEMAL(Lation America Council of Methodiist Churches: 라틴 아메리카 감리교 협의회)를 통해 협력하여 어떻게 대학원 및 그 이상을 가르치는 감리교나 에큐메니칼 신학원을 발전시키고 출판사들을 시작하고 도시 사역을 지원하며, 다양한 방법들과 상황 안에서 공공생활에 참여하는 신학을 정립하는 등 — 이는 그들의 웨슬리적 유산의 부분으로서 지지되고 있다 — 의 노력들을 하고 있느냐 하는 것을 주목할 수 있다.

　　전체적으로, 그렇게 흩어져 있는 반대되는 보기들에도 불구하고 라틴 아메리카에서의 웨슬리주의(그리고 광범위한 개신교 공동체)는 앵글로 아메리칸의 부흥운동의 영향으로 인해 고통을 겪어 왔다. 이것은 특히 신학분야에 있어서 사실이다. 기독론적으로 집중되어야 하는 것이, 하나님 아버지께서 자주 단지 이신론적인 세계의 창시자로서나 또는 안셀름적으로 지배되는 구속의 드라마 안에 나오는 주인공으로서 나타나는 축소주의로 대치되었던 것이다. "구원받는다"는 것이 무엇을 의미하는지를 이해시키고 그 이해를 넓히는데 있어서, 그를 통해 만물이 창조된 바 로고스 그리스도, 권세들과 정사(政事)들을 이기시고 부활하신 주 그리스도에게는 거의 아무 역할도 주어지지 않았다. 기독론은 개인주의적 구원론에 축소되었고 성령은 주관적인 회심의 경험과 개인적인(자주 도덕주의적인) 성화에 제한되었다. 확실히 개신교 기독교인들과 교회들의 삶은 이러한 상보다는 훨씬 더 풍부한 것인데 말이다 — 그들의 사랑, 봉사, 복음전도의 열정, 그리고 자비심은 그들의 신학의 한계들을 훨씬 더 넘어서는 것이다. 그러나 바로 이런 사실은, 우리가 분명히 볼 수 있고 이 땅에서 그들의 선교와 증언을 심각하게 손상시키는 모순들과 모호성들을 가져온다.

오늘의 라틴 아메리카에 대한 웨슬리 신학의 잠재적인 공헌점

웨슬리주의의 중개된 형태들이 이러한 모호성과 모순들을 창조하는데 공헌하였다는 전제하에서, 우리는 그들을 현재 극복하는데 있어서 웨슬리의 신학과 사역에로 돌이켜 도움을 받는 일에 거의 관심을 기대할 수 없을 것이다. 하지만 라틴 아메리카에서 웨슬리에 대한 주목할 만한 새로운 관심이 있어왔는데, 이것은 비단 웨슬리의 후예들 속에서만이 아니라 광범위한 개신교 공동체 안에서 및 로마 가톨릭 신학자들 안에서조차 있어 왔던 것이다.[5] 다소 역설적이지만, 에큐메니칼 운동

---

5. 이러한 관심을 보여주는 징표들은 옥스포드 학회(Oxford Institute)의 작업에 라틴 아메리칸들의 참여가 늘어가고 있다는 데서 찾아볼 수 있을 것이다; La tradicion protestante en la teologia latinoamericana:Primer intento—lectura de la tradicion metodista, ed. Jose Duque (San Jose, Costa Rica:DEI, 1983)과 같은 책들이 그것인데, 이 책은 한 에큐메니칼 센터에서 편집되고, 몇몇 비(非)감리교 저자들의 참여로 이루어졌다. 그리고 현재 웨슬리의 저서들을 스페인어로 옮기는 작업이 라틴 아메리카인 신학자들과 목회자들(감리교도들 뿐 만이 아니다!)의 지대한 관심과 협력 속에서 현재 진행중에 있다.

에 대한 참여는 이런 발전에 있어서 긍정적인 요소의 역할을 해왔다. 우리가 이미 주목한 바와 같이, 에큐메니칼적인 라틴 아메리카 교회협의회가 웨슬리적 기원을 가진 교회들로 하여금 함께 그들의 뿌리를 보도록 주도하였던 것이다. 마찬가지로, 1970년대 라틴 아메리카 감리교회들의 자율성을 낳은 과정은 그들의 뿌리들에 대한 관심을 약화시키기 보다는 이러한 관심을 순전히 조직과 법률적인 관심으로부터 자유케 하여, 웨슬리 유산의 신학적이고 사회적인 풍요함에 대한 고려를 강화시켰다.

이러한 새로운 관심을 견지하면서, 지금부터 나는 현재 라틴 아메리카의 상황에서 웨슬리 자신의 신학이 (우리가 잘 알고 있는 중개된 형태와는 대조적으로) 끼칠 수 있는 공헌점을 고찰해 보려고 한다. 그러나 우선 내가 초점으로 삼는 것을 기술할 필요가 있다. 한편으로, 여기서 나의 관심은 어떤 참되거나 상상적인 웨슬리적 유산을 복원하려고 한다거나, 어떤 사적이고 신앙고백적(교파적)인 특이성을 주장하려 한다거나, 또는 라틴 아메리카 기독교 연대기 속에 웨슬리주의를 위한 공간을 새겨내는 등에 있지 않다. 다른 한편 나는 그것이 아무리 중요한 것이었다고 해도 18세기 (웨슬리) 운동에 호소하면서 라틴 아메리카 신학을 위한 사안을 제시하려는 것도 아니다. 여기서 적절한 제안은 라틴 아메리카 기독교인들과 교회들이 라틴 아메리카 사람들의 문제들과 고통들, 그리고 희망들과 씨름하면서 창출해낸 그들의 증언과 사상에 의해 만들어질 것이다. 만약 소위 우리 복음주의자들(evangelicos) 즉 라틴 아메리카 개신교도들이 이러한 사안에서 어떤 입장을 가진다면, 이는 곧 다른 기독교인들과 우리 전체 백성들과 함께하는 것이 될 것이다. 정확히 말해서 이러한 공통적 과제와의 관계 속에서 우리는 우리 자신의 행동과 사고의 결점들을 보며, 우리의 정체성을 형성한 역사 속에서 현재 이러한 공통적인 사명에 대한 우리의 참여를 풍부하게 하거나 교정할 수 있는 어떠한 특성들이나 힘들이 있는지 곰곰히 생각해 볼 수 있고 또 그래야만 한다는 것이다.

이것이 바로 내가 라틴 아메리카의 현재 상황에 대한 웨슬리 신학의 잠재적인 공헌점을 질문해 보는 의미이다. 내가 제공할 수 있는 것은, 웨슬리 신학이 라틴 아메리카 기독교인들과 교회들의 사역과 자기 이해를 풍부하게 하거나 다시 방향을 제시할 수 있으리라고 믿는 몇 가지 특징들을 찾아 제안하는 것일 뿐이다.[6]

은총에 대한 삼위일체적 이해

신학에 대한 라틴 아메리카적 접근방법들을 비판하는 가장 공통적인 것 중 하나는 그 접근들이 위험하게도 일방적이라는 비난이다. 이 접근들을 옹호하는 자들은 이러한 비난을 논박하지만, 그들은 신앙과 실천에 있어서의 오해들과 왜곡들이 참으로 신학에 대한 일방적인 접근들로부터 결과될 것이라는 사실은 논박하지 않는다. 실로, 인간 삶의 실천적, 이론적, 영적 차원의 모든 범위를 공정히 다루겠다는 결심은 구원 · 해방을 위한 라틴 아메리카의 관심의 핵심에 놓여 있다. 이러한 결심이 라틴 아메리카 해방신학의 실제적인 표현들 속에서 흔히 무디어지거나 모호하게 되어 왔다는 사실로 인하여, 보다 적절하게 의도된 균형을 전달하는 신학적 패러다임을 추구하는 시도가 있어왔다. 흥미롭게도 이런 추구는 삼위일체적 성찰에 집중하는 것으로 인도되어 왔다.[7]

내가 제안하고 싶은 것은, 웨슬리가 이러한 삼위일체적 패러다임을 발전시키며 라틴 아메리카 신학, 특히 개신교적인 형태들을 형성하는데 있어서 더 큰 일치성과 전체성을 가져오는데 도움이 된다는 것이다. 그의 구체적인 공헌은 은혜에 대한 그의 이해에 달려 있다. 웨슬리의 신학적 접근에 대한 풍부하고 생각을 불러일으키는 책에서, 발터 클라이버(Walter Klaiber)와 만프레드 마르쿠바르트(Manfred Marquardt)는 선행적, 칭의적, 성화적 은혜에 대한 웨슬리의 강조가

---

6. 다음에 나오는 부분들은 1997년 8월 옥스포드 학회(Oxford Institute)에서 "Salvation as the Work of the Triniy : An Attempt at a Holistic Understanding from a Latin American Perspective"라는 제목 아래 Kirkpatrick 강연으로 발표된 것이었다. 이 강연은 다음의 책에 포함될 것이다: Trinity, Community, and Power : Mapping Trajectories in Wesleyan Theology, ed. M. Douglas Meeks (Nashville : Kingswood Books, 1998).
7. 세군도(Juan Luis Segundo)는 이미 Our Idea of God (Maryknoll, NY : Orbis Books, 1974; original edition 1968)에서 이러한 방향에 대해 지적한 바 있다. 좀 더 최근의 연구로는 다음과 같은 글들이 있다. Leonardo Boff, Trinity and Society (Maryknoll, NY : Orbis Books, 1988); Ronaldo Munoz, The God of Christians (Maryknoll, NY : Orbis Books, 1990); Gustavo Gutierrez, The God of Life (Maryknoll, NY: Orbis Books, 1991); Miguez Bonino, Faces of Latin American Protestantism; Guillermo Hansen, "Trinity and Liberation Theology: a Study of the Trinitarian Doctrine in Latin American Liberation Theology" (Chicago Theological Seminary, Ph.D. thesis, 1995).

삼위일체적 논리를 따른다는 사실에 주의를 환기시켰다.[8] 그들은 전체적으로 삼위일체의 교리가 감리교 안에서 이차적인 역할을 담당해 왔다는 것을 인식한다. 그러나 그들은 활동하시고 자신을 주시는 사랑으로서의 하나님에 대한 웨슬리의 이해가 거의 필연적으로 삼위일체적 패러다임으로 인도된다고 논증한다. 나아가서 그들은 어떻게 이러한 삼위일체적 논리가 존 웨슬리의 후기 설교들에서 나타나고, 찰스 웨슬레의 찬송들에서 더 분명히 나타나는지 주목한다.[9] 은혜의 삼위일체적 충만함이라는 개념을 발전시키는데 대한 충동과 어떤 지침은 현대 라틴 아메리카 신학에 대한 웨슬리의 잠재적 공헌이 될 수 있다.

구속(속죄)에 통전되는 선행적 은총

선행적(prevenient) 은혜라는 특정한 개념은 우리가 웨슬리를 숙고함으로써 전망을 얻게 되는 또 다른 분야이다. 이 (원래는) 어거스틴적인 교리는 자주 후안 루이스 세군도(Juan Luis Segundo)와 같은 라틴 아메리카 신학자들의 주의를 끌었다. 웨슬리에게 있어서—아이러니칼하게도—그것은 어떠한 "전적인 타락"의 해석도 반증하는 역할을 하였는데, 후자는 인간존재로부터 자유의 모든 가능성과 선한 의지와 인간적 사랑을 전적으로 제거해버리는 듯한 해석이다. 웨슬리는 그러한 타락의 견해가 실제 그대로의 인간존재를 대변하지도 않고 하나님의 자기 전달(계시)을 듣는 가능성 조차도 남겨놓지 않는다는 것을 지각하고 있는 것 같다. 그러나 선행적 은혜를 설명하는 다른 방법들과는 달리, 웨슬리는 그것을 우리를 사랑하시는 하나님의 자기수여의 통일성 속에서 보고자 했다. 따라서 그는 때로 경시되는 오렌지(Orange) 공의회의 주장, 즉 선행하는 은혜가 원래적 의(original justice)의 어떤 중지 혹은 타락으로부터 지켜진 "자연적 선성(善性)"의 단편이라기보다

---

8. Walter Klaiber and Manfred Marquardt, Gelebte Gnade : Grundriss einer Theologie der Evangelisch-methoditischen Kirche (Stuttgart : Christliches Verlagshaus, 1993), 223: "어떤 방향에서, 이러한 은혜의 차원들은 삼위일체적인 하나님의 계시와 일치한다: 즉 선행적인 은혜는 창조주로서의 하나님의 역사하심에, 구속의 은혜는 예수 그리스도 안에서의 구원의 행위에, 성화의 은혜는 성령의 역사에 해당하는 것이다."
9. 같은 책, pp. 49-50.

는, "동일한 구속의 은혜"요 그리스도의 속죄의 사역의 보편적인 유익이라고 보는 견해를 강조한다. 나는 이것이 단지 신학적인 기교가 아니라 삼위일체 하나님의 사역(opera trinitatis)의 필연적인 통일성을 강조하는 신학적 방법임을 인정한다. 그 사역 안에서 성부의 사랑과, "세상이 창조될 때로부터 죽임당하신 어린 양"의 현존, 그리고 혼돈의 표면을 운행하는 창조적인 성령은 나뉘어질 수 없는(indivisa sunt) 것이다.

웨슬리는 이 교리를 사용하는데 있어서 두 가지 흥미로운 예를 제시한다. 그 하나는 다소 낭만적인 "선한 야만인"이란 관점인데, 경험의 결과 그는 이것을 수정하지 않을 수 없었다. 두 번째는 노예제도에 대항하는 그의 경우로서, 거기서는 보다 깊은 통찰력이 드러나고 있다. 노예제도에 대한 거부는 단지 윤리적인 질문으로서 제시된 것이 아니라, (오늘날 우리가 말한다면) 신앙고백의 문제(status confessionis)이다. 즉 노예제도는 인간이 의사를 결정하고 책임을 받아들이는 것, 짧게 말해서 인간 존재가 되는 자유 ― 따라서 하나님께서 주신 가능성 ― 를 거부하는 것이기 때문에 그것은 바로 신앙의 핵심을 건드리는 것이다. 구스타보 구티에레즈(Gustavo Gutierrez)가 "비존재"로 격감되어진 사람들에 대해 그들이 바로 하나님의 해방하시는 말씀의 초점이 된다고 말할 때, 그는 같은 말을 하고 있는 것이다.

웨슬리는 자신은 내가 아는 한 선행적 은혜를 인간 존재에게 아무리 불완전하고 모호하게라도 선을 행하도록 힘을 부여하는데 이바지하는 것으로서 많이 언급하지는 않는다. 이러한 노선의 사상은 19세기 영국 감리교 신학자였던 윌리암 포우프에 의해 일관적인 형태를 가지고 발전되었다. 신중하게 짜여진 삼위일체적 논증(확실히 오늘날 우리가 거의 사용하지 않는 프로이드 이전의 심리학에 의해 구성된 바)에서, 그는 다음과 같은 세 가지 신학적 기초에 입각하여 인간의 책임을 확고히 하였다: (1) 죄가 인간 실존을 왜곡시키고 완전히 부패시켰으나 그것이 우리를 비인간으로, 윤리적으로 전혀 책임성이 없는 존재로 격하시킬 수는 없었다; (2) 성령은 모든 인간존재에게 그리스도의 구속(속죄) 사역으로부터 흘러나오는 보편적인 값없는(무상의) 은혜를 가져다 주며, 우리가 도덕적 주체로서 행할 수 있도록 해주는 바, 선을 열망하는 자유와 도덕적 의무감을 회복시켜 준다; (3) 이런 "선행하는" "초기의" 혹은 "예비적인" 은혜는 성화하는 은혜를 자유롭게 받아들임을 통해서 완전한 인간성이 실현되도록 앞으로 나아가는 경향성을 가진다.[10]

회복으로서의 성화

성화는 의심할 바 없이 웨슬리의 전체 신학과 사역의 핵심이었다. 그러나 내가 받은 인상으로는 이 교리에 대한 그의 신학적인 발전이 심각한 한계들로 인해 어려움을 겪어왔다고 본다.[11] 성화교리는 개인적이고 교회적인 삶의 영역을 넘어서지 못했으며, 거기에서도 총칙에서 볼 수 있듯이 사적인 일상생활에서의 개인의 행동에 많이 관심하고 있었다고 내게는 보여진다. 게다가 성화의 의미가 너무 배타적으로 개인의 구원론적 영역과 관련되어 있어서, 역사적, 사회적, 또는 문화적 영역에서 더 넓은 삼위일체적 성화의 차원들이 배제되었던 것 같다. 나는 웨슬리가 이같은 인간의 삶의 영역들에 깊은 관심을 가지고 있었음을 그의 수많은 저작들을 통해 자연히 알게 되었다. 문제는 그가 이런 관심들을 그의 전체 신학에, 특별히 그의 성화에 대한 견해에 관련시켰는지의 여부에 있었다.

10. Pope의 논증은 모두 세권으로 되어 있는 그의 책 Compendium of Christian Theology (London : Wesleyan Conference Office, 1880)에 개진되어 있다. 두 개의 짧은 인용문이 이러한 주제들에 관한 주장 이면에 놓여있는 정열을 보여주는데 도움이 될지도 모르겠다: "확실히 인간 본성의 조건에는 구속의 가능성을 배제하는 어떤 것도 있지 않다. 그 부패는 최악의 경우에도, 은혜가 혹시 가지고 있을지도 모르는 모든 요소들(예컨대, 두려움과 희망을 강조함에 있어서 하늘 아래 존재하는 모든 언어로 말하는 양심의 음성과 어떤 위대한 구속주에 대한 누를 수 없는 열망들 … 구속이 있으리라고 모두가 외치고 있음.…)을 전적으로 소멸시키는 것은 아니다"(2:46). "우리가 인류를 위한 구속주의 개입의 첫 열매들로 간주하는 예비적인 은혜는 회복되기를 바라는 인간의 은밀한 소원을 역실히 보여주고 있으며, 따라서 윤리의 모든 분야를 밝혀주고 있다"(3:158, 필자의 강조). 선행적 은혜 교리에 관한 좀 더 충분한 발전은 2:358-90에 나타나 있다. 윌리엄 타운센드(William Townsend)가 선행적 은혜에 대한 강조는 아마도 감리교 신학에 대한 Pope의 가장 지속적인 공헌이라고 New History of Methodism (London: Hodder&Stoughton, 1909), 1:25에서 말하고 있는 것은 놀라운 일이 아니다.
11. 이 주제에 대한 나의 초기의 논평들을 살펴보려면, "Wesley's Doctrine of Sanctification From a Liberationist Perspective," in Sanctification and Liberation, ed. Theodore Runyon (Nashville : Abingdon Press, 1981), 49-63; "Sanctification : A Latin American Rereading," in Faith Born in the Struggle for Life, ed. Dow Kirkpatrick (Grand Rapids: Wm. B. Eerdmans, 1988), 15-25를 보라.

내가 위에서 언급한 클라이버와 마르쿠바르트의 최근 저작과 테드 러년의 새 책은 심각하게 나의 초기 해석에 도전을 주었다.[12] 러년은 특히 웨슬리의 성화론이 "위대한 구원" 혹은 "새로운 창조" 전체를 받아 들인다고 논증한다. 말하자면 러년은 웨슬리가 하나님의 형상(이것은 인간 삶의 전체 즉 영적, 도덕적, 정치적 차원 및 그 이상과 관계된다) 안에서 인간성의 완전한 회복과 전체 창조세계(이는 인간의 돌봄에 맡겨졌으며 인간의 죄에 의해 파괴되었다)의 회복 모두를 포함하는 것으로 성화를 이해했다고 제안한다. 이러한 견지에서 러년은 웨슬리의 성화에 대한 강조를 인권, 빈곤과 가난한 자들의 권리, 여성의 권리, 환경에 대한 청지기 직분, 에큐메니즘과 같은 이슈들에 대한 그의 구체적인 관심에 관계시킬 수 있게 된다. 그와 같은 읽기(해석)는 또한 웨슬리(또는 후기 웨슬리안들)로 하여금 성화 개념을 삼위일체론적인 범위에 개방될 수 있도록 한다. 이러한 삼위일체적 구조 속에서 창조와 종말론, 또는 기독론과 성령론은 통일성과 특수성 속에서 고찰될 수 있게 되는 것이다. 학자들은 웨슬리에 대한 이러한 해석이 견지될 수 있을지의 여부에 대해 논의해야 될 것이다. 그러나 우리 라틴 아메리카의 관심들의 관점에서 본다면, 의심할 바 없이 이것은 특별히 성과있는 통찰을 제공한다.

구체적인 행위로서의 기독교적 순종

만약 참으로 웨슬리가 성화를 회복으로 이해했다고 한다면, 그것은 라틴 아메리카에 중개된 영성과 기독교적인 생활의 몇가지 모델들을 다시 숙고하도록 해주는 그의 사역의 또 다른 측면을 설명하는데 도움이 될 것이다. 이 측면은 하나님의 계획을 왜곡하고 위축시켰던 당시의 사회적, 경제적 문제들을 낳고 있었던 바, 특정한 사회적, 정치적, 이념적 상황들을 공개하고 고발하는데 있어서의 웨슬리의 점증적인 관심을 말한다. 빈곤의 원인들과 해결에 대한 그의 해석, 사유지화 법률의 결과들에 대한 분석, 노예 무역의 본성에 대한 논의, 전쟁의 원인들에 대한 예민한 비난, 심지어 건강과 의료에 대한 그의 흥미와 같은 호기심들에 이르기까지,

---

12. Theodore H. Runyon, The New Creation: John Wesley's Theology Today (Nashville: Abingdon Press, 1998).

많은 점에서 제한적이고 불충분함에도 불구하고, 이러한 웨슬리의 주장들은 현실의 다양한 영역들의 자율성을 존중할 것을 제안하고 있다.

그의 본보기를 통해 웨슬리는 기독교적인 사랑은 사회의 구체적인 문제들에 직면했을 때 관대함과 선한 의지의 수준에 머물러 있어서는 안된다는 것을 보여 준다. 즉 그것은 그 기초를 이루는 구조적인 이슈들과 맞부딪쳐야 한다. 심지어 감리교 신도회들의 이타적인 활동들조차 단지 즉각적인 필요들을 만족시키는 것이 아니라 그들의 자선을 받는 이들을 위한 좀 더 영구적인 환경과 가능성들을 열어주는 방식으로 구조화되고 조직되어야 할 필요가 있었던 것이다. 이와 유사하게, 라틴 아메리카 신학이 그 신학적 과업 안에서 사회과학과 인문과학을 위한 유기적인 위치를 필요로 할 때, 그것은 단지 하나의 도구, 즉 이른 바 "부수적인 학문분야"를 사용하고 있는 것이 아니다. 그것은 하나님의 창조와 인간의 죄가 메카니즘들, 인과관계들, 가능성들 및 불가능성들 속에 서로 얽혀져 있는 현실의 구조를 이해하려고 시도하는 것이다. 이러한 얽혀진 구조를 통해 기독교인들과 다른 사람들은 성령의 능력 안에서 창조주의 계획과 구속주의 최종적 목표를 회복시키기 위해 일할 수 있다.

신인협력적 사랑으로서의 기독교적 생활

거룩함과 완전의 개념에 대한 웨슬리 학자들의 연구는 이 교리들의 핵심이 "우리에게 주어진 성령을 통해 우리 마음 속에 부어주시는 … 하나님의 사랑"이었다는 것을 분명하게 밝혔다. 하나님의 형상의 완전한 재창조는 결국 웨슬리에게 있어서 오직 인간의 의도, 목적 및 행동을 하나님의 사랑에 의해 완전히 지배하는 것이다. 그것은 성령의 사역이며, (그것이 점차적인 단계로 나타나든, 갑자기 나타나든, 그 두 가지 모두이든 간에) 하나님의 구속적인 행위의 완성이다. "완전"은 채워져야 할 정도라기 보다는 한없는 충만함인 것이다. "사회적 거룩함" 또는 "사회적 기독교"에 대한 주장은 사회학적인 개념이라기 보다는 사랑의 중심성을 강조하는 방식이다.

이와 같은 사랑의 중심성은 역시 라틴 아메리카 해방신학의 핵심을 이룬다. "가난한 사람들을 선택하는 것"은 단순히 사랑의 보편성과 의도성에 대한 구체적인 표시이다. 후안 루이스 세군도는 그것으로써 신앙의 고백에 해당하는 다음과 같은 표현을 만들어 내었다: "하나님의 세계에서는 어떠한 사랑의 행위도 상실되지 않는다." 그것은 『우리는 우리 자신의 우물에서 물을 길어 마신다』, 『역사 속에서의 가난한 자들의 힘』, 『욥에 관하여: 하나님에 대한 말과 무죄한 자들의 고난』등의 책에서 표현된 구티에레즈(Gutierrez)의 영성의 중심이기도 하다. 후고 아스만 (Hugo Assmann) 같은 "과격한(hard)" 신학자 조차도 실천으로서의 신앙이라는 중심적인 개념을 특징지을 때, 그것을 "역사적 과정의 넓은 컨텍스트에서 볼 수 있는 바 사랑하고 사랑받고자 하는 인격적인 필요성, 형제 자매들을 위해 삶을 주는 것," 혹은 "사회화된 세계 안에서의 새로운 사랑의 차원"으로 설명하기를 주저하지 않을 이다.[13]

만약 성화가 "성령을 통해 우리 마음 속에 부은 바 된 사랑," 즉 성령(선행적인 은혜로서 모든 인간의 삶에 활동하시는 동일하신 영)의 임재로서 이해될 수 있다면, 인간의 삶과 행동은 "성령 차원"을 갖게 된다. 분명히 우리는 여기서 오랫 동안 논쟁이 되어온 신인협력론(synergism)의 문제를 대하게 된다. 나는 다음과 같은 가정이 의심할 바 없이 라틴 아메리카 신학에 분명히 존재하며 웨슬리적 관점에 중심이 되는 것이라고 본다: 즉 회개와 회심으로 부르는 복음전도의 부름과 가난한 자들을 위한 해방시키는 정의의 행위들 양자에 있어서 하나님의 해방의 행위들 속에로 피조물을 "통합시키는" 것이다. "감리교의 신학적 유산"에 대해 쓴 그의 논문에서 앨버트 아우틀러는 웨슬리의 부인할 수 없는 신인협력론에 대해 언급한다. 그는 이것을 "언약적(convenantal) 신인협력론으로" 특징지으면서, "거기서 선행적 은혜와 구원의 은혜가 그의 사랑 안에서 신자들과 언약을 맺으시고 지키시는 한 분이신 참 하나님의 협동적인 섭리적 활동들로서 인식된다"고 말한다.[14] 해방 신학에 관한최근의 박사학위 논문 속에서 한 젊은 루터교 신학자인 귀레르모

---

13. Hugo Assmann, Opresion-Liberacion : Desafio a los cristianos (Montevideo, Uruguay : Tierra Nueva, 1971), 96.
14. Albert Outler, "Methodism's Theological Heritage : A Study in Perspective," in Methodism's Destiny in an Ecumenical Age, ed. Paul M. Minus Jr. (Nashville : Abingdon Press, 1969), 59.

한슨(Guillermo Hansen)은 같은 논점을 매우 예리하게 정의된 형식으로 주장하고 있다:

> 이런 방식으로 … 우리는 우리의 마지막 점에 도달하는 바, 말하자면 정확히 기독교적 실천의 본체내적(enhypostatic) 본성에 있어서, 신-인의 "협동"의 사건은, 상호조건적인 교환에 관여하는 두 가지 인과적인 작용적 실체들에 속하는 하나의 실재로서가 아니라, 피조적인 것 없이는 하나님이 되시지 않으시려는─즉 삼위일체적인 존재가 되시려는─하나님의 결정에 의해 정립되는 본체적 목적점들 사이에 현존하는 관계로서 일관성을 가진다는 것이다.[15]

확실히 이러한 신인협력론에 대한 긍정은 종말론적인 조건(proviso)에 의해 신중하게 보호받을 필요가 있다. 즉 우리는 아직 "하나님께서 만유 중에 만유가 되시는" 시점에 있지 않으며, 한슨 자신이 말하듯이 인간 행위자가 여전히 "어떠한 인간적 증언과 실천의 특징들과 제약들도 견지하고 있는(따라서 항상 하나님의 심판에 처해 있는)" 중간 시간에 처해 있는 것이다.

사랑을 정의하는데 있어서 기독론적 균형의 회복

라틴 아메리카 해방신학을 위해 결실을 맺을 수 있는 웨슬리와의 대화에 있어서 내가 제안하고자 하는 마지막 분야는, 그리스도에 대한 호소가 어떻게 사랑의 본성을 정의하는데 이바지할 수 있느냐 하는 문제이다. 이 경우에 잠재적인 유익은 대조되는 일방적인 입장과의 대화로부터 도출될 수 있는 균형의 형태로 주어지게 될 것이다. 웨슬리의 기독론에 대한 분석들은 일반적으로 그리스도의 구체적인 인간성 ─ 오늘 우리가 정의하는 바 지상(地上)적인 예수 ─ 이 중대한 역할을 하지 않는다는 사실에 일치해 왔다. 이로 인한 하나의 결과는, 사랑의 본성에 대한 웨슬리의 해명들 속에 지상적인 예수에 대한 호소가 거의 없다는 것이다.

이와는 대조적으로, 라틴 아메리카 신학에서 예수의 지상적인 사역은 기독론과 실천론(praxeology: Jon Sobrino의 표현임) 양자가 그 위에 세워지는 패러다임

---

15. Hansen, "Trinity and Liberation Theology," 868.

이다. 그들에게 있어서 사랑은 구체적으로 — 가난한 자, 억압 받는 자, 갇힌 자, 다친 자를 해방하시는 — 하나님의 통치에 대한 선포와 구현을 호소함으로써 정의된다. 사랑에 대한 이러한 기독론적 해석에 입각하여 볼 때, 가난한 자를 위한 정의의 투쟁은 (단지 구원하는 신앙의 결과로서) 신앙과 구원에 대해 이차적인 것이 아니라, 이미 말하자면 "구원론적인 비중"을 가지고 있는 것이다.[16]

그러나 라틴 아메리카적인 접근은 웨슬리의 기독론에 반대되는 약점을 가지기 쉽다. 신앙과 사회적 실천, 신성한 역사와 인간 역사, 하나님 사랑과 이웃 사랑의 이분법을 피하기 위한 정당한 노력 속에서, 그들은 성육신의 구체성, 즉 예수 그리스도 안에서 하나님이 개입하시는 바, ephapax적인 본성을 모호하게 할 위험성을 가지게 된다.

만약 우리가 사랑을 단순히 인간학적인 범주로서 다룬다면, 우리는 예수 그리스도 안에서 성육된 하나님의 사랑이 어떻게 참된 사랑을 정의하고 측량하는데 이바지하느냐에 대한 시각을 잃어버릴 위험을 자처하는 것이 아닐까? 만약 단일한 역사에 대한 강조가 그리스도 사건의 독특성을 비판적으로 직면하지 않는다면, 예수, 십자가, 부활의 이야기가 성령의 능력을 통해 우리가 종말론적으로 들어갈 수 있는 단 한 번의 사건이 되는 대신에 단지 재연될 수 있는 섬김, 고난, 희망의 모델들에 불과하게 되지 않겠는가? 또한 종말론에 돌이켜 볼 때, 역사 속에서의 하나님의 행동의 모순적인 성격이 부정의와 억압의 구조들을 — 모순적이긴 하지만 — 점진적으로 극복하는 것에로 축소되면서, 묵시적 전통이 증언하는 "악의 신비"의 과격한 본성을 모호하게 하는 경향을 띠지 않는가?

마지막으로, 이런 불균형의 선교적 복음화의 결과들을 고려해 보라. 지상적인 예수에게 일방적으로 초점을 두는 것은 회심에로의 부름의 과격성을 약화시키는

---

16. 이러한 마지막 관점은 오직 은혜-오직 믿음(sola gratia-sola fides)에 관한 심각한 논쟁을 불러일으킬 수도 있을 것이다. 웨슬리는 이 점에서 그의 개신교적 순수성에 관하여 빈번히 문제시되어 왔다. 내가 보기에는 이러한 견지에서 논할 경우, 그 논의가 결실을 맺기 어려울 것이다. 그것은 은혜의 "외부성"(extrincesism)—고전적인 extra nos(우리 밖에)—을 절대화는 데서 온 결과인 바, "행위의 의"에 반하여 싸우는데 필요한 논쟁적인 기능을 가지고 있었으나, 그 맥락에서 벗어나서 은혜의 작용을 이해하기 위한 신학적인 시금석으로사용될 경우, 본회퍼가 비난한 것과 같이 "값싼 은혜"로 전락할 위험을 안고 있는 것이다.

경향이 있다. "돌이킴"이나 "'새로운 탄생" 대신에, 그것은 성장, 새로운 인식, 또는 더 큰 투신 등이 되어진다. 그리스도와 인격적 만남의 구체성 — 전형적인 복음주의적 언어를 쓴다면 — 은 가난한 자들에 대한 투신과 정의를 위한 투쟁과 전적으로 동등시되면서, 개인적인 기독교인의 믿음과 섬김의 삶 및 공동체에 대하여 심각한 상실을 가져오게 된다.

확실히 이런 비판은 세계 내에서의 하나님의 행동의 통일성과 구원의 필연적인 차원으로서의 역사적 해방에 대한 이해에 관한 해방신학의 근본적인 주장이 가지는 중요성을 무효화하지 않는다. 또한 우리는 인간의 성취와 은혜의 초월성 사이의 질적인 차이를 신중하게 지적한 구티에레즈의 입장을 망각할 수 없다. 남미 대륙 전역을 통한 수천의 신앙 공동체들의 삶, 바로 그것이 이 영성의 깊이를 증언하고 있다.

그러나, 이런 기초적인 해방신학의 요소가 오해로부터 자유로워지고 하나님의 자기 계시에 깊게 뿌리내리는 신학적 기본 틀을 찾는 것은 중요한 일이다. 웨슬리안에서 암시된 것과 같은 삼위일체론적 기초는 내가 보기에 이러한 면에 있어서 최선의 보호책이 될 수 있다.

제12장

존 웨슬리와 혁명: 남 아프리카적 관점
피터 그라소우(Peter Grassow)

지난 5년 동안에 걸쳐 남아프리카는 정치적, 사회적인 혁명과 씨름해 왔다. 그 결과 우리는 새로운 헌법을 가지게 되었으며, 민주적으로 선출된 의회와 넬슨 만델라(Nelson Mandela)라는 존경하는 대통령을 얻게 되었다. 이제 우리는 과거 우리의 역사에 의해 유래된 죄악의 실체들을 다루어야만 할 것이다―그러한 죄악은 대주교 데스몬드 투투(Desmond Tutu)가 의장직을 맡고 있는 '진리와 화해 위원회'에 의해 드러나게 되었고, 매일같이 시민들 사이에 만연해 있는 치열한 범죄와 부패에 의해 모습을 드러내고 있다. 우리 앞에 놓여진 길은 종교적인 자원을 포함한 우리의 모든 자원들을 요구하게 될 것이다. 한 사람의 감리교도로서, 이러한 사실은 나로 하여금 내가 속한 감리교 전통은 무엇을 제공해 줄 것인가에 대한 깊은 생각을 하게 만들었다. 특별히 존 웨슬리는 남아프리카의 온전성을 위한 투쟁에 통찰력이나 방향을 더해 줄 수 있는 정치신학을 가지고 있는가?

일고해 볼 때에, 그 전망이란 그리 밝아 보이지 않는다. 웨슬리의 가장 명시적인·정치적인 저술들은 혁명적인 정치 변화에 대하여 반대하는 입장의 것들이었다. 테드 러년이 요약하여 말했듯이, "웨슬리는 체제가 '정당하다'고 여겼다―즉 그것의 기본적인 외형에 있어서 하나님의 목적과 의지에 일치하는 것이 가능하였다. 남은 일은 그러한 의지에 일치하는 실천이라고 할 수 있는 '성화'였다. 그러기에 점진주의자들과 사회개선론자들의 [정치적인 변화에로의] 접근이 적당한 것이었다."[1] 이같은 태도를 전제하고, 학문적인 관심과는 별도로, 존 웨슬리의 역사와 전통을 탐구하고자 남아프리카에서 기독교인이 되기 위한 투쟁으로부터 시간을 빼내는 일은 과연 가치가 있겠는가?

적어도 우리의 신학과 실천에서 존 웨슬리가 차지하는 괄목할 만한 역할이 있기에 남아프리카의 감리교도들에겐 그러한 일이 가치가 있다. 만약 웨슬리가 혁명적인 사회적, 정치적인 변화에 관련하여 결정적인 도전을 가지고 있다면, 우리는 그것을 경청해야만 할 것이다. 그리고 그의 입장이 좀 더 모호한 것이라면, 우리는 그것을 당연히 알아야만 할 것이다. 왜냐하면 그것은 현재 상황에서 감리교도가 되는 가장 적합한 길에 관한 성찰의 여지를 우리들에게 열어주고 있기 때문이다. 나는 혁명적인 변화라고 하는 논제에 대한 웨슬리의 입장이 모호하였다고 하는 사실을 정확하게 논의하기를 원한다. 웨슬리의 저술에 서 보수적인 정통주의를 반영하는 내용의 것도 많이 있지만, 동시에 우리 사회에 존재하는 가난한 자와 주변화된 이들에게 힘을 북돋아 줄 수 있는 현 시대의 정치신학을 발전시키기 위한 틀을 제공하는 반대되는 주제들도 있다.

나는 미국의 독립전쟁에 관한 웨슬리의 응답을 특정한 보기로 들면서 이러한 사례를 발전시킬 것이다. 그러나 나는 이러한 응답을 좀 더 넓은 맥락에서 다룸으로써 논의를 시작하려 한다 — 여기서 말하는 넓은 맥락이란 웨슬리가 살았던 18세기의 배경에 따른 정치적 상황과 정치적인 권위와 인간의 자유에 대한 웨슬리 자신의 확신들을 신앙과 행위 사이의 관계에 대한 그의 이해에 연관시키는 더 넓은 신학적 맥락이다. 이와 같은 정황들에 대하여 간략히 고찰한 후에, 나는 독립전쟁의 사건들 속에서의 웨슬리 자신의 정치적 실천에 대해 좀 더 자세한 고찰을 시도할 것이며 또한 이러한 것들이 1764년 이후에 전개된 웨슬리의 신학에 어떻게 영향을 미쳤는지에 관해 질문을 제기할 것이다. 마지막으로 나는 남아프리카의 상황을 위한 정치신학의 틀을 형성하는 데에 유용할 수 있는 웨슬리의 사상의 몇몇 요소들을 함께 이끌어내 보려고 한다.

---

1. Theodore Runyon, "Wesley and the Theologies of Liberation," in Sanctification and Liberation (Nashville : Abingdon Press, 1981), 17.

웨슬리의 사회적 · 정치적 상황

존 웨슬리는 존 로크가 영국의 정치 이데올로기의 핵심을 요약하였을 때에 정치와 종교의 권위에 관한 문제를 두고 고심하였다. 경험주의와 삶에 대한 이성적인 접근의 필요성에 대하여 옹호한 것 외에도 존 로크는 그의 『정부론』(Treatises on Government)을 통해 미국의 혁명적 사고에 매우 깊이 영향을 미치는 정치적인 사상학파를 위한 근거를 제공하였다. 이와 같은 계몽주의적 정치철학은 공화국(a republic)은 반드시 (종종 함축적일지라도) 피지배자들과의 계약적인 동의에 기초해야 함을 표방하였다. 만약에 이러한 합의가 존중받지 못하게 된다면, 그 국가는 부패와 폭정으로 치닫게 될 것이며 그러한 국가의 시민들은 혁명적인 행동들을 합법화하는 지경에 이르게 될 것이다. 영국 국가는 1688년의 영국 혁명을 합법화하고자 이러한 노선의 추론에 의존하였다. 100년도 채 지나지 않아 미국의 식민지 내의 많은 사람들은 그것이 자국의 식민지들을 억압적으로 착취하고 있었던 영국 정부에 대항한 반란을 정당화시키는 것이라고 주장하였다.

엡윗(Epworth) 사제관에서 받은 웨슬리의 양육은 그로 하여금 미국 식민주의자들의 관점을 공유하도록 이끌지 못하였다. 이 점은 웨슬리에게 영국 국가에 대한 의심없는 충성을 불어넣었다. 그의 말에 의하면, "나는 고교회(영국 국교회) 사람이고, 고교회 사람의 아들로서, 어린 시절부터 수동적인 복종과 무저항의 최고 개념들 속에서 양육되었다."[2] 공격적인 의지의 종교와 훈련된 고교회적 경건주의가 조합된 그의 어머니의 청교도적 경건 역시 웨슬리로 하여금 계몽주의 사상을 밑받침하는 이성의 힘에 배타적으로 의존하는 것을 멀리하도록 영향을 주었다. 혁명적인 이데올로기에 대한 웨슬리의 문제 제기는, 1730년대 후반 그가 구원(혹 정치)에 있어서의 인간의 모든 주도적인 역할에 대하여 강한 비판의식을 가지고 있던 영국의 모라비안 교도들의 영향 아래 있었을 때 더 강화되었다.

그렇지만 한 사람을 형성하는 영향력이 아무리 강력하다 하더라도 삶의 경험들은 관점과 투신에 있어서 변화를 이끌어 낼 수 있다. 미국의 독립전쟁에 앞서서 웨

---

2. Letter to Lord North (15 June 1775), Letters(Telford) 6:161.

슬리에게 나타나는 그러한 변화들에 대한 어떤 증거가 있는가? 정치적 자유라는 특정한 이슈에 관하여 그다지 많은 변화들이 있었던 것처럼 보이지는 않는다. 1688년의 영국 혁명은 다수의 국민들의 선거권을 박탈하는 데 의존한 소수 독재정치와 "썩어빠진 자치도시" 체제의 실행과 새로운 제조 도시에게 대표권을 부여하는 것을 거부하는 일과 같은 비민주적인 정치적 체제를 낳았다. 웨슬리는 이러한 모든 것을 인정하였으며, 이러한 제한된 자유가 1688년 혁명 이전의 상황보다 더 나은 것이었음을 확신하고 있었다: "우리는 확실히 영국이 이전에 향유했던 어떤 것보다 더 완전한 자유를 혁명 이래로 향유해 왔다. 그리고 영국 정부는 비록 대표권에 있어서 동등하지 못하지만, 모든 공평한 외국인들에 의해 경모되어 왔다."[3] 웨슬리는 단지 자유를 향유하는 사람들만이 그러한 자유가 존재해야 한다고 믿을 것이라고 하는 점을 보는 데 실패하였다. 정치적 권리가 결여된 이들은 영국의 제도에 있어서의 자유를 격찬할 수 없었다. 영국의 자유를 다른 사람들이 경모할 것이라는 웨슬리의 가정은 영국 국교회의 정치적 관점들에 그가 사로잡혀 있음을 반영하는 것이었다.

이는 웨슬리가 영국 국교회의 공식적인 대변자였다는 말이 아니다. 그는 박해받는 순회 설교자가 되기 위해 그러한 공식적인 역할로부터 방향을 전환하였다. 그러나 그러한 박해란 미국에 갈등이 발생할 즈음에는 희미하게 사라져 가는 기억이었을 뿐이다. 그는 이제 지나간 20년 동안 연회로 모여 왔으며 구조적인 훈련의 등장과 함께 사회적 인정을 급속히 획득하고 있었던 감리교 운동의 주된 조직자였다. 웨슬리는 그가 설교하는 곳마다 많은 회중을 이끌어 냈으며 야외에서 이루어진 설교는 더 이상 웨슬리 자신이나 그의 청중들에게 "천한 새로운 것"이 아니었다. 이것은 웨슬리에게 자신이 지금까지 경험하지 못했던 사회적 인정에 대한 의식을 가져다 주었으며, 아마도 그의 말년에 국가의 경제적, 정치적인 생활에 대하여 언급하는 것을 결정하는 데 주된 요소가 되었을 것이다.

웨슬리와 감리교도들과의 접촉들로 인해 그는 그 당시 경제적인 조건들에 대하여 직접적으로 알게 되었다. 에릭 홉스봄(Eric Hobsbawm)이 언급한 대로, 웨슬

---

3. Observations on Liberty," §39, Works(Jackson) 11:108.

리는 "근대 산업자본주의 시대와 부르조아 사회에로의 과도기"를 겪었던 경제적 위기가 시작될 때에 살았다.[4] 홉스봄의 주장에 의하면, 이것은 초기의 사회적, 정치적 질서가 붕괴된 위기의 시작이었을 뿐만 아니라 시간을 절약시키는 방안의 개발과 많은 농부들을 그들의 땅으로부터 뿌리뽑아서 산업개발을 위한 노동력을 공급하도록 그들을 누추하기 그지없는 공장지대로 몰아세운 새로운 인클로져(enclosure : 공유지의 사유지화)의 기간의 시작이기도 하였다. 사회적 결속력의 손실이라는 결과 외에도, 이것은 산업상의 노예제로의 발전과 아동 노동력의 착취라는 결과를 낳았다. 산업자본주의의 발달은 특히 새로 출현한 노동자 계층에 극심한 곤란들을 야기시켰는데, 이들은 웨슬리가 방문하였던 감리교 신도회에서 대표적으로 나타났다.

새로이 등장하는 경제구조의 이면을 웨슬리가 접하게 됨으로써 결과적으로 그는 국가 제도의 요소들을 비판하게 되었다. 예컨대, 웨슬리는 부유한 지주들에 의한 농장 사유화(enclosing)야말로 "이제까지 이 나라에 도입된 가장 악독한 독점 행위"라고 말할 정도로 그것을 정죄하였다.[5] 그는 또한 그가 임대와 배고픔을 증가시키는 요인이 된다고 지적하였던 "명사들과 귀족들"의 사치와 낭비를 비판하였다. 끝으로 그는 국가가 안고 있는 부채에 대하여 비난하였는데, 이것이야말로 "이름 붙일 수 있는 거의 모든 것들에 대해 매겨지는 막대한 세금"을 야기시킨다고 믿었던 것이다. 웨슬리는 가난한 자들이 겪는 경제적 어려움은 부유한 자들로부터 세금을 걷어서 국가가 지고 있는 부채와 시민 봉사를 줄임으로써, 그리고 "특히 … 궁핍의 가장 큰 일반적인 원천이 되는 사치를 억제함"으로써 격감될 수 있다고 논증하였다. 이러한 웨슬리의 경제적인 분석은 다소 문제의 여지가 있으며 변화에 대한 낙관주의가 순진하게 보이기는 하지만, 가난한 자들에 대한 그의 투신은 명백한 것이며 존경할 만한 것이다.

미국의 독립전쟁이 일어날 당시에 웨슬리의 정치적 견해에는 상반되는 감정이 일어나고 있었다. 그는 영국 국가에 대한 충성을 유지하였으며 초기 시절부터 고

---

4. Eric Hobsbawm, "Capitalist Crisis in Historical Perspective," in The Capitalist System, eds. R. C. Edwards, M. Reich, & T. Weisskopf (Englewood Cliffs, NJ : Prentice-Hall, 1978), 434.
5. "Thoughts on the Present Scarcity of Provisions," Works(Jackson) 11:53-59

취되었던 바 구원의 과정에서의 인간의 주도권에 대한 적대감을 고수하고 있었다. 그러나 다른 한편으로는 영국과 미국 양국에서 발생하였던 가난, 압제, 그리고 결과적인 불만에 대하여 민감하게 느껴 왔으며 그러한 문제들을 해결하는 데 참여해야 한다는 의무감이 증가됨을 느끼고 있었다. 후자의 경우가 웨슬리의 정치신학을 발전시켜 나가는 데에 주된 동기였으나, 그의 토리당(Tory)에 대한 우호적 입장이 결국 그 내용을 결정하게 되었다.

구원에 있어서의 인간의 역할에 관한 웨슬리의 견해

이제까지 나는 웨슬리의 정치신학의 발전과 구원에 있어서 인간의 역할에 관한 웨슬리의 확신들 사이의 연관들을 요약적으로 제시하였다. 이러한 연관들을 좀 더 면밀히 고려해 보는 것은 도움이 되리라고 본다. 특히 구원의 본성에 관한 웨슬리의 이해에 있어서의 몇 가지 전환점들이 혁명적인 정치적 행동에 인간이 관여하는 일에 대한 그의 가정들과 어떻게 관계되는지를 주목하는 것은 논제의 해명에 도움이 된다.

로버트 터틀(Robert Tuttle)은 웨슬리의 구원 이해에 있어서의 변화들을 추적하는데 도움이 되는 유형을 제공하였다. 터틀은 구원의 과정에 있어서의 인간의 믿음의 역할에 관한 웨슬리의 가정들이 변증법적인 발전을 겪었다고 주장한다: 즉 1738년 이전에 웨슬리는 자신의 어린 시절의 청교도적인 강조를 반영하였는데, 그것은 인간이 자신들의 내적, 외적인 행위들에 의해 믿음을 일으킬 수 있다는 것이다(正: thesis); 1738년 영국의 모라비안 교도들의 영향에 힘입어, 웨슬리의 설교는 인간의 믿음은 오로지 하나님의 은혜에 의해서만 일으켜질 수 있다고 주장하는 쪽으로 극적으로 옮겨졌다(反: antithesis); 그리고 나서 1760년 중반에 웨슬리의 설교는 하나님의 은혜로 인해 일으켜지고 인간의 행위들로써 확증되는 믿음에 대한 좀 더 균형잡힌 강조를 추구하는 쪽으로 움직이게 되었다(合: synthesis).[6] 나는 아래에서 미국의 독립전쟁이 웨슬리로 하여금 반대 논제

---

6. Robert G. Tuttle, John Wesley: His Life and Theology (Grand Rapids: Zondervan, 1978), 334 n.10.

(antithesis)로부터 자신의 마지막 종합 논제(synthesis)로 옮겨지는 데에 공헌하였음을 논하고자 한다. 이를 위해서는 좀 더 상세하게 독립전쟁 이전의 웨슬리의 견해를 대략적으로 살펴보는 것이 필요한데, 이는 전쟁 이후의 웨슬리의 견해와 비교하기 위한 것이다.

논제(1738년 이전) : 웨슬리 생애의 첫 번째 시기는 두 가지 신학적인 명제에 의해 특징지어졌는데, 오직 하나님께 대한 철저한 복종과 능동적인 기독교적 거룩함에로의 헌신이 바로 그것이다. 이 두 가지 요소는 웨슬리가 어린 시절 받았던 훈련에 기초하고 있으며 제레미 테일러(Jeremy Taylor)의 『거룩한 삶과 죽음에 관한 규칙과 훈련』(Rules and Exercises of Holy Living and Holy Dying)을 웨슬리가 읽음으로써 강조되었는데, 웨슬리는 이 때를 삶의 모든 영역이 하나님의 권위에 종속되는 것으로 이해한 시점으로서 묘사하였다.[7] 삶의 모든 영역을 하나님이 통치한다고 하는 그의 인식은 정치 권위에 관한 그의 신학적 이해에 기초를 제공하였다. 동시에 하나님의 현존 속에 있다고 하는 의식과 함께 하나님으로부터 부여받은 은사들을 사용하는 개개인의 책임에 관한 테일러의 주장은 웨슬리로 하여금 하나님의 계획 내에서 인간의 참여가 가치를 가지는 것임을 믿도록 설득하였다.

반제(1738-1764) : 웨슬리의 유명한 올더스게잇의 체험은 그가 구원과 상관관계에 있는 순종적인 섬김에 대한 테일러의 이해로부터 돌이켜 오직 믿음(sola fides)으로 받는 구원에 대한 영국의 모라비안 교도들의 강조에로 전환하는 것을 표시하는데 유용한 인상적인 장면이다. 이와 같이 오직 믿음에 대한 철저한 강조의 전용과 함께 웨슬리는 구원의 과정에서 인간의 참여를 배제하는 쪽으로 향하였다. 이에 따르는 정치적인 결과는 사회 해방(구원의 한 측면으로서)이 하나님 혼자만의 행위라고 보는 것이었다; 따라서 인간은 오직 하나님의 구원의 능력을 신뢰하기만 하면 되었다. 이러한 가정이 웨슬리가 감리교 부흥운동 초기에 보여주었던 성화의 점진적인 본성을 강조하는 경향과 상호 연관될 때, 혁명적인 정치변화에 참여하거나 혹은 그것을 정당화할 근거는 거의 허용되지 않는다.[8] 만일 개인이

---

7. Plain Account of Christian Perfection, 2, Works (Jackson) 11:366

나 사회에 잘못된 일들이 일어났다면, 그것들은 점진적으로 성결케 하는 하나님의 영향에 힘입어 변화될 것이다. 그러한 구원관은 영국과 미국의 식민지에 존재하는 사회적 불안에 응답할 수 있는 공감대를 이끌 만한 해석학을 제공하거나, 혹은 오늘날 남아프리카의 현실에 도움이 될 신학을 발전시키리라는 기약을 거의 줄 수 없다.

그렇지만 웨슬리가 이 시기에 가졌던 (반제) 구원관이 제공해 준 것은 미국의 독립전쟁 당시 자신의 정치신학을 위한 근거였다. 웨슬리의 권위의 신학은 변하지 않는다—하나님은 여전히 주권적으로 이해되었다. 그러나 "자유"의 중요성에 주어진 강조가 나타나고 있었다. 웨슬리가 구원을 은총의 선물로서 이해한 것은 그가 정치적 자유를 은총 혹은 선물로서 이해한 것에 대한 신학적 기초가 되었다.

웨슬리와 미국 독립전쟁

우리는 이미 당시 지배 계층의 경제적 특권에 대한 비판과 영국 국가의 정치 질서에 대한 충성 사이에 존재하는 웨슬리의 양면성에 관하여 주목한 바 있다. 이런 양면성은 미국의 불만에 대해 웨슬리가 처음에 보여준 응답에서 분명하게 드러났다. 그는 영국과 미국 양국의 사회적 문제들을 잘 인식하고 있었다. 테드 러년이 언급한 대로, 가난이 단순하게 그러한 상태에 처한 자들의 게으름 때문이라는 통상적인 비난에 대해 웨슬리가 거부한 것은 그로 하여금 "새로운 자유방임적인 경제 정책들을 반대하고 정부로 하여금 중상주의적 관행들로 되돌아갈 것을 요구하도록 이끌었는데, 그것은 더욱 정의로운 분배를 확실히 가져오는 것이었다. (예컨대, 가난한 자들이 구입할 수 있을 수준으로 빵의 가격을 책정하는 것)."[9] 또한 웨슬리는 미국 상황에 대한 동정심을 인정하였다: "나는 미국에 관해 취해져 왔던 조치들을 변호하지 않는다; 나는 그 어느 누가 법에 입각해서든 신중성에 의해서

---

8. 기독교적 완전(Christian Perfection)이 보통 점진적으로 획득되는지, 아니면 어느 한 순간에 이루어지는 것인지에 관한 웨슬리의 견해의 변화를 살펴보기 위해서는 Randy L. Maddox의 Responsible Grace: John Wesley's Practical Theology (Nashville: Kingswood Books, 1994), 180-87을 보라.
9. Runyon, "Theologies of Liberation," 17

든지 간에 그것들을 변호할 수 있을지 의심스럽다."10) 그렇지만 그가 할 수 없었던 것은 경제적인 구조와 정치적인 구조 사이를 잇는 연결 작업이었다. 이와 같은 이유로 인해 웨슬리는 압제당하는 사람들을 위해서 말하는 것을 넘어서서 압제받는 사람들이 스스로를 해방할 수 있게 해 주는 데로 움직이지 못하였다. 그 대신에 그는 중립을 지키려고 하였다.11) 그렇지만 웨슬리가 자신의 한도를 넘어서는 사건들을 만나는시점이 왔으며, 그는 그의 정치신학을 정의하기 시작하도록 강요받았다 — 그리고 그런 과정에서 그는 정치적인 입장들을 취하지 않을 수 없었다.

웨슬리의 정치신학은 두 가지 주제에 있어서 이해되어질 수 있는데, 그 중 하나는 하나님의 주권에 대한 강조이고, 다른 하나는 인간 자유의 보존에 관한 관심이다. 그는 모든 선한 것을 주시는 분이신 하나님께서 자유와 권위의 선물들을 인간에게 축복으로 주신다고 논의했다. 그는 인간의 자유라고 하는 선물을 "종교, 생명, 신체 및 재물"에 대한 개인의 권리들로 규정하였다.12) 종교적인 신앙의 자유가 (웨슬리는 이를 하나님으로부터 부여받은 "양도할 수 없는 권리"임과 동시에 인간 오성의 선물로 여겼다) 이와 같은 항목을 이끌어내지만, 그것은 다른 권리들을 배제하면서 수호되는 것은 아니다. 그는 "우리 자신의 선택과 우리 나라의 법에 따라, 우리들의 생명, 사람들, 그리고 재산들을 처분할 수 있는" 권리를 또한 분명하게 확언하였다.13)

웨슬리가 "우리 나라의 법"에 의해 개인의 자유가 제한된다고 한 것은 의도적인 것이다. 왜냐하면 그는 이러한 법들이 하나님의 제제 조치라고 가정하였기 때문이다. 웨슬리는 주장하기를 어떠한 권위도 그 자체에 대한 법일 수는 없으며, 전지전능하신 하나님 안에서 우선적으로, 지속적으로, 그리고 궁극적으로 그 권위의 합법성을 발견한다고 말하고 있다: "이제 나는 인정할 수밖에 없다. 즉 나는 보통 성서라고 불리우는 오래된 책이 참된 진리라고 믿는다. 그러기에 나는 '모든 권세가 하나님께로부터 난 것이며, 또한 하나님에 의해서 제정된 것임'을 믿는다(롬

---

10. "Free Thoughts on the Present State of Public Affairs," Works (Jackson) 11:24.
11. 그가 쓴 Letter to the American Preachers(1 March 1775), Letters(Telford) 6:142-43를 보라.
12. A Calm Address to the Inhabitants of England, §21, Works (Jackson) 11:137.
13. Some Observations on Liberty, 5, Works (Jackson) 11:92.

13:1). 어떠한 나라에서도, 최상의 권세로부터 기인한 것인 종속적인 권세가 있을 뿐이다."[14]

하나님께서 주시는 첫 선물인 자유는 그러기에 두 번째 선물인 하나님의 권위에 의해 보존되어야 한다: "모든 것을 다스리는 주권자이신 하나님으로부터 비롯되는 권세 외에는 그 어떠한 최상의 권세도, 칼의 권세도, 생명과 사망의 권세도 없다."[15] 더 나아가서 인간의 권위란 지상의 하나님을 대변하기 위해 하나님께서 인류에게 부여하신 신성의 반영이 되어야 한다: "[인류가] 열등한 피조물들을 다스리듯이, [인류는] 소위 지상 위에 있는 하나님의 대변인이다. 그러나 하나님의 뜻인 자유에 의해 [우리 자신을] 다스리는 것(정부)은 그 안에서 [우리가] 피조물들을 다스리는 것보다 더 많이 하나님의 형상을 지니고 있다."[16] 인간의 권위가 가지는 과제는 인간의 자유를 보존함에 있어서 하나님을 위해 행동하는 것이다. 어떠한 권위도 그것 자체의 장점에 의해 존재할 수 없으며, 그 대신에 하나님의 은혜의 결과라고 하겠다.

정부들이 하나님의 허락과 선택에 의해 존재한다는 이와 같은 강조는 인간의 자유를 보존하기 위하여 그것을 보존하지 않는 정부들에 대항하는 반란을 정당화하는 방향을 취할 수 있었다. 그렇지만, 웨슬리는 정 반대의 방침을 취하였다. 그는 하나님이 지배를 당하는 백성이 아니라 다스리는 정부에게 권위를 주었다고 강조하였는데, 이는 대중의 반란의 권리를 빼앗는 것이었다; 그리고 그는 참된 인간의 자유가 하나님의 권위와 하나님에 의해 임명된 이들에 대한 복종에서 발견된다고 주장하였는데, 이는 민주정부를 자유와 양립할 수 없게 만드는 처사였다.

웨슬리는 다양한 정부의 체계를 그 자신이 관찰함을 통해 그의 정치신학을 위한 실제적인 보장을 제공했다. 웨슬리가 민주정치를 관찰함으로 얻게 된 사실은 그로 하여금 "민주주의는 모든 정부를 혼란에 빠뜨리며, 모든 나라를 완전한 무정

---

14. Thoughts Concerning the Origin of Power, §7, Works(Jackson) 11:47.
15. 같은 책, 48.
16. OT Notes, Gen. 1:26-28. 이와 같은 생각은 웨슬리의 설교 29번인 "Sermon on the Mount, IX," §6, Works 1:635에서 발견할 수 있다. 여기에서 웨슬리는 다음과 같은 사막교부들의 금언을 인용하고 있다: Optimus Dei cultus, imitari quem colis―"당신이 예배하고 있는 하나님을 닮는 것이야말로 하나님께 드릴 수 있는 최상의 예배요, 경배입니다."

부 상태로 몰아넣는다"는 쪽으로 결론짓게 하였다.17) 더욱 중요한 것은, 만일 사람의 관심이 자유에 있다고 하면, 웨슬리는 "경험에 의하면 사람들이 정부에 더욱 더 많이 관여하면 할수록 국가는 시민적 혹은 종교적 자유를 일반적으로 더 적게 향유하게 된다고 주장하였다. 따라서 제한된 군주제 아래에서 가장 많은 자유가 시민과 종교 모두에게 있는 것이다; 귀족정치 아래에서는 대개 더 적은 자유가 보장되며, 민주정치 아래에서는 가장 적은 자유가 보장되는 것이라"고 주장하였다.18) 그러기에 민주적인 원칙들은 "건전한 이성 뿐만 아니라 보편적인 [인류의] 관습과 … 양립할 수 없는 것"이기에 거부되어야만 한다.19)

이와 대조적으로, 조지 왕(King George) 아래에서 웨슬리가 경험하였던 (입헌)군주제는 긍정적인 것이었다. 이 사실은 웨슬리로 하여금 자신의 동료 시민들에게 "우리를 통치하도록 현명한 하나님의 섭리가 임명한 조지 왕"을 지지하는 것을 의회에 선출할 사람을 결정하는 핵심적인 기준으로 삼도록 격려하게 만들었다. 왜냐하면 조지는 "그대들에게 선을 행하기 위한 하나님의 사역자"였기 때문이다.20) 다시금 우리는 웨슬리가 자신이 이념적으로 사로잡혔음(마르크스주의적인 의미에서 "그릇된 의식")을 인식하지 못 했음을 보게 되며, 그리하여 웨슬리는 자신의 논증을 뒷받침하기 위해 지배 계층이 가지는 가치들을 보편화시켜 버렸던 것이다.

아이러니칼하게도 미국의 독립전쟁에 대해 웨슬리가 반대하도록 촉구한 것은 인간의 자유에 대한 웨슬리의 관심이었다. 그는 식민지들이 그들의 소원을 충만히 누리도록 자유를 향유하였다고 믿었고, 주장하기를 "어느 누구도 그들의 생명이나 자유 혹은 그들이 가진 재화를 취하지 않았다; 그들은 이러한 것들을 매우 조용하게 아무에게도 방해받지 않고 향유하고 있다"고 하였다.21) 웨슬리는 영국과 영국의 식민지 사이의 경제적 관계에서 본래적으로 내려오는 착취의 구조를 간파해 내

---

17. Some Observations on Liberty, §32. Works (Jackson) 11:104. Maddox, Responsible Grace, 121-23 참조.
18. 같은 글, §34. Works(Jackson) 11:105.
19. 같은 글, §32. Works(Jackson) 11:104.
20. A Word to a Freeholder, Works(Jackson) 11:197.
21. Some Observations on Liberty, §5, Works(Jackson) 11:92.

지 못했거나, 의회의 진술 없이 세금을 내야만 되는 불평등을 가지고 있던 미국인들과 타협을 이루는데 실패하였다.

웨슬리가 우려하였던 대로, "영국인의 권리"를 위한 외침으로서 그리고 그들의 불평들을 바로잡기 위하여 시작한 것이 미국의 독립을 위한 전쟁이 되었다. 이로써 6년간의 갈등이 시작되었고, 모든 식민지에서 전쟁이 일어나 이전에 동료 시민이었던 사람들 사이가 이제 보수파와 독립옹호파, 다시 말해 영국인과 미국인으로 갈라지게 되었다. 존 웨슬리는 자신이 조지 왕을 지지하는 감리교인들과 미국의 독립을 지지하는 이들 사이에 사로잡혀 있음을 발견하였다. 이런 갈등의 전반을 통해 웨슬리의 정치신학은 일관성있게 남아 있었는데, 그것은 하나님이 궁극적인 권위이며 모든 자유는 오직 하나님에 의해 주어진 선물이라는 것이었다.

왕은 인간의 자유를 보전하기 위해 하나님께서 임명하셨다는 웨슬리의 믿음은 그로 하여금 전쟁에 대한 영국의 결정을 지지하도록 이끌었다. 이어서 설교와 저술에 의한 웨슬리의 캠페인은 혁명을 지지하는 자는 왕에 반역하는 것뿐만 아니라 하나님께도 반역하는 것임을 강조하였다: "우리의 모든 재난의 참된 근거인 우리 죄들을 벗어 버리자! 이 재난들은 우리가 하나님을 경외하고 왕을 공경하기 전에는 결코 완전히 제거되지 않을 것이며, 그렇게 될 수도 없을 것이다."[22]

웨슬리에게 있어서 전쟁을 위한 결정이 옳았다는 사실은 조지 왕에 의해 요청된 전반적인 금식에 뒤이은 영국의 첫 성공들에 의해 확인되었다: "하나님께서 그것을 매우 기뻐하셨다는 것을 믿을 만한 모든 이유가 있다. 우리는 이제 하나님을 드러나게 인정하였고, 그 역시 드러나게 우리들을 인정하셨다."[23] 여기에서 우리는 종교가 권세있는 자들의 행동들을 정당화시키는 데 사용되는 경우마다 발견하는 불행한 해석학을 보게 된다.[24] 승리란 하나님이 지지하고 계심을 알려주는 표시이고, 반대로 패배란 하나님이 인정하지 않음을 나타내는 표시라는 것이다. 그

---

22. A Calm Address to Our American Colonies, 14, Works(Jackson) 11:88.
23. A Calm Address to the Inhabitants of England, 16 Works(Jackson) 11:134.
24. 시민종교가 가지는 역동성에 관한 논의를 살펴보고자 한다면 다음의 책을 보라: Robert Bellah, Beyond Belief (New York: Harper and Row, 1970); R. N. Bellah & P. E. Hammond, eds., Varieties of Civil Religion (San Francisco, CA: Harper and Row, 1980).

러한 신학은 뚜렷하게 우리 남아프리카인들의 기억 속에 새겨져 있다. 이에 대하여 대안적인 해석학은, 약자에 대한 강자들의 압제를 신학적으로 정당화하는 것은 아무리 그것이 승리하는 것처럼 보인다 하더라도, 이단적(heresy)인 것이라고 주장할 것이다. 이러한 대안은 가난한 자와 연대하시는—혹은 패배와 압제를 겪는 이들과 연대하시는—하나님에 대한 성서적인 계시를 보증으로 가지고 있다.[25]

전쟁이 오래 지속되면 될수록, 영국이 패배하고 있다는 사실은 점점 더 명확해졌다. 이 사실은 웨슬리에게 왜 영국은 자국의 우선적인 승리들을 계속 유지시키지 못하는가라는 고통스러운 질문을 제기하였다. 웨슬리의 신학은 전쟁에 대한 하나님의 재가 이외의 어떠한 다른 것을 인정할 수 없었다. 왜냐하면 웨슬리는 반역을 왕과 하나님에 거역하는 행위로 규정했었기 때문이다. 또한 그는 하나님이 너무 약해서 영국이 패배하는 것을 막지 못하였다고 가정할 수도 없는 노릇이었다. 왜냐하면 그것은 하나님의 주권을 부인하는 것이었기 때문이다. 상반되는 논리에 의해, 그는 영국이 패배한 원인을 미국인들의 월등한 능력 탓으로 돌릴 수도 없었다. 왜냐하면, 미국인들은 하나님에 대하여 반역하였기 때문이며 그러기에 무력한 자들이었기 때문이다. 웨슬리는 자신에게 주어진 유일한 다른 선택을 취했는데, 그것은 영국인들에게 책임을 돌리는 것이었다. 그는 "때가 이르렀다…하늘의 창이 열리고 땅 위에 심판을 비오듯 내리실 때가 된 것이다"라고 경고하면서 영국인들이야말로 "공공연하게 그리고 무례하게 사악한 이들"이라고 비난하였다.[26]

이러한 반응은 하나님의 주권에 대한 웨슬리의 이해를 그대로 유지시켰다. 하나님께서 미국의 식민지들에게 자유를 회복시키려 한 영국인들의 노력을 우선적으로 지지하였던 것이 올바른 것이었던 반면에, 영국인들의 죄악으로 인해 영국으로부터 자신의 지지를 철회한 것 역시 하나님의 주권적인 권리였다. 웨슬리가 고려조차 못하였던 것은 조지 왕이 애당초 전쟁에 관여한 것이 올바른 것이었느냐 하는 문제였다. 웨슬리의 입장은 권세있는 자들이 더 이상 신적인 권위를 반영하지 못할 때 그들의 적법성을 잃어버린다는 것을 함축한 반면, 그의 사회적 관점은 효과적으로 자신의 생각 내에서 이러한 혁명적인 잠재성을 침묵하게 하였던 것이

---

25. Gustavo Gutierrez, A Theology of Liberation (Maryknoll, NY: Orbis Books, 1973), 300을 보라.
26. Word in Season; or, Advice to an Englishman, §7, Works(Jackson) 11:184.

다. 그 대신 웨슬리는 체제 유지의 정치적 질서를 지지하였다.

웨슬리는 미국의 독립이 허락되었을 때, 자신의 신학적 일관성을 유지하도록 강하게 종용받았다. 그는 이전에 어떻게 영국의 군주가 자유를 보호하였는지에 호소하면서 하나님의 권위와 하나님의 은혜 또는 선물이라고 할 수 있는 자유를 균형잡은 바 있다. 그러나 이제 조지 왕은 미국에 대해 행사할 수 있는 권위를 상실해 버렸다. 웨슬리는 자신의 대답을 찾았다:

> 우리 미국의 형제들이 이제 전적으로 영국으로부터, 그리고 영국의 위계로부터 해방되었기에 우리는 감히 그들을 다시 속박하지 않는다. 그들은 이제 단순히 성경과 원시 교회를 따르는데 있어서 완전히 자유롭다. 그리고 우리는 하나님이 그렇게 이상하게 그들을 자유롭게 만드신 그러한 자유 속에 그들이 굳건히 서는 것이 최선의 것이라고 판단한다.[27]

바로 여기에서 웨슬리가 하나님의 권위에 대하여 가지고 있던 딜레마는 해결되었다: 미국인들에게 자유를 안겨다 준 분은 다름 아닌 하나님이었다. 이러한 가정은 웨슬리로 하여금 미국인들과의 신학적 관계에서 실제적인 종합을 제공하면서, 영국인과 미국인 양쪽의 행동에 대해 행사하시는 하나님의 권위를 확실시하도록 허락하였다.

그러나 웨슬리의 정치사상 속에 존재하는 모호성은 사라지지 않았다. 웨슬리가 새로운 미국의 체제를 하나님께 돌리는 반면에, 그는 새로운 미국 체제에 나타난 민주적인 이상들과 군주제에 대한 자신의 신학적인 정당화를 화해시키는 것을 회피하였다. 웨슬리는 결단코 민주주의자가 아니었다. 만인사제설에 입각하여 그의 감리교 신도회에서 선구자적이라 할 평신도 설교를 인정하였다고 하더라도, 웨슬리는 결코 감리교도들로 하여금 자신의 지도자를 선출할 수 있도록 허락하지 않았다. 실로, 웨슬리가 죽기 한 해 전에 그는 "사람들은 감리교도들 중에서 청지기(집사) 혹은 지도자를 선출하는데 참여할 수 없다. 우리는 그와 같은 관습을 가지지도, 가져본 적도 없다"라고 주장하였다.[28]

---

27. Letter to "Our Brethren in America" (10 September 1784), §6, Letters(Telford) 7:239.
28. Letter to John Mason (13 January 1790), Letters(Telford) 8:196.

성숙한 웨슬리의 (부분적인) 신학적 종합

웨슬리가 자신의 정치적인 기초를 바꿀 수 없었음에도 불구하고 그의 구원의 신학은 미국의 정치에 관여한 이후에 심원한 변화를 겪었다―이 전환은 위에서 터틀에 의해 "종합"으로 기술된 바 있다. 웨슬리가 변화할 수 있었다는 사실은 전혀 놀라운 일이 아니다. 변화된 상황은 그 상황 내에서 작용하는 신학에 영향을 미쳤을 뿐 아니라, 웨슬리의 기독교적 완전의 교리는 변화를 요구하는 해석학을 제공하고 있다. 기독교적 완전을 "'그리스도 안에 있던 마음'을 가지고 '그리스도가 걸으셨던 것처럼 걸어가는(행하는) 것'을 필수적으로 갖추는 것"으로[29] 묘사했던 웨슬리는 완전이란 죄로부터의 구원과 그에 뒤이어 거룩함 안에서 성장하는 것을 종교가 추구해야 할 하나의 목적으로서 관여하는 것이라고 믿었다.

개신교의 위대한 슬로건인 "오직 믿음으로"와 "오직 성경으로"는 웨슬리의 칭의의 교리에 있어서 중심적인 것으로 남아 있었으나, 아우틀러는 "성숙한"(즉 "종합") 웨슬리의 설교들에서 웨슬리가 '솔루스'(solus)란 라틴어를 "오직" 혹은 "배타적으로"(이는 그의 "반제" 시기 동안의 읽기였다)란 뜻으로 해석하기보다는 "일차적(우선적)으로"란 뜻으로 해석하고 있음을 발견한다. 아우틀러는 성숙한 웨슬리에게 있어서 "믿음은 기독교의 경험에 있어 일차적인 실재이지, 전체성이 아니라"는 점을 주목하고 있다.[30] 웨슬리는 믿음이 "오직 사랑의 하녀일 뿐이며," 기독교적 삶의 목표는 "믿음의 충만"이라고 할 수 있는 거룩함이라고 주장하였는데, 이것은 사랑 속에서 하나님과 이웃에 대하여 전 자아를 거룩하게 바치는 것을 의미하는 것이다.[31] 웨슬리의 거룩의 개념은 신비적인 것에 몰입하는 것으로부터 이 세상 안에서 거룩의 열매들을 실현하기 위해 노력하는 것으로 변화하였다.

그러기에 웨슬리의 "종합" 기간은 웨슬리 자신의 초기의 "논제" 기간에 생성되었던 몇몇의 생각들을 회복시킴으로써 '오직 믿음'에 대한 균형을 회복시켰다. 하이첸레이터(Richard Heitzenrater)는 웨슬리가 아마도 자신이 가졌던 중기의 견

---

29. A Plain Account of Christian Perfection, 5, Works(Jackson) 11:367.
30. Albert Outler, "Introduction," John Wesley, 28.
31. Sermon 36, "The Law Established by Faith Ⅱ," 2.1, 3.3, Works 2:38, 41-42.

해들이 그릇되었고 그의 옥스포드 시절이 장점을 가지고 있었다는 것을 기꺼이 인정하려 했다는 점을 주목한다.32) 웨슬리 전기작가들은 웨슬리가 말년에 "그 열매에 의해 적절하게 양육되지 않은 믿음이란 환상에 불과한 것으로 입증될 수 있다"고 가르쳤다는 데에 동의하고 있다.33) 그렇지만 이 사실이 웨슬리가 사회적 구원에 관심을 가지게 되었다는 것을 의미하지는 않는다.

이 "성숙한" 웨슬리는 계속해서 앞서 기술한 바 있는 '반제' 기간의 개인주의적인 견지에서 구원을 이해하였다. 구원에 있어서 인간의 참여는 개인의 거룩함을 추구하기 위해 노력하는 것에 국한되어 있었다. 웨슬리가 "그리스도의 복음이란… 사회적 거룩함이 아닌 그 어떤 거룩함도 알지 못한다"34) 고 확언하였지만, 러년은 지적하기를 이것이 사회 질서를 변화시키는 데 투신하는 거룩으로 이해되어서는 안 될 것이라고 말하고 있다.35) 웨슬리의 거룩은 오직 개인적 삶과 개인의 관계 — 무엇보다도 먼저 하나님과, 그리고 나서 동료 기독교인과 친구들과 이웃들과의 관계 — 에 영향을 주는 한에서만 사회적이었다.

반제에서 종합으로의 움직임은 다른 방식에 있어서도 웨슬리의 사상과 실천에 있어서 불완전한 상태로 남아 있었다. 웨슬리의 신학적 해석학이 인간의 삶 안에서 개인의 구원에 대한 인간의 참여를 긍정하는 것으로 변했다고는 하지만, 웨슬리는 이러한 변화의 정치적인 잠재성을 결코 탐구하지 않았으며, 그 대신 구원의 사회적, 경제적 및 정치적 차원들에 대하여 일방적인 하나님의 행동의 모형을 고수하는 길을 선택하였다.36)

---

32. Richard P. Heitzenrater, The Elusive Mr Wesley (Nashville : Abingdon Press, 1984) 1:32, 198.
33. Heitzenrater, Elusive Mr Wesley, 1:32, 101, 198. 또한 다음의 책을 보라 Outler, John Wesley, 28; Tuttle, John Wesley, 335; 그리고 Jean Orcibal, "The Theological Originality of John Wesley and Continental Spirituality," in A History of the Methodist Church in Great 1965) 1:83-111, esp. 95.
34. Hymns and Sacred Poems(1739), Preface, §§4-5, Works(Jackson), 14:321.
35. Runyon, "Theologies of Liberation," 42. 또한 Rupert Davies "Justification, Sanctification, and the Liberation of the Person," in Sanctification and Liberation, 80을 보라; 그리고 Jose Miguez Bonino, "Wesley's Doctrine of Sanctification from a Liberationist Perspective" in Sanctification and Liberation, 57-58을 보라.

남 아프리카의 상황을 위한 한계점들의 확대

 이것은 우리로 하여금 본 글의 첫머리에 제기하였던 질문으로 다시 되돌아오게 한다: 존 웨슬리는 남 아프리카 내에 존재하는 온전함을 위한 투쟁에 어떤 방향이나 통찰을 더할 수 있는 정치신학을 가지고 있는가? 이 질문에 대한 어떠한 긍정적인 답변도 웨슬리가 가지고 있던 한계들을 뛰어넘어 그의 통찰들을 확대할 것을 요구하게 될 것이다. 왜냐하면 웨슬리는 자신의 신학적인 발전에 함축되어 있는 정치적인 의미들을 보지 못하였기 때문이고, 따라서 "한 방향을 응시하면서도 다른 곳으로 노를 젓는" 힘센 사공과도 같은 사람으로 끝나버렸기 때문이다.

 예컨대, 웨슬리가 가난과 사회의 부정의에 관하여 관심하였지만, 그와 다른 초기 감리교 지도자들은 자신들의 정치적 혹은 경제적인 상황을 분석하거나 해석하기 위한 준비를 별로 갖추고 있지 못했다.[37] 부정의를 야기하는 구조적 원인들에 대한 이해가 결여되었으므로, 웨슬리가 가지고 있던 토리당(Tory)적인 이상들이 그의 관점을 쉽게 지배하였다. 웨슬리처럼 남아프리카의 감리교들 역시 가난한 자들에 대한 진지한 관심을 가지고 있다. 만약 우리가 웨슬리의 부적절함을 피하고자 한다면, 우리는 엄격한 사회 분석을 발전시키는 것이 필요하다고 하겠다. 동시에—웨슬리로부터 몇몇의 전례를 이끌어 내면서!—교회는 교회의 지도력과 행정적인 기능들을 가난한 자들의 지역(예컨대 비공식적인 거주, 판잣집 부락, 도시 한복판의 빈민아파트들, 집 뒷마당에 거주하는 이들)에 지리적으로 재설정하는 것이 요구된다. 왜냐하면 우리의 백성 모두를 해방시킬 관점을 발전시킬 수 있는 것은 오직 여기에서 가능하기 때문이다.

 두 번째 예는 웨슬리의 구원론이 될 것이다. 웨슬리 자신의 설명이 대개 개인적인 차원에만 초점이 맞추어진 반면, 구원론의 혁명적인 함축된 의미들이 영국 사

---

36. 편집자 주: 독자들은 Manfred Marquardt, John Wesley's Social Ethics: Praxis and Principles (Nashville : Abingdon Press, 1992)에 나타나는 이러한 두 가지 관점에 관한 웨슬리의 다소 보다 더 긍정적인 평가를 비교해 보기를 원할지도 모르겠다.
37. Wellman Warner, The Wesleyan Mouement in the Industrial Revoltion (New York : Russell and Russell, 1930), 254을 보라.

회의 경제적 부정의들에 대한 웨슬리의 반대 속에서 드러나기 시작했다. 사회적 거룩함의 개념과 연결하여 취급된 웨슬리의 완전교리의 목적론적인 성격은 현 체제(status quo)가 끊임없이 의문시되어야 할 것을 요구한다. 웨슬리의 교리는 거룩함을 이론적인 목표로 받아들이면서 사회의 한계들 내에서 가능한 것을 정착시키는 교리가 아니다(마치 니버의 불가능한 가능성의 윤리처럼[38] 말이다.) 오히려 그것은 목표보다 못한 어떤 것에도 만족하지 않으며, 그 과정에서 모든 중간(임시적) 윤리를 부적절한 것으로 여기며 철저하게 도전하는 것이다. 이것은 바르트의 "적극적인 가능성"의 윤리와 함께, 모든 인간의 사상과 행동에 문제를 제기하는 하나님의 은총에 대한 그의 이해와 유사성을 가지고 있다. 남 아프리카 내에 있는 감리교도들(그리고 다른 교파의 모든 사람들)에게 이것은 새로 민주적으로 선출된 정부가 있음에도 불구하고 인간의 자유를 위한 투쟁이 계속된다는 것을 의미한다.

특히 우리는 결코 권위와 인간의 자유의 이슈들에 관하여 경계를 늦출 수가 없을 것이다. 이와 같은 견지에서 웨슬리의 사상에 나타나는 하나님의 권위에 대한 강조는 도움이 될 만한 두 가지 의미를 가지고 있다. 첫째, 웨슬리 신학은 모든 권위가 "만물을 다스리시는 주권자이신 하나님으로부터 나온" 것이기 때문에 그 권력들의 종속적인 성격을 인식하게 촉구한다. 둘째, 이 같은 종속적인 권위는 그것이 기꺼이 하나님의 형상을 반영하기 원하는 의지를 가지고 하나님의 주권을 인정하는 한에서만 합법적일 수 있다는 사실이다. 기독교회의 과제는 권위를 가진 자들에게 그들이 하나님을 대신하여 인간의 자유를 보존하기 위해 행동을 하는 것이라는 책임을 상기시키는 것이다.

그러나 마지막으로, 사회적, 정치적인 영역 내에서 교회가 가지는 직무는 보다 더 위대한 정의와 온전성을 배양해 내고자 추구하는 것이기에 단순히 자유를 보존하려고 노력하는 것을 넘어서게 된다. 이것은 우리가 웨슬리가 사회질서에 이바지하는 거룩함을 추구하면서 "그리스도의 복음은 사회적 거룩함이 아닌 그 어떤 거룩함도 알지 못한다"라고 말한 그의 확언에 나타나 있는 한계들을 넘어서 나아가

---

38. Reinhold Niebuhr, Moral Man and Immoral Society (New York : Scribner, 1960), 5, 6장.

야만 할 것임을 의미한다고 하겠다. 감리교도로서 우리가 가지는 과제는 우리 사회내의 모든 국면에 구원을 가져다주는 것이어야 한다. 그러나 이러한 과정에서 우리는 "성숙한" 웨슬리가 다른 사람들의 삶에서 보여지는 성결의 열매들을 기초로 하여 그들 속에 있는 믿음을 수용했던 사실로부터 무엇인가를 배워야 할 것이다. 이러한 전례는 사회를 다시금 건설해 나아가는 정황에 놓인 남 아프리카 감리교도들이 새 정부가 지향하는 목표들에 동의하면서도 동시에 신학적으로 혹은 이념적으로 가지고 있는 차이점들 때문에 그들의 프로그램을 공유하는 것을 거절하는 일에 대하여 도전을 주고 있다. 우리에게는 이념적 만장일치보다는 하나님을 섬기는 봉사에 더 높은 우선순위를 둘 것을 주장하는 웨슬리적 신념을 회복하는 것이 필요하다: 웨슬리는 말하고 있다 "만일 의견이 다를 경우에, 우리가 생각하고 또한 생각하도록 할 수 없다면, 우리의 종교는 어디에 있는 것입니까?"[39]

---

39. Sermon 20, "The Lord Our Righteousness," §2.20, Works 1:464.

제 13 장

웨슬리와 마카리우스에 성령체험

이 후 정

존 웨슬리는 자신의 설교 "성경적인 구원의 길"(The Scripture Way of Salvation)에서, 영적 순례를 하는 신자의 체험을 진술하기 위해 마카리우스(Macarius)의 『설교』(Homilies)를 인용했다:

> 마카리우스는 1400년 전에 얼마나 정확하게 하나님의 자녀의 현재적인 체험을 묘사했는지요! "미숙한 자들(혹은 체험이 없는 자들)은 은총이 작용할 때, 더 이상 죄가 없다고 상정합니다. 한편 분별력이 있는 자들은 하나님의 은총을 받은 우리조차도 다시 괴롭힘을 받을 수 있다는 것을 부인하지 않습니다. … 우리는 자신 속에 죄가 없다는 것을 확증시켜 주는 것과 같은 은총을 체험한 형제들 중에서 자주 그런 예들을 보아왔기 때문입니다. 그러나 그들이 스스로 죄로부터 완전히 자유로워졌다고 생각할 때, 그들 속에 숨어있던 부패성이 다시 솟구쳐 오르게 되고, 그들은 거의 소진되었던 것입니다."[1]

이 인용문은 감리교인들의 영적 성장을 지도하기 위해 웨슬리가 어떻게 이 영적 대가(spiritual master)의 지혜를 안내자로 도출해 냈는지를 잘 보여 준다. 마카리우스의 이 『설교』는 원래 초기 시리아 기독교 수도원의 영적 지침서로서 구성

---

1. Sermon 43, "The Scripture Way of Salvation," 1.7, Works 2:159. 여기서와 이하에서 Works는 새롭게 편집된 웨슬리 전집 즉 The Bicentennial Edition of the Works of John Wesley (Nashville: Abingdon Press, 1984-)를 가리킨다.

되었는데, 그 속에 나타나는 은총의 생활에 대한 체험적 현실주의(experiential realism)와 깊이는 웨슬리에게 깊은 감명을 주었던 것이다. 웨슬리 연구의 대가였던 고(故) 알버트 아우틀러(Albert C. Outler)는 웨슬리가 "일련의 감리교 '설교집'(Homilies)에 유비되는 것을 가지고" 교리적 영적 지침에 대한 감리교인들의 점증되는 요청에 어떻게 응답했는지를 강조했다. 또한 아우틀러는 "하나의 대중운동의 교리적 표준으로 설교들을 채택한 그의 결정은 감리교도라 불리는 사람들의 영적 지도자로서의 웨슬리의 자기이해를 밝혀 주는 중요한 계시라고" 설명했다.[2] 여기서 아우틀러가 의도한 유비는 웨슬리의 설교와 영국성공회 『설교집』(Book of Homilies) 사이의 유비였던 반면, 필자는 마카리우스의 『설교』— 체험된 영적 안내와 지혜를 제공하기 위한 것으로서 — 의 목적이 또한 웨슬리가 감리교 신도회에 자신의 수집된 설교들을 반포하려 했던 결정 속에 반영되어 있다는 것을 제안하고자 한다. 웨슬리는 이 영적 대가로부터 지혜를 이끌어낸 것은 물론, 감리교인들에게 그 지혜를 어떻게 나눌 것인가 하는 방법적 모델을 그로부터 이끌어냈던 것이다.[3] 이 글에서 나는 성령체험의 이해에서 웨슬리와 마카리우스(웨슬리가 이 이름으로 알았던 초대교회의 인물) 사이에 나타나는 특정한 관계를 연구하고자 한다. 그들 모두 성령의 은총을 경험하는 것이 얼마나 중요한지를 확신하였으나, 필자는 웨슬리가 마카리우스의 설교집에 나타난 시리아 기독교 전통을 깊이있게 철저히 탐구하지 못했음을 논증할 것이다. 그렇게 함으로써 오늘날 웨슬리의 신학적 후손들은 이 전통과의 새로운 대화를 매우 바람직한 주제로 삼을 수 있게 될 것이다. 이러한 대화는 떠오르는 포스트모던(postmodern), 즉 "지구적인"(global: 세계적인) 기독교 상황에 특별히 바람직한 일이라고 생각한다. 기독교인들은 더 이상 자신들이 전수받은 영성 모델들만이 우월하다고 단순히 가정해서는 안 된다. 오히려 타종교, 특히 동양종교들의 심오한 영성과 고결한 실천(수행)들을 보다 진

---

2. Outler, Introduction, Works 1:40.
3. 웨슬리가 A Christian Library: Consisting of Extracts from, and Abridgements of, the Choicest Pieces of Practical Divinity which have been Published in the English Tongue, 50 vols. (Bristol: F. Farley, 1749-55)의 1:81-153에서 마카리우스의 "설교의 발췌본"("Extracts from the Homilies of Macarius")을 출판했음을 주목하라.

지하게 고려해야만 한다.

그러나 이러한 연구의 목적과 결과가 생동감 없는 혼합주의가 될 필요는 없다. 오히려 그것은 세계 기독교 가족의 에큐메니칼적인 넓이로 우리를 풍요롭게 함으로써, 다양한 세계 상황 가운데 기독교 신앙과 생활의 진정한 문화화(enculturation)를 인식하는 데 도움이 될 것이다. 구체적으로 말하자면, 서방 기독교 전통과의 유사성만을 일방적으로 강조한 전통적인 웨슬리 연구는 세계 감리교에게 통일성 있게 말하지 못한다. 그러므로 아시아 감리교도로서 나는 에큐메니칼적인 영적 전통들이라는 보다 넓은 맥락에서 웨슬리를 읽을 때에 그의 목소리가 보다 적극적으로 받아들여지며 잘 들려질 수 있게 될 것이라고 생각한다.

이런 관점에서 나는 시리아 기독교 저자인 마카리우스와 웨슬리의 관계를 연구하게 되었다. 우리는 먼저 진정한 웨슬리 영성을 발전시키기 위해, 웨슬리와 마카리우스의 "창의적 종합"을 시도하는 데 도움이 되는 역사적 연관들을 개략적으로 살펴볼 것이다. 그 후 웨슬리와 마카리우스의 성령체험에 대한 각각의 이해를 좀 더 자세하게 고찰할 것이다. 이러한 연구는 둘 사이의 유사성들을 밝혀 줄 뿐만 아니라 마카리우스의 통찰의 어느 영역이 전 세계의 웨슬리 가족들의 영성을 풍요롭게 해 줄 수 있는지를 조명하게 될 것이다.

웨슬리와 마카리우스 : 창의적 종합을 향하여

알버트 아우틀러는 웨슬리가 초대 동방교부 저술가들에게 신학적으로 의존되어 있다는 점을 인식시키는 데 가장 큰 공헌을 한 사람이다. 그의 주장에 따르면, 웨슬리는 이들 동방교부로부터 독특한 성령론을 이끌어내었다. 이 성령론은 "선행적 은혜(prevenient grace)와 인간의 자유, 그리고 가장 중요하게는 perfectus(이미 완성된 완전)라기보다는 teleiosis(진행중인 완전)로서의 완전이라는 독특한 교리"의 기초가 되었다.[4] 다른 말로 하면, 동방에 기원을 둔 웨슬리의 성령론은 그로

---

4. Outler, Introduction, Works 1:74. 관련된 언급들을 위해서는, 또한 그의 John Wesley, ed. Albert C. Outler (New York : Oxford University Press, 1964), pp. 9-15 및 "John Wesley's Interest in the Early Fathers of the Church," Bulletin of the United Methodist Church of Canada Committee on Archives and History 29 (1980): 5-17을 보라.

하여금 성화와 완전을 정적인 상태로서가 아닌, 성령의 삶 뿌리를 두고 완전한 사랑을 목표로 하는 역동적이며 점진적으로 성장하는 과정으로 보게 하였다. 성령의 인격과 역사는 "신자의 마음과 의지에, 그리고 성령으로 충만한 공동체와 성례전에 임하시는 하나님의 인격적 현존"으로 해석되었다. 따라서 웨슬리는 "그리스도인들이 마치 저항할 수 없는 어떤 힘으로서의 성령에 사로잡힌다기보다는 마음에 내주하시는 성령의 인도하심을 받는다고 생각할 수 있었다."5)

아우틀러는 이러한 주제들을 설명하면서, 성령론과 신-인 참여라는 중심사상을 형성하는 데 웨슬리에게 가장 큰 영향을 끼친 동방교부 신학자는 구체적으로 마카리우스, 닛사의 그레고리(Gregory of Nyssa), 그리고 에브라임 시루스(Ephrem Syrus: 시리아인 에브라임)라고 제안하였다.6) 나는 그의 제안을 박사학위논문의 출발점으로 삼고, 웨슬리의 성령론과 금욕적 영성의 교부적 뿌리를 보다 정확하게 규명하려 하였다.7) 그 결과 나는 마카리우스의 『설교』야말로 이러한 두 측면의 웨슬리 신학이 형성되는 데 가장 결정적인 역할(종종 함축적인 역할을 한다 할지라도)을 했다는 결론을 내리게 되었다. 이와 같은 결론은 아우틀러와는 다소 다르다. 아우틀러는, 마카리우스 설교에서 볼 수 있는 것은 사실 닛사의 그레고리의 "조금 여과된" 신학일 뿐이라고 추정한다. 그러나 나는 보다 최근의 교부 연구를 바탕으로 마카리우스 설교가 그레고리적 비잔틴 영성의 간접적인 표현이 아니라, 독특하게 시리아적인 금욕적(수덕적) 영성의 진정한 표현임을 논증했다. 이렇게 볼 때, 웨슬리의 성령 중심적 신학과 영성의 "참된" 교부적 원천은 바로 시리아 전통인 것이다.8)

---

5. Ibid., 1:75.
6. Ibid.
7. Hoo-Jung Lee, "The Doctrine of New Creation in the Theology of John Wesley" (Emory University Ph.D. thesis, 1992). 특히 마카리우스와 에브라임 시루스를 다루고 있는 "Influences on Wesley of the Eastern Fathers"에 관한 장을 보라(154-245). 웨슬리와 동방정교회에 관한 관련된 논의들을 위해서는, Randy Maddox, "John Wesley and Eastern Orthodoxy: Influences, Convergences and Differences," Asbury Theological Journal 45:2 (1990):28-59; Ted A. Campbell, "Wesley's Use of the Church Fathers," Asbury Theological Journal 50:1-2(1995-6): 57-70: and Campbell, Wesleyan Quest for Ancient Roots: The 1980s," Wesleyan Theological Journal 32:1 (1997):5-16을 참고하라. .
8. Ibid., 254-56.

이런 연관성이 사실이라고 할 때, 단순한 역사적 관심을 넘어 이것이 주는 진정한 의미는 과연 무엇일까? 나는 이런 연관성이야말로 성령충만하고 생명을 주는 공동체와 영성을 추구하는 현대 감리교도들(그리고 더 광범위한 기독교 세계)에게 이바지할 수 있는 가능성이 있다고 믿는다. 우리 시대는 추상적인 이론과 체계보다는 구체적인 체험을 가치있게 여기는 시대다. 포스트모던 상황에서 웨슬리가 강조하는 체험적인 기독교와 정감적 영성(affective spirituality)은 아마 큰 호소력이 있을 것이다. 마카리우스 또한 하나님의 현존에 대한 의식적 자각의 중요성을 강조하는 내적 주관성에 깊은 관심을 보이고 있다. 칼리스토스 웨어(Kallistos Ware)가 지적한 것처럼, 마카리우스의 기독교는 "무엇보다도 우리 속에서 영적 감각을 자각하는 데 있다. 그래서 우리는 우리 마음 속에 거하시는 하나님의 거룩한 영의 직접적이고 분명한 인식에 도달할 수 있다."[9] 이와 같은 강조점들은 웨슬리와 마카리우스의 창의적 종합이 지구적이고 에큐메니칼적인 기독교의 영적 갱신과 재각성에 중요한 자료가 될 수 있음을 시사한다.

물론, 웨슬리와 마카리우스가 완전히 일치한다면 굳이 종합할 필요는 없을 것이다. 웨슬리가 정감적 혹은 감성적 영성을 강조하는 면을 높이 평가함에도 불구하고, 나는 웨슬리가 서양문화(서양의 기독교 전통을 포함해서)에 퍼져 있는 논리와 이성에 여전히 매여 있음을 발견하게 된다. 그러나 오늘날 포스트모던 상황에서 우리에게는 기독교를 매우 "종교적으로" 제시할 수 있게 해 줄, 기독교인 삶의 보다 포괄적인 모델이 필요하다. 우리에게는 보다 풍부하고 깊은 상징주의적 모델, 즉 덕있고 성화된 삶을 가치있게 여길 뿐 아니라 신비주의를 가치있게 여기는 모델이 필요하다. 마카리우스의 시리아적 신비주의와 웨슬리의 거룩함의 영성의 창의적 종합은 바로 이 점에서 탁월한 의의와 가능성을 가질 수 있다. 또한 이는 에큐메니칼적인 기독교가 다양한 형식과 전통을 가진 영성들 사이에서 보다 상호적이고 우주적인 교류를 점증적으로 열망하고 있는 현재의 상황에 대하여 적극적으로 말할 수 있는 것이다.

---

9. Kallistos Ware, "Preface," Pseudo-Macarius, The Fifty Spiritual Homilies and the Great Letter, tr. & ed. George A. Maloney (New York: Paulist Press, 1992), xiv. 이 책은 이후로 Macarius로 인용될 것이다.

웨슬리의 성령체험

웨슬리는 자신의 영성과 신학의 초점을 성령의 변형시키는 역사에 맞추었다.[10] 웨슬리에게 하나님은 철학적 사유의 대상이 아니라, 우리를 만나 주시고 힘을 주시며 우리 안에 거하시는 살리는(생명을 주는) 영이신 것이다. 예수 그리스도가 우리 안에 거하신다면, 우리는 우리 안에 계신 예수 그리스도의 영의 현존을 체험하고 있는 것이다. 예수 그리스도의 영의 현존으로 말미암아 우리는 신적 본성과 생명에 참여하게 된다. 즉 우리는 하나님의 참된 자녀가 된다.

찰스 웨슬리(Charles Wesley)의 설교 "잠자는 자여, 깨어 일어나라"에는 성령체험에 대한 웨슬리적 표현이 대표적으로 잘 나타나 있다. "당신은 신적 본성에 참여한 자입니까? 당신이 버림받지 않은 자인 이상 그리스도가 당신 안에 계신다는 것을 모르십니까? 하나님이 당신에게 주신 성령으로 말미암아 하나님이 당신 안에 거하시고 또 당신은 하나님 안에 거한다는 것을 알고 있습니까? 당신은 당신의 몸이 하나님으로부터 받은 성령의 전이라는 것을 모르십니까?"[11]

이것은 종교의 뿌리가 "심령 깊숙한 곳에 자리잡고 있으며", 그 목적은 "하나님과의 영혼의 합일(union: 연합)"이라는 웨슬리의 일관된 주장과 그 맥을 같이 한다.[12] 찰스는 종교의 목표를 "신적 본성에 참여하는 것이요, 인간 영혼 속에 계시는 하나님의 생명이며, 마음 속에 형상지어진 그리스도"라고 하였다.[13] 또한 존은 신적 본성에의 참여를 "그대가 하나님 안에 거하고 하나님은 그대 안에 거하시도록 하나님의 형상 안에서 다시 새롭게 되는 것, 그리고 하나님과 교통하는 것"으로 해명한다.[14]

여기서 "내주하심" "교통" "참여"와 같은 어휘들이 얼마나 현저히 드러나는지

---

10. 나는 여기서 Randy L. Maddox의 Responsible Grace : John Wesley's Practical Theology (Nashville: Kingswood Books, 1994)로부터 많은 도움을 받았다.
11. Sermon 3, "Awake, Thou That Sleepest," 2.8, Works 1:149.
12. Sermon 24, "Sermon on the Mount IV," Works 1:541.
13. Sermon 3 "Awake, Thou That Sleepst," 2.10, Works 1:50.
14. Explanatory Notes Upon the New Testament, 3rd. corrected edition (Bristol: Graham & Pine, 1760-62), 2 Peter 1:4.

주목해야 한다. 웨슬리는 또한 성령의 소생시키는 역사를 "영감"(inspiration: 감동, 감화)이라고 불렀다. 이 영감은 우리 마음에 불어넣어 주시는 하나님의 존재 자체의 숨결을 의미하며, 이는 우리의 삶을 "하나님의 거처"로 만든다. 이러한 하나님의 영의 내주하심 혹은 영감은 "모든 믿는 자의 공통된 특권, 복음의 축복, 말할 수 없는 은사, 보편적인 약속, 진정한 기독교인의 표준"으로 언급되었다.[15] 진실로 신자들이 성령을 받아들이고 느끼고 감각하는 일을 부정하는 것은 "성경 전체, 즉 하나님의 전체 진리, 약속, 증언"을 부정하는 것이다.[16] 은총은 곧 성령의 능력 주시는(empowering) 임재 및 역사와 동일하다는 것이 웨슬리 성령론의 특징이다. 그는 은총 속에 예수 그리스도 안에서 값없이 용서하시는 사랑과 공로없이 화해를 이루시는 하나님의 자비 즉 성령으로 말미암아 우리 심령 속에 부어주시는 사랑과 자비가 포함된다는 사실을 인식했다. 그러나 그는 또한 "자신의 기뻐하시는 뜻과 행위대로 우리 속에 역사하시는 성령 하나님의 능력"을 은총과 동일시하였다.[17] 매닥스(Maddox)가 올바로 지적한 것처럼, 이러한 웨슬리의 성령 이해는 성령을 힘을 주고 소생시키며 회복시키는 — 치료의 — 능력(에너지)으로 강조하는 동방 정교(Eastern Orthodoxy)의 이해와 유사한 것이다. 따라서 은총은 우리 안에 역사하시는 성령의 능력으로서 "그리스도와 같은 형상(Christ-likeness)으로 우리를 회복시키는 능력, 곧 우리 삶에 임하시는 하나님의 새로워진 현존에 대한 표현"으로 설명될 수 있다.[18]

웨슬리의 성령론에서 가장 현저한 특징 중 하나는 우리 삶에 임하시는 성령의 은총의 역사를 우리가 감지할 수 있다는 점이다. 웨슬리는 이런 감지 가능성을 "영적 감각"(sensus spiritualis)이라는 경험론적 용어로 설명하였다.[19] 그는 "신생"

---

15. Sermon 3, "Awake, Thou That Sleepest," 3.7, Works 1:155.
16. Ibid., 3.8, Works 1:155.
17. Sermon 12, "The Witness of Our Spirit," 15-16, Works 1:309-10.
18. Maddox, Responsible Grace, 86.
19. Lee, "Dcotrine of New Creation," chapter 4; Rex D. Matthews, "'Religion and Reason Joined': A Study in the Theology of John Wesley" (Harvard Divinity School Th.D. thesis, 1986); Maddox, Responsible Grace, 127이하 참조.

에 따르는 큰 변화 가운데 신자들은 신적 현존을 감지할 수 있도록 "영적 감각"을 나누어 받게 된다고 말한다. 이런 영적 감각은, 물리적 세계와 유사하게, 하나님은 물론 영적 세계와 교통할 수 있는 수단이 된다. 성령으로부터 난 자는 "이제 하나님을 감지할 수(sensible) 있다. 그리고 확실한 체험으로 말할 수 있다. '당신은 나의 침상 곁에, 그리고 나의 길 가까이에 계십니다.' 나는 '나의 길 어디서나' 당신을 느낍니다".[20]

웨슬리는 은총의 감지 가능성을 성령의 역사를 통한 신적 은총과 인간의 응답 사이의 협력(synergy)과 연결시켰다. 그는 하나님의 주도적 행위뿐 아니라 믿는 자의 응답적 행위로 인간의 구원이 이루어진다는 사실을 명확히 제시했다. 중요한 것은 협력에 대한 이런 웨슬리의 설명이 단순히 추상적이고 지성적인 것이 아니라는 점이다. 그는 영성 생활을 하나님과 믿는 자 사이의 역동적인 상호 호흡으로 여긴다:

> 하나님의 영 혹은 숨결이 즉시 새로 탄생된 영혼 속에 불어넣어져서 호흡하게 됩니다. 그리고 그 숨결은 하나님께로부터 와서 다시 하나님께로 돌아갑니다. 믿음으로 그 숨결을 부단히 받아들이는 것처럼, 사랑과 기도와 찬미로 부단히 다시 돌려집니다. 사랑과 찬미와 기도는 참으로 하나님으로부터 태어난 모든 영혼의 숨결이기 때문입니다.[21]

이런 관계에서 성령 감동(불어넣으심)의 체험이 어떤 역할을 하는지 보라. 성령의 역사를 체험함으로써만 진정한 신-인적 협력의 교제와 교통이 가능하게 되는 것이다.

여기서 특징적인 것은 웨슬리가 영성생활에 나타나는 신-인관계를 묘사하면서 하나님이 영혼 위에 "역사하시는 것"(action)과 영혼이 하나님께 "돌이켜 역사하는 것"(re-action:반응)을 하나로 결합시켰다는 점이다. 그는 지속적인 인간의 반응 없이는 영성생활의 성장은 물론 그 상태를 유지할 수도 없다고 주장한다:

---

20. Sermon 19, "The Great Privilege of Those that are Born of God," 1.7, Works 1:434. 또한 Sermon 45, "The New Birth," 2.4, Works 2:192-93 참조.
21. Ibid., 1.8, Works 1:434.

> 그러므로 우리는 … 하나님의 생명을 영혼 속에서 존속시키기 위하여 이 영혼의 반응(그것이 무엇이라 불리든 간에)이 절대로 필요하다고 추론할 수 있을 것입니다. 왜냐하면 영혼이 하나님께 반응하지 않으면 하나님은 영혼 위에 계속 활동하시지 않는 것이 분명하기 때문입니다. … 하나님은 먼저 우리를 사랑해 주시고 자신을 우리에게 나타내십니다. … 그러나 그 때 우리가 우리를 먼저 사랑해 주신 하나님을 사랑하지 않는다면; … 하나님의 영은 언제나 역사하지만은 않을 것입니다. 그는 점차로 뒤로 물러나 우리를 우리 자신의 마음의 어두움에 내버려 두실 것입니다. 우리의 영혼이 다시금 하나님을 향하여 숨을 되돌려 보내지 않으면, 하나님은 우리의 영혼 속에 숨을 계속 불어넣으시지 않을 것입니다.[22]

웨슬리는 점진적인 성화의 진보 과정에서 스스로 만족하거나 속임을 당하지 않도록, 두려움과 겸손, 그리고 끊임없는 기도로 경성함을 늦추지 않는 것이 바로 그러한 반응의 역할이라고 한다. 웨슬리의 확증의 교리는 그러한 경외심에 대한 논의보다 훨씬 잘 알려져 있다. 그는 성령의 역사를 감지할 수 있다는 중요한 국면을 설명하기 위해 "증거"(witness 또는 testimony)라는 용어를 사용하였다. 웨슬리가 자신의 사역 과정 중에 주장한 다양한 확증의 교리는 학문적으로 열띤 논쟁을 불러 일으켰다.[23] 여기서 나는 세 가지 성숙된 주요 관점만 언급한다.

첫째, 성령의 직접적인 증거는 성령 역사의 깊고 말할 수 없는 "신비" 때문에 웨슬리에게 중요한 것이었다. 그는 인간의 언어로는 하나님의 자녀가 체험한 것을 적절하게 표현해 낼 수 없다는 것을 인정하였다. 그래서 우리는 "하나님의 영의 증거는 영혼 위에 나타나는 하나의 내적 인상인데, 이로써 하나님의 영은 내가 하나님의 자녀인 것을 나의 영에 직접적으로 증거하신다"라고만 말할 수 있을 뿐이다.[24] 그리고 이런 주장에서조차 웨슬리는 하나님의 증거가 우리 마음에 나타나는 "방식"(manner)을 설명하려고 하지 않는다. 단지 성령의 역사에 대한 직접적인 증거가 있고 또 그것을 친밀하게 감지할 수 있다고만 주장할 뿐이다.[25]

---

22. Ibid., 3.3, Works 1:442. 또한 Sermon 85, "On Working Out Our Own Salvation," 3.1-2, Works 3:206이하를 보라.
23. 이에 관한 유용한 개관을 위해서는, Randy Maddox, Responsible Grace, 125이하를 참조하라.
24. Sermon 10, "The Witness of the Spirit I," 1.7, Works 1:274.
25. Sermon 11, "The Witness of the Spirit II," 3.3, Works 1:289.

둘째, 웨슬리는 성령의 역사에 대한 우리의 확신을 단지 반성이나 논증에 기초 두는 것을 적합하게 여기지 않았다. 따라서 그는 의식적인 확신이라는 우리의 응답("우리 영의 증거")에 대해 증거하시는 성령의 역사("하나님의 영의 증거")에 우선권을 둔다. 그는 종종 기독교인의 체험의 최종 목표인 거룩한 삶과 연관시켜서 이 점을 강조한다. "우리는 우리의 마음과 생활이 거룩하다고 의식하기 전에 우리의 마음과 생활이 거룩하지 않으면 안 됩니다. 그러나 우리는 우리가 전적으로 거룩해질 수 있기 전에 하나님을 사랑하여야 합니다. 사랑이 모든 거룩의 근본입니다. 그러나 하나님께서 우리를 사랑하신다는 것을 알기 전에는 우리가 하나님을 사랑할 수 없습니다."[26]

셋째, 웨슬리는 사랑, 기쁨, 평화, 그 외의 성령의 모든 열매가 성령의 증거로 우리 마음에 부어진 하나님의 사랑을 체험한 응답의 결과로 나타나게 된다고 확신하였다. 그러나 그는 이런 열매들이 그저 한때 지나가는 감정이 아니라는 점을 역설한다. 그 열매들은 습관적인 정감과 거룩한 기질이 되어야 한다. 이런 연관에서 웨슬리는 마음의 무질서한 정감들을 정결케 할 필요가 있음을 강조하였다. 그렇게 함으로써 사랑이 믿는 자의 마음과 생활을 모두 다스리는 지배적인 성향이 될 수 있다.[27]

이제 우리는 성령의 증거에 대한 웨슬리의 강조점으로부터 또 다른 잘 알려진 강조점으로 돌이키고자 한다. 그것은 바로 기독교인 생활의 중심인 성화이다. 여기서 첫 번째로 주목해야 할 것은 점진적으로 성숙되는 성화 과정에 대한 웨슬리의 강조점에 분명히 나타나는 현실주의적이고 "체험에 의한"(경험적인) 지혜다. 본 논문의 서두에 밝힌 것처럼, 웨슬리는 원숙한 영성 지도를 하면서 믿는 자들에게도 죄가 여전히 남아있다는 것을 인정했다. 신생이 진정한 영적 생명을 부여한다고 하더라도, 그 순간 새로운 신자들이 전적으로 정결케 되거나 성화되는 것은 아니다. 그들의 마음은 진실로 새로워졌으나, 아직 "완전히" 새로워진 것은 아니다.[28] 그렇다고 해서 남아있는 죄가 더 이상 그들을 지배하지는 못한다. 웨슬리의

---

26. Ibid., 3.5, Works 1:290. 웨슬리에게 있어 성령의 증거는 바로 우리를 향하신 하나님의 사랑을 "체험하는" 길이다.
27. Sermon 8, "The First-fruits of the Spirit," 1.4, Works 1:236을 보라.
28. Sermon 13, "On Sin in Believers," 4.1-3, Works 1:325-27.

관점에서 볼 때, 믿는 자들이 성령을 따라 행하고 또 성령이 그들 가운데 거하면, 그들은 죄책과 죄의 권세로부터 해방된다. 그러나 죄의 "존재"는 여전히 남아있어서, 결국 성령을 거스리는 육욕을 느끼게 된다.[29] 이것은 곧 지속적인 회개와 부단한 영적 성장이 믿는 자들에게 절실히 필요함을 의미한다.

이런 영적 성장은 우리 자신의 힘으로 도달해야 하는(혹은 도달할 수 있는) 것이 아니다. 대신에 웨슬리의 성화란 하나님의 생명과 능력 그리고 성령의 임재에 깊이 참여하는 실재적이고 변형적인 과정이다.[30] 성령은 우리가 거룩해질 수 있는 직접적인 원인이다. 성화는 "은총에서 은총으로" 점차 성숙해 가는 변형이다. 매닥스가 말한 것과 같이, 웨슬리의 성화의 영성은 은총 안에서의 점진적 성장을 기독교인의 삶의 핵심으로 강조한다.[31] 성령의 은혜로운 역사를 통해 인간의 내면은 하나님의 형상과 닮음으로 변형되어 다시 새롭게 되며 회복된다. 이미 언급한 바와 같이 웨슬리가 말하는 성화의 중심주제는 동방정교 영성의 심오한 주제인 신화(theosis)와 관련된다. 그러므로 웨슬리는 성화를 "인간의 영혼 속에 존재하는 하나님의 생명, 신적 본성에의 참여, 그리스도 안에 있는 마음, 우리를 창조하신 하나님 형상으로의 마음의 갱신"으로 묘사한다.[32]

그러나 웨슬리는 이 성화를 믿는 자의 마음에만 국한시킨 것이 아니라는 점에 주목해야 한다. 성화는 믿는 자의 인격과 삶 속에서도 표현되어야 한다. 거룩한 기질과 성향, 그리고 마음의 정감으로부터 거룩한 행동이 흘러나와야 한다. 그리고 이것이 참 기독교인의 윤리적 삶의 방식을 통전적으로(holistically) 결정짓는다. 웨슬리에게서 진정한 기독교인의 특성은 덕있는 인격과 그리스도와 같은 거룩한 삶이다. 이러한 삶의 중심에는 하나님과 이웃에 대한 보편적이고 무사적(無私的)인 사랑이 자리잡고 있다.[33] 이 충성으로부터 진정한 기독교인의 인격을 형성해주는 올바른 감정과 행동이 흘러오게 된다. 웨슬리는 행복과 덕성을 하나로 연결시키기 때문에, 성화 영성의 궁극적인 목적은 그리스도의 인격에 구현된 하나님의

---

29. Ibid., 4.4-7, Works 1:328-29.
30. Maddox, Responsible Grace, 121-23 참조.
31. Ibid., 177-78.
32. Journal (13 Sep. 1739), Works 19:97.
33. A Plain Account of Genuine Christianity, 1:1-9, Outler, John Wesley, 183-185.

참 형상을 반영하며 또 그 형상과 일치하는 조화롭고 바람직한 인격이 되는 것이다. 진정한 종교에 대한 그의 비전은 "은총의 능력을 입어 점진적으로 그리스도와 같은 인격을 형성"하는 것으로 요약할 수 있다.[34]

완전(perfection: 온전)은 성화 과정의 역동적인 목표(telos)다. 성령의 사역은 주로 피조세계를 정화하고 완전케 하는 것이므로, 이러한 모든 것을 변형시키는 성령의 체험 없이는 기독교인의 완전에 결코 도달할 수 없는 것이다. 웨슬리에게 완전은 무엇보다도 인간 개체의 전 존재— 마음, 인격, 삶—를 다스리는 하나님의 순수하고 완전한 사랑으로 가득 채워지는 것을 의미한다. 이 거룩하고 순수한 사랑이 충만해짐에 따라, 반대되는 정감들과 죄의 정욕들은 점차 감소하다가 결국 근절된다. 완전은 이런 충만한 사랑에 이르는 역동적인 목표이며, 이로써 우리는 사랑으로 완전히 인도함을 받아 하나님으로 충만하게 된다.

아우틀러가 강조한 것처럼, 웨슬리는 완전을 정태적(static) 의미로 이해하지 않았다. 그보다는 능력을 주시는 하나님의 은총과 우리의 응답과의 협동을 통한 지속적인 성화의 순례라는 역동적인 목표(dynamic goal)로 이해하였다. "완전 성화"(entire sanctification)의 가능성은 언제나 존재한다 하더라도, 웨슬리는 은총과 사랑 가운데 구원의 완성을 향하여 "영속적인 성장"을 하는 데 보다 관심이 있었다. 동방교부들처럼, 웨슬리도 영원히 증가하는 무한한 사랑의 가능성을 인정하는 것 같다. 성화에 대한 웨슬리의 설명을 보면, 그는 성화의 시간적이며 "이미 이룬 것 같지 않은" 인간적인 측면을 강하게 긍정한다. 그리고 그는 완전한 자들이 "육체에 있을 뿐 아니라 영원에 이르기까지" 계속 완전 속에서 성장할 수 있는 것으로 본다.[35] 다른 한편 웨슬리는 완전에 이른 사람들이 하나님과의 응답적 관계에서 타락할 수 있고, 거기서 다시 회복될 수 있다고 체험적으로 확신한다.

웨슬리가 주장하는 완전의 영성의 핵심은 마음과 생활이 모두 순수하고 완전한 사랑에 지배된다는 점이다. 웨슬리는 초대 수도원 교부들처럼, 신적 사랑으로 모

---

34. Maddox, Responsible Grace, 179.
35. Plain Account of Christian Perfection, 25, Q. 29, The Works of John Wesley, ed. Thomas Jackson, 3rd edition 14 vols. (London: Wesleyan Methodist Book Room, 1872; reprinted Grand Rapids: Baker, 1979), 11:426. 이 웨슬리 전집은 이후로 Works (Jackson)으로 표기함.

든 죄의 정욕으로부터 마음이 정화되는 것, 즉 "무정욕"(apatheia)을 강조했다. "감리교도의 품격"(The Character of a Methodist)에서 웨슬리는 참된 감리교인은 하나님의 완전한 사랑으로 마음이 전적으로 정화된 자라고 하였다.[36] 그는 오로지 하나님에게만 고정되어 모든 욕망이 하나님의 뜻과 일치되고, 하나님의 모든 계명과 그리스도의 법, 즉 사랑이 완전히 지켜진 자, 그리고 마침내 사랑만이 그 삶을 지배하게 된 자인 것이다. 그런데 이 사랑은 그리스도에 의해 완전히 구현된 것이기에, 웨슬리는 완전을 마음과 삶이 거룩하신 예수님과 완전한 일치되고 연합한 것이라고 설명했다. 성령으로 말미암아 온전히 성화된 완전한 자들은 "그리스도 안에 있던 마음을 지니며 그가 행하신 대로 행하는 것, 즉 그의 안에 있던 모든 마음을 품는 것이며 그의 행하신 대로 날마다 행하는 것이다. 다른 말로 하면, 내적으로나 외적으로나 하나님께 헌신하는 것, 즉 마음과 생활 모두 완전히 헌신하는 것이다."[37]

우리가 지금까지 살펴본 웨슬리의 성령체험은 인간의 갱신에 초점을 맞춘 것이었다. 웨슬리의 글에는 또 다른 국면, 즉 "모든 창조세계의 갱신"이 (그가 후반에 쓴 설교에 가장 분명하게) 나타나 있다.[38] 테드 러년(Ted Runyon)이 자세히 설명한 바와 같이, 통전적인 범위에서의 "새로운 창조"라는 주제는 웨슬리의 신학과 영성에서 가장 특징적인 모티프(motif) 중 하나다.[39] 새 창조라는 웨슬리의 목표 지향적인 중심 사상(leit-motif)은 처음에는 인간의 갱신으로 시작하여 삼위일체의 경륜 속에서 구원의 전 역사로 확대된다. 웨슬리에게 새 창조 혹은 위대한 혁신은 단지 원상태로의 회복만을 의미하는 것이 아니다. 새 창조는 원 창조보다 훨씬 우월한 것을 창출한다. 다시 말해 여기서 상태유지(stasis)가 규범은 아닌 것이다! 러년은 이것에 대하여 "우주적인 구원을 인간의 구원과 연결시켰던 바, 웨슬리가 존경한 동방 교부들의 사고 유형"이라고 밝혔다.[40] 그러므로 웨슬리는 변형시키는

---

36. The Character of a Methodist, Works 9:32-42.
37. Plain Account of Christian Perfection, 15, Works (Jackson) 11:385.
38. Lee "Doctrine of New Creation," chapters 2-3 참조.
39. 특히 Theodore Runyon, "The New Creation: A Wesleyan Distinctive," Wesleyan Theological Journal 31.2 (1996): 5-19; Runyon, The New Creation: John Wesley's Theology Today (Nashville: Abingdon Press, 1998)을 보라.

성령체험은 온 창조세계에 해당되며, 인간의 마음과 생활뿐 아니라 사회, 역사, 그리고 창조된 우주 전체를 다시 새롭게 변모시키는 것이라고 생각 하였던 것이다.

마카리우스의 성령 충만의 체험

최근 저자의 진정성, 닛사의 그레고리(Gregory of Nyssa)와의 관계, 저자가 메살리아니즘(Messalianism)을 대표하는지의 문제 등, 웨슬리가 초대 사막교부인 마카리우스의 저술로 여겼던 『설교』(Homilies)에 대한 학문적 논쟁이 활발하게 일어났다.[41] 세부사항을 이야기하지 않더라도, 여기서는 "설교"에 사용된 어휘가 비록 희랍어이지만 설교에 전제된 환경은 시리아라는 견해가 이제 일반적으로 학자들에 의해 합의되었다는 점을 지적하는 것으로 충분할 것이다. 설교집에는 매우 독특한 시리아적인 주제와 어휘, 그리고 이미지들이 담겨있다. 이 설교집은 개인의 심오한 체험에서 우러나온 것이기 때문에, 기독교인의 생활 속에서 부딪히는 구체적인 영적 문제를 다루는 데 실존적이고 직관적인 접근법을 사용하고 있다. 경험 많은 영적 대가로서 저자는 "금욕인(수도사)들의 특수 그룹에게 영감과 실제적인 충고를 주고 있다. 그러므로 그 가르침은 그 그룹의 환경에 잘 부합되고 있다."[42] 조지 말로니(George A. Maloney)는 마카리우스의 영성이 그의 시리아적 배경 때문에 "셈적인"(Semitic) 특징을 지닌다고 주장하였다.[43] 이런 의견은 알렉산드리아 희랍교부들의 "헬레니즘적" 영성과는 분명히 대조된다. 말로니가 주장

---

40. Runyon, "New Creation," 7. England," Wesleyan Theological Journal 25.1(1990):7-20 을 보라.
41. 웨슬리와 마카리우스의 "설교"의 관계에 대하여는, Lee, "Doctrine of New Creation," chapter 5를 보라. 마카리우스에 관련된 논쟁들에 관한 최근의 상세한 연구는 Columba Stewart, "Working the Earth of the Heart" : The Messalian Controversy in History, Texts, and Language to AD 431 (Oxford: Clarendon Press, 1991)에서 찾아볼 수 있다.
42. 이 논쟁의 요약을 위해서 Vilem D. Schneeberger, Theologische Wurzeln des Sozialen Akzents bei John Wesley (Zürich: Gotthelf, 1974), 25-29; Luke Keefer Jr., "John Wesley, the Methodists, and Social Reform in England," Wesleyan Theological Journal 25.1(1990):7-20 을 보라.
43. Maloney, "Introduction," Macarius, 2.

하는 요점은 마카리우스에게서 동방교회 신학서방교회 신학의 특징적인 차이뿐만 아니라, 동방기독교 가족 내에서도 특징적인 강조점들을 구체적으로 발견할 수 있다는 점이다. 특별히 마카리우스는 시리아적 배경 속에서 셈적인 영향으로 "하나님과 인간 존재 사이의 상호 관계에 있어 역동적이고 의지적이며 실존적이며 심리학적인 것뿐 아니라 지속적인 성장과정"을 강조한다.44) 그의 영성은 논쟁적인 철학적 토대로부터 자유케 되어, 인격과 기독교인의 삶이라는 통전적 이해쪽으로 더 많이 향해 있었다.

마카리우스의 영적인 하나님 체험은 우리의 전 존재의 중심이자 기초인 "마음"에 놓여 있다. 여기서 마음은 성서적이고 포괄적인 의미로 볼 때, 단순한 감정과 정감 이상의 의미, 즉 우리 몸의 모든 다른 기관을 지배하고 다스리는 전 인격의 도덕적, 영적 핵심을 가리킨다.45) 따라서 머리와 마음, 영혼과 육체는 이분법적으로 분리되지 않는다. 마카리우스는 인간의 본질을 통일적으로 이해하면서 "성령의 능력을 통하여 삼위일체 하나님의 임재에 대한 인식이 증가하고 그 임재를 '느낌'으로써 총체적으로 만나는 것을"46) 강조하였다. 우리 마음에 내주하시는 성령의 은총을 통해, 우리는 전 인격으로 하나님을 만날 수 있는 것이다.

마카리우스의 인간 본성에 대한 통전적 전제는 그의 저술에 사용한 어휘 자체에 반영되어 있다. 실상, 콜럼바 스튜어트(Columba Stewart)는 그 설교들의 시리아적 환경을 입증하기 위해 설교에 나오는 독특한 영적 어휘와 은유들을 사용하였다. 이 중 일부는 기독교인의 생생한 체험을 특히 잘 표현한 마카리우스의 독특한 희랍 단어들의 사용법이다.47) 이것은 섞임, 혼합, 죄 혹은 성령으로 충만함 등과 같이 영성 체험에 대한 독특하고 탁월한 은유에 의해 지지된다.48) 이와 같은 언어 연구를 통해, 마카리우스는 무엇보다도 성령의 직접적이고 인격적인 체험을 강조한 시리아의 영적 대가임이 드러난다.

또한 이 언어 연구는 마카리우스가 영적 체험을 상징적이고 은유적으로 비유하

---

44. Ibid.
45. Macarius, Homily 15.20을 참조하라.
46. Maloney, "Introduction," 3.
47. Stewart, Working the Earth of the Heart, chapter 4.
48. Ibid., chapter 5.

기 위해 일상생활의 체험을 사용했음을 드러낸다. 이런 독특성은 "희랍 전통에 의한 보이는 세계와 보이지 않는 두 세계는 여기서 복음적 비유의 영감을 받은 상징주의의 시리아적 의미에 결합되었다"라고 한 빈센트 데스프레즈(Vincent Desprez)의 주장에서 잘 간파된다.[49] 그러므로 마카리우스는 (헬레니즘적 경향보다) 더욱 자연과 은총, 창조와 재창조 사이의 연속성을 발견하는 셈적 경향에 충실하였다. 그는 전 실재를 상징적인 방법으로 포괄할 수 있는, 변형시키는 은총의 체험을 인정하였다.

하나님의 거룩한 영의 직접적이고 의식적인 체험은 마카리우스의 『설교』의 중심 주제다. 이 설교들에는 제자들에게 주는 영적 스승(원로)의 교훈이라는 가르침의 정황 내에서 죄와 은총 사이의 금욕적 투쟁을 하는 기독교인의 현실적 체험에 대한 지혜가 잘 묘사되어 있다. 기독교인의 삶은 성령과 그 반대되는 악의 체험 사이의 진보적인 여정으로 나타난다. 성령의 말할 수 없는 신비적 체험을 묘사하기 위해 특히 참여, 교통, 그리고 내주하심과 같은 수많은 은유와 이미지들이 사용된다. 기독교인의 삶의 목표는 성령 충만과 함께, 악한 정욕들로부터의 완전한 자유, 즉 "무정욕"(apatheia)으로 정의될 수 있다. 성령과 섞이고 성령에 젖음으로써, 영혼은 성령과 하나가 되며 성령에로 변화된다.[50] 이런 철저한 연합과 교통은 곧 그리스도와 같이 되는 것으로 혹은 그리스도로 충만한 완전에 이르는 것으로 묘사된다.

마카리우스는 또한 성령의 역사와 관련하여 "영적 감각"(spiritual sensibility)을 강조하였다. 그는 부활하신 구세주와 함께 엠마오로 가는 제자들에 대한 유비를 끌어냄으로써, 성령체험은 믿는 자들의 심령에 불을 붙이고 하나님의 경이로운 세계를 볼 수 있게 내적인 영안을 열어 준다고 주장하였다.[51] 이런 눈은 신적인 아름다움을 보게 될 뿐만 아니라 우리 주님의 사랑을 감지할 수 있게 된다. 여기서

---

49. Vincent Desprez, "Pseudo-Macarius, II: Spiritual Combat, Prayer, and Experience," American Benedictine Review 46.2 (1995): 220.
50. Stewart, Working the Earth of the Heart, 75.
51. Macarius, H 25:10 (Wesley, H 13.4, Chr. Library, 1:126). 이후의 인용은 설교 번호와 문단번호에 해당한다. 나는 웨슬리와 마카리우스의 일치를 강조하기 위해 가능한 때마다 웨슬리의 편집판을 인용할 것이다.

우리는 마카리우스에게서 보이는 것과 보이지 않는 것 사이의 어떤 연속성과 상호 침투의 가능성을 발견하게 된다. 변형된 영적 감각은 일상을 통하여 영원한 것을 볼 수 있는 성례전적 수단을 제공해 준다.

영적 대가이자 지도자인 마카리우스는 성령 안에서 삶의 체험적 진보 혹은 정진(精進), 성장과 향상에 관심이 있었다.[52] 그는 그러한 진보의 과정에 성령의 증가하는 은혜뿐만 아니라 완전을 향해 노력하는 인간의 응답이 포함된다는 점을 명확히 했다. 그는 거룩함에 대해 동경하고 추구하며 갈망하는 인간의 협력에 특별한 가치를 둔다: "그러므로 우리는 노력해야 하며 지극한 신중함을 가지고 '두려움과 떨림으로 구원을 이루도록' 주의를 기울여야 한다."[53] 하나님은 우리가 성장하기를 원할 때 더욱 큰 은혜로 응답하신다. 그 역도 마찬가지다. 우리의 응답에는 영적 전투에서의 수고와 노력, 인내, 덕의 육성이 포함된다. 우리는 보다 진지하게 완전을 추구하기 위해서 하나님이 허락하신 수고와 고통, 시련과 환난을 겪어야 한다.[54] 그리고 언제든 타락할 수 있다는 가능성을 계속 인식하고 있어야 한다. 마카리우스는 신인협력이라는 독특한 개념을 생각하면서, 성령의 은혜로운 능력은 불가항력적인 것이 아니라고 주장하였다.[55] 완전한 자조차도 신적 은총을 잃어버리고 악으로 돌아설 수 있다. 기독교인의 완전은 절대적이고 흔들리지 않는 것이 아니다. 따라서 모든 기독교인은 신적 은총에 응답하고 또 함께 일할 수 있게 지속적인 주의를 기울여야 한다.

마카리우스의 설교에 나타난 기독교인의 완전이라는 영적 비전(vision)은 은혜 속에서 일생에 걸쳐 나아가는 진보와 성장에 대한 지속적인 강조와 불가분의 관계에 놓여 있다. 마카리우스에게서 "완전"(teleios)이라는 용어 자체에는 성숙 혹은 완성이라는 의미가 내포되어 있다. 그래서 "완전한"(온전한) 기독교인은 성숙한 영적 성인, 즉 성령으로 거듭난 후에 영적 응답을 통해 성장하고 우리 주님의 장성

---

52. Macarius, H 10.1, 5; H 47.5-7 (Wesley, H 6.1, 4; H 21.7, Chr, Library, 1:105, 107, 150) 참조.
53. Macrius, H 15.4 (Wesley, H 7.2, Chr. Library, 1:109).
54. John Culp, "A Dialogue with th Process Theology of Jchn B. Cobb JR.," Wesleyan Theological Journal 15.2 (1980): 33-44; Daveney, "Feminism"; Ogden, "Process Theology"; Michael Peterson, "Orthodox Christianity, Wesleyanism, and Process Theology," Wesleyan Theological Journal 15.2 (1980): 45-58; Suchocki, "Coming Home"

한 분량에까지 훈련된 자다.[56] 성화의 과정을 통해 믿는 자들은 어느 정도는 그리스도의 참 형상, 즉 하늘의 아담으로 형상된 하나님과의 닮음(likeness)에 도달한다. 완전에 대한 이런 역동적 이해는 영적으로 "체험있는" 자의 실천적이고 현실주의적인 지혜를 반영한다. 이런 체험은 마카리우스로 하여금 "완전하다고 생각하지만 실제로는 죄가 그들의 내적 자아에 그대로 남아있는 자들"에게 특별한 관심을 쏟게 만든다.[57]

마카리우스의 관점에서 볼 때, 완전의 목표는 죄로 가득하며 무질서한 정욕, 또는 낡은 정감들로부터 완전히 해방될 때에만 비로소 도달할 수 있는 것이다.[58] 우리가 바라는 이러한 궁극적인 자유는 무정욕(dispassion)으로 묘사되는데, 이 무정욕은 죄의 압제로부터 해방을 가져오는 마음의 정화와 성화란 표현으로 특징지어진다. 마카리우스에게서 "무정욕 혹은 죄로부터의 해방은 하나님을 사랑한다는 보증이며, 계명의 완전한 준수를 가능케 한다."[59] 그 결과 이제 우리는 수고와 노력 없이도 하나님의 뜻을 따르게 된다. 이렇게 영적인 사람(pneumatikos)은 전적으로 완전히 성령을 받았을 뿐 아니라 완전한 안식과 고요(평정), 평화를 누리게 된다. 가장 중요한 것은 무정욕이 하나님의 "완전하고 순수한 사랑"이 그 마음을 지배하게 해 주었다는 점이다. 그러나 마카리우스는 그런 완전한 사랑이 거룩한 삼위일체 하나님의 상상조차 할 수 없는 무한한 사랑과 자비, 긍휼을 체험함으로써 가능해진다는 사실을 알고 있었다.[60] 따라서 완전한 사랑에 이른 자가 있다면, 그 사람은 이후로 영원히 은총에 사로잡힌 자다."[61]

55. Maddox, Responsible Grace (375-408)에 나오는 선택된 참고도서 목록을 참조하라. 이는 1960년에서 1994년 사이에 웨슬리 신학의 측면들에 대한 백 권 이상의 연구들을 포함하고 있다.
54. Macarius, H 10.2, H 15.16-18, H 27.14 (Wesley, H 7.3-4, H 15.4, Chr. Library, 1:106, 109-10, 132)를 보라.
55. Macarius, H 10.2, H 15.16-18, H 27.14 (Wesley, H 6.2, H 7.3-4, H 15.4, Chr Library, 1:106, 109-10, 132)를 보라.
56. Stewart, Working the Earth of the Heart, 81.
57. Ibid., 83. 또한 Macarius, H 15.18 (Wesley, H 7.4, Chr. Library, 1:126)을 보라.
58. Macarius, H 4.1-15, H 10.5 (Wesley, H 3.1-4, 6.4, Chr. Library, 1:93-4, 116)을 보라.
59. Stewart, Working the Earth of the Heart, 79-80.
60. Macarius, H 19.5 (Wesley H 10.5, Chr. Library, 1:120).라.
61. Macarius, H 26.15 (Wesley, H 14.5, Chr. Library, 1:130).

전형적인 동방영성의 저술가인 마카리우스는 기독교인의 완전을 언급하기 위하여 "신화"(theosis; apotheosis)라는 용어를 사용하였다. 신적 본성에 참여함에 관한 성서의 이미지(벧후 1:4)를 끌어내면, 신화(deification; divinization)는 성령 혹은 신성(神性)으로 완전히 변형되거나 혹은 그것으로 충만하게 되는 것을 의미한다.[62] 주님 안으로 들어감으로써 혹은 성령을 통하여 자기 안에 그리스도가 거하게 함으로써, 믿는 자들은 하나님의 참된 자녀가 된다. 어떤 곳에서는 마카리우스가 신화를 아담의 원래 순결한 본성의 회복으로 표현하는 곳도 있다.[63] 이것은 구원사의 경륜 속에서 타락을 넘어선 갱신 혹은 회복이라는 목표를 설정해 준다. 타락한 인류는 하나님의 잃어버린, 혹은 상처난 형상의 회복을 그 목표로 한다. 마카리우스의 시리아 기독교에서, 이 중요한 주제의 특징적인 이미지는 천국으로의 귀환이었다.[64] 그러나 마카리우스는 아담과 그리스도(둘째 아담)의 유형론을 끌어내어 (영의 자녀로서의) 기독교인은 첫 번째 아담보다 "더 위대하게" 여겨진다고 주장한다. 성령이 오심으로 본성적인 육욕이 근절되는지에 대한 질문에 답하면서, 마카리우스는 이렇게 말한다: "죄는 뿌리뽑히고 사람은 순결함에 있어 아담의 원 형태를 받는다. 성령의 능력을 통하여 그는 첫 번째 아담에게 도달한다. 실로 그는 첫 번째 아담보다도 더 위대하게 된다."[65] 여기서 우리는 새 창조가 회복 혹은 출발점으로의 단순한 복귀 이상이라는 중요한 모티프를 발견하게 된다.

"새로운 창조"는 마카리우스에게서 하나님의 모든 은혜로운 역사의 목표다.[66] 인간의 수준에서 볼 때, 그것은 첫 번째 아담보다 훨씬 우월한 변형된 인류에 이르게 하는, 그리스도 안에서의 인격적 갱신을 포함한다.[67] 인류의 새 창조는 그리스도의 "총괄갱신"(recapitulation)에 의해 가능하게 된다. 성육신을 통하여 참 목자

---

62 Macarius, H 26.15, H 27.17, H 44.4, H 45.3 (Wesley, H 14.5, H 15.5, H 19.4, H 20.2, Chr. Library, 1:130, 133, 143-4, 146).

63. Stewart, Working the Earth of the Heart, 78.

64. Ibid., 77.

65. Macarius, H 26.2 (Wesley, H 14.2, Chr. Library, 1:129). 또한 Macarius, H 16.4 (Wesley, H 8.3, Chr. Library 1:111)참조.

66. Stewart, Working the Earth of the Heart, 77참조.

67. Macarius, H 16.8 (Wesley, H 8.4, Chr. Library, 1:111)를 보라.

이자 의사인 그리스도는 인류를 회복하며 치유하고 새롭게 창조한다. 마카리우스가 설명한 것처럼, 이 세상의 삶에서 인류의 실제적인 새 창조는 성령을 통하여 그리스도에 의해 달성된다:

> 하나님께 나아가 참으로 "그리스도와 함께 보좌에 앉기를" 원하는 사람은 이전의 상태와 교제로부터 변화될 수 있게, 그에게 나아와야 한다 … 우리 주님 예수 그리스도는 바로 이런 이유, 즉 악한 정욕으로 타락한 영혼을 변화시키고 갱신하며 "새롭게 창조하여," 그 영혼을 주님 자신의 신적인 영으로 조절하기 위해 오셨다. 주님은 새 마음, 새 영, 새 눈과 귀, 신령한 새 혀를 창조하시기 위해 오셨다 … 그리하여 주님은 그들에게 "새 포도주" 곧 주의 영을 부어주실 것이다.[68]

마카리우스는 성령의 변형시키는 종말론적 체험에 대한 통전적인 비전을 품고 있었다. 셈적 영향 속에서 그의 인간론은 몸의 부활을 강조하였다. 마지막 날에, 우리는 하나님 안에서 영원한 영광을 물려받기 위해 전 존재로, 즉 몸과 영혼으로 재통합될 것이다. 그러나 우리가 덧입을 몸의 썩지 않는 영광은 이 세상 기독교인의 삶에서 예표된다. 이것은 시내 산의 모세와 변형된 예수 그리스도에 의해 유형론적으로 표현된 실재다. 참된 기독교인은 현세의 삶에서 성령으로 조명된 체험을 통해 미래의 영광을 미리 맛보게 된다. 그리고 다가올 시대에, 하나님의 영의 자녀는 영화로움을 완전히 입게 될 것이다.[69]

마카리우스는 새로운 창조를 묘사하기 위해 종종 자연으로부터 이미지를 끌어들였다. 즐겨 사용한 이미지는 겨울이 지나 나무와 꽃이 생명에로 움트는 것과 같은 것으로, 이는 종말론적 체험을 묘사한다. 그는 부활의 날을 페르시아/시리아의 첫 달인 Xanthicus(4월)와 동일시하였다. 이 날에 부활의 영은 모든 창조세계에 생명을 주는 힘과 기쁨을 부어 줄 것이다:

> 이는 모든 피조물에게 기쁨을 가져다 준다. 그것은 벌거벗은 나무에 옷을 입히고 대지를 연다. 또한 이는 모든 동물에게도 기쁨을 줄 뿐 아니라 모두에게 즐거움

---

68. Macarius, H 44.1 (Wesley H 19.1, Chr. Library 1:142-3).
69. Ware, "Preface," xv.; Macarius, H 5:8-9 (Wesley, H 4.7, Chr. Library, 1:101) 참조.

을 가져온다. 이것은 기독교인들에게 첫달, 즉 Xanthicus가 되는데, 이 날은 지금도 그들 안에 감추어져 있는 빛, 곧 성령의 능력으로 그들의 몸이 영화롭게 될 부활의 절기다. 그 때에 이 성령은 그들의 옷, 양식, 음료, 환희, 즐거움, 평화, 장식(裝飾), 영생이 될 것이다. 지금도 그들이 소유하기에 합당한 이 하나님의 영은 그 때에 모든 찬란한 아름다움과 하늘의 장엄함을 그들 속에 일으킬 것이다.[70]

이와 같은 강력한 이미지로 마카리우스는 모든 창조물, 창조세계의 부활과 변모가 기독교의 중심 메시지 중 하나라는 점을 명백히했다. 성령체험은 새로운 창조를 통하여 실재 전체가 변형되는 것을 목표로 하는 것이다.

결 론

성령체험에 대한 웨슬리와 마카리우스의 이해에는 많은 유사점이 있다는 것이 이제까지의 논의를 통해 분명해졌다. 이런 유사점들은 "시리아" 교부인 마카리우스야말로 우리가 다룬 주제에서 웨슬리의 독특한 이해를 가능케 한 주된 교부 자료(patristic source)로 여겨야 한다는 나의 주장을 분명하게 드러내준다. 이는 또한 웨슬리 신학의 한계를 깨뜨리고 탁월한 에큐메니칼 신학자로서 웨슬리를 재평가하려는 최근의 노력에 정당한 근거를 제공해 준다. 마지막으로, 그것은 마카리우스와 웨슬리 영성의 창의적 종합이 지구적 감리교를 형성하는 데 얼마나 유용한 자료를 제공해 주는지에 대한 질문에 기초를 마련해 준다.

나는 이제 마카리우스의 시리아 전통을 통해 오늘날 감리교 신학과 영성이 풍부해질 수 있는 세 가지 영역을 제시하고자 한다. 그것은 첫째, 마카리우스의 은유, 상징, 비유에 나타난 아름다운 문체와 이야기들은 우리 신학과 영성의 초점을 개념적인 것으로부터 상상력 있고 색채감 있는 것에로 이동하게 하는 데 도움이 된다는 것이다. 보다 감각적이고 체험적인 종교 접근 방법은 차세대 세계 기독교에 매우 바람직할 것이다.

---

70. Macarius, H 5.9.

둘째, 셈적 기원을 가진 마카리우스의 통전적 이해는 서방의 대부분(그 시대의 웨슬리를 포함해서)의 보다 이원론적이고 "영적인 것으로만" 구원을 이해하는 시각을 교정하는 데 도움이 된다. 모든 창조세계의 예시적, 종말론적 변형을 약속해 주는 신학과 영성은 지구 생태계 문제에 직면하고 있는 세계 기독교에 매우 중요한 역할을 할 것이다.

마지막으로, 마카리우스의 금욕주의적 영성(ascetic spirituality)은 현대 감리교인들에게 교훈적이다. 테드 켐벨(Ted Campbell)이 말한 것처럼, 이 영성은 그리스도와 같은 거룩함이라는 덕스러운 삶으로부터 실제 생활에 구현된 영성 모델이었다. 이 부분이야말로 웨슬리 자신이 마카리우스와 다른 고대 수도사들을 높이 평가했던 점이다.[71] 웨슬리는 마카리우스의 모델에 있는 몇 가지 금욕적 실천을 채용한 반면, 후대의 감리교인들은 그것들을 버리는 경향이 있었다. 아시아 감리교인으로서, 필자는 그런 수행을 재적용하는 것이 바람직하다고 믿는다. 아시아 내의 종교간 대화의 최근 흐름은 기독교의 금욕적/수도적 전통에 있는 영적 자료들을 새롭게 평가하는 경향을 보여 준다. 마카리우스는 일생에 걸친 종교적 수련을 통해 성화되어 그리스도와 같은 덕과 인격을 함양시키기 위한 기독교 금욕주의의 매력적인 모델을 제공한다. 그것은 영적 대가들의 체험적인 지혜와 분별력을 귀중히 여기는 모델이다. 너무나 많은 정보와 기술이 인간에게 흘러넘치는 이 시대에, 일생에 걸친 성령체험에서 나오는 종교적 실천과 지혜의 깊은 차원들을 회복하는 것은 인간적, 영적 가치를 회복하는 데 도움이 될 것이다. 나는 아시아 기독교인들이 그동안 전수받은 서양 모델이 부적합하다는 것을 깨닫게 될 때, 동방교부인 마카리우스의 영성 모델과 같은 깊이있는 원천에 더욱 매료되리라고 믿는다. 영적으로 피폐된 오늘날, 거룩함에 대한 복음적 메시지와 그리스도의 형상으로의 일치를 함께 재발견하는 것, 이것보다 더 필요한 것은 없다.

---

71. Campbell, "Wesley's Use of the Church Fathers," 63-66.

제 14장

유산의 회복: 감리교 신학사에 있어서 신학자 웨슬리
랜디 매닥스(Randy L. Maddox)

1960년에 콜린 윌리엄스(Colin Williams)는 『오늘을 위한 존 웨슬리의 신학』(John Wesley's Theology Today)을 출판했는데, 이 책은 당시 매우 필요했던 웨슬리 신학에 대한 개관을 제공할 뿐만 아니라 그의 신학이 어떻게 에큐메니칼 운동에 대한 감리교의 독특한 공헌의 기초를 이루었는지를 제시하려는 의도로 저술되었다. 해롤드 보슬리(Harold Bosley)가 쓴 이 책에 대한 서평은 감리교회의 신학적 성찰을 위한 표준적 잡지에 실렸는데, 윌리엄스가 훌륭한 역사적 연구(그의 첫 목표)를 성취했다고 칭찬하였으나, 윌리엄스의 두번째 목표 배후에 있는 가정을 거부하였다. 보슬리에게는, 감리교 목회자들이나 신학자들이 신학적 지도를 위하여 교회의 현재 삶이나 그 미래의 가능성들을 바라보는 대신에 뒤로 돌이켜 웨슬리를 바라본다는 생각은 단순히 터무니없는 것이었다.[1]

이러한 의견교환은 근래에 감리교 신학자들에 의해 이루어진 웨슬리에 대한 새로운 고찰을 이해하게 하는 더 넓은 배경을 잘 볼 수 있게 해 준다. 한편으로, 웨슬리의 사후 한 세기가 지나서야 감리교 신학자가 웨슬리 신학에 대한 상당히 포괄적인 개관을 제공하게 되었다는 사실은 주목할 만한 것이다. 다른 한편으로, 어떻게 보슬리가 — 훈련받은 신학자요, 이전에는 신학교 학장이었고, 현재는 한 유명

---

1. Colin W. Williams, John Wesley's Theology Today (Nashville: Abingdon Press, 1960); Harold Bosley, "Review of Colin Williams' John Wesley's Theology Today," Religion in Life 29 (1960):615-17을 보라.

한 감리교회 목사로서 — 현대 감리교의 신학적 발전을 위해 제안된 웨슬리 신학의 적합성을 비웃을 수 있었는지 살펴보는 것은 인상적인 일이다.

위의 에피소드는 신학자로서의 웨슬리의 중요성이 감리교 후예들 중에서 1960년까지 별로 긍정적인 주목을 받지 못했다는 것을 말해 준다. 더 광범위한 조사로 이것이 사실이었음이 드러난다. 본 글의 목적은 신학자로서의 웨슬리에 대한 이러한 무관심에 대한 몇몇 증거를 개략적으로 살펴보고 이유를 고찰하려는 것이다. 그 후 나는 이러한 상황이 1960년 이후부터 바뀌어 왔음을 주목하게 될 것이다.

19세기의 발전들

존 웨슬리가 1791년 서거한 이래 우리는 19세기의 발전들로부터 시작할 수 있는데, 이들의 뿌리들이 이전 세기의 마지막 몇 십년으로 소급된다는 것을 인식하게 된다. 이 시기에 대해 두가지 초점을 가지고 연구하는 것이 특히 도움이 된다. 그 하나는 특정하게 웨슬리에 관하여 출판된 종류들(즉 웨슬리 연구 영역2)에 있어서의 한 관심이고, 다른 하나는 어떻게 감리교 신학자들이 웨슬리와 상호 관계를 맺었는지의 초점이다.

웨슬리 연구: 성인전과 신학적 무시

웨슬리의 사후부터 19세기에 걸쳐 그를 다루는 출판물들의 대부분은 전기의 범주에 속한다. 초연한 학문적 서술들과는 전혀 별개인 이 전기들은 전형적으로 승리주의적인 찬사들 또는 웨슬리에 대한 변호였다. 즉 이들은 "역동적인 전도자 웨

---

2. 이러한 연구의 초점을 논구하는 데 있어서 내가 도움을 발견하는 바 웨슬리 연구의 역사에 대한 개관들은 다음과 같다. Frank Baker, "Unfolding John Wesley: A Survey of Twenty Years' Studies in Wesley's Thought," Quarterly Review 1.1 (1980):44-58; Richard P. Heitzenrater, "The Present State fo Wesley Studies," Methodist History 22 (1984):221-233; Albert C. Outler, "The Future for 'Wesley Studies': An agenda for 'Phase III'," in The Future of the Methodist Theological Traditions, ed. M. Douglas Meeks (Nashville: Abingdon Press, 1985), 34-52.

슬리," "지칠 줄 모르는 교회의 설립자 웨슬리," "경건한 기독교도 웨슬리," 등등과 같은 친애하는 어조로 쓰인 서술들을 제공하였다. 한 마디로 말해서, 그것들은 성인전(聖人傳)이었다.[3] 이는 이 전기들이 신학자로서의 웨슬리에 대한 확신들을 결여하고 있다는 말이 아니다. 정반대! 그것들은 일반적으로 바로 이야기의 표면 아래 (웨슬리에 대한 그것들의 특정한 모델이 수호될 필요도 없이 강력한 영향력을 행사할 수 있는 곳에서) 이 주제에 관한 독자적인 가정들을 지니고 쓰였다. 신학자로서의 웨슬리에 관해 어떤 종류의 관심들이 개재되어 있었는가? 가장 통상적인 것은 웨슬리를 그의 앵글리칸(anglican: 영국 성공회적)이었던 과거로부터 분리시키려는 시도였다. 이는 매우 아이로니컬한 것이다. 왜냐하면 웨슬리는 그의 목회 전반을 통해 그의 독특한 신학적 주장들 모두가 앵글리칸의 교리표준들에서 지지하는데 관심이 있었으며, 그의 생애 거의 마지막까지 웨슬리안 감리교도들을 앵글리칸 교회 내에 보존하려고 투쟁하였기 때문이다. 이러한 투쟁은 다양한 이유 때문에 실패했으며, 웨슬리의 사후 얼마 후에 영국 감리교도들은 그들의 미국 형제들의 전례를 좇아 공식적으로 영국교회(Church of England)에서 분리되었던 것이다. 그 후 이 전기들과 같은 출판물 속에서, 양 집단 모두가 웨슬리의 앵글리칸적 충성들의 가장 명백한 증거들을 모호하게 만들고 분리파적 전통들을 선호했던 국면들을 그의 삶이나 저술에서 강조함으로써 그러한 움직임을 합법화하는 과제를 시작하였다.

웨슬리의 명백한 앵글리칸적 측면을 모호하게 만든 가장 눈에 띄는 본보기는 토마스 잭슨(Thomas Jackson)이 웨슬리 저술의 표준판이 된 그의 선집으로부터 웨슬리가 영국교회의 『설교집』(Homilies)에서 발췌한 부분을 빼어버린 경우다. 이러한 배제는, 웨슬리가 적어도 그의 생애 동안 이 발췌문을 20판이나 출판했으며 그것을 1771-1774년에 나온 그 자신의 저술 선집에 포함시켰다는 사실을 두고 볼 때, 변명할 수 없는 것이다.[4] 이러한 배제가 보여 주는 것은 웨슬리가 『설교

---

3. 가장 주목할 만한 예외는 - 아직도 읽을 만한 전 인데 - Robert Southey, The Life of Wesley and the Rise and Progress of Methodism, 2 vols.(New York : Gilley, 1820)이다. 이 많은 초기 전기들에 관한 간략한 통찰력 있는 특징적 묘사들을 위해서는 Richard Heitzenrater, The Elusive Mr. Wesley, 2 vols. (Nashville: Abingdon Press, 1985), 2:174-179를 보라.

집』을 권위 있는 것으로 생각하였던 반면, 잭슨은 (또한 대부분의 다른 19세기 감리교도들은) 그렇게 생각하지 않았다는 것이다.

그러한 "앵글리칸적 요소의 배제"(de-Anglicanization)는 많은 전기들 속에서 더욱 미묘한 형태만 분명히 드러난다. 그들은 웨슬리 생애의 앵글리칸적 요소들을 (그의 성직수임 같은 것) 단지 짧게 취급하지만, 모라비아교도들이나 다른 분리파 전통들과의 접촉들은 길게 취급한다. 그들은 웨슬리가 루터교, 칼빈교, 또는 신비주의적 저자들에게 가한 어떤 비난에 대하여는 유감을 표현하는 반면, 앵글리칸적 표준들에 대한 그의 빈번한 변호는 무시한다.5) 그 중 가장 두드러진 것은, 웨슬리가 올더스게잇을 고교회적(high-church) 편협성과 비관용으로부터 참된(즉 low-church: 低敎會的) 신앙에로 "회심한" 것으로 해석하는 경향이다.6) 웨슬리에 대한 19세기 전기들 속에 나타나는 다른 주된 신학적 경향은 교리적 확신들과 개인적인 종교적 체험 사이의 점증적인 대조인데, 결과적으로 웨슬리를 교리적 확신들보다는 체험에 관심 있는 사람으로 묘사하는 경향이 있다. 달리 말하면, 개신교도들 중에서 스콜라주의/경건주의 논쟁에 가장 덜 뉴앙스를 가지고 참여한 자들에 의해 발전된 풍자적 묘사들이 채용되었으며, 웨슬리는 올더스게잇에서 건조한 정통주의로부터 해방되었으며 기독교의 본질이 체험이라는 — 교회 구성원됨, 예배의식의 준수들, 혹은 교리적 확신들과 대조하여 — 사실을 발견한 자로 묘사되었다.7) 결과적

---

4. 이 점은 Kenneth E. Rowe, "The Search for the Historical Wesley," in The Place of Wesley in the Christian Tradition, ed. K.E. Rowe (Metuchen, NJ: Scarecrow, 1976), 1-10, p.1에서 언급되었다. Homilies의 발췌문은 John Wesley, 123-133에서 볼 수 있다.
5. John Whitehead, The Life of the Reverend John Wesley (New York: R. Worthington, 1881 [original, 1793-1796]), 318 참조.
6. 이에 대한 최선의 보기들은 Luke Tyerman, Life and Times of the Reverend John Wesley, M.A. (London: Hodder & Stougton, 1871); James Harrison Rigg, The Living Wesley (New York: Nelson & Phillips, 1874)이다. 또한 Rigg, The Relationes of John Wesley and Wesleyan Methodism to the Church of England (London: Longmans, Green & Co, 1868), 특히 41쪽을 보라.
7. 이에 대한 고전적인 보기는 또 다시 Rigg, The Living Wesley이다. 또한 Cyrus D. Foss, "Wesley and Personal Religious Experience," in The Wesley Memorial Volume, ed. J.O.A. Clark (New York: Phillips & Hunt, 1880), 128-148; B.P. Raymond, "Wesley's Religoius Experience," Methodist Review 86 (1904):28-35를 보라.

으로, 웨슬리의 19세기 후예들은 더욱 더 뜨거운 마음을 지닌 (저교회적) 전도자로서의 웨슬리 모델에 순응하게 되면서, 신학자로서의 웨슬리에 대한 어떠한 언급도 점점 더 낯설고 부적합한 것으로 여기게 되었던 것이다.

이는 왜 19세기에 특정하게 웨슬리 신학에 대하여 출판된 유일한 단행본들이 명백히 비감리교도들에 의해 저술되었는지를 설명해 준다! 나는 그러한 연구를 두 가지 찾을 수 있었다. 1857년에 미헬 해멀린(Michel Haemmerlin)이라는 루터교 목사는 스트라스부르에서 개신교협회(Societe evangelique)에 가담하고 있었는데, 『존 웨슬리에 대한 교리적 에세이』(Essai Dogmatique sur John Wesley)를 출판하였다. 이 책은 웨슬리의 설교전집에서 발견된 교리들(특히 구원론, 하지만 더 광범위한 지류들)에 대한 입문적인 요약을 제공하고 있었다.[8] 다른 연구는 야심적인 것이었다. 로버트 브라운(Robert Brown)은 명백히 "복음주의적" 분리파였는데, 1865년 런던에서 『존 웨슬리의 신학』을 출판하였다. 거기서 그는 복음주의적 정통에 머물러 있으면서도 인간성(및 따라서 종교)의 본질로서의 양심에 대한 당시의 철학적 초점을 포괄할 수 있음을 증명하기 위하여 웨슬리의 신학을 시험적인 경우로 사용하였다. 이러한 사례를 입증하기 위해 브라운은 웨슬리를 개신교 스콜라주의와 명시적으로 대조시켰다. 그는 단지 지성에 기초한 신학(스콜라주의)과 직관적으로 양심 혹은 인간의 마음에 기초를 둔 신학(웨슬리) 사이의 차이로서 이 대조점을 내세웠다. 그는 웨슬리가 그의 신조를 양심의 체험(경험)으로부터 도출하였다고 논증하였는데, 브라운은 이를 우리 내면에 있는 하나님의 직접적인(immediate) 음성, 우리의 오성(이해)과 구별되는 기능으로 이해하였다.[9] 이 논증은 웨슬리의 신학에 있어서 정감들(affections)이 중요하다는 것과 윤리/실천의 차원들이 존재한다는 것을 인식하였으나, 마음과 정신(mind: 지성) 사이의 거의 이분법에 가까운 그의 해석은 교리들에 대한 조심성 있는 지적 고찰이 웨슬리 사상에서 거의 역할을 담당하지 않았음을 함축하고 있다. 그의 신조는 교육과 반

---

8. Michel Haemmerlin, Essai Dogmatique sur John Wesley, D'Apres ses Sermons (Colmar: Camille Decker, 1857). 이것은 원래 스트라스부르의 개신교신학부에서 신학사 학위를 위한 논문이었다. 해멀린은 Sermons on Several Occasions (London : Mason, 1847)을 사용하였는데, 그것은 137개 설교들을 포함하고 있었다. 나는 해멀린에 대한 전기적인 정보를 추적하는 데 있어서 미헬 바이어(Michel Weyer)의 도움을 받았다.

성이라기 보다는 순종과 행동의 사람의 신조로 보였다. 이러한 특징적 서술의 정확성에 관해 우리가 어떠한 질문을 할 수 있든지 간에, (주어진 브라운의 의도를 고려할 때) 아이로니컬한 사실은, 그것이 그 시대의 대부분의 감리교 신학자들에게 신학자로서의 웨슬리를 평가절하하는 일을 더욱 정당화하는 데 봉사했을 뿐이었다는 것이다!

감리교 신학: 신학자로서의 웨슬리에 대한 점증적 주변화

이러한 결과를 이해하기 위하여, 우리는 감리교 신학이 그 기원을 이루는 앵글리칸 맥락의 밖으로 이동함에 따라 그 스타일과 자기이해에서 겪은 변화들을 평가할 필요가 있다. 그 독특한 발전의 역사 덕분으로, 앵글리칸 전통은 신학의 표준형태들과 실천을 그들의 대륙 상대편들(로마 가톨릭과 프로테스탄트)과 다르게 이해하였다. 앵글리칸들은 "진지한" 신학활동을 교리의 스콜라적 요약들/변호들의 산출과 동일시하는 대신에, 초대교회의 본보기를 좇아 신학활동을 신조, 교리문답적 설교 모음, 예전들과 같은 형성적인 자료들의 산출에 맞추었다. 이렇게 볼 때 존 웨슬리가 그의 신학활동의 대부분을 이러한 형식들에 바쳤을 때, 그는 전형적인 진지한 앵글리칸 "신학자"(divine)로서 기능하고 있었다.[10]

---

9. Robert Brown, John Wesley's Theology: The Principle of its Vitality and its Progressive Stages of Development (London: Jackson, Walford, & Hodder, 1865), 7, 23-25 참조. 이 저술은 (그의 논제를 더 분명히 밝힌) 새로운 서문과 함께 John Wesley; or The Theology of Conscience (London: E. Stock, 1868)로 재판되었다. 또한 그의 The Philosophy of Evangelicalism (London, 1857); The Gospel of Common Sense; or, Mental, Moral, and Social Science in Harmony with Scriptural Christianity; The Fear of God in Relation to Religion, Theology, and Reason (Edinburgh: A. Elliot, 1876)을 보라. Kenneth Rowe는 Methodist Union Catalog (Metuchen, NJ: Scarecrow, 1975ff)에서 이 로버트 브라운이 Membership of Class, a Condition of Membership in the Wesleyan Society (Manchester, England, 1874)를 출판한 웨슬리안 감리교 목사라고 언급하고 있으나, 그의 사망기사에는 이 기타의 저술들에 대한 증거가 없다(나는 이 정보를 위해 John Vickers의 도움을 받았다). 그는 자신을 단지 "복음주의자"라고 확인하고 있다.

10. 앵글리칸의 전례나 웨슬리의 실천 양자에 관한 더 충분한 이해를 위해서는 Randy L. Maddox, "John Wesley—Practical Theologian?" Wesleyan Theological Journal 23 (1988):122-147을 보라.

그러나 감리교도들이 자신의 앵글리칸적 과거에서 거리를 두게 되면서, 그들의 반대 입장은 대륙에 기초한 개신교 운동들(특히 개혁파 전통) 한가운데 처하게 되었다. 이 새로운 정황에서 그들은 즉시 자신들이 "진정한"(real) 신학을 결여하고 있음을 상기하였다. 가장 생생한 보기들 중 하나로서, 험프리(E.P. Humphrey)는 감리교 신학이 다음과 같은 이유 때문에 진지한 고찰을 받을 만한 가치가 없다고 논증하였다. 즉 그것은,

> … 조직적이고 논리적인 형태로 환원되어야 한다. … 우리는 약 스물다섯 가지 조항으로 된 간략하고 비공식적인 신조를 가지고 있다. 그러나 서른 혹은 마흔 가지 장으로 된 완벽한 신앙고백은 어디 있는가?.… 대가의 손 아래에서 만들어진 전체적인 신학체계(body of divinity), 즉 그 용어들을 예리하게 정의하고, 그 신앙을 정확하게 진술하고, 논리적으로 거기 게재된 결론들을 확립하고, 그 전제들 뿐만 아니라 이 결론들을 하나님의 말씀에 의해 시험해 보고, 반대들을 논박하고, 그 모든 부분들을 일관성 있고 조직적인 전체로 조정하는 신학체계는 어디 있는가?[11]

험프리가 여기서 감리교 신학이 부족하다고 보는 표준으로서 가정하는 것은 스콜라적 신학이다. 즉 그것은 전통의 진리주장들에 대한 포괄적이고 주의 깊게 조직된 개관을 제공하는 교과서로서, 논증적으로 어떤 논증적인 주장들을 변증하고, 전체를 위해 합리적인 근거를 제공하는 것을 말한다. 그의 후예들은 그러한 저술을 제공하지 못한 웨슬리의 실패를 그들의 비판자들이 이러한 신학활동의 형태에 부여한 탁월성을 문제시하는 보증으로서 취하는 대신에, 오히려 웨슬리의 유산에서 감지되는 이러한 결함을 채우려고 시도하였다.

그 첫 시도는 1825년에 출판된 『웨슬리아나: 고(故) 존 웨슬리 목사의 저술들 속에서 선택된 가장 중요한 구절들 — 완벽한 신학체계를 형성하도록 정리된 것』이었다.[12] 이 선집은 분명히 William Carpenter가 준비한 것으로 보인다. 이 출판

---

11. E.P. Humphrey, *Our Theology and Its Development* (Philadelphia, PA: Presbyterian Board of Publication, 1857), 68-69. 그가 69쪽 각주에서 심지어 Watson의 Institute (강요)를 적합한 것으로 보기를 거부하고 있음을 주목하라.

물은 신학자로서 (즉 진지한 신학활동의 모델로서) 평가되는 웨슬리로부터, 선별된 신학적 주장들에 대하여 인용되는 단순히 스콜라주의적 권위로 되어가는 웨슬리에로의 전이를 대변하는 데 잘 이바지하고 있다.

사실에 따라 웨슬리로부터 발췌한 글들의 선집은 험프리와 같은 비판자들에 의해 제기된 도전을 분명히 만족시킬 수 없었다. 따라서 웨슬리의 후예들은 전면적인 독창적 스콜라주의 신학들을 산출하는 데로 급속히 움직여 나갔다. 그 선구자는 리차드 왓슨(Richard Watson)이었는데, 그는 1825-1928년 사이에 여러 권으로 된 『신학강요』(Theological Institute)를 출판하였다.13) 몇몇 다른 사람들은 이 세기 나머지 동안 그가 개척한 길을 확대하고 포장하였다.14) 이리하여, 브라운이 스콜라주의적 신학 스타일에 반대하여 (웨슬리의 이름으로) 항변하고 있던 것과 동시에, 대다수의 감리교 신학자들은 이 스타일로 "진보하는" 것을 추구하고 있었던 것이다!

그러나 그들이 앞으로 나아가는 동안에, 신학자로서의 웨슬리의 지위는 더욱 쇠퇴하였다. 이는 스콜라주의적 원천으로서의 그의 적합성이 점증적으로 의문시되었기 때문이다. 적합성의 문제에 있어서 한 차원은 포괄성이었다. 웨슬리에 대한 그들의 일차적 관심이 대부분 구원론이라는 고전적인 장소(locus)에 맞아 떨어지는 논쟁적인 감리교적 특이성들에 대한 그의 표현과 변호에 있었기 때문에, 감리교 스콜라주의 신학자들은 웨슬리에 거의 의존하지 못한 채 그들 신학의 대부분을 발전시키는 결과에 도달하였다. 왓슨은 자신의 두 권으로 된 저술에서 웨슬리

---

12. Wesleyana: A Selection of the Most Important Passages in the Writings of the Late Rev. John Wesley, A.M. Arranged to form a Complete Body of Divinity (London: W. Booth, 1825).
13. Richard Watson, Theological Institute; or, A View of the Evidences, Doctrines, Morals, and Institutions of Christianity, 3 vols. (London: John Mason, 1825-1828).
14. 영국 감리교회에서 스콜라주의에로의 전이를 위해서는 이 책에 포함된 Langford의 장(제 2장)을 보라. 또한 Thomas Langford, Practical Divinity: Theology in the Wesleyan Tradition (Nashville: Abingdon Press, 1983), 49-77 참조. 미국 감리교회에서 웨슬리의 모델로부터 멀어진 특정한 움직임에 대한 분석을 위해서는, Randy L. Maddox, "An Untapped Inheritance: American Methodism and Wesley's Practical Theology," in Doctrines and Disciplines: Methodist Theology and Practice, ed. Dennis Campbell, et al. (Nashville: Abingdon Press, 1998)을 보라.

를 오직 24번 가량 언급함으로써 후대 스콜라주의 개요들에 대한 전례를 설정하였는데, 이 인용들은 거의 모두가 구원론 부분에 국한되었다.15) 이리하여 웨슬리의 신학적 관심이 구원론의 몇 가지 문제들에 국한되었다는 공통적인 인상(잘못된 인상)이 등장하게 되었다.

스콜라주의적 원천으로서 웨슬리의 적합성 문제에서 둘째 국면은 일관성에 관한 것이었다. 이 차원은 웨슬리가 스콜라주의 본문에서 권위 있는 전거로 인용되었던 바로 그 영역들에서 작용하게 되었다. 가장 좋은 예는 19세기 미국 감리교회에서 일어났던 바 웨슬리의 완전성화에 관한 가르침들에 대한 논증이다.16) 이 논쟁의 한 편은 이 세기 중반에 확고히 세워진 "성결" 진영인데, 그들은 웨슬리가 완전성화는 가장 최근의 회심자에게까지도 현재 가능한 즉각적인 은사라고 언급한 곳을 찾을 수 있는 모든 경우를 모아 놓았다. 이에 응답하여, 일련의 저자들은 웨슬리가 그의 사역의 오랜 과정에 걸쳐 완전성화에 관해 언급한 논평들 속에는 명백한 비일관성들이나 시간적인 전환들이 있다는 것을 입증하였으며, 웨슬리의 성숙한 사상에 대한 가장 균형 있는 읽기는 완전성화를 향한 성장의 느린 과정을 강조하는 것이라고 주장하였다. 이러한 제안들은 "수정주의자들"의 주장에 대하여 웨슬리의 일관성과 지성을 집요하게 요구하는 반증들을 불러 일으켰다.17) 그와 같은 반증들에 대한 후자의 응답은 결국 웨슬리에 대한 일탄적인 헌신을 긍정하면서도 그가 무오하지는 않다는 것을 주장하는 것이었다. 제임스 머지(James

---

15. 왓슨의 전례는 Thomas Langford의 Doctrine and Theology in the United Methodist Church (Nashville: Kingswood Books, 1991), 13에서 주목한다. Martin Wellings는 계속되는 영국 감리교회에 대한 이와 유사한 분석을 "'Throttled by a Dead Hand?' The 'Wesleyan Standard' in Nineteenth- and Early Twentieth-Century British Methodism"에서 제공하였는데, 이 논문은 제10차 옥스포드 감리교신학연구 학회(1997년 8월)에 제출했으며 Methodist History(1999)에 발표될 계획이다. 미국 감리교회에 관한 상세한 분석을 위해서, Randy L. Maddox, "Respected Founder/Neglected Guide: The Role of Wesley in American Methodist Theology," Methodist History 37.2(1999년 1월호에 출판 예정)을 보라.
16. 이 논쟁들에 대한 개관을 위해서는 Randy L. Maddox, "Holiness of Heart and Life: Lessons from North American Methodism," Asbury Theological Journal 51.1 (1996):151-172를 보라.
17. 가장 강력한 예들은 Asbury Lowrey, "Dr. Mudge and His Book," Methodist Review 77 (1895):954-959; William McDonald, John Wesley and His Doctrine (Chicago: Christian Witness, 1904), 107이다.

Mudge)가 말한 대로, "모든 세부적인 어구에서 웨슬리와 일치하는 것보다 충분히 이성적이고, 스스로 일관성 있고, 전체적으로 성경적인 것이 더 중요하다."[18]

다른 말로 하면 웨슬리는 그가 자주 서술한 제한된 영역들에서조차 의문시할 수 없는 스콜라주의적 원천으로서 취급되어서는 안 된다는 것이다. 만일 웨슬리의 역할이 19세기를 지배하였던 스콜라주의 신학자들 내에서 경우에 따라 의문시되는 권위적인 의견을 제공하는 것에 국한되었다면, 같은 세기말 경 감리교 조직신학들에로의 전이(轉移)는 그것을 더욱 주변화하였다. 이 전이는 당시에 생기던 감리교 감독교회 신학교들이 거의 문제의식 없이 "신학적 백과사전"에 관한 유럽대륙의 토론 속에서 선호되던 사중 커리큘럼(즉 성서신학, 역사신학, 조직신학 및 실천신학)을 채용함에 따라, 영국보다는 미국(및 독일)에서 더 급속히 발생하였다.[19] 이 모델은 각 분야들 사이의 분명한 경계들을 유지할 필요를 강조하였고 첫 세 분야들의 신학적 성격을 문제 삼는 경향이 있었다. 왜냐하면 "본래적인"(proper) 신학은 통상적으로 조직신학과 동일시되었기 때문이다. 이리하여 "참된" 신학자는 이제 조직신학자로 여겨졌던 것이다.

새로운 감리교 조직신학자들이 신학자로서의 웨슬리로부터 무엇을 만들어 낼 것인가를 거의 몰랐다는 것은 크게 놀랄 일이 아니다. 사중적 모델에서 웨슬리의 신학적 산물들의 대부분은 실천신학의 "적용" 분야에 해당하였는데, 이는 엄밀히 말해서 소수가 자신의 관심과 능력을 제한시켰던 영역이다.[20] 다른 이들은 이러한 협소한 분류를 거부하였으며, 웨슬리가 전문적 신학자와 실천적 기독교 교사의 국

---

18. James Mudge, "A Friendly Word with my Critics," Methodist Review 78 (1896):125-130, 여기서는 129.
19. 미국에서의 발전에 관해서는 Maddox, "Untapped Inheritance"를 보라. 독일에서 대두되던 감리교 신학에 관해서는 Karl Steckel, "Zur Theologie der Evangelisch-Methodischen Kirche," in Geschichte der Evangelisch-Methodischen Kirche, ed. K. Steckel & C.E. Sommer (Stuttgart: Christliches Verlaghaus, 1982), 243-276을 보라. 미국에서의 발전에 관해서는 Maddox, "Untapped Inheritance"를 보라. 독일에서 대두되던 감리교 신학에 관해서는 Karl Steckel, "Zur Theologie der Evangelisch-Methodischen Kirche," in Geschichte der Evangelisch-Methodischen Kirche, ed. K. Steckel & C.E. Sommer (Stuttgart: Christliches Verlaghaus, 1982), 243-276을 보라.
20. 웨슬리가 설교자로서 평가받아야 하며 모델적인 신학자로서는 아니라는 확대된 논증을 Wilbur Fisk Tillett, Personal Salvation (Nashville: Cokesbury, 1902), 510-514에서 발견할 수 있다.

면들을 결합하였다는 것을 인정하였다.²¹⁾ 그러나 이러한 양보는 오직 문제를 고조시킬 뿐이었다. 어떤 진지한 신학자가 이 경계들을 간과하였겠는가? 또한 웨슬리는 왜 조직신학이라는 신학적 중심 과제를 결코 시도하지 않았는가? 몇몇 그의 학문적 후예들은 웨슬리가 앵글리칸 신학의 방법론적 배경의 침체 속에서 훈련받았다는 "불행"한 사실에 입각하여 그를 변명해 보려는 경향이 있었다.²²⁾ 다른 사람들은 역사적 발전이라는 상정된 원리, 즉 기독교 생활의 부흥들은 불가피하게 즉각적인 목회에 초점을 두는 반면에, 신학 학문의 창조적 시기들은 필연적으로 이 부흥들을 뒤따르고 확고히 한다는 원리에 호소하였다.²³⁾ 이 두 경우에서 후대 감리교 신학자들이 웨슬리의 신학활동 모델로부터 이탈한 것이 교묘하게 정당화되었다. 결국 그는 참된 신학자가 아니었다는 것이다!²⁴⁾

대부분의 19세기 감리교 신학자들이 웨슬리의 앵글리칸 뿌리들과의 접촉을 상실하면서, 그의 기독교적 삶에 대한 초대교회적 배경에 대한 인식을 상실하였다. 그렇게 하지 않음으로써, 그들은 웨슬리의 독특한 구원론적 관심들을(응답할 수 있는 은총과 치유적 구원) 후대의 서방신학을 지배하게 되었던 죄책과 공로의 범주들 내에서 해명하려고 노력하는 자신을 발견하게 되었다. 이는 불가능한 혼합이라는 것이 입증되었다. 가장 통상적인 결과는 신적 은혜와 능력 주심(empowerment)으로부터 인간적 주도성과 능력에로 강조점이 옮겨진 것이었는데, 결과적으로는 웨슬리의 이름으로 "은혜로운 능력"(gracious ability)의 신학,

---

21. 이에 대한 최선의 예는 George Richard Crooks & John F. Hurst, Theological Encyclopedia and Methodology (New York: Phillips & Hunt, 1884), 47이다.
22. 어떻게 앵글리칸 신학활동이 특정하게 무시되었는지 William F. Warren, Systematische Theologie, einheitliche behandelt, Erste Lieferung: Allgemeine Einleitung (Bremen: Verlag der Tractathauses H. Neulsen, 1865), 87 주 1)에서 주목하라. 외렌이 이 책에서 결코 직접 웨슬리를 논의하지 않는다는 사실이 두드러지게 나타난다.
23. John McClintock가 "Warren's Introduction to Systematic Theology," Methodist Review 48 (1866):100-124, pp. 102-104에서 한 제안이다.
24. 이러한 양보들이 어떻게 표준적인 것이 되었는지에 대한 몇몇 예를 위해, F.W. MacDonald, "Wesley as a Theologian," Methodist Recorder 31 (1891):257; T.R. Pierce, The Intellectual Side of John Wesley (Nashville: MECS Publishing House, 1897); James W. Bashford, Wesley and Goethe (Cincinattr, OH: Jennings & Pye, 1903), 85-86; Harris Franklin Rall, "Do We Need a Methodist Creed?" Methodist Review 89 (1907):221-230, pp. 222-223을 보라.

즉 그가 맹렬히 거부하였을 신학을 선포하는 격이 되었다.25) 이처럼, 신학활동의 모델로서의 웨슬리에 대한 19세기 감리교의 경시(혹은 포기!)는 결국 그의 독특한 신학적 확신들을 모호하게 되는 결과를 낳게 되었다.

20세기 초반: 파당적인 신학적 영웅으로서의 웨슬리

20세기에로의 전환과 함께, 웨슬리에 대한 전기적 및 역사적 연구들은 조금 더 비판적으로 되는 경향이 있었으며, 창시자의 생애에 대한 단지 경건한 서술들 너머로 움직여갔다. 더욱이, 그런 연구들은 대체로 웨슬리 전통들에 대한 집안(in-house) 연구들에 머물러 있기는 했지만, 웨슬리를 기독교 역사의 더 넓은 컨텍스트 내에서 보기 시작하였다. 이 전기적 연구 단계의 본보기는 존 사이먼(John S. Simon)의 다섯 권으로 된 저술이다.26)

그러는 동안에 대부분의 학문적인 감리교 신학자들은 이 세기의 전반(前半)부를 통해 계속해서 웨슬리에 대한 관심을 별로 보이지 않았다.27) 그들은 자신의 선배들이 회피했던 근대의 지성적 경향들과 관계하는 데 더 많은 관심을 기울이고 있었다. 그들 중 많은 이들에게 웨슬리와의 유사성들에 관한 관심은 새로운 신학적 논제들을 포용하기 위해 부서져야 할 족쇄로 생각되었던 것으로 보인다. 랜돌

---

25. Elden Dale Dunlap, "Methodist Theology in Great Britain in the Nineteenth Century" (Yale University Ph.D. thesis, 1956), 133-38, 213-214, 286; Robert Eugene Chiles, Theological Transition in American Methodism : 1720-1935 (New York: Abingdon Press, 1965), 49 참조. "은혜로운 능력"은 우리의 인간적 능력을 하나님의 은총 대신에 일차적으로 강조하는 것이다. 이에 대한 웨슬리의 대안에 관하여는 Randy L. Maddox, Responsible Grace:John Wesley's Practical Theology (Nashville: Kingswood Books, 1994)를 보라.
26. John Wesley and the Religious Societies(1921) ; John Wesley and the Methodist Societies(1923); John Wesley and the Advance of Methodism(1925); John Wesley, The Master Builder, 1757-1772(1927); John Wesley, the Last Phase(1934) (모두 London: Epworth Press).
27. 미국 감리교회를 위해서는 Maddox, "Respected Founder"에 실린 분석을 보라. 영국 감리교회를 위해서는 Wellings, "Throttled by a Dead Hand"에 실린 J. Robinson Gregory와 John Shaw Banks의 토론을 보라. 이 시대의 독일 감리교 신학에 대한 간략한 개관은 웨슬리와의 상호작용에 대한 비슷한 결핍을 보여 준다.

프 싱크스 포스터(Randolph Sinks Foster)는 1891년에 여러 권으로 된 신학연구 시리즈를 시작할 때 이러한 기조를 설정하면서, 다음과 같이 강력하게 주장하였다. "우리는 백년 전〔웨슬리의 서거년!〕 우리 조상들보다 오늘 더 많이 알고 있다. 우리는 그들이 가졌던 것보다 더 참된 신앙들을 가지고 있다."[28] 우리가 예측할 수 있듯이, 포스터는 그의 시리즈에서 거의 웨슬리와 관계하지 않고 있다. 그의 전례는 20세기 감리교 신학에서 널리 모방되었다.

이러한 배경 때문에 20세기의 다양한 신학적 논제들에 참여한 감리교 신학자들이 웨슬리에게 호소하는 경우들은 훨씬 더 두드러지게 보인다. 조사 결과, 그들의 호소는 그들의 특정한 수정주의적 신학 논제들에 대한 웨슬리적 보증을 주장하는데 전형적으로 제한되어 있었음이 드러난다. 한 주창자가 말했듯이, "웨슬리에게 돌아가는 것은 20세기 최선의 것의 정신에로 나아가는 것이다!"[29]

이러한 주장에 의해, 프랭크 콜리어(Frank Collier)는 웨슬리가 단지 전통적인 교의(dogma)를 모두 거부하고, 성경, 이성 및 사랑을(원문대로임) 진리의 유일한 표준들로 선택하였으며, 웨슬리가 성경을 볼 때 오직 종교적인 주제들에 관해서만 말했지 과학적인 주제들에 관해서는 말하지 않았다고 제안하였던 것이다. 이것이 웨슬리에 대한 완전히 잘못된 읽기(misreading)는 아니지만, 그것은 확실히 부분적이고 파당적인 읽기다. 실로, 콜리어는 우리가 이 시기에 등장한 웨슬리에 대한 특정한 신학적 연구들의 일반적 경향으로 여겨야 할 바를 요약, 대표한다고 하겠는데, 그것은 어떤 사람의 특별한 신학적 논제들을 변호하기 위하여 영웅으로서의 웨슬리에게 호소하는 것이었다.[30]

그와 같이 웨슬리에게 파당적 신학의 영웅으로서 호소하는 첫 본보기는 자유주의 신학적 논제들과 연관되었다. 19세기 웨슬리 연구들에서 공통적이었던 "경건

---

28. 이 인용은 Foster, Studies in Theology, Vol. 1: Prolegomena: Philosophic Basis of Theology; or, Rational Principles of Religious Faith (New York: Hunt & Eaton, 1891), vi-vii에서 취한 것이다. 내가 발견한 바 웨슬리에 대한 지나가는 언급은 Vol. 6: Sin (New York: Hunt & Eaton, 1899), 179-181에서 한 번 나온다.
29. Frank Wilbur Collier, Back to Wesley (New York: Methodist Book Concerns, 1924), 5.
30. George Eayrs가 자신의 "인간적인 영웅"으로 웨슬리를 언급한 것을 참조하라: John Wesley, Christian Philosopher and Church Founder (London: Epworth Press, 1926), 50

주의자 웨슬리"로부터 "자유주의자 웨슬리"에로의 움직임은 외관상 그렇게 보이는 것만큼 먼 것은 아니었다. 실로, 쉴라이어마허(Schleiermacher) — 현대 자유주의 신학의 창시자 — 자신이 경건주의적 배경에서 나왔던 것이다. 그가 이 경건주의적 유산을 일차적으로 다시 정식화한 것은, 관심의 초점을 특정한 종교적 또는 회심의 체험들로부터 더 일반적인 인간 경험 즉 신비한 타자(신)에 대한 의존의 체험에로 전이시킨 것이었다. 그 후에 그는 유일하게 합법적인 기독교 교리들은 이 경험으로부터 유래된 것들이라고 논증하였다.

따라서, 몇몇 20세기 초기의 연구들이 웨슬리를 "원(原, proto-)쉴라이어마허"로 확증하였을 때, 그들은 19세기 웨슬리 연구에 공통적이었던 경험과 교리 사이의 대조를 포기하고 있었던 것이 아니었다. 오히려 그들은 호소의 대상이 된 경험의 유형에 대한 초점을 재조정하고 있었던 것이다. 그들에게 있어서 그것은 회심체험이라기 보다는 일반적인 확신의 감정(sense of assurance, 하나의 낙관적인 의존의 형태!)이었다. 그들은 또한 웨슬리가 권위적인 기독교 교리를 그러한 경험에 기초하거나 그것으로부터 도출해 낼 수 있는 것으로 격감시키는 쉴라이어마허의 논제를 공유한다고 가정하고 있었다.[31]

몇몇 다른 20세기 초의 감리교 신학자들에게 이러한 낭만적인 경험에 대한 호소의 형태는 아직 너무 협소한 것이었다. 그들은 당시 일어나기 시작한 자연과학들의 경험주의적 언어에 더욱 경도되었다. 그들에게 있어서 웨슬리는 진리의 시금석이 (단지 확신의 "느낌"이 아니라) 일반적인 인간 경험에 있어서의 검증가능성이라고 주장한 과학적 정신의 모델이었다.[32] 그들이 호소했던 경험은 다른 것이었을지 모르지만, 그 호소의 이유는 같은 것이었다. 즉 그것은 전통적인 권위들에 대한 유일한 의존을 거부하는 것이었다.

---

31. 예컨대, John C. Granberry, "Method in Methodist Theology," Methodist Quarterly Review 58 (1909):230-243, p.235; Herbert B. Workman, The Place of Methodism in the Catholic Church (New York: Methodist Book Concern, 1921), 23-26; George Croft Cell, The Rediscovery of John Wesley (New York: Henry Holt, 1935) 특히 46-51.
32. 예컨대, Eayrs, John Wesley, 58-59; Frank Wilbur Collier, John Wesley Among the Scientists (New York: Abingdon Press, 1928) 49, 61; Paul Waitman Hoon, "The Soteriology of John Wesley" (Edinburgh University Ph.D. thesis, 1936), 특히 46-51.

전통적인 권위들을 현재의 경험에 종속시키는 것 외에, 또 하나의 20세기 초기 자유주의 신학의 전형적인 논제는 기독교적 입교에 있어서의 배타적인 회심주의적인 모델에 대한 비판이었다. 대부분의 자유주의자들은 '한 번 태어난' 사람들이 "두 번 태어난(거듭난)" 사람들과 똑같이 진정한 영성을 발전시킬 수 있다고 주장한 윌리암 제임스(William James)의 논증을 설득력 있는 것으로 보았다. 이는 기독교적 삶에 있어서 양육과 종교교육의 역할을 다시 새롭게 평가하는 긍정적인 결과를 촉진하였다. 감리교 자유주의자들이 그들의 바로 이전의 선배들로부터 상속받은 회심주의적인 기독교적 삶의 모델을 온건하게 완화하려고 노력하게 되면서, 그들은 감리교 자녀들을 위한 교리문답들과 학교들에 대한 웨슬리의 강렬한 관심 속에서 자신들의 옹호자를 발견하였다.[33]

20세기 초기의 자유주의 신학의 다른 한 가지 고전적인 관심은 사회복음이었는데, 그것은 사회적 및 경제적 향상의 형태 속에서 기독교적 구원의 현재적 실재를 강조하였다. 이 운동이 공적인 의식 속에서 자라나면서, 감리교 학자들은 곧 자신과 다른 사람들에게 웨슬리의 사회적 관심과 사역들을 상기시켰다.[34] 몇몇 초기의 저들은 웨슬리를 박애적 목회의 본보기로 내세웠다.[35] 다른 이들에게 있어서, 그는 기독교 사회주의의 원형(proto-type)이었다.[36] 후자의 제안은 웨슬리가 당시에 등장한 자본주의를 지지했다는 강력한 반대 논증을 불붙였다.[37] 이에 따른 논쟁은

---

33. 특히 John Wesley Prince, Wesley on Religious Education (New York: Methodist Book Concern, 1926) ; Alfred Harris Body, John Wesley and Education (London: Epworth Press, 1936)을 주목하라.
34. 이 논제가 어떻게 우세를 점하였는지를 Francis J. McConnell, "New Interest in John Wesley," Journal of Religion 20 (1940):340-358에서 주목하라.
35. 예컨대, David Decamp Thompson, John Wesley as a Social Reformer (New York: Eaton & Mains, 1898); John Alfred Faulkner, The Socialism of John Wesley (London: Charles Kelley, 1908); Eric McCoy North, Early Methodist Philanthropy (New York: Methodist Book Concern, 1914).
36. 예컨대, W.H. Meredith, "John Wesley, Christian Socialist," Methodist Review 83(1901):426-439; Kathleen Walker MacArthur, The Economic Ethics of John Wesley (New York: Abingdon-Cokesbury Press, 1914).
37. 예컨대, Ernst Cahn, "John Wesley als Vork mpfer einer christlichen Sozialethik," Die Christliche Welt 46(1932):208-212.

해결하기가 매우 어렵다는 것이 판명되었다. 결과적으로, 학문적 연구의 주된 초점은 점차적으로 웨슬리의 명백한 사회경제적인 주장들로부터 그의 주장들에 대한 신학적 근거들과 그의 부흥이 영국 문화에 미친 영향들로 돌이켜졌다.38) 비록 이는 논의에 상당한 뉴앙스를 주었으나, 신학적 보증으로서 웨슬리에게 호소하는 경우들에 관한 갈등은 계속되었다.

웨슬리에 대한 다양한 자유주의적 호소들에 대한 반응은 신정통주의가 1, 2차 세계대전 사이에 영향력을 얻으면서 일어났다. 이 운동은 강력하게 자유주의 신학의 경험주의를 거부하였고 기독교교회의 성서적, 교리적 기초들에로의 복귀를 요청하였다. 그것은 특히 루터와 칼빈의 종교개혁의 통찰들을 재회복하는 것을 추구하였다. 얼마 후에 이에 병행되는 "신웨슬리주의"(neo-Wesleyanism)가 나타났는데, 자유주의적 감리교 신학에서의 주관주의와 경험에 대한 지나친 강조를 비판하는데 있어서 웨슬리를 주장하였다.39) 이 신웨슬리주의는 웨슬리에 대한 많은 자유주의적 해석들의 한계들을 설득력있게 입증하였다. 그러나 그것은 나름대로의 문제들을 가지고 있었다. 특히 신정통주의는 인간의 무능력과 법정적 칭의에 대한 일방적인 강조, 즉 웨슬리의 앵글리칸 신학의 가톨릭 측면을 정당하게 취급할 수 없었던 강조점들을 향하여 경도되었다.40)

20세기 서방 기독교신학에 있어서 신정통주의를 바로 뒤이은(혹은 그 안에 어

---

38. 이 논쟁의 요약을 위해서 Vilem D. Schneeberger, Theologische Wurzeln des Sozialen Akzents bei John Wesley (Zürich: Gotthelf, 1974), 25-29; Luke Keefer Jr., "John Wesley, the Methodists, and Social Reform in England," Wesleyan Theological Journal 25.1(1990):7-20 을 보라.
39. 특히 Religion in Life 29.4(1960) 전권을 주목하라. 이는 "신웨슬리주의"의 주제를 전적으로 다루고 있다. 본질적으로 신정통주의적인 웨슬리 해석의 중요한 대표자들은 William Cannon, The Theology of John Wesley, with Special Reference to the Doctrine of Justification (New York: Abingdon-Cokesbury Press, 1946); John Deschner, Wesley's Christology: An Interpretation (Dallas, TX: Southern Methodist University Press, 1960); Franz Hildebrandt, From Luther to Wesley (London: Lutterworth Press, 1951); Harald Lindström, Wesley and Sanctification (Stockholm: Nya Bokförlags Aktiebolaget, 1946); E. Gordon Rupp, Methodism in Relation to Protestant Tradition (London: Epworth Press, 1954) 등이다.
40. 이 점은 Lycurgus Starkey, The Work of the Holy Spirit: A Study in Wesleyan Theology (New York: Abingdon Press, 1962), 162; Claude Thompson, "Aldersgate and the New Reformers," Christian Advocate 6.10(1962):7-8에서 지적되었다.

떤 긴장과 함께 존재한) 것은 기독교적 신앙과 삶에 대한 실존주의적 접근에 따른 해명이었다. 신학적 실존주의의 주된 관심은 기독교의 교리적 주장들이 일차적으로 형이상학적 실재를 서술하는 객관적인 시도들이 아니라 인간의 불안과 희망에 대한 주관적인 해명들이라고 논증하는 것이었다. 신정통주의에서처럼, 몇몇 학자들은 이 접근이 웨슬리에게 독특하게 적합하다고 생각하였다.[41] 이러한 생각은 일본의 감리교 신학자들 가운데 웨슬리에 대한 갱신된 관심 속에서 특히 현저히 나타났다.[42] 그러나 다른 사람들은 그러한 "실존주의자 웨슬리"를 강력히 거부하였다.[43] 20세기 중엽은 신학적 단체들 속에서 에큐메니칼적 관심과 대화가 움트는 것을 목격하였다. 이 점에 따라 우리는 "에큐메니칼 웨슬리"의 옹호자들이 등장하는 것을 보고 별로 놀라지 않게 되는데, 그들은 웨슬리의 명백히 평화로운 정신과 다양한 기독교 전통들로부터 강조점들을 혼합한 그의 독특한 종합에 관심을 기울였다.[44] 일반적으로 20세기 전반부는 그 선배들보다는 훨씬 더 많이 웨슬리 신학

---

41. 최선의 예는 Carl Michalson일 것인데, 그의 출판된 저술들은 그가 얼마나 많이 웨슬리적 정체성을 느꼈는지를 보여 주지 않는다; Theodore H. Runyon, "Carl Michalson as a Wesleyan Theologian," Drew Gateway 51.2(1980):1-13 참조. 더욱 최근의 실존주의적 해석을 위해서는 Schubert Ogden, "Process Theology and the Wesleyan Witness," Perkins School of Theology Journal 37.3(1984):18-33, 특히 25를 보라.
42. 특히 Yoshio Noro, "The Character of John Wesley's Faith," and Hiroaki Matsumoto, "John Wesley's Understanding of Man," in Japanese Contributions to the Study of John Wesley, ed. Clifford Edwards (Macon, GA: Wesleyan College, 1967), 6-22, 79-98을 보라. 1959년에 시작된 바 일본에서의 웨슬리 연구의 재흥에 대한 설명을 위해서는 John W. Krummel, "Wesley Studies in Japan," Northeast Asian Journal of Theology 2(1960): 135-140을 보라. 또한 Wesley and Methodism (Tokyo: John Wesley Association) 6 (1972): 20-23에 나오는 "Japan Wesley Studies: 1959-1972"의 참고도서목록을 보라. 이러한 실존주의에 대한 매력이 문화적 요인들에 기인하는지 아니면 단순히 관여된 학자들 대부분이 칼 마이클슨 지도하에 드루(Drew)에서 공부하였다는 사실의 결과인지는 분명하지 않다.
43. 예컨대, E. Herbert Nygren, "Wesley's Answer to Existentialism," Christian Advocate 9.3 (1965):7-8.
44. 가장 좋은 예들은 J. Ernst Rattenbury, Wesley's Legacy to the World (London: Epworth, 1928); Williams, Wesley's Theology Today; Michael Hurley, "Introduction," in John Wesley's Letter to a Roman Catholic (Nashville: Abingdon Press, 1968), 22-47이다. 이러한 관심은 또한 Albert C. Outler의 당시 등장하던 저술에 있어서 중심적인 것이었다. Leicester R. Longden, "To Recover a Christian Sense fo History: The Theological Vision of Albert Cook Outler" (Drew University Ph.D. thesis, 1992) 참조.

에 대한 호소들과 관심들을 목격하였다. 하지만 이러한 관심은 전형적으로 파당적이고 부분적이어서, 그들이 바라던 신학적 논제들에 대한 웨슬리의 비준에 초점을 맞추었다. 웨슬리의 신학에 대한 풍요한 통찰들이 이 연구들에서 발굴되었지만, 몇 가지 주요한 한계들이 점증적으로 명백해졌다. 첫째, 웨슬리가 흔히 너무 직접적으로 현대적 이슈들의 견지에서 읽혀지면서, 그의 원래 컨텍스트의 논쟁들과 전제들에 대한 충분한 감각 없이 해석되었다. 둘째, 전형적으로 관심의 대상인 웨슬리의 사상이나 실천의 개별적인 측면들에 주의가 기울여졌고, 그러한 개별적 이슈들을 제공하는 그의 더 넓은 교리적 관심들과 관점이 무시되었다. 그의 신학에 대한 포괄적인 취급들은 계속해서 매우 드물었다.[45]

마지막으로 이 연구들은 웨슬리가 신학적 논증의 보증으로서는 중요할 수 있지만 신학활동의 모델로서는 중요하지 않다는 19세기의 가정을 보존하였다. 그들의 특별한 신학적 논제들이 무엇이었든 간에, 그들은 전형적으로 웨슬리가 참으로 신학자가 아니었다는 사실에 대한 변증과 함께 논의를 시작하였던 것이다![46]

1960년대 이후: 신학적 고문으로서의 웨슬리를 회복하며

이와 같은 논증의 상태에서 콜린 윌리암스가 현대 감리교회를 위한 자원으로서 웨슬리의 신학에 대한 개관을 제시하였고, 해롤드 보슬리가 웨슬리의 적합성에 대한 제안을 조롱하였다. 1960년 이후의 발전은 보슬리보다는 윌리암스가 "예언자의 아들"임을 입증하였다. 얼마나 광범위하게 웨슬리가 감리교 전반에 걸쳐 알려지고 평가되었는지를 의문시할 충분한 이유가 있지만, 그는 확실히 지난 120년간, 이전의 어느 때보다도 감리교 신학자들로부터 더 많이 주목을 받아왔다. 대체

---

45. Paul Hoon은 그의 1936년 연구를 웨슬리 신학에 대한 상대적으로 포괄적인 첫 개관으로 보았는데 그것은 정당한 것으로 보인다: Hoon, "Soteriology of John Wesley."
46. 몇가지 예를 위해서 John A. Faulkner, Wesley as Sociologist, Theologian, Churchman (New York: Methodist Book Concern, 1918), 38; Prince, Wesley on Religious Education, 11-12; Willam Henri Guiton, John Wesley: Esquise de sa Vie et de son Oevre (Neuilly, Seine: Depot de Publications Methodistes, 1920), 64-67; Johannes Schempp, Seelsorge und Seelenfrung bei John Wesley (Stuttgart: Christliches Verlagshaus, 1949), 9를 보라.

로 프랭크 베이커(Frank Baker)와 앨버트 아우틀러 같은 지칠 줄 모르는 옹호자들의 지도력에 힘입어, 웨슬리 연구는 몇몇 학자들의 가끔 부수적인 작업 정도로부터 그 자체로 가치를 가지는 학문적 주제로 성장하여 나름대로의 학회들과 연구 전문활동 등등을 가지게 되었다.[47]

이러한 점증된 학문적인 관심의 주된 표현의 하나는 웨슬리 저작에 대한 첫 비판적인 판인 이백주년 기념판(Bicentennial Edition)을 시작한 것이었다.[48] 이러한 본문(텍스트) 작업은 상세한 이차적 연구들이 활발히 이루어짐에 따라 보충되었는데, 이들은 웨슬리의 정황(컨텍스트)에 대한 광범위한 지식과 함께 그의 독특한 입장이나 공헌에 관한 역사비판적 현실주의를 연구하게 되었다. 이 연구들은 이전의 예들보다 덜 파당적이며 승리주의적인 웨슬리 이해, 즉 수정된 포괄적인 이해를 위한 기초를 제공하였다.[49]

근래의 웨슬리 연구의 점증된 세련화는 전기적인 연구들 및 신학적인 연구들 속에서 명백히 드러났다. 예를 들면, 현대 신학적 경향들(특히, 해방신학,[50] 여성신학,[51] 및 과정신학[52]을 보라.)에 대한 웨슬리의 관계에 계속적인 관심이 기울여져 왔는데, 그것은 일반적으로 파당적인 신학적 영웅에 대한 호소들보다는 잠정적

---

47. 계속되어 온 웨슬리 역사학회(Wesley Historical Society)에 덧붙혀, 옥스포드 감리교 신학연구 학회(Oxford Institutue of Methodist Theological Studies)는 1958년에 모이기 시작하였고, 웨슬리 신학회(Wesleyan Theological Society)는 1965년에 형성되었으며, 웨슬리 연구그룹(Wesley Studies Group)은 미국 종교학회(American Academy of Religion) 안에 1982년에 조직되었다. 웨슬리 연구를 위한 석좌들(chairs) 역시 듀크와 남감리교 대학교 같은 학교들에서 정해졌다.
48. 이에 대한 설명을 위해서는 Frank Baker, "The Oxford Edition of Wesley's Works and Its Text," in Place of Wesley, 117-33을 보라.
49. 이 시기에 관한 개관인 Heitzenrater, "Present State"와 Thor Hall, "Tradition Criticism: A New View of Wesley," in Inaugulating the Leroy A. Martin Distinguished Professorship of Religious Studies (Chattanooga, TN: The University of Tennessee at Chattanooga, 1987), 6-23, p. 7을 참조하라
50. 웨슬리와 라틴 아메리카의 해방신학의 비교들(긍정적 및 부정적)의 몇가지 대표적인 경우들을 위해서는 Sanctification and Liberation ed. Theodore Runyon (Nashville: Abingdon Press, 1981)에 실린 Rupert Davies, Jose Miguez Bonino, 및 Theodore Runyon의 논문들; Fatith Born in the Struggle for Life, ed. Dow Kirkpatrick (Grand Rapids: Wm. B. Eerdmans, 1988)에 실린 Mortimer Arias 와 Hugo Assman의 논문; Theodore W. Jennings Jr., Good News to the Poor: John Wesley's Evangelical Economics (Nashville: Abingdon Press, 1990); Kenneth Collins, "John Wesley and Liberation Theology," Asbury Theological Journal 42.1 (1987): 85-90을 보라.

인 유사점들에 대한 제안의 형태를 취하였다.

더 적합하게는 근래의 신학연구들의 대부분이 웨슬리 신학의 다양한 개별적 국면들, 즉 확신론, 인식론, 또는 사회윤리 등과 같은 측면들에 대한 상세한 비교연구들에 바쳤다.[53] 이러한 상세한 연구들은 그의 많은 중심적인 신학적 확신들의 원천, 선례 및 함의들에 대한 우리의 지식을 극적으로 증가시켰다. 이렇게 함으로써 그것들은 기독교 신학전통들에서의 웨슬리 위치에 대한 계속적인 논쟁에 중요한 통찰들을 가져왔다. 그들은 또한 웨슬리의 생애 동안 그의 몇 가지 중심적인 확신들 속에 있었던 발전들(혹은 전환들?)에 대한 우리의 인식을 심화시켰으며, 이 변화들의 의의에 대한 논쟁을 고조시켰다.[54]

하지만 웨슬리에 관한 최근의 신학적 연구들에 있어서 가장 두드러진 점은, 어느 정도까지 웨슬리의 신학활동의 모델이 숙고의 초점이 되었고 점증적으로 긍정적인 재평가를 받게 되었는가다. 지난 삼십 년 동안 웨슬리 학자들은, 이전의 취급들이 웨슬리가 진지한 신학자라는 어떤 제안도 쉽게 포기하였다는 데 대하여 항의해왔다. 하지만 그들은 웨슬리가 학문적인 신학계에서 규범적으로 상정되는 바 진

---

51. 예컨대, Earl Kent Brown, "Feminist Theology and the Women of Mr. Wesley' Methodism," in Wesleyan Theology Today, ed. Theodore Runyon (Nashville: Kingswood Books, 1985), 143-150; Sheila Davaney, "Feminism, Process Thought and the Wesleyan Tradition," in Wesleyan Theology Today, 105-16; Randy L. Maddox, "Wesleyan Theology and the Christian Feminist Critique," Wesleyan Theological Journal 22 (1987): 101-11; Marjorie Suchocki, "Coming Home: Wesley, Whitehead, and Women," Drew Gateway 57.3 (1987): 31-43.
52. John Culp, "A Dialogue with th Process Theology of John B. Cobb JR.," Wesleyan Theological Journal 15.2 (1980): 33-44; Daveney, "Feminism"; Ogden, "Process Theology"; Michael Peterson, "Orthodox Christianity, Wesleyanism, and Process Theology," Wesleyan Theological Journal 15.2 (1980): 45-58; Suchocki, "Coming Home"
53. Maddox, Responsible Grace (375-408)에 나오는 선택된 참고도서 목록을 참조하라. 이는 1960년에서 1994년 사이에 웨슬리 신학의 측면들에 대한 백 권 이상의 연구들을 포함한다.
54. 이 논쟁들에 대한 개관을 위해서는 Randy L. Maddox, "Reading Wesley as Theologian," Wesleyan Theological Journal 30.1 (1995):7-54를 보라. 결과적인 웨슬리 신학 읽기들에 대한 좋은 입문은 다음 책들을 비교함으로써 얻을 수 있다: Maddox, Responsible Grace; Kenneth Collins, The Scripture Way of Salvation: The Heart of John Wesley's Theology (Nashville: Abingdon Press, 1997); Thodore Runyon, The New Creation: John Wesley's Theology Today (Nashville: Abingdon Press, 1998)

제14장 – 유산의 회복: 갑리교 신학사에 있어서의 신학자 웨슬리

지한 신학의 모델에 대한 본보기가 되지 못했다는 것을 인정하지 않을 수 없었다. 그렇다면 우리는 어떻게 웨슬리를 보아야 하겠는가?

어느 누구도 앨버트 아우틀러만큼 웨슬리의 신학활동의 모델에 대한 변천하는 평가를 더 잘 대변하거나 그것에 더 많이 이바지해온 사람은 없다. 1961년 당시 흐름에 크게 역행하여, 그는 웨슬리가 주된 신학자로 평가되어야 한다고 논증하기 시작했다.[55]

이것을 입증하기 위하여, 그는 학문적인 신학과 웨슬리의 "평민적인 신학"(folk theology) 사이를 구별하는 것이 필요하다고 생각하였다. 말하자면 그는 주된 신학자로서의 웨슬리의 가치는 기독교 복음의 본질적인 가르침들을 단순화하고 종합하고 전달하는 그의 능력에 있는 것이지 사변적인 학문적 신학에 대한 공헌에 있는 것이 아니라고 논증하였던 것이다.[56] 이러한 "평민적인 신학자"로서 웨슬리를 특징짓는 것은 아우틀러의 연구들 전반에 걸쳐 지속되었다. 하지만 학문적인 신학과 비교하여 그러한 평민적 신학에게 주어졌던 상대적인 가치는 매우 중요한 변이를 겪게 되었다. 1960년대 초반에 아우틀러는 평민적 신학자들이 사변적 신학자들과 함께 전열(前列)에 속하지 않는다고 단순히 상정하였다. 1980년대에 이르러 그는 웨슬리의 신학적 모델이 그 자체로서 진정하고 창조적인 형태라고 논증하고 있었다. 그것은 더 이상 학문적인 신학과 부정적으로 비교될 필요가 없다는 것이다.[57]

아우틀러가 그 본보기가 되는 바, 웨슬리의 신학활동의 모델에 대한 현재의 재평가가 단지 웨슬리에 대한 새로운 통찰들에 의해서만 동기를 부여받은 것이 아니라는 점은 중요하다. 그것은 또한 웨슬리가 그것에 준하여 이전에 측정되고 부족

---

55. Albert C. Outler, "Towards a Re-appraisal of John Wesley as a Theologian," Perkins School of Theology Journal 14 (1961): 5-14
56. Outler, "Introduction." John Wesley. vii; Outler, "John Wesley as Theologian – Then and Now." Methodist History 12.4 (1974):63-82 특히 65; Outer, "John Wesley: Folk Thelogian." Theology Today 34 (1977):150-160; Outer, "John Wesley's Interest in the Early Church Fathers of the Church." Bulletin of the United Methodist Church of Canada Committee on Archives and History 29 (1980-1982):5-17, xmrgl 6-7; Outler, "Introduction." Works 1:67을 보라
57. Outler, John Wesley, 119를 Outler, "A New Future," 48과 대조해 보라.

하다고 여겼던 바, 지배적인 학문적 신학모델에 대한 점증적인 거북함을 반영한다. 오늘날 학문적인 신학계에서는 기독교적 삶과 예배에 더 밀접히 연관된 진지한 신학적 성찰에 대한 이해와 실천을 회복하려는 요청이 증가해 왔다. 아우틀러가 깨달았듯이, 이러한 움직임은 단순히 "평민적인 신학"을 학문적인 신학과 함께 가치 있게 보려는 것을 훨씬 더 넘어선다. 오히려 그것은 신학의 지배적인 모델 자체를 재형성하는 것이다. 아우틀러와 몇몇 다른 웨슬리 신학자들은 웨슬리가 그러한 실천적인 신학분야의 견지에서 판단될 때 그는 더 우호적인 평가를 받을 뿐만 아니라 본이 되는 모델로서 등장한다고 제안하기 시작하였다.[58]

웨슬리의 실천적 신학활동의 모델에 대한 이와 같은 갱신된 긍정적인 인식의 중요성은 평가절하되어서는 안 된다. 앞에서 웨슬리의 신학활동의 모델을 포기하는 것은 그의 가장 독특한 몇 가지 신학적 확신들을 모호하게 하는 일을 수반했음을 지적한 바 있다. 이는 그의 신학활동의 모델에 대한 회복된 이해가 웨슬리의 신학적 확신들의 관심들과 함의들을 밝히려는 현재의 시도들에 있어서 의미 깊은 도움을 줄 수 있음을 제의할 것이다. 그것은 또한 웨슬리의 중요성을 역사적 창시자로 격감시키거나 그를 스콜라주의적 권위로 모시는 데 반하여, 웨슬리를 오늘의 후예들(또는 더 넓은 기독교 공동체)을 위한 신학적 고문(theological mentor)으로 재주장하려는 현재의 노력을 촉진할 수 있을 것이다.

---

58. 예컨대, E. Douglas Meeks, "The Future of Systematic Theology," in Wesleyan Theology Today, 8-46; Maddox, "John Wesley—Practical Theologian?"; Gregory Clapper, John Wesley on Religious Affections: His Views on Experience and Emotion and Their Role in the Christian Life and Theology (Metuchen, NJ: Scarecorw Press, 1989), 169-171.

약어표

Chr. Library A Christian Library: Consisting of Extracts from, and Abridgements of the Choicest Pieces of Practical Divinities which have been Published in the English Tongue, 50 vols. (Bristol: F. Farley, 1749-55).

John Wesley John Wesley, ed. Albert C. Outler (New York: Oxford University Press, 1964).

Letters(Telford) The Letters of the Rev. John Wesley, A.M., ed. John Telford, 8 vols. (London: Epworth, 1931).

Minutes(Mason) Minutes of the Methodist Conferences, from the First, held in London, by the Late Rev. John Wesley, A.M., in the Year 1744, vol. 1 (London: John Mason, 1862).

NT Notes Explanatory Notes Upon the New Testament, 3rd. corrected edition (Bristol: Graham & Pine, 1760-62: many reprint editions since).

OT Notes   Explanatory Notes Upon the Old Testament, 3 vols. (Bristol: Pine, 1765; reprinted Salem, OH: Schmul, 1975).

Works   The Works of John Wesley, begun as "The Oxford Edition of the Works of John Wesley (Oxford:Clarendon Press, 1975-83); continued as "The Bicentennial Edition of the Works of John Wesley" (Nashville: Abingdon Press, 1984—); 15 of 35 volumes published to date.

Works(Jackson) The Works of John Wesley, ed. Thomas Jackson, 3rd edition, 14 vols. (London:Wesleyan Methodist Book Room, 1872; reprinted Grand Rapids: Baker, 1979).

집필자

Brian E. Beck	영국 감리회 총무 1984-1998; 옥스포드 감리교 신학 학술대회 공동의장
Kenneth L. Carder	미국 내쉬빌 지역 주재 감독
Justo L. Gonzalez	미국 조지아 주 애틀란타, 에모리대학교, 히스패닉 신학 이니셔티브 총무
Peter Grassow	아프리카 리틀톤 감리교회 목사; 남아프리카 프레토리아, 존 웨슬리대학, 감리교 강사
Theodore W. Jennings Jr	미국 일리노이 주 시카고, 시카고신학대학원, 성서 및 조직신학교수
Thomas A. Langford	미국 노스캐롤라이나 주 덜햄, 듀크대학교 신학대학원, 윌리암 켈론 퀵 석좌 신학과 감리교연구 명예수
이후정	한국 서울, 감리교신학대학교 역사신학 부교수
James C. Logan	미국 워싱턴 D.C. 웨슬리신학대학원, 스탠리 존스 석좌 전도학 교수

Randy L. Maddox	미국 워싱턴 주 시애틀, 시애틀 퍼시픽대학교, 폴 월즈 석좌 웨슬리신학 교수
Manfred Marquardt	독일 로이트링엔, 감리교신학교, 학장 및 조직신학 교수
M. Douglas Meeks	미국 워싱턴 D.C. 웨슬리신학대학원, 학무학장 및 조직신학 교수
Jose Miguez Bonino	아르헨티나 부에노스 아이레스 개신교신학교, 조직신학 및 윤리학 명예교수
Jurgen Moltmann	독일 튀빙엔대학교, 조직신학 명예교수
Mary Elizabeth Mullino Moore	미국 캘리포니아 주 클레어몬트 클레어몬트신학대학원, 신학과 기독교교육 교수.
Marjorie Suchocki	미국 캘리포니아 주 클레어몬트 클레어몬트신학대학원, 잉그러햄 석좌 신학교수 및 학무 부총장.

역자 후기

이 책은 서문 및 서론에서 잘 알 수 있듯이, 미국 에모리 대학교에서 한평생을 조직신학과 웨슬리신학을 가르치기에 헌신하신 테드 러년 교수의 은퇴를 기념하여 그의 친구들, 동료들, 제자들이 기고한 글을 모은 책이다. 먼저 그의 오래된 친구로 세계적으로 가장 알려진 개신교 신학자 중 하나인 위르겐 몰트만이 경의를 표하는 서언을 써서 러년 교수와의 교분을 기념하였다. 책의 내용은 현대 감리교회를 위하여 웨슬리신학이 가지는 의의를 다시 숙고하는 목적을 가지고 전 세계의 감리교 신학자들이 다양한 분야에 걸쳐 쓴 심도 있는 글들을 묶어 놓은 것이다. 러년 자신이 웨슬리 신학의 발전을 위해 큰 공헌을 했음을 염두에 둘 때, 이 논문집은 그를 기념하는 뜻깊은 성과다.

이 책에 러년의 제자 중 하나인 본인이 글을 기고하게 된 경위는 이 책의 편집자요 친구인 매닥스의 부탁에서 기인하였다. 나는 1986년에서 1991년 사이에 러년선생님의 지도로 웨슬리에 대한 역사신학적 고찰을 하여 박사학위를 하였다 ― 비록 그가 조직신학 교수였지만 웨슬리의 권위자였으므로 주심의 역할을 해 주셨다. 이미 1985년 군목을 제대하고 감신에서 강사로 있을 때 선생님을 만나 도움을 드렸던 것이 인연이 되어 결국 그의 큰 도움을 받으면서 웨슬리를 전공하게 된 것이다. 에모리에서 러년 교수는 많은 한국 유학생들의 대부로 알려졌으며 그의 자상하고 따뜻한 사랑을 어려운 처지에 있던 많은 학생들이 경험하였다. 거기서 내가 결혼을 하고 목회하면서 첫 애를 낳았을 때, 러년 선생님이 우리 아이에게 세례를 주시기도 하였다.

한국에 돌아와 감신대에서 가르치게 된 후에도 러년 교수는 감신대의 동료이며 그분에게 학위를 한 박종천 교수와 내가 제 9차 옥스포드 학회(1992)에 참여하는

데 도움을 주셨고, 나는 제 10차 회의(1997)에서 웨슬리연구 분과의 사회를 미국 와싱턴 D.C.에 있는 웨슬리 신학대학원의 친구 테드 캠벨 교수와 함께 보면서 세계 감리교 신학자들과 호흡을 같이하게 되었다. 이러한 모든 과정에서 선생님의 계속된 사랑과 지도는 항상 큰 기쁨과 은혜가 되었음을 기억한다.

작년 가을에 러년 교수는 그의 명저 「새로운 창조: 오늘의 웨슬리신학」이 감리교 홍보출판국에서 김고광 목사의 번역으로 출판된 것을 기념하여 출판국장 이면주 목사의 초청으로 한국을 잠시 방문하였다. 그러한 계기로 나는 이면주 목사님이 책도 번역출판하면 좋겠다고 제안했고 쾌히 응락하여 주셔서 이제 한글역으로 빛을 보게 된 것이다. 이처럼 도움을 주신 이 목사님과 홍보출판국의 유희용 목사에게 다시 한 번 감사드린다.

또 이 책을 번역하는 데 많은 도움을 준 제자들이 있다. 먼저 초고의 상당 부분을 초역해준 서종원 전도사(현재 프린스턴 박사 과정), 그 밖에 주은정, 신혜진, 박재우, 박재연 등이 도움을 주었다. 이 모두에게 진심으로 감사를 표한다. 무엇보다도 이 책이 다시 한 번 스승이신 러년 교수의 학문적 업적을 기리고 그에게 큰 기쁨이 되기를 바라며, 또한 많은 한국의 감리교 목회자, 평신도들과 신학생들이 감리교회와 웨슬리를 더 성숙하게 이해하는 데 이바지하기를 바라면서 후기를 마친다.

2000년 6월,
감리교신학대학교
이 후 정

웨슬리 신학 다시 보기
현대교회의 도전

초판 1쇄 2000년 8월 28일
   2쇄 2007년 3월 20일

Randy L. Maddox 엮음
이후정 옮김

발행인 | 신경하
편집인 | 김광덕
편   집 | 박영신 성민혜

펴낸곳 | 도서출판 kmc
등록번호 | 제2-1607호
등록일자 | 1993년 9월 4일

(100-101) 서울특별시 중구 태평로1가 64-8 감리회관 16층
     (재)기독교대한감리회 홍보출판국
대표전화 | 02-399-2008   팩스 | 02-399-4365
홈페이지 | http://www.kmcmall.co.kr
          http://www.kmc.or.kr

값 9,000원
ISBN 89-8430-052-7   03230